U0898787

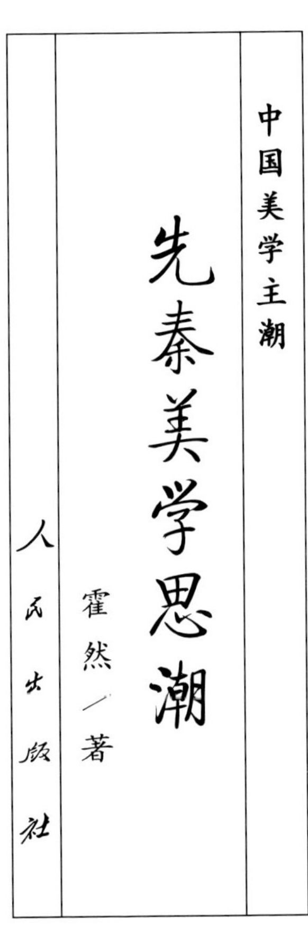

中国美学主潮

先秦美学思潮

霍然／著

人民出版社

责任编辑：刘丽华
文字编辑：刘　群
装帧设计：鼎盛怡园
责任校对：书林瀚海

图书在版编目（CIP）数据

先秦美学思潮／霍　然　著．－北京：人民出版社，2006．7
ISBN 7－01－005702－8
Ⅰ．先…　Ⅱ．霍…　Ⅲ．美学思想—研究—中国—先秦时代
Ⅳ．B83－092
中国版本图书馆 CIP 数据核字(2006)第 077189 号

先秦美学思潮

xian qin mei xue si chao

霍　然　著

人民出版社出版发行
http://www. peoplepress. net
（100706　北京朝阳门内大街 166 号）

印刷：北京市双桥印刷厂　新华书店经销
2006 年 7 月 1 版　2006 年 7 月 1 次印刷
开本：850 毫米×1168 毫米　1/32　印张：13. 5
字数：250 千字　印数：4000 册
ISBN 7－01－005702－8　　定价：28. 00 元

目 录

自序

美学思潮，即某一历史时期内，美学领域中反映一定阶级或阶层的利益和要求，而有较大影响的思想潮流。它既是某一时代美的创造者们带有共同性的主流思想，又是该时代具有代表性的美的内容与形式中表现出来的主体风格倾向，流注贯穿着那个时代的民族精神，是那个时代跳动着的脉搏。它虽然蕴涵于该时代美的作品中，但其外延已远远超出单个美的创造者及其创造的美的范围，而扩大到该时代社会生活的方方面面，从中映照出时代与社会生活的变迁，反映人对现实的审美关系。我们一向所说的艺术发展受社会现实生活影响，发展后的艺术又反过来影响社会现实生活，是美学思潮的基本内涵；而美学思潮的外延则更为广大，从美学领域的各个部门发生发展的变化，到时代社会生活中美的总体走向，以致一些乍看似与美学乃至文艺无关或关系不大，实则反映艺术与现实相互影响的文化嬗变趋势，都属于美学思潮的范畴。也可以这么说，美学思潮反映出的，就是时代思想潮流发展变化的大趋势。

先秦美学源远流长，约略可以分为四个时代，七个阶段。

被史学家称作原始社会的传说时代，是它的意识酝酿阶段。从那位不知名的先人制作“第一把石刀”开始,人类最初的审美意识即在混沌未分的状态中日渐氤氲;这种朦朦胧胧的对形式美的模糊感受,以山顶洞人的初始串饰表现得最为典型。这充其量只能说是初民审美观念发生的前期阶段,作为原始初民审美意识的萌芽,也许可以叫做史前艺术,还算不上是美学思想。半坡遗址出土的人面鱼纹盆,透露出初民对部落图腾的崇拜;仰韶文化陶塑的裸体女像,蕴涵着母系氏族对自身的肯定意识。它和河姆渡遗址出土的猪和稻穗纹黑陶,共同构成中华文明多元化的审美意识的起源。《山海经》中记载的远古初民氏族部落图腾,上孙家寨出土的舞蹈纹彩陶盆,反映出原始初民聚会歌舞时部落群体的精神需要,孕育着人之初时审美意识的胚胎,表现出中国原始审美观念中对美的认识和理解,从而使陶器文化即传说时代成为酝酿先秦美学意识的温床。

约当考古学界所说的夏朝,是先秦美学观念的蕴蓄阶段。上古神话传说与原始氏族部落图腾在最初的发源地上互为依托:图腾作为母系氏族至高无上的精神标志,是上古神话形象的具象化表现;初民原始思维模糊记忆的上古神话,是氏族图腾演绎式的解说诠释。传说时代图腾起源的多元化,为日后初民审美观念的渐趋成熟打下了坚实的基础。就在母系氏族部落酋长、巫师率众创造原始乐舞的同时,由母权制向父权制的过渡正在向她们走来。舜创立的将诗乐舞与创作者及创作环境绑在一起的诗乐舞合一的审美评价标准,尚带有高瞻远瞩的超前性;禹治水时逐步实行的渐变,才真正扭转改变先民的思想观念。夏启在大乐之野以《九辩》、《九歌》掩盖对母系氏族首领的屠杀,昭示出祭祀乐舞发源时美的功利性;夏桀以乐舞纵欲导致覆亡的教训,证明了母系氏族传统审美风习回潮的潜力。这个时代父系氏族的美学观念开始超越日常实用,与政治纠缠在一起。夏朝宝鼎等礼器的深层含义,即先秦礼器蕴涵审美意义的嚆矢。

先秦美学观念的萌动阶段发生于历史上的商朝。这个时代主流思潮的根本特征是对母系氏族思想观念的全盘继承和高度推崇。商族起源于玄鸟图腾的传说,表现出商代流行的崇尚民主自由的社会风气;殷墟妇好墓出土的青铜偶方彝的宗教神秘意味,包含着方国联盟兼容并包各加盟部落图腾的具有殷商时代特色的审美观念。母系氏族民主风俗这次大规模的回潮,在中国美学史上是一个真正意义上的开端。人面方鼎体现出的众神崇拜、万物有灵和鼓励各部落方国图腾汇聚融合的观念,是殷商文化具有旺盛生命力的首要原因;青铜器饕餮纹的狞厉之美,则是氏族首领在人祭仪式上牺牲自我以身作则的抽象形式。晚周诸子艳称的桑林之舞,展示了东夷部族的祭祀乐舞风习;这一以求雨为主题的盛大乐舞,暗含着自原始氏族公社流传下来的自然崇拜泛神论的遗风。具有原始宗教意味的殷商意识形态领域的习俗,反映出尚处于野蛮时代的游牧部族心态;而宗教信仰与人类原始本能的结合,已突破并超越社会理性的制约,焕发出巨大的创造能量。商代青铜器的进化过程,即印证了这个时代审美观念的进化。

周朝作为一个大的历史时代还应一分为四,较早的西周和春秋属于先秦美学观念汇聚融合的阶段。殷周之际虽变革剧烈,思想文化仍明显脱胎于殷商;周公等人制礼作乐,方开始建立维护宗法制社会等级秩序的美学理念。周人从此开始脱离蒙昧状态,率先进入古典文明社会;以致就连举手投足间,皆有以礼为先的章法可循。在西方被美学家划出实践哲学之外的社交仪式,在这里恰恰映照出笼罩社会的美学观念形态。《诗》三百中的乐章,影响和规范着周人的日常行为;礼仪音乐与创作者意图的紧密结合,营造出西周郁郁乎文的时代旋律。采自民间乡里的诗歌创作,《诗》三百体现出农耕部族审美思维的雏形:春种秋收的社会生活乐章,同时又是有韵律节奏可以感知的乐章式社会生活。舒缓和煦的社会审美氛围和思想文化风俗习惯,潜移默化地成为西周人从事艺术创造时的基本形态。西周超稳定的社会审美心理结构,与接踵而至的春秋时期形成强烈对比:春秋政治体制的巨变,使得诸侯以下的众多臣子,得以与闻昔日仅供天子御用的乐舞;各国诸侯的恣意妄为,激发出有识之士着意维护美学规范的言论。有识之士开始探索美学内在规律,他们对美学领域各部门之间内在联系的融会贯通,为此后美学思潮的勃兴和展开奠定了坚实的思想基础。

先秦美学思潮的勃兴阶段,即发生于乾坤板荡的春秋战国之交时期。这一阶段,中国美学思想发展史上三大著名思想家几乎同时登上历史舞台:老子是后代文人推崇效法的隐士的先驱,作为宗法封建制社会向封建社会过渡时期的哲人,他的美学思想还更多地滞留在早期氏族封建制社会阶段。其审美理想中的乌托邦理想国,即典型的氏族社会生活的写照。他阐述的“水德之美”、“柔弱胜刚强”、以柔弱为美的理念,实开中国美学思想长河中阴柔美理论之源。老子用优美的诗歌风格的语言,撰写中国美学思想史上第一部经典著作,描述充满神秘感的美的规律,其博大精深的哲学美学专著《老子》成为道家隐逸美学的滥觞。孔子是儒学的“大成至圣先师”,他开创的儒教美学思想体系,不仅个体人格的塑造与理想社会的构建密不可分;而且他对于理想社会生活图景的审美追求,也与其一以贯之的美学思想有机地紧密联系在一起。孔子的形象,就是宗法制封建社会审美观念体系中美的典型形象,《论语》记载的审美观念,就是儒家入世美学的起源。墨子站在与统治阶级不同思维方式者的士的角度,以独具特色的审美价值取向,表现出对于世道人生应有图景的呐喊呼唤。他的“非乐”观念,实际是其“兼爱”理念的自然延伸。《墨子》发出的墨家节用美学的嚆矢,是中国古代美学思潮的第一次返本还源。

战国中期的美学思想,是先秦美学思潮的展开阶段。孟子对儒家入世美学的创造性拓展,是将其发展得更合乎华夏民族的情感和心理;他在美学思想上提倡的,乃宗法封建制社会肇始、封建社会发展完善的儒教理想人格。孟子追求的人格完善,因之成为儒家入世美学时时关注的理论着眼点和奋斗理想的最后归宿。《孟子》提出“与民同乐”的美学命题及其描绘的仁政理想蓝图,将儒学“美在理想”的审美思维发扬光大。庄子将道家隐逸美学进一步发挥,以无为之为应对动荡社会,以其超脱世俗的思想行为,体验到自然规律中蕴涵的美,从而向世人展示了真正的审美态度。《庄子》的虚静恬淡之心,是形成审美态度的心理基础;其提倡自然天成的素朴之美,乃审美理想的最高境界。庄子以其卓越的审美感悟能力,用纯真的心灵触摸到了审美创造规律的精髓,为后人留下了弥足珍贵的美学理念,在存身养性的过程中,形成了道家隐逸美学思想体系。屈原怀着在现实生活中不被理解的哀怨，将郁结胸中的美好理想诉诸楚辞，其建立的以自然界的香草植物为审美客体的香草比兴系列、洋溢着楚地民族风情的神话传说系列、以红颜知己为原型的美女系列，皆展示出其美学思想与楚地民族观念血肉相连的特色。那历尽劫难赤心不改、始终不肯抛下楚国离去的爱国情结，即骚人以身殉美的宣言。

先秦美学思潮的高峰阶段，见于战国后期的美学领域。赵武灵王胡服骑射，改变了西周以来深衣大袖博带高冠浅履的儒家服饰，创立了不受习俗束缚、进而改变习俗的服装变革新模式；从《下里》、《巴人》到《阳阿》、《薤露》，再到《阳春》、《白雪》和引商刻羽、杂以流徵，通俗音乐与高雅音乐多层次共存，音乐领域全面繁荣；马戏、杂技、木偶等多种艺术形式的发源，莲鹤方壶等雕塑作品的出现，说明审美主体从思维方式到创造实践都已历练成熟，一个高潮迭起的美学思想与创造的繁盛阶段已经到来。荀子对世俗大众已经认可的流行审美标准大胆怀疑，用带有规定性的行为规范来约束人们的日常行为，其艺术品味实即其道德理想。视野开阔与细致入微相结合的典范《乐论》，将音乐本身与审美主体欣赏音乐的感受对应起来，将音乐的社会作用扩而大之，提高到国之大计的理论高度，进而从中归纳出美的规律。韩非子坚持实用音乐美学，使中国古典美学起源阶段美善合一、善重于美的思想理念，走到以善取代美、善即美的极端。这些美学热潮中的冷思考，以逆向思维冷静反思，进而提出不同于当时流俗的审美标准，表现出美学理念的殊途同归，成为诸子美学思想的巅峰。美学思想自由发展的结果，是《吕氏春秋》这种兼收并蓄、不执一端的杂家思想著作的出现。楚地帛画的神秘色彩,《易传》对美的创造规律的总结,皆展示出美学主潮多元化的前进方向。

如上所述,四个时代,七个阶段:酝酿(传说时代),蕴蓄(夏朝),萌动(殷商),汇聚融合(西周、春秋),勃兴(春秋战国之交),展开(战国中期),高峰(战国后期)。这本《先秦美学思潮》,便是依照这个思路,去追寻先秦美学思想潮流,这一中国美学主潮的源中之源的真实轨迹。先秦审美观念的发源、形成与发展,取决于先民审美意识的萌芽、蕴蓄与萌动。审美主体对美的意识的发展,乃审美观念的根本。而审美主体对于美的意识离不开当时的社会文化氛围,因此,先秦各发展阶段的政治、经济、文化等社会条件对于美学领域的影响,美学领域诸形态受此影响后产生的发展变化,都是先秦审美观念发展史的重要内容。因此,本书在研究每个审美观念发展阶段时,都注意研究审美观念的形成、含义和表现,以及观念之间的内在联系,以期从这些含义、表现、内在联系中,摸索出时代美学思想潮流的发展规律。

本书曾于1998年列入"浙江省社会科学'九·五'规划课题"中的科研项目,如今历经数年,总算得以完成,终于能够画上一个圆满的句号了。

是为序。

题　序

华夏文明的确源远流长。即使在历史已经进入经济腾飞的21世纪的今日,当置身于高速发展的现代化社会中的人们,偶有欣赏先秦艺术品的闲暇之时,面对先人给我们留下的那些弥足珍贵的美的作品,仍然会引起无尽的美好遐想。无论是人面鱼纹的彩陶盆,还是古色斑斓的青铜器,抑或稚拙中透着神秘的甲骨文,以及那些以思想深邃、见解卓越泽被后世的先秦思想家序列……无不在各自不同的角度与程度上，蕴涵着先秦那个特定的时代美学氛围中，先人们对于美的探求与思考。从原始人群到氏族社会，再到阶级社会，几代美的创造者的思想、观念互相碰撞时激起的精神的火花，在这里凝冻、积淀下来，征服和感染着后人，使先秦这一人类历史上最为典型的不成熟与不发达阶段，在它发展得最完美的地方，作为永不复返的阶段而显示出永久的魅力。这些美的作品中包含的美学思想的发展史，实际上就是一部浓缩的中国人的创业史。她有着一系列的深藏在历史长河中的奥秘，等待后人去探寻。本书的主要意图，便是与读者一起，追寻先秦时代的审美意识、审美观念，以及因之而形成的美学思想潮流，这一中国美学主潮的源中之源，萌动、汇聚融合、勃兴、展开、高峰的真实轨迹。

那么，这部极其漫长的历史，应该从何说起呢？

自然得从那遥远得没有文字记载的年月开始。

第一篇　酝酿先秦美学意识的温床

一、第一石刀与初始串饰

先秦时代的审美意识究竟发端于何时？这是一个老问题，历来说法很多，其中最主要的意见有“东周末年说”和“与人类起源同步说”两种。

持“东周末年”观点的人们认为，先秦时代的美学思想大致发轫于春秋战国之际，即东周末年才是中国美学思想的滥觞期①。这种意见屡经采纳，颇为流行，称得上是一种传统观点。

持“与人类起源同步”观点的人认为，当人类制造出第一件工具之时，人类的第一件艺术品即已产生。换言之，所谓“第一把石刀”的制造者，即为人类社会有史以来第一位艺术品的创造者，亦即人类最早的审美意识的体现者②。这是一种新的见解，迄今还未得到大多数人的认同。

① 指近年来出现的各种多少涉及这一领域的学术观点。鉴于本书是立足于从一个较宽泛的角度来研究美学思潮，而不是试图矫正某一专门著作的具体结论，故书中有关引文不再一一注明出处。

② 邓福星《艺术前的艺术——史前艺术研究》，山东文艺出版社 1987 年 3 月第二版。

本书与这两种意见的观点都不一致。

一方面,中国史前文化的起源,以及与此相联系的先秦审美意识的发端,已经远非过去所知的传统结论所能囊括。根据我国科学家20世纪末对一批石器进行的鉴定,表明早在200万年前,我国就已经出现了在长江三峡一带活动的古人类。随着近年来一系列考古发现,已将中华民族祖先活动的踪迹,从50万年前的北京猿人、80万年前的陕西蓝田人和170万年前的云南元谋人那里,一直上溯到200万年前的巫山人的时代,进而从根本上动摇了目前国际学术界流行的“人类起源于非洲”的人类进化学说①。将由此(恐怕还不止于此)至东周末年这么长的历史时期,说成是中国乃至人类美学史的一大段空白,无论如何也不能说是科学和客观的态度。

另一方面,像第二种说法那样,据此断定,中国美学主潮的源头,从那个遥远得渺茫难测的时代就已经开始;那位没有留下姓名的“第一把石刀”的制造者,同时也就是人类最早的艺术品的创造者,恐怕也还不能这样简单地一言以蔽之。任何艺术理论都有待于历史实际诸如出土文物的验证,否则充其量只能停留在假说阶段而已。事实上,远古初民最初的审美意识的萌芽,亦并非如时下某些学者假想的“与欧亚大

① 见1998年4月6日《光明日报》第二版,新华社记者李斌《科学家进一步证实我国200万年前就已出现古人类》。原文为“从170多万年前的云南元谋人,到100多万年前的陕西蓝田人;从50万年前的北京猿人……”。按《辞海》(1979年版缩印本)作:“经古磁法测定,北京猿人的绝对年代不少于69万年,地质年代属更新世中期”;“蓝田猿人的绝对年代为距今65万年至80万年,地质年代属中更新世早期”;“元谋猿人的绝对年代为距今170万年左右”,“发现于……下更新统上部的地层中”。参见《中国考古》,安金槐主编,上海古籍出版社1992年12月。

陆上最早出现的人类起源同步”的推论那样一蹴而就。美国十九世纪中期的民族学家路易斯·亨利·摩尔根（Lewis Henry Morgan），在他的代表作《古代社会》一书中，将人类社会划分为蒙昧期、野蛮期、文明期三个时代。在蒙昧期和野蛮期中，又各自划分为低级、中级、高级三个阶段。蒙昧期的低级阶段即人类的童年时代，“在有史时期所知道的一切民族中，已经没有一个是处在这种原始状态的了。虽然这一状态大概延续了好几千年之久，但我们却不能根据直接的证据去证明它”①；到蒙昧时期的中级阶段，出现了“石器时代早期的粗制的、未加磨制的石器，即所谓旧石器时代的石器”②，人类才开始把鱼类用作食物，并且获得用火的本领。即使从这姗姗来迟的基本生存手段，我们也可以看出，美的起源是一个复杂的过程，远非如新派学者论述的那样简单。从人类学会制造工具，与尚属于动物界的古猿相揖别；到原始初民萌生最初的审美观念，这中间有着一个从无意识为之到有意识为之的、循序渐进的漫长过程。其中每个发展环节，都经历了成千上万年的演变。且不提巫山人、元谋人和蓝田人与自然作斗争时付出的艰苦努力，仅在我们熟悉的北京猿人的洞穴中，就可以明显看到他们艰苦奋斗的历程，感受到那些并非一蹴而就的思想、意识、观念形态日浸月染逐渐嬗变的历史痕迹。虽然以第二种意见即时下颇为新潮的泛文化观点看来，从猿人人群砸开一个自然石块作为石器使用时起，那

① 恩格斯《家庭、私有制和国家的起源》，《马克思恩格斯选集》第四卷，中共中央马克思恩格斯列宁斯大林著作编译局编，人民出版社1995年6月第2版，19页。

②《家庭、私有制和国家的起源》，《马克思恩格斯选集》第四卷，19页。

便是中国远古文化的开端;但是,我们必须看到,原始初民制造这些形状不规则、用途不一致的简陋工具,其最初的出发点和直接目的,还是为了"便于手握",即实用。他们终日从事采集和狩猎,为了吃饱肚子,在同猛兽和自然进行斗争的过程中,不知牺牲了多少生命;却仍然仅能维持半饥不饱的艰苦生活。对于这时的人类来说,要求生存是第一位的。这不仅见之于他们生产工具的简陋,同时由他们寿命的短促也可以得到证实①。过着如此艰苦生活的原始初民,其生存的第一需要,是依靠辛勤劳动和集体智慧,排除困难,战胜自然,抚育后代;至于属于精神生活范畴的审美意识和艺术活动,则要在人们吃饱肚子之后,才姗姗来迟,逐渐出现在他们的生活之中。文化开端毕竟还不是美学思想萌芽,文化与审美之间,也还不能就这么简单地画上等号。这也正符合哲人发现的"人们首先必须吃、喝、住、穿,然后才能从事政治、科学、艺术、宗教等等"②这一人类历史的发展规律。

不过,从出土的石器中,我们可以看出,原始初民在石器的生产上,是经过思考的。对于他们制造和使用的这种略加打制的石器,自然还谈不上含有自觉的审美意识;但当时的人类确实已在观念中形成了对石器具体形状、性能的蓝图,在千万遍反复实践中,在制作过程中建立起诸如尖、薄等形体概念,并在具体砍砸时由这些形体而产生使用快感。这种

---

① 贾兰坡《中国猿人及其文化》,六、结语:中国猿人的生活环境。中华书局1964年版,156页。

② 恩格斯《在马克思墓前的讲话》(1883年3月17日),《马克思恩格斯选集》第三卷,中共中央马克思恩格斯列宁斯大林著作编译局编,人民出版社1995年6月第2版,776页。

在形体和使用快感之间的思考，使得石器的形体不断向着更合规律性，即更有效用，从而也更美的方向发展，成为最早的美感认识的客观物质基础。从考古材料中可以见出，由于当时的工具简单，群居的中国猿人，离他们动物祖先还不算太遥远。此后随着他们对石器的不断加工，人类才在混沌状态中，逐渐由实用快感向美感认识发展。处于旧石器时代初期的周口店第15地点，就已“发现有用巨大的砂岩石片打击成的砍伐器，在和刃缘相对的一方边缘，为了便于手握而加了适当修理，这种加工精细的手握部分的工具在中国猿人化石产地里也没有发现过”①；而处于旧石器时代中期的山西丁村人地点和许家窑遗址的石器，更表现出某种预想性和目的性。“由丁村发现的具有第二步加工的石器虽然不多，但可以分为砍伐器、手斧、球状器、多边形器、三棱大尖状器、小型尖状器、平圆状器和刮削器等类型。……此外还有一种球形工具，大约是投掷物，用闪长岩、石灰岩或角页岩的石核由周围加工而成球状。……从石器的整体来看，丁村的石器比中国猿人化石产地和第15地点者不仅精细而类型也多样化。……”②“许家窑出土的数以千计的石球，其制作方法与丁村类似，却较丁村精致，有的制作得滚圆，有的似乎像磨制的，充分显示出许家窑人已经有了对形式美的强烈追求。”③由考古发掘中可以见出，“到了旧石器时代中期人们已能够打制比较精致的石器，由石器类型的多样化，显然更有明显的分工。由于新型的石器大量出现，证明当时生产力比之以

---

① 贾兰坡《旧石器时代文化》，科学出版社1957年12月，33页。

② 同上，36、38、39页。

③ 刘锡诚《中国原始艺术》，上海文艺出版社1998年4月，39页。

前的猿人时期已有了显著的提高。由于生产力发展的必然结果,猿人时代的原始游群应该逐渐结束下来,而向高一级的阶段——原始氏族社会的方面发展。"①人类最初的审美意识,就在这混沌未分状态中日渐氤氲。

这种朦朦胧胧的对形式美的模糊感受,在处于旧石器时代晚期的山顶洞人那里表现得更为典型。山顶洞"文化遗物中有石器、骨器、装饰品和埋葬的遗迹。……其中以1尖骨针最为重要。针身保存完好,毫无残缺,只是针孔处破裂了,但仍能窥测梗概。针身长82毫米,针孔附近的直径为3.1毫米,针身最粗的地方直径为3.3毫米。针身圆滑,针尖锐利,表面有刮磨痕迹。针孔是用尖状器挖刻而成。由这尖骨针的发现,证明山顶洞人已有一定的缝纫能力。……"②缝纫能力自然首先是为了穿着实用,但它也说明了人类审美意识的萌芽。迄今发现的人类最早的装饰品即在同一时期出现。

> 装饰品发现很多,有钻孔的石珠、钻孔砾石、穿孔牙齿、刻沟骨管、穿孔海蚶壳、钻孔鱼骨和作为红色染料用的赤铁矿碎块。
>
> 钻孔的石珠很小,是用白色石灰岩做成的,一面磨平,一面打制,钻孔处染成红色。……
>
> 钻孔砾石,是一面稍加磨制的微绿色椭圆形的火成岩小砾石,由两面对钻一孔而成。……
>
> 穿孔的牙齿,在这一遗址里很丰富,共得125

---

①《旧石器时代文化》,42页。

② 同上,43页。

> 件。其中除有獾、狐、鹿、鼬的犬齿外，还有虎的侧门齿。孔是用尖状器由齿根的两面对挖成的。穿孔多染有红色。……
>
> 骨管共得4件，是将鸟类的肢骨截割成段，并于表面刻划沟槽。……
>
> 穿孔海蚶壳，是将绞合部附近磨穿为孔。……
>
> 钻孔鱼骨，是将青鱼的眼上骨的边缘钻一小孔，骨的部分表面染有红色。此外还有去掉棘刺作为装饰品的青鱼脊椎骨。……①

这可以说是人类社会最为初始的串饰。从山顶洞人留下来的这些装饰品中，我们可以看到，制作者在其中花费了多么大的精力！足见他们是为着一种强烈的目的和愿望而做的。对于原始初民佩戴这些装饰品的原因，现代学者有着种种解释。这也充分说明，山顶洞人的这些装饰品含有多重的意义。原始初民在这里追求的，显然不是它表面的物质用途，而是由此生发出幻想内容的精神方面的作用。虽然也追求实用功利，但它的目标指向精神方面，是一种精神上的实用。这也可以说是一种更为广泛意义上的实用功利。有当代学者从巫术角度立论，将这一切归纳为巫术礼仪上的需要，这大致上是不错的；但这里的情形仍比较复杂。如同学者猜测的那样，山顶洞人精心制作的这些稚拙的装饰品，很可能含有象征美好祝福的巫术意义在内；但事实上，实用往往包括很多方面，这些装饰品也不能说就没有其他含义，如

---

①《旧石器时代文化》，44页。

象征工具(石球的演化?)、财富(人类最早的货币的前身?)、住所(原始人居住的洞穴的缩微?)以及母系氏族公社习俗(对女性的性别崇拜?)等等。这里面含有初民对美的理解和巫术需要等多种因素的综合,不能说没有审美的因素。只不过此时的审美还远没有从实用中独立出来,仍与实用纠缠交结在一起,使人难以分辨而已。从宏观的角度考察,它们的出现,不仅将我国工艺美术的源头上溯到旧石器时代后期;而且昭示出山顶洞人之原始宗教观念,以及原始初民爱美、追求美时,那由朦胧而逐渐清晰起来的历史足迹。就像普列汉诺夫早就指出过的那样,"动物的皮、爪和牙齿在原始民族的装饰中起着非常重要的作用。""野蛮人在使用虎的皮、爪和牙齿或是野牛的皮和角来装饰自己的时候,他是在暗示自己的灵巧和有力,因为谁战胜了灵巧的东西,谁自己就是灵巧的人,谁战胜了力大的东西,谁自己就是有力的人。"①后来各地旧石器时代遗址出土文物中的装饰品,也陆续地证明了这一点。如旧石器时代晚期的山西朔县峙峪遗址发现的石墨磨成的带孔装饰品②、河北阳原县虎头梁发现的穿孔贝壳和钻孔石珠③、宁夏银川水洞沟遗址发现的用鸵鸟蛋壳磨制的穿孔装饰品④等等。迄今为止各地的考古发现,从不同的地点方位向人们指示出,旧石器时代的早期和中期,初民们

---

① 普列汉诺夫《没有地址的信》,《普列汉诺夫美学论文集》,曹葆华译。人民出版社 1983 年版,314 页。

②《山西峙峪旧石器时代遗址发掘报告》,《考古学报》1972 年第 1 期。《中国考古》引。

③《虎头梁旧石器时代晚期遗址的发现》,《古脊椎动物与古人类》1977 年 15 卷 4 期。《中国考古》引。

④《1980 年水洞沟遗址发掘报告》,《考古学报》1987 年 4 期。《中国考古》引。

为维持生存而打制工具，尚无暇琢磨装饰品；只是到了旧石器时代的晚期，初民们熟练地掌握了打制石器的技术，制作出精致的细石器和磨制的骨工具之后，才出现了制作穿孔装饰品的新工艺。从石器工具的制造，到人类最早的装饰品的出现，其间相隔时间漫长。也就是说，此时上距原始人类砸开第一个石块，亦即人类起源之时，已经过去数十万年（恐还不止）矣。

不可小看这些粗陋的装饰品。这类用石头、骨头、贝壳等经过精心磨制和钻孔，然后由用赤铁矿石染成红色的绳子穿起来的串饰，被当作美的象征而长期佩戴，其中无疑蕴涵着原始初民对美的探求。如果说，初民最初制造石工具，主要还是为维持生存，而满足实际效用；那么，到了此时，初民精心磨制这些简单的装饰品，则已开始超越人类最为基本的温饱欲求，用来满足人们精神上的需要和心理上的愉悦。从历史宏观的角度来考察，这些制作简陋的原始装饰品内，包孕的乃是人类最早的审美意识的基因。原始社会的生活，是产生原始艺术的肥沃的土壤。“距今 18000 年前的‘山顶洞人’在磨光的鹿角和鸟骨上刻有疏疏密密的线痕。这些简单的线痕，可能与记事或表意有关，但可以肯定的是，已经具有了某种装饰的意味，并且表现出原始初民在制造工具的同时，已经有初步的审美观念和审美意识的萌动。”①虽然这还算不上是美学思想，充其量也只能说是初民审美观念发生的前期阶段，但原始初民审美意识的萌芽，无疑是人类进步的标志。中国的原始艺术，就发生在原始社会这种土壤之中。

① 刘锡诚《中国原始艺术》，上海文艺出版社 1998 年 4 月，15 页。

与这个漫长进程相伴随的，是原始初民聚居的足迹。“昔太古尝无君矣，其民聚生群处，知母不知父，无亲戚、兄弟、夫妻、男女之别，无上下长幼之道，无进退揖让之礼，无衣服、履带、宫室、畜积之便，无器械、舟车、城郭、险阻之备”（《吕氏春秋·恃君览·恃君》）。由于新式工具的出现，猿人时代的原始游群逐渐结束，而向原始氏族公社的方向发展。与群居乱婚杂交的中国猿人相比，旧石器时代后期的人们开始以比较定居的生活代替了以前的流浪形式，由内婚制改变为外婚制，逐步具有母系氏族社会的雏形。

二、人面鱼纹与裸体女像

自从氏族公社代替了原始游群，人们的生活开始发生重大变化，从狩猎、采集进入了农业和畜牧业，这就是考古学上的新石器时代。这一时期的重要标志，就是磨制石器的使用和陶器的发明。

摩尔根将蒙昧期与野蛮期之交的标志，归之于制陶术的发明。“可以证明，在许多地方，也许是在一切地方，陶器的制造都是由于在编制的或木制的容器上涂上黏土使之能够耐火而产生的。在这样做时，人们不久便发现，成型的黏土不要内部的容器，同样可以使用。”①人们最初烧制陶器，完全是为了实用，如甘肃省秦安县邵店大地湾一期遗址出土的三足钵和河南省新郑县裴李岗遗址出土的双耳三足壶这两件

① 《家庭、私有制和国家的起源》，《马克思恩格斯选集》第四卷，20页。

新石器时代早期的陶器[①]，形态原始，古朴无华，少有附加装饰。

先秦陶塑的第一主题，即对与初民日常生活密切相关的鱼纹的刻画。随着陶器日益成为人类生活中不可或缺的一种器皿，它的形制、种类、装饰纹样也日益由单纯变得复杂，成为人们美术爱好与情感的寄托。这意味着历史前进到距今数千年前的新石器时代，中华文明已经开始露出曙光。且看西安半坡村新石器时代中期仰韶文化遗址出土的两件陶器：

> 鱼纹盆，高 17 厘米，口径 31.5 厘米。用细泥红陶制成。盆外壁用黑彩绘成单体鱼纹三尾，构成连续纹饰。鱼为圆目，巨口，露齿，扬鳍，反映了仰韶文化半坡遗址居民同渔猎生活的密切关系。
>
> 人面鱼纹盆，高 16.5 厘米，口径 39.5 厘米。盆中绘有黑彩的人面纹和鱼纹，对称排列。人面纹外廓为圆形，额的左半部涂成黑色，右半部是一黑色半弧形……眼睛细而平直，鼻梁挺直，神态安详。嘴旁分置两个变形鱼纹，鱼头与人嘴外廓重合。加之两耳旁的两条小鱼，构成形态奇特的人鱼合体，表现出丰富的想像力[②]。

仰韶文化因 1921 年首次发现于河南渑池县仰韶村而得

---

① 高大伦、蔡中民、李映福主编《中国文物鉴赏辞典》，“陶器”。漓江出版社 1991 年 12 月，1 页。

②《中国文物鉴赏辞典》，1 页“陶器”。

名，它的基本面貌是经营原始农业，以种粟为主，饲养家畜，兼营渔猎、采集；其陶器以手制红陶为主。鱼最早出现在仰韶文化的彩陶图案上，这一现象已引起中国美术史论者的普遍注意。它到底是原始人在水中捕鱼的现实描写呢，还是源于早期的原始动物图腾崇拜？我们现在只能加以大致的约略推测。

仰韶文化彩陶上的鱼纹图案既多又复杂，成为仰韶文化尤其是半坡类型的典型纹饰。它的出现，首先说明了当时渔猎经济的盛况，这一点也可从半坡出土的许多捕鱼工具得到证明。这些鱼纹有写实，也有写意；有单体，也有复体。对鱼的描绘展示了半坡初民的写生和概括能力，是原始社会现实生活的写照。但这里还羼杂着作画人丰富的想像，已非现实生活的简单再现。这从原始人对自身的描绘也可见出。“人面多作圆形、眼或睁或闭，眉以上和人中以下为黑底白纹，中间为白底黑纹……在头顶和两侧太阳穴、嘴等部位装饰有鱼纹或向上的弯钩纹”①，这奇特的描绘又使纹样蒙上一层神秘色彩，巧妙地透露出母系氏族社会阶段初民制陶时以鱼为部落图腾的初始心态。

图腾崇拜是原始社会一种最早的宗教信仰，约与氏族社会同时发生。图腾（totem）系印第安语，意为“他的亲族”。原始人相信每个氏族都与某种动物、植物或无生物有着亲属或其他特殊关系，此物即成为该氏族的图腾、保护者和象征。图腾信仰曾普遍存在于世界各地，在近代某些部落和民族中

---

① 卞宗舜、周旭、史玉琢著《中国工艺美术史》，中国轻工业出版社 1993 年 8 月，15 页。

仍然流行。据传图腾往往为全族之忌物，动植物图腾则禁杀禁食[1]，而鱼恰恰是半坡初民的重要食物。他们为什么偏偏先以鱼作为最早的图腾崇拜物？这恐怕就不是“人们在日常生活中常遭受水的威胁……于是深感人比不上水中的鱼……便自然产生出对鱼的崇拜”[2]这样简单的结论所能概括的了，而有着更为严重和严肃的深刻内容。这里面既包括与图腾崇拜相矛盾、却又与生存息息相关的祈求渔猎丰收的含义，更含有人们至为关心却又羞于表达的性观念上的生殖崇拜内容。人类自身的生产和扩大再生产，即种族的繁殖，是远古原始社会发展的决定性因素。而鱼在中国语言中，具有生殖繁盛的祝福含义。闻一多先生的《说鱼》，已经指出了这一点[3]。于是，一生百子、繁衍不绝的鱼类，就自然而然地成为原始初民顶礼膜拜的对象。

原始初民对图腾的崇拜，在内在精神意义上，无疑蕴涵着对初民自身的肯定意识。先秦陶塑由崇拜图腾物象向初民自身形象的演化，有力地证明了这一点。先秦陶塑的另一主题，即对初民自身形象体态的表现模拟。与鱼纹盆大致同时的，有出土于甘肃省秦安县邵店大地湾仰韶文化遗址的人首口瓶：

高 31.8 厘米，口径 4.5 厘米，底径 6.8 厘米。用细泥红陶制成……瓶的器口做成圆雕的人头像，

---

①《辞海》1979 年版缩印本，上海辞书出版社 1980 年 8 月。下引同书，不再一一注明。

②《中国工艺美术史》，15 页。

③ 李泽厚著《美的历程》，23 页。李泽厚著《美学三书》，安徽文艺出版社 1999 年 1 月。

> 人头的形象塑造得细致生动，尤其是头发的发式刻画得十分细腻，头左右和后部皆被发覆盖，前额上也垂着一排整齐的短发。鼻呈蒜头形，眼和鼻都雕成洞孔，因而显得目光深邃，并且鼻翼有生气地鼓起，呈现勇敢而坚毅的神情。嘴唇微张着，似正在言语，人像的神气为之倍增。两耳皆有一小孔，应是垂系饰物的耳孔……①

这件令人惊叹的雕塑作品，其创造之初的作用当然不是普通的摆设。过去，人们因为它那俊美的相貌和勇敢而坚毅的神情，都将其当成男子塑像欣赏；其实，此乃历史造成的误会。因为作为母系氏族社会主宰的妇女，正不妨具备这样的特征。就像古埃及的斯芬克司是由兽、人和神组成的象征物一样，母系氏族公社的初民将对自身的热爱，投射到她们的创造物。换句话说，原始初民在这里全神贯注地精心塑造的，其实乃是孕妇的形象："两头小中间大，腹下部向内曲收，平底。瓶体腹部以上涂浅淡的红色胸衣，以黑彩在腹部画三层斜线与弦线三角组成的二方连续图案"②，这整个华丽流畅的花纹图案，有力地传达出母系氏族社会的初民们，在即将告别茹毛饮血、动荡不稳的狩猎生活，迈向春种秋收、生活相对安定的农业社会的门槛之时，对自身形体充满自豪的展示和品味。与此相呼应的，有 20 世纪后期出土的裸体或半裸体人像，如河北滦平县后台子新石器时代遗址出土的 6 具石雕裸体女像："这 6 具女像均为圆雕作品，其中最为完整的一

---

① ②《中国文物鉴赏辞典》，3 页，"陶器"。

件,高32.7厘米,为裸体孕妇形象,蹲坐姿势,腰腹宽肥,小腹与后腰隆鼓,二乳位置较靠上,曲肘,手抚腹部,表情自然。另一件头部残失的女像,残高20厘米,也为孕妇形象,身体端正,比例适中,颈后部有凸起的发辫。隆乳,曲肘、抚腹,腰腹粗肥,阴部表现夸张,此像通体磨光,肌肤感强。"①又辽宁喀左东山嘴红山文化祭祀遗址发现的两件陶塑裸体孕妇立像:"这两件塑像的头部及右臂都已残缺,其腹部隆起,臀部肥大,左臂抬起,手贴在上腹部,腹下有表现阴部的记号。人像为捏塑而成,但身体比例准确,其中一件还经过打磨,并涂以红彩,说明当时已经脱离了古拙原始的捏塑手法。"②又陕西扶风案板仰韶文化遗址出土的一件小型裸体孕妇陶塑,"头部及四肢均已残缺,残高仅6.8厘米,其乳房丰满,腹部隆起,线条优美,体态丰腴,也是一件较为成功的人体雕塑作品。"③这批线条简练、造型古朴、格调庄重、孕妇特征鲜明的石雕和陶塑作品,是原始初民崇拜生育女神的产物。其创造手法的直露,与半坡初民对鱼的塑造形成鲜明对照。尽管仰韶文化彩陶艺术中那并头交尾、亲密无间的双鱼,从诞生之时起,就含蓄地表达了原始初民对种族繁殖的崇拜和喜爱;但它们不同于这批石雕、陶塑作品和青海大通后子河出土的一件马家窑文化陶瓮上浮塑的那个女子的全身裸体像,它们不像后者那样直观、清楚地表现出人的性别特征,直接反映出原始人

① 赵策《土石之魂——中国古代雕塑发现》,四川教育出版社1996年9月,19、20页。

② 同上,21页。

③ 同上,22页。

的性崇拜习俗[①];其蕴涵的意味也因表达方式的含蓄,显得更为深刻隽永。这些裸体女像,从另一个更为直接的角度,袒露出创造者既热爱生活,又热爱自身,自我展示中不无炫耀意味的情趣。半坡初民在烧制人面鱼纹盆之前,是否也塑造过裸体女像?这还有待于地下埋藏文物的进一步发掘给予证明;从石雕、陶塑作品的直露,到人面鱼纹的含蓄,有着怎样一个过程?含蓄的风格何时以及如何战胜了直露的风格?这其间的曲折就很值得探究。

目前所知最早的陶塑人像,“是在河南密县莪沟北岗裴李岗文化遗址中出土的一件捏塑人头像,像为扁头方脸,前额低平,眉脊粗壮,深目宽鼻,瘪嘴,下颌前突。捏制手法虽简练,但造型生动,有人推测它表现的是一位氏族内老年女性的形象”[②]。这反映出母系氏族公社阶段人们崇拜偶像的情形。“在一切蒙昧人中,在一切处于野蛮时代低级阶段、中级阶段、部分地还有处于高级阶段的野蛮人中,妇女不仅居于自由的地位,而且居于受到高度尊敬的地位。”“他们认为妇女体现着某种神圣的和先知的东西;他们甚至在最重要的事情上也听取妇女的意见。”“外表上受尊敬的、脱离一切实际劳动的文明时代的贵妇人,比起野蛮时代辛苦劳动的妇女来,其社会地位是无比低下的;后者在本民族中被看做真正的贵妇人(lady,frowa,Frau = 女主人),而就其地位的性质说来,她们也确是如此。”[③]这一点也可以从遍布北方草原山地

① 参见《土石之魂——中国古代雕塑发现》,11 页。
② 同上,22 页。
③《家庭、私有制和国家的起源》,《马克思恩格斯选集》第四卷,45、139、46 页。

的原始岩画中得到证明。如山西吉县防风岩新石器时代岩画,“其中一幅,绘一正面裸体女人像,看来是一个正在作法的巫师,头上有倒八字形的饰物,双臂上举,两个肥硕的乳房,两腿叉开,腹下有一圆洞,象征着女阴。巫师之上和下方布有圆形斑点,蕴寓着乞求生殖之意。”①这幅裸体女像表现的,明显是当时女巫的形象。而女巫作为母系氏族公社人们的精神领袖,其所画的每一道符咒,在原始人眼中都具有严重的神圣意义。又新疆阿尔泰山富蕴县唐巴勒塔斯洞窟彩画,“窟之正中用赭红色画一咒符,窟内正面绘有同心圆圈、人面像。左面绘有火炬形、祭物和同心圆圈。右面绘有咒语。底部有一鸟面具和同心圈。”“见于画面的多个同心圈,显然是对女阴的显示。”②这些画面可视作母系氏族公社阶段人们的心态投影。在原始文化发展的较早阶段,人类尚不知道生育的奥秘,他们只能根据自己的感性知识,将生育仅仅看作是妇女的事,以为妇女独自即可生儿育女。众多的裸体女像和公然展示的女阴,确凿无疑地昭示出母权制时代对女阴的崇拜。

初民创造的陶塑女像和裸体女像的高峰,是阴阳合体的裸体人像的出现。如青海省乐都县柳湾六坪台出土的新石器时代中期裸体人像壶:

> 通高33.4厘米,口径19厘米。用细泥红陶制成。形状为唇微外敞,腹部稍鼓,腹下部有双耳,颈

① 盖山林《中国岩画》,广东旅游出版社1996年8月,29页。
②《中国岩画》,91页。

> 肩之间无明显的分界线。颈部略歪，正面塑人头像，余为曲折线。腹部两耳上方绘两大圆圈纹，其间填以网纹。前后又施有蛙纹。唯正面中部蛙纹略去，在空档处浮塑彩绘人体像。此人体是男、女性的复合体。人像的胸前有一对男性乳头，另外，在两边还有一对丰满的女性乳房（乳头用黑彩绘成），人像的腹部既有男性生殖器，又有女性生殖器。①

这个塑绘裸体人像彩陶壶，出现在距今五千年左右，反映出远古人类的性崇拜和性观念。其最有意味之处，是上面塑绘的一人两性别的形象，反映出原始初民生育观念认识的深化。生育作为种族繁衍的头等大事，在这里已不是女性单独垄断的专利，男子在生育中起到的作用正日益被人们认识到，男子在家族中的地位正在悄悄上升。母系氏族社会的高峰，同时即女性统治地位的动摇和母系氏族公社的解体，父系氏族公社正以特有的方式取而代之。从居于统治地位的女性对性情懵懂无知时，那肆无忌惮的对于自身形体的热爱、炫耀、自我展示；到少女们逐渐谙熟其中奥秘时，那半遮半露的对于男女交合羞于出口、以鱼代之的羞涩和隐晦，再到女子们日益注意到男性的威力和作用之后，那不愿承认、却又不得不承认的温柔的妥协，这其间那条隐隐约约的发展脉络，正以其特有的方式向人们昭示着时代观念的演变，以及人类审美观念起源的多元化。

现代考古学也早已证明中华文明的源头并非起于一元。

---

①《中国文物鉴赏辞典》，11页，“陶器”。

20世纪七十年代浙江余姚河姆渡遗址的发现，表明在年代更为久远的新石器时代早期，长江流域同样存在着灿烂的陶器文化。河姆渡陶器亦即黑陶上的图案，表现的是与仰韶文化的彩陶完全不同的另一种美的风格。其他动植物图腾，也正在成为先秦陶塑的主题。且看河姆渡遗址出土的两件陶器：

> 这件黑陶猪纹钵，口宽21.7×17.5厘米，底宽17×13.5厘米，高11.7厘米……这件长方形的异形器，采用原始艺术惯用的对称手法，在钵之两个长侧面的外壁各画有一头形态大致相同、形象颇为写实的猪。对它们的描绘虽然比较简略，但在艺术创造上，制陶人抓住了对象的大体神貌，塑造形象时能从大处着眼，并突出地表现对象的基本特征：肥大的猪头、拱嘴、腹部明显下垂，其笨拙的体态，显然是一头久已驯服了的家猪。①
>
> 黑陶稻穗方钵（高16.8厘米、口径30.5厘米，底径16厘米），在钵的外壁刻有对称的稻穗纹和猪纹图像：一株稻穗居中、直立向上，另外二束沉甸甸有七穗的谷粒向两边下垂。旁边刻画一只猪，形如黑陶猪纹方钵的家猪……②

这同样是一个值得注意的现象。如同河姆渡人创造的

---

① 李纪贤《猪纹》，伍蠡甫主编《中国名画鉴赏辞典》，上海辞书出版社1993年11月，8页。

② 李纪贤《河姆渡文化黑陶稻穗纹方钵》，张秉尧主编《雕塑绘画鉴赏辞典》，中国旅游出版社1993年5月，429页。

黑陶，以由直接在陶坯上画画而成的纹饰，形成与仰韶彩陶判然不同的装饰风格一样，他们以猪和稻穗作为黑陶装饰纹样，也有其特定的意义。在新石器时代，猪不仅是原始人肉食的重要来源，其下颚骨还被当作拥有财富的象征；江南水乡的土壤，又非常适宜于水稻的栽培；以猪纹为代表的动物纹样和以稻纹为代表的植物纹样，这两种不同属性的生物题材同时共存于河姆渡文化的陶器装饰中，反映出农业与家畜饲养相互依存、相互促进的密切关系。这里究竟还有没有巫术图腾的意义？尽管我们还不能对此下一个肯定的结论，但至少可以说，此间的巫术图腾意味，已经完全湮没在浓厚的现实生活氛围之中。这充分说明，在中华文明多元的发源地上，有着多元化的创作环境。初民从中产生了多种创作动机，采用多样题材，表现多种内容，从而形成多元化的审美意识的来源。

还得继续与鱼有关的话题。以前一向被人们视为荒诞无稽的神怪之书，实际上却很可能保留着原始初民世代流传的口头传说和信仰遗迹的《山海经》上，还有关于“鱼妇”的记载：

> 有鱼偏枯，名曰“鱼妇”，颛顼死即复苏。风道北来，天乃大水泉，蛇乃化为鱼，是谓“鱼妇”。（《大荒西经》）

大水中复苏的偏枯之鱼，到底是黄鳝还是泥鳅的写实，在这里并不重要。重要的是，初民脑海中关于人死复生、化为鱼的神奇想像，还有鱼蛇互相变化的图腾信仰演变的痕迹。鱼蛇之类在人们眼中具有的好似死而复生的顽强生存能力,连同它们那子子孙孙数不清的繁殖能力,使原始初民对它们的崇拜,从一开始就具有种族繁殖的神圣性的观念含义。这里需要特别指出的是这鱼的性别——“鱼妇”,其中隐含着母系氏族公社阶段初民的审美观念。原始初民崇拜的偶像,是赤裸裸的女神。上古神话中的羲和、女娲等创造女神,就是这种女性崇拜观念的集中反映。

> 东南海之外,甘水之间,有羲和之国,有女子名曰羲和,方浴日于甘渊。羲和者,帝俊之妻,生十日。(《大荒南经》)
>
> 有人反臂,名曰天虞。有女子方浴月,帝俊妻常羲生月十有二,此始浴之。(《大荒西经》)

这里的描绘与后代的裸体画欣赏有着质的不同。你看,如果除去父系氏族公社以来的后人硬加上去的那一抹“帝俊之妻”的油彩,剩下的不就是初民认为女性创造万物的观念吗?“往古之时,四极废,九州裂;天不兼覆,地不周载;火爁炎而不灭,水浩洋而不息;猛兽食颛民,鸷鸟攫老弱。于是女娲炼五色石以补苍天,断鳌足以立四极,杀黑龙以济冀州,积芦灰以止淫水。苍天补,四极正;淫水涸,冀州平;狡虫死,颛民生。”(《淮南子·览冥训》)“有神十人,名曰‘女娲之肠’,化为神,处栗广之野,横道而处。”(《大荒西经》)原始初民之所以将创造天地万物的伟大功绩皆归之于女神,说到底,还是因为她们创造,或者更确切地说,是生育了万物之灵长的人类:

俗说天地开辟，未有人民。女娲抟黄土作人，剧务，力不暇供，乃引绳絚于泥中，举以为人。故富贵者，黄土人也；贫贱凡庸者，絚人也。(《太平御览》卷七十八引《风俗通义》)

剥落后面两句明显是阶级社会以后之文人所加的等级制度的外衣，露出的就是初民关于黄土造人神话的本来面目。但这只是原始初民找不到人类起源时无可奈何的说法，即使在流传的当时，人们也已对此表示怀疑。伟大的诗人屈原就曾在《天问》中质疑："女歧无合，夫焉取九子？""女娲有体，孰制匠之？"大意是说，女歧没有人和她交合，怎么得到的那么多个孩子呢？女娲造人，女娲的身体又是谁制造的呢？对于类似屈原提出的这类尖锐问题，按说母系氏族公社的领导者即女人们凭直觉应该能够猜到答案，但也许她们出于维护自身统治权的目的，对其中的奥秘一直讳莫如深。于是，对生育女神的崇拜，笼罩了整个母系氏族公社阶段。所以，现在有学者甚至推断"中国各地母系氏族社会遗址出土的彩陶均为祭器：上绘鱼、蛙、花、叶等纹样，均非'图腾'，实为女性生殖器的象征，是远古人类实行女性生殖器崇拜的表现。"①"如果不加讳饰，还事物以本来面目，那么，这位'古人之神圣女'人类伟大的母亲女娲，最原始的面貌便是女性生殖器。崇祀女娲，肇源于远古对女性生殖器的崇拜。其他一

①《中国岩画》，91页，引我国生殖崇拜研究家赵国华语。

切的‘花里胡哨’都是后来缙绅先生施加的‘脂粉’。”①这些都证明母系氏族公社阶段曾相当普遍地存在对女性生殖器的崇拜。“玄牝之门,是谓天地之根。”(《老子》六章)微妙的母性之门,这就是天地的根本②。可见这些赤身裸体的女神像,不仅反映出初民最初的审美意识,也是原始初民万众仰望的精神支柱。

“食、色,性也。”(《孟子·告子上》)如同衣食温饱与性爱欲求共同构成人类生存繁衍的两大支柱,进而成为人类共有的天性,母系氏族公社初民从一开始就触及到的人面鱼纹与裸体女像,这两个看似分道扬镳、实则紧密联系殊途同归的主题,后来虽形式屡经变换,却经久不衰,成为中国乃至世界艺术长河中的永恒主题。

三、部落图腾与原始乐舞

能够成为远古初民氏族部落图腾的,当然不只蛇和鱼。《山海经》中有的是这类关于动物图腾的记载:

> 凡西次三经之首,崇吾之山至于翼望之山,凡二十三山,六千七百四十四里。其神,状皆羊身人面。(《西山经》)
>
> 凡东次三经之首,自尸胡之山至于无皋之山,凡十九山,六千九百里。其神,状皆人身而羊角。

① 《中国岩画》,91 页,引龚维英《女娲本来面目探源》。
② 张松如《老子说解》,齐鲁书社 1998 年 4 月,45 页。

(《东山经》)

又东北百五十里，曰骄山。……神蟲围处之，其状如人面，羊角虎爪……(《中山经》)

这里孕育着人之初时审美意识的胚胎。关于美是什么，学者们做过字源学上的探究。“美”字，从字源学看，据汉朝许慎《说文解字》为：“甘也。从羊，从大。”宋朝徐铉注：“羊大则美，故从大。”即认为羊长得很肥大就“美”。在这些人眼里看来，无论是羊，抑或猪、鱼，只要长得很肥大，都算得上是“美”。这种看法当然是以口腹之欲的快感，代替了人们从事审美活动时的美感，其幼稚是毋庸置喙的；但不要忘记，这里说的可是距今数千年前的初民啊，我们怎么能要求他们舍弃最基本的生存条件，去进行什么超脱于物质生活之上的审美呢？所以《说文解字》很干脆地说：“羊在六畜，主给膳也”，即初民认为味道好吃就美。明乎此，我们再来看那些陶器上的图案，就不会再觉得难以索解：无论仰韶彩陶的鱼纹盆、人面鱼纹盆，还是河姆渡黑陶的猪纹方钵和稻穗纹方钵，蕴蓄的最为基本的含义，还是因为这些题材给人们提供了维持种族生存与延续都不可或缺的生活资料。这时的美“与善同意”(《说文解字》)。还有另一种看法，认为“羊人为美”，因为甲骨文和金文中的“美”字，好似一个人头戴着羊头在跳舞的样子①。从这个角度来看，所谓“羊身人面”、“人身而羊角”、“人面羊角”，并不是生物学上的畸形怪胎，而是一个人头戴

① 萧兵《楚辞审美观琐记》，《美学》第3期。见李泽厚、刘纲纪主编《中国美学史》第一卷，安徽文艺出版社1999年5月，75－76页。

着用羊头做成的头饰在舞蹈。如同《山海经》等典籍中的"神"字所指示出的,这个人并不是寻常的普通人,而是某个氏族部落的巫师,亦即该部族实际意义上的首领和精神领袖。这两种看法看似针锋相对,实则有一点是共通的:无论"羊大为美",还是"羊人为美",反正离不开羊这个原始氏族部落的图腾。《山海经》中提到的"×首×身"、"×首×尾"之类,很可能都是大大小小的原始氏族部落的巫师和首领们,头戴或身披着该部族的图腾领舞时的形象:

> 凡西次二经之首,自钤山至于莱山,凡十七山,四千一百四十里。其十神者,皆人面而马身。其七神,皆人面牛身,四足而一臂,操杖以行,是为飞兽之神。(《西山经》)
>
> 又西三百二十里,曰槐江之山。……实惟帝之平圃,神英招司之,其状马身而人面,虎文而鸟翼,徇于四海,其音如榴。……爰有滛水,其清洛洛。有天神焉,其状如牛,而八足二首马尾,其音如勃皇,见则其邑有兵。(《西山经》)
>
> 西南四百里,曰昆仑之丘。是实为帝之下都,神陆吾司之。其神状虎身而九尾,人面而虎爪,是神也,司天之九部及帝之囿时。(《西山经》)
>
> 凡北次三经之首,自太行之山以至于无逢之山,凡四十六山,万二千三百五十里。其神,状皆马身而人面者廿神。……其十四神,状皆彘身而载玉。……其十神,状皆彘身而八足蛇尾。(《北山经》)

凡东次二经之首，自空桑之山至于䃌山，凡十七山，六千六百四十里。其神，状皆兽身人面载觡。(《东山经》)

又东二十里，曰和山。……九水出焉，合而北流注于河，……吉神泰逢司之。其状如人而虎尾……(《中山经》)

凡厘山之首，自鹿蹄之山至于玄扈之山，凡九山，千六百七十里。其神，状皆人面兽身。(《中山经》)

凡苦山之首，自休与之山至于大騩之山，凡十有九山，千一百八十四里。其十六神者，皆豕身而人面……苦山、少室、太室……其神，状皆人面而三首。其余属皆豕身人面也。(《中山经》)

凡荆山之首，自翼望之山至于几山，凡四十八山，三千七百三十二里。其神，状皆彘身人首。(《中山经》)

审美活动的内容、倾向性和形式，决定于人们的社会生活条件。在原始氏族公社时期的历史条件下，初民所进行的一切与审美创造有关的实践活动，首先要服从其所在的氏族部落群体精神上的需要。这些材料反映出的，乃是原始初民集体歌舞的场面。明乎此，则《尚书》中夔所谓“予击石拊石，百兽率舞”(《虞书·舜典》)，讲的就不再是高明的驯兽师在指挥群兽起舞；而是虞舜召开部落联盟大会时，在乐师夔敲打拍击原始石制乐器的伴奏下，与会的各加盟部落首领纷纷踊跃起舞的那热烈红火的盛大场面。尤其是这个“率”字，明确地指示出头戴着本氏族图腾的各氏族部落的巫师和首领们,率领本氏族初民舞蹈作乐的核心作用。它使人联想起1973年出土于青海省大通县上孙家寨遗址384号墓的新石器时代中期舞蹈纹彩陶盆:

> 主题纹饰彩陶纹,五人一组,手拉手,面向一致,头侧各有一斜道,似为发辫,摆向画一,每组外侧两人的一臂画为两道,似反映空着的两臂舞蹈动作较大而频繁之意。人下体三道,接地面的两竖道,为两腿无疑,而下腹体侧的一道,似为饰物……①

研究者发现,“值得注意的,就是下腹体侧的这道饰物。在踏着节拍的双腿后面,为什么还多着一条尾巴呢?并不是真正有什么长了尾巴的人面虎身的神或人,这一传说正是曲折地反映了母系氏族社会的某些生活侧面,描述了那些从事原始宗教仪式或舞乐活动的、装着兽尾、身上画着虎纹的原始人。在以狩猎为主的氏族,在舞乐或祭祀活动中,把自己打扮成狩猎的对象或自己氏族的图腾,这是再平常不过的。”②这摆弄着尾巴舞蹈的画面,可能就是几个图腾相似的氏族部落的首领,结成联盟时集体表演的狩猎舞。“昔葛天氏之乐,三人操牛尾,投足以歌八阕。”(《吕氏春秋·仲夏纪·古乐》)后来传说中的大禹治水时化为黄熊开山,很可能也是在治水时,禹穿戴披挂着熊图腾,率众进行的以劳动为

---

① 青海省文物管理处考古队《青海大通县上孙家寨出土的舞蹈纹彩陶盆》,《文物》1978年第3期。

② 金维诺《舞蹈纹盆与原始舞乐》,《文物》1978年第3期。

主要内容的舞蹈。最早的舞字，画的就是一个人两手提着牛尾巴在跳舞的样子①。这里的舞蹈，不是后代单纯文娱意义上的舞蹈，它有着某种严肃的宗教意义，同时反映出中华大地上最早的氏族部落的图腾情形。无论人面马身、人面牛身、人面兽身，还是人面虎尾、豕身人面、彘身人面，描述的都是原始社会形形色色的氏族部落的图腾旗帜。《山海经》中提到的诸神形状，多取似人非人、似兽非兽、人兽之间的形象，就是这批被图腾神化的巫师，所演绎的拟人化的动物舞蹈与部族图腾。这些音乐舞蹈绝非在讴歌分裂，而是反映出中华民族在地域上由分散逐步走向统一、在意识形态领域由多元逐步演变成一元之前的自然形态。这些怪人、怪兽、怪物，实际上是远古人类人兽不分的混沌思维在造神上的反映。他们汇聚一堂，反映出母系氏族公社阶段，各氏族部落和平共处、共同发展的部落大团结的情形。这些加盟于虞舜部落大联盟的氏族部落的图腾，虽然随着时光的流逝，该部落同化于所加盟的部族而逐渐淡化，但它们并未永远消失，而是在历史的记忆中沉积下来，成为人们潜意识中的一部分。后来中华民族尤其是汉族中盛行的十二生肖，很可能就是这些原始图腾的变形。汉朝王充《论衡·物势》、蔡邕《月令问答》、晋朝葛洪《抱朴子·登涉》，直到南朝陈沈炯作《十二属诗》，

① 文学艺术研究院舞蹈研究室、王克芬编著《中国古代舞蹈史话》，人民音乐出版社 1980 年 1 月，8 页。

都有这方面的记载[①]。

关于艺术起源，历来多有争论。例如，艺术到底是起源于劳动呢？还是起源于祭祀和娱乐？在笔者看来，其实这三者正不妨统一起来考虑。初民们从劳动中受到启迪，在庆祝丰收、祭祀部族图腾时，载歌载舞，享乐诸神，以求更大丰收，初民们自身也从中得到娱乐。远古召开部落联盟大会时，那一派部落首领头戴图腾面具，率领众人翩翩起舞的景象，就是最好的说明。显然，这与西方美学家的传统观点并不一致。自从西方美学问世以来，审美态度应该超脱于现实生活中的实用功利和是非判断之外，似乎已成定论。然而，中国先秦美学思想潮流发展的历史实践，却无法遵守西方美学家们制定的这一金科玉律。中华民族的审美意识，中国原始审美观念中对美的认识和理解，从一开始，就与初民为谋求生存条件而奋斗的善，盘根错节地纠缠在一起，难以用明确的标准将二者截然分开。这使得中华美学在最初的起点上就与西方美学不同，表现出中华民族独具特色的特殊性。“动物只是按照它所属的那个种的尺度和需要来建造，而人懂得

---

① 王充《论衡·物势》：“寅，木也，其禽虎也；戌，土也，其禽犬也；丑、未，亦土也，丑禽牛，未禽羊也；木胜土，故犬与牛羊为虎所服也。亥，水也，其禽豕也；巳，火也，其禽蛇也；子，亦水也，其禽鼠也；午亦火也，其禽马也；水胜火，故豕食蛇；火为水所害，故马食鼠屎而腹胀。”蔡邕《月令问答》：“凡十二辰之禽，五时所食者，必家人所畜。丑牛未羊戌犬酉鸡亥豕而已。其余龙虎以下非食也。”葛洪《抱朴子·登涉》：“山中寅日有自称虞吏者，虎也……卯日称丈人者，兔也……辰日称雨师者，龙也……巳日称寡人者，社中蛇也……午日称三公者，马也……未日称主人者，羊也……申日称人君者，猴也……酉日称将军者，鸡也……戌日称人姓字者，犬也……亥日……称神君者，猪也。子日称社君者，鼠也……丑日称书生者，牛也。但知其物名，则不能为害也。”沈炯《十二属诗》：“鼠迹生尘案，牛羊暮下来。虎啸生空谷，兔月向窗开。龙隰远青翠，蛇柳近徘徊。马兰方远摘，羊负始春栽。猴栗羞方果，鸡跖引清杯。狗其怀物外，猪蠡窅悠哉。”

按照任何一个种的尺度来进行生产，并且懂得处处都把内在的尺度运用于对象；因此，人也按照美的规律来构造。”①哲人所说的美的规律，正是人类在同自然和社会斗争的过程中，经过长期摸索，逐渐积累起来的与真和善相统一的真谛。山顶洞人精心制作的含有象征美好祝福意义在内的串饰如此，新石器时代中期表现原始人把自己打扮成氏族图腾以从事祭祀活动的舞蹈纹彩陶盆仍如此。从遥远的茹毛饮血的史前时代走出以后，母系氏族公社的初民用她们勤劳的双手，不仅创造了人类赖以维持生命的简单粗陋的物质基础，而且在这简陋的物质基础之上，塑造出以仰韶文化为代表的最早的一代陶器文化，成为酝酿先秦审美意识的温床。

---

① 马克思《1844 年经济学哲学手稿》，《马克思恩格斯选集》第一卷，中共中央马克思恩格斯列宁斯大林著作编译局编，人民出版社 1995 年 6 月第 2 版，47 页。

第二篇　先秦美学观念的蕴蓄

一、 从图腾融合到神话萌生

也许是由于反映原始初民物质生活的出土文物具有极高的含金量的缘故,同样表现原始初民精神生活的上古神话,在人们心目中总显得有些稚嫩苍白。其实,这是一种不应有的误解。上古神话在先秦美学思潮中的实际作用,并非如后人想像的那样单薄,而是有着盘根错节根茂实遂的深厚文化底蕴。上古神话的实际情形,从多种角度向我们指出这一点。

首先得从神话的发源谈起。尽管关于神话的定义众说纷纭,但在这一点上却可以达成一致意见:那就是它是原始思维的产物,带有浓厚的集体创作的色彩。神话并不是原始社会中个人的创造物,而是初民氏族部落群体集体无意识的折射。就像图腾乃是氏族的保护者和象征一样,散见各地的神话所描述的中心,首先是作为该氏族至高无上的精神标志的图腾。在最初的发源地上,神话与初民崇拜的图腾是相辅相成,互为依托的。图腾是神话形象的具象化表现,神话是图腾的演绎式解说诠释。《山海经》等古代典籍中那些关于氏族部落图腾的记录,就是上古最为基本意义上的神话。如上所述，母系氏族公社阶段，在“万方”、“万邦”、“万国”等氏族部落联盟大会上舞动的林林总总的图腾旗帜，其代表的氏族部落大小、人口多少，及其对其他图腾部落影响的深浅程度，亦即该图腾的内涵意义，并不是均等的。据《山海经》记载，其中最活跃而突出的佼佼者，当数蛇图腾部落的旗帜：

> 凡北山经之首，自单狐之山至于堤山，凡二十五山，五千四百九十里。其神，皆人面蛇身。（《山海经·北山经》）
>
> 凡北次二经之首，自管涔之山至于敦题之山，凡十七山，五千六百九十里。其神，皆蛇身人面。（《山海经·北山经》）
>
> 又东一百五十里，曰夫夫之山。……神于儿居之，其状人身而身操两蛇……（《山海经·中山经》）
>
> 又东南一百二十里，曰洞庭之山。……是多怪神，状如人而载蛇，左右多操蛇。多怪鸟。（《山海经·中山经》）

这些以前一向为人们忽略的记载，已经具备了神话的要件。这不仅由于此间有一个或几个神，而且这些神各有自己的、虽然简略但却明显存在着的行事。虽然这些行事在时间上非常久远，以致某些神的行事已经渺茫难寻，但从中反映出的初民的原始思维，仍使我们不难看出，初民对蛇的崇拜，已经不是衣食温饱和性爱欲求这样基本的解释所能概括的了。要而言之，那是一丛对神秘动物由畏惧而敬畏，进而引作自己氏族保护神，从中得到赖以维系自信的精神支柱的复杂情结。以"万物有灵"观念为核心的原始神话思维,其最终指向就是英国人类学家爱德华·伯内特·泰勒(Edward Burnett Tylor)在《原始文化》一书中所说的"拟人化"。随着部落财产的增加,私有制开始冒头,由此引发最初的争夺。初民一方面觊觎着别人的财富,另一方面又想保护自己的财产不受侵犯,于是生发出寻找一种可怕的动物来做部落保护神的强烈愿望。他们以为这样一来,就达到了类似原始巫术那样,既可以伤害敌人,又可以保护自己的目的。而隐蔽在水泽草中,守如室女、动如脱兔的蛇,恰好适应了人们的这种祈求神秘莫测的未知力量保护自己的心理需求。所以《山海经》中,才有这么多蛇身人面和载蛇、操蛇的神话。这些蛇图腾部族,与其肯定地说是一个以统一的图腾为号召的大团族①,毋宁客观地说,更多的倒是在不同的地域和地理环境条件下,散居着的一大批小部落。其对于蛇图腾的崇拜,从一开始就带有不约而同、不期而至的多元化性质特征。此乃人类社会最早的思想潮流。其中既有与初民生存休戚相关的切身利益支撑,又包孕着人类社会最初的审美观念的胚胎。这股信仰崇拜蛇图腾的思潮不仅流布中原,而且将影响范围弥漫扩大到当时的海外。"西方蓐收,左耳有蛇"(《海外西经》),"北方禺疆,人面鸟身,珥两青蛇,践两青蛇。"(《海外北经》)"巫咸国在女丑北,右手操青蛇,左手操赤蛇"(《海外西经》)"博父国在聂耳东,其为人大,右手操青蛇,左手操黄蛇"(《海外北经》),"黑齿国……在竖亥北,为人黑手,食稻使蛇,其一蛇赤。""雨师妾在其北,其为人黑,两手各操一蛇,

① 闻一多《伏羲考》,《神话与诗》,华东师范大学出版社 1997 年 1 月,27 页。

左耳有青蛇,右耳有赤蛇。”(《海外东经》)这里面当然不排除为着共同的信仰崇拜走到一起的联合与约定,甚或信仰不一致时的争斗与征服,但更多的,还是初民观念形态的不约而同。其间不知流传过多少神话,可惜多数都已湮没无闻。蛇图腾神话的影响,一直蔓延到汉朝。汉石室画像中的伏羲与女娲,这两位人类始祖,中国的亚当与夏娃,均作人首蛇身的男女二人两尾相交之状。操蛇之神后来甚至演化成为一方土地的雅称,《列子·汤问》中述愚公移山事,就有关于这方面的记载。

在当时,与蛇图腾同时流行的,还有从蛇图腾衍生而出的龙图腾的旗帜:

凡东山经之首,自樕𧑒之山以至于竹山,凡十二山,三千六百里。其神,状皆人身龙首。(《山海经·东山经》)

又东百三十里,曰光山。……神计蒙处之,其状人身而龙首……(《山海经·中山经》)

凡首阳山之首,自首山至于丙山,凡九山,二百六十七里。其神,状皆龙身而人面。(《山海经·中山经》)

凡岷山之首,自女几山至于贾超之山,凡十六山,三千五百里。其神,状皆马身而龙首。(《山海经·中山经》)

闻一多先生认为,龙图腾的形成,是一个以大蛇为图腾的团族兼并吸收了许多别的形形色色的图腾团族的结果[①]。此说大致是不错的。与希腊神话和传说中的宙斯大神仍须受命运女神摆布这一现象衍生出后代西方的“三权分立”的思想和社会制度不同,中国上古图腾融合的神话反映出的是中华民族由分散走向统一,由多元汇聚演变成一元的心理历程。严格地讲,有关图腾的传说并非童话,而是人类童年时期的神话。一个部族图腾的形成,往往是兼并吸收了数个加盟部落氏族图腾的结果。如传说中声名煊赫的西王母,就是数个母系氏族结合而成的联盟首领:“昆仑之丘……有人,戴胜,虎齿,有豹尾,穴处,名曰西王母。”(《山海经·大荒西经》)“玉山,是西王母所居也。西王母其状如人,豹尾、虎齿而善啸,蓬发戴胜,是司天之厉及五残。”(《山海经·西山经》)郭璞注:“蓬头乱发;胜,玉胜也。”“主知灾厉五刑残杀之气也。”这正是穴居野处的初民酋长,亦即母系氏族部落联盟首领的形象。西王母领导的联盟,就是兼并吸收了以豹、虎为图腾的诸部落氏族而形成。龙图腾形成过程中的情形,亦与此类似。试看辽宁省朝阳市牛河梁出土的新石器时代红山文化玉猪龙:

> 高15厘米,最宽10厘米,横截面最厚4厘米。器用青色岫岩玉料琢制而成,……器形呈“C”字形,中央有一大圆孔,头部特别肥大,与全身不成比例,三角形两耳竖立头顶,目圆睁,眼周琢饰瓜子形圈,吻部突出,鼻上有许多阴线皱纹,口微张开,露出一

① 闻一多《伏羲考》,《神话与诗》,华东师范大学出版社1997年1月,27页。

对尖齿。兽身扁圆光滑，首尾弯成一圈，相接处以一条缺而不断的口相隔。颈背有一两面对钻而成的小圆孔。造型奇特夸张，琢制精巧，表现出较高的艺术修养①。

红山文化因1935年发现于辽宁赤峰红山而得名，其年代约与仰韶文化中晚期相当。关于这件玉器塑造的到底是什么形象，前人颇有疑问，“有的认为是龙，有的认为是猪”，估计可能是猪图腾氏族部落与龙蛇图腾氏族部落集团刚刚开始结合时二者的混合体。“这种兽形玉猪龙头上无角，身上无鳞，腹部无足，有较浓厚的自然界动物的特征，是龙的雏形。”②与此风格接近的，有1971年出土于内蒙古自治区翁牛特旗三星他拉村红山文化遗址的玉龙：

> 高约26厘米，玉料为碧绿色岫岩玉，龙身弯曲，呈“C”字形，双唇紧闭，吻部前伸并略往上翘，鼻端截平，两圆形鼻孔，双眼外凸，前眼角有棱，眼细而长，眼尾略略上翘，额、颚阴刻细密风格纹，颈部占龙身三分之二，颈背琢以长鬣，龙尾粗而短促。背脊靠颈处有一供穿系佩挂的圆孔，……此器刻工精细，造型奇异，栩栩如生，极富动感……③

然而无独有偶，“此龙缺乏角、鳞和足，不失原始玉龙的

①《中国文物鉴赏辞典》，168页，“玉器”。“造型”之“造”，原文作“选”。“圆孔”之“孔”，原文作“穿”。

②③《中国文物鉴赏辞典》，168页，“玉器”。

特色，与文献中描述的龙，存在较明显的差异。”①红山文化的玉龙之所以缺乏角、鳞和足，正是各部落图腾的兼并、吸收和融合尚未最后完成的标记。可见这兼并与吸收，是一个漫长的过程，其中有着几多反复，并非一蹴而就。至少在《山海经》所记录的那个远古时期，还是诸图腾并存的加盟形式的联盟，只是到后来，才形成统一意志的军事群体。从历史的角度而言，夏朝时的夏王，其实际地位只是氏族部落联盟的盟主；而春秋时的“五霸”所重温的，亦不过是对原始氏族社会初民盟会制度的朦胧记忆而已。

图腾之间的融合与分立，无疑蕴涵着某种观念形态上的同异。在龙图腾联盟形成的当时，足以与之相抗衡的，就还有以鸟为图腾的部落：

> 凡济山经之首，自辉诸之山至于蔓渠之山，凡九山，一千六百七十里。其神，皆人面而鸟身。（《山海经·中山经》）
>
> 凡荆山之首，自景山至琴鼓之山，凡二十三山，二千八百九十里。其神，状皆鸟身而人面。（《山海经·中山经》）

鸟在初民观念中，至少具有与蛇同样的神秘，这不仅见之于商族、秦族、满族等原始民族的始祖，皆系其母亲吞鸟卵而生的神话传说，而且从中反映出初民的图腾生殖崇拜，以致后人长期将男性生殖器称作“鸟”。当年西王母联盟麾下，

① 《中国文物鉴赏辞典》，168 页，“玉器”。

亦有鸟图腾部落的旗帜。“西王母梯几而戴胜，杖。其南有三青鸟，为西王母取食，在昆仑虚北。”（《山海经·海内北经》）“有三青鸟，赤首、黑目，一名曰大鹂，一名少鹂，一名曰青鸟。”（《山海经·大荒西经》）因此，也只有像鸟这样的图腾信仰，才具有与蛇龙图腾崇拜相抗衡的实力。试看陕西华县泉护村一座仰韶文化晚期墓葬中出土的陶鹰鼎：

> 尖嘴、勾喙，两只外凸的双目发出攫取的光，森森然，使人望而生畏。鹰伫足而立，双腿粗大，劲健有力，与尾羽巧妙地分成三个支点，成鼎足之势。……这件鹰鼎通高36厘米，没有器耳和把手，而且出于墓葬之中，有的专家估计实用性不大，可能是作为祭祀用的礼器①。

倘若此推论属实，则祭祀礼器如此，其他仪式及器物雕塑亦可推想而知。鸟图腾既然是男性生殖器的象征，则初民由母系氏族社会的女性崇拜，向父系氏族社会的男性崇拜的演变推移，从传说时代既已悄然开始。初民把以令人敬畏的目光俯视于下的鹰，作为供奉膜拜的神主，使本来就很神秘的祭祀仪式，更增添了凝重的气氛。再看上海市青浦县福泉山墓葬出土的新石器时代良渚文化早期鸟兽纹玉琮：

> 高5厘米，孔径6.7至6.9厘米，壁厚0.3至0.6厘米，玉料呈湖绿色。体呈委角长方柱形，上

---

① 杨庚新《鹰鼎》，《雕塑绘画鉴赏辞典》，6页。“劲健”之“劲”，原“文作”颈。

大下小，中心有一圆形穿孔。……柱的每一面都有上下两组形式略异的兽面纹，还有以阴线刻琢制的两个侧身鸟纹位于每个兽面纹的两侧面。……此琮雕琢细腻，尤其是以细如毫发的阴线刻出鸟纹，是良渚文化早期琮的代表，堪称绝品①。

不同的氏族发源于不同的地域，其出土文物自然不可一概而论。但是正因为如此，我们可以看出鸟图腾波及范围之广，对初民影响之深。司马迁以汉代大一统意识，努力将上古史写成一元，遂形成后人之一元化观念模式；然而，上古历史的实际情形，说到底，还是多元发展。只有充分认识到这一点，很多现象才能得到恰当的解释。

对于蛇和鸟这两大神秘图腾的崇拜和信仰究竟起源于何时，现在已很难说出其确切年代了。但有一点却很明显，那就是它们与其他图腾崇拜物曾经长期共存，互相制约，共同作为飘扬在中华大地上的精神旗帜。只是到后来，在漫长的中国封建社会过程中，它们才逐渐演变成为“龙凤呈祥”的审美标志，成为占统治地位的图腾崇拜物乃至封建社会至高无上的帝王的象征。而这一现象本身，即已透露出二者谁也无法克制对方，独居上风的消息。所以在二者出现的当时，就已经存在着那些依违于龙与鸟两个巨大图腾信仰崇拜之间，对二者同时奉行的部落：

凡南次二经之首，自柜山至于漆吴之山，凡十七山，七千二百里。其神，状皆龙身而鸟首。（《山海

①《中国文物鉴赏辞典》，171页，“玉器”。

经·南山经》)

凡洞庭山之首,自篇遇之山至于荣余之山,凡十五山,二千八百里。其神,状皆鸟身而龙首。(《山海经·中山经》)

部族图腾的兼并融合,并非完全出于初民自愿,而是有着一个强迫与自愿相结合的曲折历程。与联盟大会上的歌舞相映衬的,是战场上血雨腥风的鏖战搏杀。从根本上来说,中国文明大门的打开,更多地不是源于初民的载歌载舞,而是与这血与火紧密联系在一起的。倘若将整个中国文明的进程,看作在不同历史阶段的民族大融合的话,那么,先秦,即为此过程的前半部分。兼并融合,是以战争为主、和平为辅的方式进行的。融合需要更多的和平,兼并则不可避免地要通过战争。就在这战争与和平相交替、强迫与自愿相结合的过程中,萌发出中国文学史上最早的上古神话。

在神秘未知的传说时代,初民直接感触到的,首先是他们最为系念的自身生存问题,亦即人与自然的竞争。上古传说中的伏羲氏、有巢氏、燧人氏和神农氏,无一不是为人类求生存而与大自然进行斗争的英雄。“古者包牺氏之王天下也,……作结绳而为网罟,以佃以渔。”(《易·系辞下》)“上古之世,人民少而禽兽众,人民不胜禽兽虫蛇。有圣人作,构木为巢以避群害,而民悦之,使王天下,号曰有巢氏。民食果蓏蚌蛤,腥臊恶臭而伤害腹胃,民多疾病。有圣人作,钻燧取火以化腥臊,而民悦之,使王天下,号之曰燧人氏。”(《韩非子·五蠹》)“包牺氏没,神农氏作,斫木为耜,揉木为耒,耒耨之利,以教天下。”(《易·系辞下》)这些被后人称为“圣人”

的英雄人物,亦即渔猎、建筑、取火、农耕的创始人,实际上是人们将对大自然进行的生存斗争中所积累的经验和智慧,附会给某一个人而产生出来的理想化了的人物。而原始氏族部落初民口中半人半神的后羿,则是扫除自然灾害的英雄:

> 帝俊赐羿彤弓、素矰,以扶下国,羿是始去恤下地之百艰。(《山海经·海内经》)
>
> 逮至尧之时,十日并出,焦禾稼,杀草木,而民无所食;猰貐、凿齿、九婴、大风、封豨、修蛇,皆为民害。乃使羿诛凿齿于畴华之野,杀九婴于凶水之上,缴大风于青丘之泽,上射十日而下杀猰貐,断修蛇于洞庭,擒封豨于桑林,万民皆喜,置尧以为天子。(《淮南子·本经训》)

此传说中之后羿,与后来东夷部族那位仰慕后羿业绩、因而以为己名的有穷后羿,实为两人。高诱注《淮南子》、郭璞注《山海经》,于此辨之甚详。即使在这些传说中,也每每将扫除自然灾害的美好理想,与现实生活中氏族部落间的血腥斗争混合在一起。如后羿所射之九日,可能既是初民实地感受上古大旱酷热时的合理想像,同时也是几个崇拜太阳、以太阳为图腾的氏族部落横行一时的痕迹;又如猰貐、凿齿、九婴、大风、封豨、修蛇等等,也可能都是曾危害原始氏族社会安全、因而被后羿消灭的氏族部落的图腾旗帜。“冯珧利决,封豨是射。何献蒸肉之膏,而后帝不若?”(《楚辞·天问》)羿手持宝弓,套着扳指,射死巨大的野猪,将蒸祭的肥肉隆重奉献;而后帝即部落联盟首领帝俊、尧等人心中并不顺畅，可能就是不喜欢他诛杀太重的缘故。只是由于初民记忆朦胧，才只记住了其外在形象，而将其象征的内在意蕴逐渐淡忘。之所以会如此，乃是因为，物竞天择的自然法则，直接警示着每一个原始初民，使他们在追求维系生存的基本条件的同时，不得不考虑如何才能在无情的自然界中生存下去，这一与每个人休戚相关的严峻课题。

羽民国……其为人长头，身生羽。一曰，……其为人长颊。

欢头国……其为人人面有翼，鸟喙，方捕鱼。

厌火国……兽身黑色，生火出其口中。

长臂国……捕鱼水中，两手各操一鱼。

不死民……其为人黑色，寿不死。（《山海经·海外南经》）

"任何神话都是用想像和借助想像以征服自然力，支配自然力，把自然力加以形象化"①。如本书前面所提到的，在远古时代，生产力极其低下，在恶劣的自然环境中，初民的寿命十分短暂。初民被同伴们的过早夭折所震撼，悲哀之余，脑海中生发出种种美好的幻想。于是，就有了这些身生羽翼，火出口中，臂长过人，长生不老的神话。这是传说时代的第一阶段，即人类与自然界相抗争占生活主导地位的阶段，在初民脑海中留下的遗迹。也许，羽民国就是最早的鸟图腾

① 马克思《〈政治经济学批判〉导言》（摘自 1857－1858 年经济学手稿），《马克思恩格斯选集》第二卷，中共中央马克思恩格斯列宁斯大林著作编译局编，人民出版社 1995 年 6 月第 2 版，29 页。

部族给初民脑海留下的模糊印象？后代中国艺术长河中那些三头六臂、吞刀吐火、变化莫测的艺术形象，盖源于此欤？而这一切，都是为了指向那根本的目的，即追求长生。直到战国时代，诗人屈原仍在向往："何所不死？长人何守？"（《楚辞·天问》）"仍羽人于丹丘兮，留不死之旧乡。"（《楚辞·远游》）可见这一长生情结的根底有多么深厚。但是，追求长生，正说明时人无法长生。人类征服自然的美好理想之不能实现，其实本身也是一种潜在意义上的悲剧。于是就出现了精卫填海、夸父逐日等人与自然抗争的悲剧人物和悲壮意象。

> 发鸠之山，其上多柘木。有鸟焉。其状如乌，文首、白喙、赤足，名曰精卫，其鸣自詨，是炎帝之少女，名曰女娃，女娃游于东海，溺而不返，故为精卫，常衔西山之木、石，以堙于东海。（《山海经·北山经》）
>
> 大荒之中，有山名曰成都载天。有人珥两黄蛇，把两黄蛇，名曰夸父。……夸父不量力，欲追日景，逮之于禺谷。将饮河而不足也，将走大泽，未至，死于此。（《山海经·大荒北经》）

这是初民最早的悲剧观念和悲剧意识，即人类与自然界抗争的悲剧。女娃作为部落首领之女，在初民心目中的位置可不言而喻。但即使是她，仍然无法逃脱溺海而死的厄运。这充分说明，初民的生命安全正受到严重威胁。女娃灵魂化为精卫，衔木、石填海，乃是初民以弱小的身躯、微薄的能力，与严酷的自然界相抗争的精神写照。这是人与自然界的战争。上古神话中记录的那一幕幕令人心碎的千古憾事,反映出人类最早的征服自然的努力,表现出最早的悲剧美。初民正常且合乎历史及人类思维发展规律的悲剧意识,是从什么时候起,开始逐渐转化为后代的大团圆结局的?这里面的嬗变过程及其反映出来的规律性,就很值得探究。如果说,精卫填海反映出的母系氏族部落向大海的宣战,还带有被迫卷入的被动反抗的悲凉;那么,到了夸父逐日这里,则已是执著追求的主动出击的悲壮。夸父在与自然界的竞争中甚至曾一度占据上风,"夸父与日逐走,入日,渴欲得饮,饮于河、渭;河、渭不足,北饮大泽。未至,道渴而死。弃其杖,化为邓林"(《山海经·海外北经》)。毕沅注:"邓林,即桃林也。"抓住时间,是多少代人不懈努力所寻求的终极目标。夸父本来是追不上日,即时间的,可是在初民的想像中,他实现了追上时间这一人类共有的愿望。这种借助想像以征服自然的努力,使神话中以身实践的夸父虽逝犹荣。就连其身后遗物,尚且化为桃林造福后人,益发见出夸父在初民心目中,实在是一位不朽的英雄。中华民族多舍身取义的英雄勇士,其滥觞当在于此。这是中国美学主潮的源中之源。

传说时代的第二阶段,是人类社会内部矛盾,即群体与群体之间争斗现象的出现。由于初民起源的多元,各氏族由母系氏族公社进入父系氏族社会的进程自然就不可能同步。因而出现有的已进入父系氏族社会,有的还停留在母系氏族公社阶段的现象。即使后代史家津津乐道的母系氏族公社阶段,社会生活也并非如他们想当然地推论的那样,到处笼罩着温情脉脉的和睦气氛;至少,在这一阶段后期,人类社会内部最初的血与火的争斗,即已开始。母系氏族公社并非彻头彻尾皆是温情脉脉的和平阶段，由母系氏族向父系氏族公社阶段的过渡，伴随着初民由渔猎向农耕的过渡，以及与此接踵而至的，由和平向战争的过渡。随着氏族部落内部剩余财产的出现，人与自然抗争的主题在神话传说中的位置，开始被氏族部落间的战争这一更为激烈的主旋律所取代。《史记》、《山海经》等古代典籍在描述上古图腾的融合时，时时暴露出原始部族之间互相征战的痕迹。首先是炎、黄、蚩尤之战：

> 神农氏世衰，诸侯相侵伐，暴虐百姓，而神农氏弗能征。于是轩辕乃习用干戈，以征不享，诸侯咸来宾从。而蚩尤最为暴，莫能伐。炎帝欲侵陵诸侯，诸侯咸归轩辕。轩辕乃修德振兵，……教熊、罴、貔、貅、貙、虎，以与炎帝战于阪泉之野。……蚩尤作乱，不用帝命。于是黄帝乃征师诸侯，与蚩尤战于涿鹿之野，遂擒杀蚩尤。（《史记·五帝本纪》）

茅盾先生作《神话研究》，批评古代诗人将神话历史化，斥之为神话的“厄运”[①]。其实，神话传说之演变为变相历史，归根结底，还是与炎、黄以来黄河流域农业民族注重实际，不相信天上会掉馅饼，不富于幻想有关。神话的历史化虽然是神话的不幸，但反过来说，却也可以为后人保留下了历史的模糊影子，乃至以神话传说补充信史的某些不足。即如在

①《中国神话研究初探》，载茅盾《神话研究》，百花文艺出版社 1981 年版，129 页。

龙、凤图腾集团尚未最后形成的历史阶段,类似于炎、黄、蚩尤之间这种波及整个黄河流域的大战的爆发,乃是历史前进中的必然。据《史记集解》引:“神农氏作,是为炎帝。”(皇甫谧语)“教民耕农,故号曰神农。”(班固语)可见,母系氏族公社这一社会阶段并非如后人想像的那样,从没发生过战争;而是在由渔猎阶段向农耕阶段过渡的同时,也经历了从和平向战争的过渡。如司马迁所记载,先是由炎帝即神农氏族教会其他氏族农耕,受众部落推荐,担任农耕部族联盟首领;其他氏族向炎帝氏族交纳收获的剩余产品。后来,炎帝氏族的统治日见衰落,无力平定其他氏族之间的互相侵扰;其他氏族又不堪忍受炎帝氏族日益繁重的征收,转而投奔同样已进入农耕阶段的黄帝即轩辕氏族。黄帝氏族积蓄力量,逐步扩大势力范围;终于发展到羽翼丰满,率领这些以熊、罴、貔、貅、貙、虎为图腾的氏族部落,向炎帝氏族的统治发起挑战,拉开了中原大战的帷幕。这是一次兴师动众旷日持久的战争。双方在阪泉之野大战,“三战,然后得其志。”(《史记·五帝本纪》)黄帝这才取代炎帝,登上农耕部落联盟首领之位。然而战争并未就此结束。昔日与炎帝氏族相抗衡的蚩尤氏族,本来就没有投奔黄帝氏族,战斗力偏又最强,此刻揭起反抗的旗帜;黄帝调集麾下所有能够调动的军事力量,与蚩尤氏族在涿鹿之野决战。这是比上次大战更为艰苦卓绝的战争。究其原因,即在于蚩尤氏族不同于衰落的炎帝氏族,乃是一个正在崛起的桀骜不驯的氏族部落。据传说,“有蚩尤兄弟八十一人,并兽身人语,铜头铁额,食沙、石子。造立兵杖、刀、戟、大弩,威振天下,诛杀无道,不慈仁。”(《史记正义》引《龙鱼河图》)“蚩尤兄弟七十二人,食铁石。耳鬓如剑戟,头有角；与轩辕斗，以角抵人，人不能向。”（刘恕《通鉴外纪》）这当然是传说得有些玄乎其神了。但若透过铜头铁额、头上有角、食铁、沙、石子这些神话色彩的遮盖，仍可以看出，这个氏族保持着更多的原始野性。如前所述，兽身、人语，乃是原始图腾部落的自然形象；所谓兄弟八十一人、七十二人云云，可能就是八十一或七十二个以各种野兽之身为图腾的氏族部落的首领。这些部落已经掌握了初步的冶炼技术，每天像吃一样地融化着大量的铁矿石，用来制造兵器，然后四处出击，能征善战。以黄帝麾下那些已经进化温和了的农耕部族，与这刀耕火种、茹毛饮血的原始部族决战，其损失之大，不难想像。“万民欲令黄帝行天子事。黄帝仁义，不能禁止蚩尤，遂不敌。天遣玄女，下授黄帝兵信神符，制服蚩尤，以制八方。”（《太平御览》卷七十九引《龙鱼河图》）众多农耕氏族部落，共同拥戴黄帝出任部落联盟首领，这个万民之“令”，准确地道出当时选举制度具有原始母系氏族社会阶段的部落议事会议推选性质。即使是这个推选，也难以令蚩尤等部落心服，于是一场大战的爆发在所难免。“蚩尤出自羊水。八肱八趾，疏首。登九淖以伐空桑。黄帝作《棡鼓之曲》十章。”（《归藏·启筮》）“蚩尤帅魑魅与黄帝战于涿鹿，帝命吹角作龙吟以御之。”（杜佑《通典》）蚩尤氏族当然不是初民头脑中想像出来的畸形怪物，而是头戴其麾下各氏族部落图腾，集聚融合起来的军事联盟。这些图腾是那样的离奇古怪，以致在胆战心惊的农耕部族初民眼中看来，竟如同传说中山林里能害人的怪物一般。而黄帝氏族所作的棡鼓之曲、吹角龙吟，也就是在原始战争中创作的最早的军旅交响乐。从史籍中也可以看出，黄帝氏族部落本身远非蚩尤氏族的对手，要依靠以龙为图腾的部族应龙为主力部队迎战，在玄女、天女等众多母系氏族部落首领的共同协助下，才能最后制服蚩尤氏族。“蚩尤作兵伐黄帝，黄帝乃令应龙攻之冀州之野，应龙畜水，蚩尤请风伯、雨师纵大风雨，黄帝乃下天女曰魃，雨止，遂杀蚩尤。”（《山海经·大荒北经》）这里面无疑包容着大量的部落图腾演变的历史，以及被历史湮没的神话。原始社会初民对于战争的记忆未必同于历史学家的记述，这一点从各地散落的神话中也可以感觉得出来。如黄帝氏族虽然经历几度腥风血雨，取得了原始战争的胜利，这才坐稳了部落联盟首领的位置，建立起新的农耕部族联盟；但战争带来的负面影响是巨大的：“魃不得复上，所居不雨。”（《山海经·大荒北经》）大战过后，赤地千里，哀鸿遍野，饿殍满地，是触目可见的景象。初民有见于此，哀怨之情，溢于言外。而蚩尤虽然战败，但初民并未将其归入丑类，流传后代的传说表明人们很难将其遗忘。就连战胜蚩尤的黄帝，遇事也得借重这位昔日敌手的威名。“蚩尤没后，天下复扰乱，黄帝遂画蚩尤形象以威天下，天下咸谓蚩尤不死，八方万邦皆为弭服。”（《史记正义》引《龙鱼河图》）尊崇蚩尤的风俗，到后代仍然未改：“（秦）始皇遂东游海上，行礼祠名山大川及八神，……三曰兵主，祠蚩尤。”“高祖（刘邦）初起，祷丰枌榆社。徇沛，则祠蚩尤，衅鼓旗。”（《史记·封禅书》）非仅帝王如此，民间亦然：“秦汉间冀州有乐，名蚩尤戏。其民三三两两，头戴牛角而相抵。汉造角抵戏，盖其遗制也。”（任昉《述异记》）“蚩尤冢在东平郡寿张县阚乡城中，高七丈，民常十月祀之。有赤气出，如匹绛帛，民名为‘蚩尤旗’。”（《史记集解》引《皇览》）凡此种种，皆可见蚩尤在后人心目中，仍是一位失败的英雄。

在司马迁等史学家划定的上古传说时代五帝系列中，炎、黄二帝之后，还有帝颛顼统治时期。司马迁称其“帝颛顼高阳者……静渊以有谋，疏通而知事；养材以任地，载时以象天，依鬼神以制义，治气以教化，絜诚以祭祀。北至于幽陵，南至于交趾，西至于流沙，东至于蟠木。动静之物，大小之神，日月所照，莫不砥属。”（《史记·五帝本纪》）颛顼不仅控制的区域较炎、黄二帝时代范围更为扩大，而且开始在控制区域内治理群巫，将祭祀活动规范化。观射父在回答楚昭王关于《周书》所谓重、黎使天地不通的问题时这样解释：“古者民神不杂。民之精爽不携贰者，而又能齐肃衷正，其智能上下比义，其圣能光远宣朗，其明能光照之，其聪能听彻之，如是则明神降之，在男曰觋，在女曰巫。”（《国语·楚语下》）可见原始氏族公社最初自发产生的巫师实属凤毛麟角；“及少昊之衰也，九黎乱德，民神杂糅，不可方物。夫人作享，家为巫史，无有要质。民匮于祀，而不知其福。烝享无度，民神同位。民渎齐盟，无有严威。神狎民则，不蠲其为。嘉生不降，无物以享。祸灾荐臻，莫尽其气。”（《国语·楚语下》）随着祭祀活动的普及，民间自发产生的巫师越来越盛，几乎达到全民皆巫的盛况，由“民神杂糅”进而至于“民神同位”，这对于一向受初民崇拜的神灵来说，不啻是一种亵渎。于是颛顼推行宗教改革，“颛顼受之，乃命南正重司天以属神，命火正黎司地以属民，使复旧常，无相侵渎，是谓绝地天通。”（《国语·楚语下》）对于传说时代初民在意识形态领域进行的这场变革，学者称之为“宗教里面从低级向高级上升的一个大进步”①。先秦各族皆为注重的祭祀乐舞,从此成为氏族公社部落联盟祭坛之上举行隆重大典时的重要内容。

> 帝颛项生自若水,实处空桑,乃登为帝。惟天之合,正风乃行,其音若熙熙凄凄锵锵。帝颛项好其音,乃令飞龙作效八风之音,命之曰《承云》,以祭上帝。乃令鱓先为乐倡,鱓乃偃寝,以其尾鼓其腹,其音英英。(《吕氏春秋·仲夏纪·古乐》)

此间之风,实即各原始氏族部落歌吟咏唱的代称。高诱注:“赵云:言八方之风,各得其正也”。可见颛顼在这里做到的,乃是汇集散居四面八方的各个氏族部落各自风行的祭祀乐舞,并使之规范化,以用之于部落联盟的祭坛。这里最具有原始氏族公社阶段时代特色的,是那率先受命领舞的乐倡,竟是以黄鳝为部落图腾的表演者。这位身披模仿黄鳝皮舞衣的舞蹈者仰天而卧,用想像中的黄鳝尾巴去拍打自己的腹部,发出嘤嘤的美妙声音,整个舞蹈趣味盎然,活现出传说时代初民对鱼图腾的崇拜。以政令治理群巫,以乐舞规范祭祀,帝颛顼因此成为继炎、黄二帝之后,又一位影响最大的氏族部落联盟的首领。如此至高无上的统治地位,与各氏族部落当初结盟时遵循的民主平等原则,自然是背道而驰的。由于受物质利益分配和谋求统治权欲望的驱使,部落联盟之间爆发了一场更为骇人听闻的战争:

---

① 徐旭生《中国古史的传说时代》,科学出版社 1960 年 3 月,83 页。

昔者共工与颛顼争为帝,怒而触不周之山,天柱折,地维绝。天倾西北,故日月星辰移焉;地不满东南,故水潦尘埃归焉。(《淮南子·天文训》)

舜之时,共工振滔洪水,以薄空桑,龙门未开,吕梁未发,江淮通流,四海溟涬,民皆上丘陵,赴树木。(《淮南子·本经训》)

昔共工之力,触不周之山,使地东南倾;与高辛争为帝,遂潜于渊。(《淮南子·原道训》)

初民原始思维模糊混乱,分不清颛顼与尧、舜、禹等原始氏族部落联盟首领的年代差别,这是可以理解的。但即使从这支离不全的记载中,我们仍可以窥见当年部落联盟内部各图腾团体明争暗斗的痕迹。共工冲冠一怒,以头触山,折天柱,绝地维,以图打破颛顼的垄断地位,那是何等巨大的勇气!难怪现代伟人称之为“胜利的英雄”;然而这毕竟只是神话而已。从历史文献上的记载来推测,共工风姓,“景风之所生也”(《淮南子·地形训》),乃是最先领导初民治水的氏族部落首领,在《史记·五帝本纪》记载的部落联盟议事会议上,欢兜就曾推荐他继任部落联盟首领之位,只是因为唐尧未首肯,这一提议才搁置下来;《山海经》之《海外北经》、《大荒北经》上所记载的“共工之臣相柳氏”“共工之臣名曰相繇”,就明显是与共工氏族利益一致的部落。空桑,疑即部落联盟首脑聚会和举行办公会议之大本营,起码是众氏族部落之主要聚居地。颛顼很可能是以其所在的氏族部落“实处空桑”的地利之便,而当选为“帝”,即当时的部落联盟首领。所谓“共工振滔洪水，以薄空桑”，意在指责共工以洪水要挟部落联盟联席会议，企图谋取“帝”，即部落联盟首领之位；但也正是这一指责，透露出治水大军曾一度掌握在共工手里，由共工指挥调度。因而欢兜才称赞共工“旁聚布功”，意即能广泛地聚集民众，建立业绩。《史记·律书》上说“颛顼有共工之阵，以平水害。”文颖注：“共工，主水官也。”“本主水官，因为水行也。”（《史记集解》）其实共工也无须更改河道，破坏治水；只要在紧要关头，率领治水大军消极怠工，洪水自己就会冲决一切。众人瞩目的不周山，可能就是原始人模糊记忆中的那些被洪水冲垮的高山的代称。相对于炎、黄、蚩尤之战来说，共工和颛顼间的这场战争持续时间更久，战斗也更激烈。“共工之臣曰相柳氏，九首，以食于九山。相柳之所抵，决为泽溪。”“相柳者，九首人面，蛇身而青。不敢北射，畏共工之台。”（《山海经·海外北经》）“共工之臣名相繇，九首蛇身，自环，食于九土。其所呜所尼，即为源泽，不辛乃苦，百兽莫能处。”（《山海经·大荒北经》）此处之“九”，疑非确指，盖言其多而已。这么多以蛇为图腾的氏族部落汇聚到共工麾下，其所向披靡的战斗力可想而知。“禹杀相柳，其血腥，不可以树五谷种。禹厥之，三仞三沮，乃以为众帝之台。”（《山海经·海外北经》）“禹湮洪水，杀相繇，其血腥臭，不可生谷，其地多水，不可居也。禹湮之，三仞三沮，乃以为池，群帝因是以为台。”（《山海经·大荒北经》）倘若将原始初民思维次序颠倒、搞不清颛顼与禹孰先孰后这一点忽略不计，则尸横遍野、血流成河、赤地千里、五谷不生，正是当年鏖战过后的惨烈景观，可谓触目惊心。政治形势的转移，自然要借助军事力量的参与，古今中外，概莫能外。如果《史记·五帝本纪》所记录的皆为信史，则原始社会后期早已不是桃花源。"邻人的财富刺激了各民族的贪欲，在这些民族那里，获取财富已成为最重要的生活目的之一。他们是野蛮人：掠夺在他们看来比劳动获得更容易甚至更光荣。"[①]随着氏族部落剩余物质财富的出现而萌发的部落联盟首领的贪欲和权势欲，诱惑着几多英雄为之竞相折腰；原本要经过各部落民主推选的联盟首领之位，成为人们觊觎的目标，部落联盟间的纷争此伏彼起。蚩尤、共工虽然未能如愿，对部落联盟首领之"帝"位不服者，仍大有人在。在《山海经》中，就可看到这些失败者坚持抗争的影像。

> 刑天与帝至此争神，帝断其首，葬之常羊之山。乃以乳为目，以脐为口，操干戚以舞。（《海外西经》）

刑天，一作刑夭，乃在战场上牺牲的无名战士的代表。干，即盾牌；戚，是一种形似大斧的兵器。后来成为宫廷乐舞主体的那"执其干戚，习其俯仰诎伸，容貌得庄焉"（《礼记·乐记》）的"天子之乐"、"干戚之舞"，盖源于此欤？刑天这种战斗不已的顽强精神，深为后世文人所推崇，陶渊明就曾赞美"刑天舞干戚，猛志固常在"（《读〈山海经〉》）但这也正说明，部落联盟首领的统治正四处起火，昔日原始氏族部落和睦聚会、其乐融融的太平景象，已经一去不复返了。

当然，并非只有人与人之间的争斗和战争才能成为上古神话传说的惟一主题，传说时代给初民的印象也并不都是烽

① 《家庭、私有制和国家的起源》，《马克思恩格斯选集》第四卷，164页。

火狼烟。毕竟他们的先人经历过那种氏族上下团结一致共同奋斗,有食同吃,有火同烤,和平安谧,其乐融融的集体生活,原始氏族公社末期社会状况的剧烈变革产生的巨大动荡,并没有将他们心中对于人类社会究竟应该如何的理想完全扼杀殆尽。一部《山海经》中,就屡屡有关于理想国的神话:

> 有臷民之国。帝舜生无淫,降臷处,是谓巫臷民。巫臷民朌姓,食谷,不绩不经,服也;不稼不穑,食也。爰有歌舞之鸟,鸾鸟自歌,凤鸟自舞。爰有百兽,相群爰处,百谷所聚。(《大荒南经》)
>
> 有沃之国,沃民是处。沃之野,凤鸟之卵是食,甘露是饮。凡其所欲,其味尽存。爰有甘华、甘柤、白柳、视肉、三骓、璇瑰、瑶碧、白木、琅玕、白丹、青丹,多银、铁。鸾鸟自歌,凤鸟自舞,爰有百兽,相群是处,是谓沃之野。(《大荒西经》)
>
> 西南黑水之间,有都广之野,后稷葬焉。爰有膏菽、膏稻、膏黍、膏稷,百谷自生,冬夏播琴。鸾鸟自歌,凤鸟自舞,灵寿实华,草木所聚。爰有百兽,相群爰处。此草也,冬夏不死。(《海内经》)

这就是初民对于美好生活的理想。与其说是理想,倒不如说是初民对往昔和平安谧的美好生活的模糊回忆。此间之巫臷民,尚带有巫师酋长掌权的时代,亦即母系氏族社会阶段的色彩。你看,这里不是还处于纺织术未发明之前,人们以采摘漫山遍野丰盛的植物果实为主、以简单粗放的农耕为辅的原始蒙昧时期吗？在无阶级社会全面崩溃、人类大踏步进入阶级社会那动荡不已的年代，人们倘若能过上这种自食其力、不必担忧战火将至的生活，也就算是理想国了。所以，尽管当时流传的这些神话思维简单，稚气十足，但却正是在这里，孕育着原始初民审美理想的胚胎。汉代以后的伪书《列子》中《汤问》、《黄帝》篇所记之终北之国、华胥氏之国、列姑射山等理想国神话，皆从此处发展而来。即使在此，初民还没有放弃对以图腾乐舞为主体的原始音乐舞蹈艺术的喜爱。那各篇雷同的自歌自舞的鸾鸟、凤鸟，就是鸟图腾部落的酋长巫师们载歌载舞的身姿倩影的写照。

现在让我们回到本节开头的地方来。如果将《山海经》等古代典籍中涉及的神话归纳整理，那么我国上古的神话传说应该说还是颇为精彩的。其中大肆宣扬龙蛇图腾氏族玄乎其神的业绩，如氏族的赫赫战功："应龙已杀蚩尤，又杀夸父，乃去南方处之，故南方多雨"（《山海经·大荒北经》）、"应龙处南极，杀蚩尤与夸父，不得复上。故下数旱，旱而为应龙之状，乃得大雨"（《山海经·大荒东经》）；和图腾的神秘威力："钟山之神，名曰烛阴，视为昼，瞑为夜，吹为冬，呼为夏，不饮，不食，不息，息为风，身长千里。在无䏿之东。其为物，人面，蛇身，赤色，居钟山下"（《山海经·海外北经》）、"西北海之外，赤水之北，有章尾山。有神，人面蛇身而赤，直目正乘，其瞑乃晦，其视乃明，不食不寝不息，风雨是谒。是烛九阴，是谓烛龙。"（《山海经·大荒北经》）；以及由此生发的氏族集团无所不能的描述："巴蛇食象，三岁而出其骨，君子服之，无心腹之疾，其为蛇青、黄、赤、黑"（《山海经·海内南经》。满族入关前创建之正黄、正白、正红、正蓝、镶黄、镶白、镶红、镶蓝八旗制度，盖源于此欤?)；“帝俊生晏龙，晏龙是为琴瑟”(《山海经·海内经》)；又客观表述其他氏族图腾的势力范围：“中容人食兽、木实，使四鸟：豹、虎、熊、罴。”“白民销姓，黍食，使四鸟：虎、豹、熊、罴。”(《山海经·大荒东经》)“有叔歜国，颛顼之子，黍食，使四鸟：虎、豹、熊、罴。”(《山海经·大荒北经》)一部《山海经》，类似这样“使四鸟”的部落有十余处之多，充分表现了传说时代图腾起源多元化的特点。龙蛇图腾与凤鸟等图腾在不同的地域各自成长，为日后初民审美观念渐趋成熟，打下了坚实的基础。

二、从母权制向父权制过渡

就在母系氏族社会初民在部落联盟聚会上跟随着她们的巫师酋长手舞足蹈的同时，伴随着物质财富的增长和频繁的战争，一场巨大的变革正在向母系氏族部落的初民，首先是她们的巫师酋长走来。不管母权制时代的女人们是否愿意，母权制社会的巅峰，同时也就是它崩溃的前奏。人类历史上的第一场前所未有的革命——母权制解体的时代到来了。

我们一向所说的夏、商、周，首先是在不同时间、不同地域发源兴起的三个并存的原始部族，然后才是由于某种历史机缘先后入主黄河流域，在历史上前后相次的三个王朝。“三者之间有横向交流，又有纵向的继承关系。夏、商、周是平行并存的三大部族，因此，三种文化都保持自己的个性，具有相对稳定的特征”①。根据有关文献记载，原始社会末期长期定居在中原地区的河南西部和山西南部的夏部族，最早通过将氏族部落联盟转化为方国联盟的形式，建立我国第一代父系家长制国家，即等级制阶级社会。而在上古神话中，夏族的祖先却诞育于一位贞洁受孕的圣女：

鲧娶于有莘氏之女，名曰女嬉。年壮未孳，嬉于砥山，得薏苡而吞之，意若为人所感，因而妊孕。（《吴越春秋·越王无余外传》）

父鲧妻修己，见流星贯昴，梦接意感，又吞神珠薏苡，胸坼而生禹。（《史记正义》引《帝王世纪》）

这是夏族流传的“图腾感生”神话和古老的剖腹产相结合而产生的朦胧记忆。后来商、周二族也有类似的神话传说。或许，这就是信息时代人工受精、试管婴儿技术在远古时代先民潜意识冰山底层的文化积淀？过去人们以为，这些说法是夏、商、周三族的后裔，后来为了神化他们的开国祖先而有意编造的神话；现在学者指出，“这些图腾感生神话，原本都是母亲们为维护其式微的母权制而编造的谎言”②。屈原就曾质疑：“女歧无合，夫焉取九子？”（《楚辞·天问》）注：“女歧，神女，无夫而生九子。”（朱熹《楚辞集注》）女歧没有丈夫，为什么能够产下九个孩子呢？“在母系社会，人们‘只知其母，不知其父’。人们不了解男女交合而怀孕产子的秘

① 李炳海《部族文化与先秦文学》，高等教育出版社 1995 年 11 月，12 页。
② 江林昌《楚辞所见母权制向父权制转变诸现象考》，《东岳论丛》1996 年第 4 期，84－91 页。

密，认为生儿育女只是妇女们特有的功能，母亲们便被视作神物而地位显赫，男子则只有处于辅助服从的地位。后来，妇女生育的秘密渐渐大白于世，于是，在女方，为了母权制的长治久安，为了维护其生育的神圣功能，她们便创造了'图腾感生'神话，宣扬其之所以能生育，并不是男女交合所致，而是由于氏族图腾神相感应的缘故。这在当时实在是一种很巧妙的骗局。它一方面可以借助本氏族的图腾神以庄重妇女的地位，另一方面又可排除男子参与生育这一事实。""由于这些被附上图腾神话而产生的儿子，恰好成了父系社会的第一个祖先。以后的父权统治者们，为了宣扬其祖先产生的神异性，以便更好地统治国家、愚弄民众，便将这些图腾感生神话保留了下来。这是母亲们所不曾想到的"①。从记载看来，夏女嬉所感为植物图腾，可见农业劳作已开始在夏族初民的生活中占据重要地位。这类"图腾感生"神话影响的余波，一直蔓延到汉朝。汉高祖刘邦之母"其先刘媪尝息大泽之陂，梦与神遇。是时雷电晦冥，太公往视，则见蛟龙于其上。已而有身，遂产高祖。"(《史记·高祖本纪》)过去以为，这则传说是汉朝人为了美化开国皇帝，而有意创造出来以自神其说；现在看来，那可能也是一个披着绘有蛟龙图案的长袍，或者干脆就是赤身裸体，袒露出通身遍体的蛟龙文身的龙部族的传人。只是因为古时人神不分，目击这一惊心动魄场面的刘太公又被霹雳闪电吓得头昏眼花，才没有看清楚罢了。这是龙图腾感生说遗留的痕迹。东汉时哀牢族传说其

① 江林昌《楚辞所见母权制向父权制转变诸现象考》，《东岳论丛》1996年第4期，84－91页。

民族起源,是“哀牢夷者,其先有妇人名沙壹,居于牢山。尝捕鱼水中,触沉木若有感,因怀妊十月,产子男十人。后沉木化为龙,出水上,沙壹忽闻龙语曰:‘若为我生子,今悉何在?’”(《后汉书·西南夷传》)同样是宣扬图腾感生,而否定男子参与生育这一事实。在《山海经》中,还有关于“女子国”的传说:“女祭、女戚在其(奇肱之国)北,居两水间,戚操鱼、䱇,祭操俎。”“女子国在巫咸北,两女子居,水周之。一曰居一门中。”(《海外西经》)郭璞注:“有黄池,妇人入浴,出即怀妊矣。”《后汉书·东夷传》:“又说海中有女国,无男人。或传其国有神井,窥之辄生子云。”这些无夫而孕的神话传说,都是母系氏族社会盛行女性崇拜的曲折反映。《魏书·吐谷浑传》谓吐谷浑北“又有女王国,以女为主”;《隋书·西域传》谓“女国在葱岭之南,其国代以女为王”;《新唐书·西域传》谓东女国“以女为君”,则是由此形成的母权制氏族部落或古国的遗风。

但这只是女子一方的一厢情愿。在男子一方,自从觉察了生育的秘密之后,争夺生育权的斗争就已开始。《楚辞·天问》在谈到鲧、禹治水及禹的诞生时,有一段意味深长的话:“永遏在羽山,夫何三年不施?伯禹腹鲧,夫何以变化?”意思是问:鲧长期耽搁在羽山,为什么几年不出来治水?大禹从鲧的腹中生出,父亲鲧又怎么能从腹中生出儿子禹来呢?对后面这一点,前人每为曲解,多不能自圆其说,都是因为不了解原始氏族社会的发展规律所致。《楚辞·天问》中“伯禹腹(于)鲧”,实际反映了我国古代氏族社会由母权制向父权制过渡时曾经有过的一种“产翁制”习俗。“在男方,为了争夺生育权,不仅要否定怀孕是妇女的功能,而且要证明分娩养育孩子是男人们的事。”“当妇女生下孩子后，他们就把妇女赶到地里去劳动，而自己却做起了‘产婆娘’，这就是所谓‘产翁制’现象”①。《山海经》中，关于“有丈夫之国”（《大荒西经》）、“其国无妇人也”（郭璞注）、“丈夫国在维鸟北，其为人衣冠带剑”（《海外西经》）、“终身无妻，产子二人，从背肋间出”（《太平御览》卷三六一引《玄中记》）的记载，就是父权制萌生时期父亲们脑海中关于“产翁制”的模糊印痕。这在文明人看来，自然是极其可笑的；但在鲧大言不惭地宣布自己从腹中生出儿子禹的当时，却是压抑既久，其发必速的矫枉过正之举。“大约鲧时的产翁习俗，除坐月子之外，还要在家继续护理孩子三年。”“鲧腹生禹后，在家三年，不再担任治水工作，并因此而误了治水进程”②。试想，洪水汤汤荡荡，怀山襄陵，浩浩滔天，是何等要紧的时刻，鲧却在这时撂挑子不干，还说是“腹生禹”，装模作样地做起了“产翁”，怎不令母权制氏族社会的巫师酋长们震怒？可是就鲧的立场来说，那却是一位意在建立父权制的氏族首领，在同母权制社会争夺领导权而未成，失去自制时做出的激愤之举。《吕氏春秋·恃君览·行论》曾透露过此中原委：

> 尧以天下让舜，鲧为诸侯，怒于尧曰：“得天之道者为帝，得地之道者为三公。今我得地之道，而不以我为三公？”以尧为失论，欲得三公。怒甚猛兽，欲以为乱。比兽之角，能以为城；举其尾，能以为旌。召之不来，仿佯于野，以患帝。

① ②江林昌《楚辞所见母权制向父权制转变诸现象考》。

此间“甚”字，当为“其”之误。鲧治水有年，却没有当上所期望的三公，怨恨尧不重用自己，于是一方面煽动、激怒麾下那些以猛兽为图腾的家族，准备发动一场军事暴乱；另一方面仿效共工之法，中止治水工程，想用滔滔水“患”要挟唐尧，强迫唐尧就范。可见，鲧反对的是母权制的禅让制，“尧以天下让舜”；他要求的是实行父权制，“欲得三公”。这在母权制氏族社会的巫师酋长们眼里，“自然是大逆不道”①。所以在《尚书·虞书》中，鲧就被唐尧指斥为“方命圮族”（《尧典》），而“殛鲧于羽山”（《舜典》）也因之成为虞舜四次平叛的丰功伟绩之一了。“洪水滔天，鲧窃帝之息壤，以堙洪水，不待帝命，帝令祝融杀鲧于羽郊”（《山海经·海内经》）。在这个明显带有初民口头传说痕迹的神话中，鲧倒真有点像古希腊神话中的普罗米修斯。普罗米修斯从天上盗取火种到人间，因此被宙斯锁在高加索山崖，每日遭神鹰啄食肝脏；鲧则窃取为帝垄断的可以“自长息无限”（郭璞注）的息壤，去为人民堵塞洪水，最后献出了自己的生命。所区别的，只是普氏的伤口夜间还能愈合，在欧洲文艺作品中，一直是个敢于抗拒强暴，不惜为人类幸福牺牲一切的英雄形象；而鲧既遭诛杀，就再也没有复活，并且以无能的失败者形象载入史册。这不能不说是鲧历史性的悲哀。过去人们普遍认为，鲧的失败在于治水无方；其实，这只是鲧在日常公务中的举措失误而已。“不任汩鸿，师何以尚之？佥曰‘何忧’，何不课而行之？鸱龟曳衔，鲧何听焉？顺欲成功，帝何刑焉？”（《楚辞·天

① 江林昌《楚辞所见母权制向父权制转变诸现象考》。

问》)屈原就曾一针见血指出此中漏洞:既说鲧不能担当治水的重任,众人为什么要推荐他?大家都说“何必担忧”,为什么不先试一下?既然鸱龟曳衔的治水之计有误,鲧为什么还要听从?按照鲧的方法治水,未必不能成功;唐尧和虞舜为什么决定用那样严厉的刑罚,对鲧处以极刑?可见所谓治水无方,不过是母权制领袖为达到消灭叛逆鲧的目的,而找到的合理借口而已。说穿了,鲧真正的失败,在于他在各种历史条件尚不成熟之时,就贸然跳出来,反对正处于巅峰时期的母权制,要求实行尚处于孕育状态的父权制。在各氏族部落都还没有意识到母权制已过时的时代,鲧单独跳出来反对母权制,要求实行父权制,等待他的就只能是注定不可避免的失败命运。“尧欲传天下于舜。鲧谏曰:‘不祥哉!孰以天下而传之于匹夫乎?’尧不听,举兵而诛杀鲧于羽山之郊。”(《韩非子·外储说右上》)“舜……巡狩,行视鲧之治水无状,乃殛鲧于羽山以死。天下皆以舜之诛为是。”(《史记·夏本纪》)这些材料都透露出鲧当时为此进行的抗争。但母权制社会上下皆以舜为是,即使鲧再鸣冤叫屈,又能奈何!“鲧婞直以亡身兮,终然夭乎羽之野。”(《楚辞·离骚》)甚至在所谓“四凶”之中,对鲧的处罚也是最重的:“流共工于幽州,放欢兜于崇山,窜三苗于三危,殛鲧于羽山,四罪而天下咸服。”(《尚书·虞书·舜典》)母系氏族社会的法律可谓温和之至:共工等发动叛乱,挑起战争,矛头所向,直指当时执政者,不过是流放之罪;但惟独对鲧却处以极刑,究其原因,就在于鲧所犯的罪行,乃是企图推翻当时现行的母权制社会制度之故。这是“历史的必然要求和这个要求的实际上不可能实现之间的悲剧性的冲突”①。鲧作为父权制社会的先驱，因冒进而招致杀身之祸，其为之奋斗终身仍未能实现的父权制理想，只能留取河山待诸后人。

随着男女结合再由女子妊娠生育的事实被初民认识，“‘产翁制’便随着文明的加强而渐趋消失了”②；但与之俱来的姓氏亦即子女归属权之争，却变得日益激烈起来。在母权制时代，因为生育权为女子专有，“谁是某一个孩子的父亲是不确定的”，“世系就只能从母亲方面来确定，因此，也只承认女系。”“他们的子女却属于这个集团，因为只有唯一确知的母方世系才具有决定的作用。”③“黄帝之子二十五人，其同姓者二人而已。”“凡黄帝之子，二十五宗，其得姓者十四人，为十二姓。姬、酉、祁、己、滕、箴、任、荀、僖、姞、儇、依是也。”（《国语·晋语四》）黄帝的儿子们之所以姓氏众多，就是因为他们不能留在黄帝所在（亦即黄帝母亲的）氏族内跟从父姓，而必须留在他们自己母亲的氏族内，跟母亲的氏族姓。初民甚至以出生时母亲所在氏族之姓氏为姓④，“尧初生时，其母在三阿之南，寄于伊长孺之家，故从母所居为姓也。”（《史记索引》引皇甫谧语）“黄帝以姬水成，炎帝以姜水成。……故黄帝为姬，炎帝为姜”（《国语·晋语四》），惟独不跟父姓。鲧以生命相实践的“产翁制”，并未能要回儿子的生育权即跟从父姓的权利，“禹母修己吞薏苡而生禹，因姓姒氏。”（《史记索

① 恩格斯《致斐·拉萨尔》(1859 年 5 月 18 日)，《马克思恩格斯选集》第四卷，560 页。

② 江林昌《楚辞所见母权制向父权制转变诸现象考》。

③《家庭、私有制和国家的起源》，《马克思恩格斯选集》第四卷，38、39 页。

④ 江林昌《楚辞所见母权制向父权制转变诸现象考》。

引》引《礼纬》)真正争取到这一权利的,乃是其子禹。禹在母权制后期,曾依照当时风俗,结识其他氏族女子,过走访婚生活①,“禹袒入裸国”(《战国策·赵策》二),“禹之裸国,裸入衣出,因也。”(《吕氏春秋·慎大览·贵因》)这种赤身裸体的彻夜狂欢,所生的子女自然只能归女方氏族姓氏。但与乃父不同的是,禹作为开辟夏王朝国家新纪元的奠基人,最先考虑到如何从这种原始状态中解脱,以缔结婚姻来争取子女归属。

> 禹三十未娶,行到涂山,恐时之暮,失其度制,乃辞云:“吾娶也,必有应矣。”乃有白狐九尾,造于禹。禹曰:“白者,吾之服也。其九尾者,王之证也。”……禹因娶涂山女,谓之女娇,取辛壬癸甲。(《吴越春秋·越王无余外传》)

《天问》有云:“禹之力献功,降省下土四方。焉得彼涂山女,而通之于台桑?”闻一多先生指出:“台桑当即邰桑。然古字‘台’与‘以’同,是台(邰)姒亦宜同字,盖以为地名则作台(邰),以为姓则作姒耳。”②可见禹与涂山女的情爱婚姻,也是起自于青年男女桑间濮上投桃报李,私相悦好的“野合”③。但这只是在涂山女一方如此。在禹一方,他与涂山氏的结合,是考虑到其“度制”和“应”,“其目的是为了自己后继有

---

① 宋镇豪《夏商社会生活史》,中国社会科学出版社 1994 年 9 月,135 页。

② 闻一多《天问疏证》,《闻一多全集》第 5 册,湖北人民出版社 1993 年 12 月。

③ 宋镇豪《夏商社会生活史》,135 页。

人”①。以白狐九尾为标志的涂山氏族，当即九个狐图腾氏族结合而成的共同体。《山海经》中屡次提到这一氏族集团：“青丘之山……有兽焉，其状如狐而九尾，其音如婴儿，能食人，食者不蛊。”（《南山经》）“青丘国在其北，其狐四足九尾。”（《海外东经》）“青丘之国，有狐，九尾。”（《大荒东经》）可见其在传说时代影响之大。狐在人们印象中一向是智慧和狡猾的象征物，由于涂山氏的图腾九尾，属众多狐图腾氏族的结盟，正是“王之证”，而女娇，司马贞《史记索引》引《系本》作“涂山氏女名女娲”，与神话传说中造人的女娲氏同名，可以想见涂山氏女在氏族部落中的威望，所以禹才与狐图腾的涂山氏族的少女女娇结成连理。禹之所以煞费苦心地选择部即姒桑之地，与涂山氏结合，乃是希望将来能够仿效唐尧之例，让儿子以出生之地姒（即禹母亲氏族之姓）为姓；他与涂山女娇，并无太深感情。“闵妃匹合，厥身是继。胡维嗜不同味，而快朝饱？”（《天问》）对禹一见钟情、旋即以身相许的涂山氏族少女女娇，在禹这里竟变成生孩子的简单工具，涂山氏自然不肯就此屈服。“禹行功，见涂山之女，禹未之遇而巡省南土。涂山氏之女乃令其妾待禹于涂山之阳，女乃作歌，歌曰‘候人兮猗’。”（《吕氏春秋·季夏纪·音初》）涂山氏的似水柔情，成了大禹要制服的第一道水。“朝饱，男女幽会的隐语”，宋玉《高唐赋》即以“旦为朝云”隐喻男女情爱；禹“娶于涂山，辛壬癸甲”（《尚书·虞书·益稷》）；“禹娶涂山氏女，不以私害公，自辛至甲四日，复往治水”（赵晔《吴越春

①②江林昌《楚辞所见母权制向父权制转变诸现象考》。

秋·越王无余外传》引《吕氏春秋》[①])。新婚四天即离家,三过家门而不入,一方面赞颂了伟大的禹投身治水的敬业精神;另一方面,也透露出向往父权制的禹与坚持母权制的涂山氏之间,志趣情感发生根本分歧的消息[②]。雄心大志与缠绵悱恻不能相容,深谋远虑与天真烂漫格格不入,"嗜不同味";故而新婚燕尔,即行分居,"仅快一朝之饱"。于是,在涂山女娇生出他们共同的儿子启之际,禹与涂山氏之间,自然发生了"一场争夺儿子的斗争"[③]。

> 禹娶涂山,治洪水,通轘辕山,化为熊。涂山氏见之,惭而去,至嵩高山下,化为石。禹曰:"归我子!"石破北方而生启。(《绎史》卷十二引《随巢子》)
>
> 禹治洪水,通轘辕山,化为熊。谓涂山氏曰:"欲饷,闻鼓声乃来。"禹跳石,误中鼓,涂山氏往,见禹方作熊,惭而去,至嵩高山下,化为石,禹曰:"归我子!"石破北方而生启。(洪兴祖补注《天问》引古本《淮南子》)

启的诞生竟以其母亲的难产为代价,这个优美而又充满悲剧色彩的神话传说背后,掩盖的是父权制向母权制争夺子女世系权时,所发生的激烈的争斗。"鲧死三岁不腐,剖之以

---

① 按:今本《吕氏春秋》无此句。

② 参见宋镇豪《夏商社会生活史》,136 页。一说:"从夏商时代以天干字为人名的情况看,辛壬癸甲当指四位女子。""从'厥身是继'一语看,禹当有多妻,其继承人为主妻所生",亦可通。见晁福林《先秦民俗史》,上海人民出版社 2001 年 1 月,139 页。

③ 江林昌《楚辞所见母权制向父权制转变诸现象考》。

吴刀,化为黄龙。”(《山海经·海内经》郭璞注引《启筮》)就像龙是鲧母亲所在氏族的图腾一样,熊乃是禹母亲所在氏族的图腾。涂山氏所见之禹,并非具有腾挪变化的广大神通,他只是正在身披本氏族图腾,以模拟熊的动作的舞蹈,在指挥众人从事治水作业而已。但此时禹已与涂山氏联姻,按照母权制社会习俗,禹既娶涂山氏,理应以涂山氏之图腾即九尾狐为本族图腾;如今禹却还在坚持本氏族的熊图腾,这无疑是对涂山氏族的无视和背叛。所以涂山氏才会羞愤交加,惭恨而去。去的恐还不止涂山氏女娇一人,可能是全体九尾狐图腾,即涂山氏族的举族大搬迁,一直迁到嵩高山下。所谓涂山女娇“化为石”,实即依山建成石头堡垒。由于涂山氏族搬迁时,依照母权制社会习俗,携走了女娇与禹所生之子启,而启正是鲧、禹父子最为系念的子孙后代,因而禹才会暂时放下不可须臾或离的治水工程,亲率原本用于治水的精锐大军,一直尾追至嵩高山下,向涂山氏族索还自己的儿子,亦即父系梦寐以求的姓氏,和子女归属的世系权。一直奉行母权制的涂山氏族,当然不会轻易交出世系权。于是,在求子心切的禹与负隅顽抗的涂山氏之间,发生了一场激烈争斗。争斗的结果,是“石破”,即堡垒被攻破,涂山女娇香消玉碎;禹以失去女娇的代价,争得了父系的世系权。所谓“石破北方而生启”,就是人神不分思维混沌的初民,对母权制与父权制交替之际那场原始战争的朦胧记忆。

不必感慨禹与涂山夫妻亲家,同室操戈,相煎何急;须知禹在这里所代表的,乃是历史前进的方向。在争取父系氏族世系权这个关键问题上,被争夺的焦点人物,即禹与涂山的儿子启,与乃父乃祖之心,是一脉相传的。“启生,不见父,昼夕呱呱啼泣。”(《吴越春秋·越王无余外传》)这并非婴儿闹夜,而是同乃父禹那“归我子!”的大声疾呼,喊出了普天下得不到儿子世系权的父亲的心声一样,在为普天下的儿子们索取归属父系的权利。《天问》中那句众说纷纭的“何勤子屠母,而死分竟地?”当然不是涂山氏为生启难产,被迫实行剖腹产,而献出生命,为生子而屠其母的悲歌;但也不是启遵照原始社会“暴巫求雨”的宗教习俗,真的残忍地屠剥其母,还惨无人道地将其母的尸体分割开来,埋于四境的传奇;而是暗示出启懂事后,与父禹里应外合,齐心协力,率部攻破母亲所在的涂山氏族,分割后者领地的记录。子启当然不可能主观故意杀母涂山女娇,倒是禹、启父子同心,率领父权制氏族,攻破涂山氏代表的母权制氏族的堡垒,“石破北方而生启”,一时间玉石俱焚,顾不上许多,客观上等于是屠杀了他的母亲涂山氏的氏族。狐图腾集团与龙、熊图腾的夏族从此结怨,夏王杼征伐狐图腾集团:“柏杼子征于东海,及王寿,得一狐九尾。”(《古本竹书纪年》)可看作这次战争的余波。鲧以生命相抗争而未能实现要回父系世系权的夙愿,终于在其子孙手上得以实现,从此拉开了父权制社会的帷幕。

禹、启父子之所以不遗余力地与涂山氏争夺世系权,说穿了,还是由于经济原因。“随着财富的增加,财富便一方面使丈夫在家庭中占据比妻子更重要的地位;另一方面,又产生了利用这个增强了的地位来废除传统的继承制度使之有利于子女的原动力。但是,当世系还是按母权制来确定的时候,这是不可能的。因此,必须废除母权制”,“在肖尼人、迈阿密人和德拉韦人各部落中,已经形成一种习俗,即用属于父亲氏族的一个氏族人名来给子女取名字,用这种方法把他们列入父亲的氏族，以便他们能继承自己的父亲。‘借更改名称以改变事物，乃是人类天赋的决疑法！于是就寻找一个缝隙，当实际利益提供足够的推动力时在传统的范围以内打破传统！’（马克思语）[①]因此，就发生了一个不可救药的混乱，这种混乱只有通过向父权制的过渡才能消除”[②]。鲧、禹的龙、熊图腾氏族与涂山女娇的九尾狐图腾氏族由联合而争斗的过程，就是原始社会后期，随着共同财富的增加，父权制先驱受直接利益冲动的驱使，在母权制社会传统范围内寻找缝隙，以便打破母权制传统的过程。经过鲧、禹、启祖孙三代的持续努力，这个缝隙终于被找到，并用强力撕裂开来，含情脉脉的母权制氏族公社就此解体。

从母权制过渡到父权制，这一革命“并不需要侵害到任何一个活着的家族成员”，只是“废除了按女系计算世系的办法和母系的继承权，确立了按男系计算世系的办法和父系的继承权。”[③]现代学者对恩格斯这一段话理解每多分歧，究其原因，主要就是由于中译本将家族 Stamm 一词一律译成了“氏族”。在汉语中，家族，是指以血统关系为基础而形成的同一血统的几辈人，即五服之内的至亲；氏族，是指原始社会由血统关系联系起来的人的集体，即同一姓氏的群体，这是两个大致相同但又明显有着细微差别的字眼。实际上，即使恩格斯在这篇文章中其他地方用 Stamm 是“氏族”之意，但至

---

① 马克思《摩尔根〈古代社会〉一书摘要》，《马克思恩格斯全集》第 45 卷，469 页。

②《家庭、私有制和国家的起源》，《马克思恩格斯选集》第四卷，53 页。

③《家庭、私有制和国家的起源》，《马克思恩格斯选集》第四卷，53 页。按：“家族”原译为“氏族”，笔者据下文改。

少在这里,Stamm也明显是“家族”的意思。你看,“家族的全体成员都仍然能够和以前一样。只要有一个简单的决定,规定以后家族男性成员的子女应该留在本家族内,而女性成员的子女应该离开本家族,转到他们父亲的家族中去就行了。”①这在同一个家族成员内部,是逐步进行的和平过渡(即使和平过渡,也有明争暗斗),母亲们为了有利于自己的子女,争议大概不会很大;但在两个氏族群体之间,由于各种直接或间接利益的驱动,情形就很可能大为不同,不然恩格斯就不会称其为“人类所经历过的最深刻的革命之一”,“这一革命在文化民族中是怎样和在何时发生的,我们毫无所知”②了。鲧、禹的龙、熊图腾氏族与涂山女娇的九尾狐图腾氏族,恰恰不是在一个家族内部,而是在两个氏族群体之间。他们与她们为争夺启的归属即世系权而进行的争斗,就是这次激进革命的最初例证。

切不可小看这一演变。“母权制的被推翻,乃是女性的具有世界历史意义的失败。丈夫在家中也掌握了权柄,而妻子则被贬低,被奴役,变成丈夫淫欲的奴隶,变成单纯的生孩子的工具了。”③从严格意义上来说,它甚至于还不仅是女性的失败,而且是一切过惯了和平生活、习惯了以所有氏族成员一律平等为原则的民主习俗的原始氏族公社初民群体的失败。恩格斯在谈到易洛魁人的氏族消亡时指出:“这种自然形成的共同体的权力必然要被打破,而且也确实被打破了。不过它是被那种使人感到从一开始就是一种退化,一种

① ②《家庭、私有制和国家的起源》,《马克思恩格斯选集》第四卷,53页。
③ 同上,54页。

离开古代氏族社会的淳朴道德高峰的堕落的势力所打破的。最卑下的利益——无耻的贪欲、狂暴的享受、卑劣的名利欲、对公共财产的自私自利的掠夺——揭开了新的、文明的阶级社会；最卑鄙的手段——偷盗、强制、欺诈、背信——毁坏了古老的没有阶级的氏族社会，把它引向崩溃。而这一新社会自身，在其整整两千五百余年的存在期间，只不过是一幅区区少数人靠牺牲被剥削和被压迫的大多数人而求得发展的图画罢了。”[①]大多数人的失败，换来区区少数人的成功，尽管哲人措辞尖锐激烈，但却切中阶级社会矛盾肯綮。即使中国上古之由无阶级社会向阶级社会过渡，亦未能越出这一规律之外。如同当代学者认识到的那样，母权制时代并非只是一切由妇女当家做主，“母系并不等于女权。仰韶文化时期墓葬中男性和女性的随葬品数量相差不大。当时社会上受到尊重的人物有氏族或部落首领、巫师、英雄等，而这些人物往往以男性居多”[②]。从传说时代的三皇五帝，到夏、商、周三族的开国祖先禹、契、弃，这些人物都是男性，而非女性；可见当代西方国家流行之女权主义，并非母系氏族社会的根本特征。只有那以所有氏族成员一律平等为原则的民主习俗，以及因此造成的和平生活，才是母权制时代的社会根本特征。孔子是肯定父系社会取得的历史进步的，但他也清醒地意识到其中存在的诸多缺陷。他以赞美的口吻描述上古母权制时代的“大同”理想社会，而对父系的“小康”社会诸多异议。《礼记·礼运》引孔子言曰：“大道之行也，天下为公。选贤与

①《家庭、私有制和国家的起源》，《马克思恩格斯选集》第四卷，96－97页。

② 晁福林《夏商西周的社会变迁》，北京师范大学出版社1996年6月，233页。

能，讲信修睦，故人不独亲其亲，不独子其子，使老有所终，壮有所用，幼有所长，矜寡孤独废疾者，皆有所养。男有分，女有归。货，恶其弃于地也，不必藏于己；力，恶其不出于身也，不必为己。是故，谋闭而不兴，盗窃乱贼而不作，故外户而不闭，是谓大同。今大道既隐，天下为家，各亲其亲，各子其子，货力为己。大人世及以为礼，城郭沟池以为固，礼义以为纪；以正君臣，以笃父子，以睦兄弟，以和夫妇，以设制度，以立田里，以贤勇知，以功为己。故谋用是作，而兵由此起。”由原来和平、民主、蒙昧的母系氏族大同社会，向战争、野蛮、独裁的父系家族小康社会的转变，从此开始。私有财产制度开始逐步取代原始公社财产公有制度，阶级社会开始逐步取代无阶级社会，整个远古人类社会的方方面面，均随之发生重大变化。母权制时代的社会形态、思想文化、风俗习惯、审美观念等等，开始向父权制时代转变，这一点业已为大量的考古资料所证实。但时贤们却有意无意地忽略了一点，那就是与之密切相关、紧密相随的，父系家族在崛起过程中为实现自己的目的，而与母系氏族传统进行的抗争。在上古神话中，非仅禹与女娇的传说带有竞争色彩；女娲造人、伏羲画卦，都是母权制与父权制之争在初民头脑中留下的模糊划痕。而女娲补天的传说，则是后来父权制氏族之间争斗日久，各种矛盾愈演愈烈，父权制氏族初民被争斗搞得焦头烂额，这时联想起当年母权制氏族试图制止这些争斗、并努力对这些争斗给社会造成的重创予以弥补的举措，心中产生的美好回忆。

母权制与父权制的交替，这两种人类社会最早的社会制度之间的嬗变，有着它自身的运行规律。由一种社会制度向另一种社会制度过渡，如此巨大的变革，它远非某一代人，哪怕是图腾氏族首领或氏族公社领导者个人所能违抗。即如鲧所坚决反对的母权制社会部落首领禅让制，与禹、启父子实现的父权制世系世袭制之间，就经历了一个渐进的演变过程。试看《尚书·虞书·尧典》关于四岳向唐尧举荐鲧治水，以及虞舜接唐尧班的记载：

帝曰："咨！四岳，汤汤洪水方割，荡荡怀山襄陵，浩浩滔天。下民其咨，有能俾乂？"佥曰："於！鲧哉。"帝曰："吁！咈哉，方命圮族。"岳曰："异哉！试可乃已。"帝曰："往，钦哉！"

帝曰："咨！四岳。朕在位七十载，汝能庸命，巽朕位？"岳曰："否德忝帝位。"曰："明明扬侧陋。"师锡帝曰："有鳏在下，曰虞舜。"……帝曰："我其试哉！"

这里记载的，是原始社会母权制氏族公社阶段的民主议事会议的情形。恩格斯在谈到易洛魁人的氏族时说："联盟的机关是联盟议事会，由50个地位和威信平等的酋长组成；这个议事会对联盟的一切事务作最后的决定。……这50个酋长，在联盟成立时，被分配在各部落和氏族中，担任专为联盟目的而设立的新的公职。……联盟的这些酋长们，在他们各自的部落中也是酋长，享有参加部落议事会和表决的权利。……联盟议事会的一切决议，须经全体一致通过。"①中国母系氏族社会鼎盛时期联盟议事会议的情形，大概即与此

①《家庭、私有制和国家的起源》，《马克思恩格斯选集》第四卷，93页。

类似。母系社会实行军事民主制，由酋长和巫师共同执政。酋长往往由部落议事会议选出的男子充当，而参加部落议事会议的主体，则是妇女。也就是说，部落的最高权力机构即议事会议的大权，主要掌握在妇女手里。关于"四岳"，班固解释为"四岳谓四方诸侯"（班固《汉书·百官公卿表》），实际亦即四方的部落酋长。这里的"四岳"，就是各部落妇女们举行议事会议，推选出来的部落首领们。部落议事会议可以通过选举推举部落成员担任酋长或首领，同时也可以随时把他们撤换下来，即罢免不称职的酋长或首领。所以虽然唐尧已从鲧平时的言行中有所察觉，预感到鲧将妨害联盟议事会议决议的执行，进而毁坏母系氏族的传承体系；但四岳都力荐鲧能力非同一般，一定要求让鲧去试一试，尧无奈，只得下令"去吧！"同样，当四岳代表所在各部落推荐虞舜为唐尧的继任人时，唐尧最为自然、同时也是合乎民意的表态，只能是当即予以认可。人类社会在没有分化为不同的阶级以前，生产极不发达，这种带有原始氏族公社特色的民主制度，乃是各部落初民团结一心，与大自然进行艰苦卓绝斗争的需要，无疑有其存在的合理性。根据后人记载，当时"天下为公。选贤与能，讲信修睦"（《礼记·礼运》），是一个没有阶级，财物共有的"大同"世界。后人在这类文献中描述的，实即母系氏族社会的情形。但这里的财物共有，乃是由于其实也没有什么财物的缘故。后来随着部落共有财产的增加，私有制开始在氏族公社内部悄悄萌生，部落首领追求个人财富的贪欲日益增长，部落乃至部落联盟首领的位置，也逐渐成为人们觊觎与争夺的对象。"天下为家。各亲其亲，各子其子，货力为己"（《礼记·礼运》），于是城郭、礼义、君臣、制度等阶级社会的产物也应运而生。这个由无阶级社会向阶级社会的转变，虽说一直到鲧之孙、禹之子的启建立夏朝，才宣告完成；但最初围绕着禅让制与世袭制的争斗，早在尧、舜，与启之祖父鲧的时代，即人类社会由母权制向父权制过渡时期，就已经开始。作为一种社会制度，它的运行大趋势，远非某个单个的个人，哪怕其人贵为部落联盟首领，那微薄的力量所能左右。在母权制时代，部落联盟会议的决议，就是不成文法。即使英明神武如唐尧、虞舜，当晚年与其继任人因政见不一而发生龃龉时，也力不从心，无法自保。"《汲冢琐语》云：'舜放尧于平阳。'而书云某地有城，以'囚尧'为号。"（刘知几《史通·疑古》）"《竹书》云：昔尧德衰，为舜所囚也。……舜囚尧，复偃塞丹朱，使不与父相见也。"（《史记正义》引《括地志》）可见尧禅舜，并非纯粹的和平过渡。至于舜之禅禹，唐人刘知几谓："舜必以精华既竭，形神告劳，舍兹宝位，如释重负。何得以垂殁之年，更践不毛之地？……让王高蹈，岂其若是者乎？"（《史通·疑古》）亦对舜晚年禅让禹之后南巡一事提出质疑。倘若《汲冢琐语》、《括地志》所言属实，则舜之囚尧，禹之迫舜，所争者还是联盟首领之位。可怜晚年的唐尧、虞舜，就像他们虔诚信仰的原始部落大巫师那样，已经驱遣不了自己用传统意义上的符咒，即部落联盟议事会议，呼唤出来的继承人了。这并非尧、舜等人晚年昏聩，而是当时占统治地位的母系氏族社会制度，和初民心态发展的大趋势使然。由于尧在位时，舜已以其东征西讨南巡北狩的出色业绩，得到部落联盟议事会议的共同认可，所以一旦"尧崩，三年之丧毕，舜让辟丹朱于南河之南。诸侯朝觐者不之丹朱而之舜，狱讼者不之丹朱而之舜，讴歌者不讴歌丹朱而讴歌舜。

舜曰:‘天也’,夫而后之中国践天子位焉”(《史记·五帝本纪》)。同样,由于舜晚年,禹已以其栉风沐雨筚路蓝缕根治洪水的艰辛劳苦,赢得了部落联盟议事会议的一致拥戴,故而舜、禹交接之时,“三年丧毕,禹亦让舜子,如舜让尧子。诸侯归之,然后禹践天子位”(《史记·五帝本纪》)。四方诸侯亦即各部落酋长的集体意志如此,即使尧、舜等人本意想将联盟首领之位实行世袭,他们个人也无法违抗母系部落的最高权力机构即联盟议事会议的决议,去实现一己的私愿。

在由母权制向父权制过渡、由禅让制向世袭制转变这一巨大历史变革中,禹是一个实行渐变的关键性人物。禹受命之时,正当洪水肆虐、父鲧被诛的危难之际,“禹伤先人父鲧功之不成受诛,乃劳身焦思,居外十三年,过家门不敢入”(《史记·夏本纪》);他身执耒锸,踽踽独行,胼手胝足,以为民先,终于根治了直接威胁初民生存的洪水,赢得初民爱戴,在部落联盟中树立起个人的崇高威望。就在舜还在位之时,大权已悄悄移向禹。禹伐三苗,出师之前,“禹乃会群后,誓于师曰:‘济济有众,咸听朕命:……尔尚一乃心力,其克有勋。’”(《尚书·大禹谟》)这里的“群后”,即各母系氏族部落首领,禹在他们面前,俨然若国王发号施令。至于“禹合诸侯于涂山,执玉帛者万国”(《左传·哀公七年》),涂山本是禹的结发妻子女娇家族的领地,此时已成为禹召集各部落的中心地。这里的“万国”,实即万家,指的是那些大大小小的母系家族。为了使众多母系家族服从禹一人领导,集中部落联盟权力于一身,当时还制定了最早的刑法。“皋陶于是敬禹之德,令民皆则禹。不如言,刑从之”(《史记·夏本纪》)。“从前人们对于氏族制度的机关的那种自由的、自愿的尊敬,即使他们能够获得，也不能使他们满足了；他们作为同社会相异化的力量的代表，必须用特别的法律来取得尊敬，凭借这种法律，他们享有了特殊神圣和不可侵犯的地位。”①为了实现集权，树立个人的绝对权威，禹对麾下那些鱼龙混杂、还保留着母权制民主遗风的母系家族首领，甚至严格到了严厉的程度。“禹致群神于会稽之山，防风氏后至，禹杀而戮之”（《国语·鲁语》）“（禹）登茅山以朝四方群臣，一示中国诸侯。防风后至，斩以示众，示天下悉属禹也。”（《绎史》卷十二引《吴越春秋》）。此间之“神”，即各部落的巫师兼酋长，其地位已跌落至受人驱遣的“臣”的位置；而聚会迟到者竟被处以极刑，与发动叛乱、借洪水要挟联盟首领者同罪，如此极端幼稚的量刑方法，可谓空前绝后，骇人听闻。这当然是为了杀一儆百，为千古后来者戒。如此显赫的排场和威风，说明禹正从“站在社会之中”，而“企图成为一种处于社会之外和社会之上的东西”②。此时的禹，已由人民公仆、治水英雄，向高高在上的帝王转变。禹是由母权制向父权制过渡的一个关键环节，在继承禅让制还是实行世袭制这场巨大变革中，起着十分微妙的渐变作用。倘若不继承禅让制，禹无由从舜手中接过部落联盟的权杖；但如果不实行世袭制，禹又无法将权杖保留在父系家族中世代相传。饱经风霜的大禹，并没有被这二律背反的命题难倒，他出人意表地扬弃了非此即彼的抉择方式，对禅让与世袭这两种针锋相对的传位制度，采取了兼收并蓄、合二而一的包容态度。“帝舜崩，三年丧毕，禹辞辟舜之子商均于阳城。天下诸侯皆去商均而朝禹。禹于

① ②《家庭、私有制和国家的起源》，《马克思恩格斯选集》第四卷，172 页。

是遂即天子位,南面朝天下,国号曰夏后,姓姒氏”(《史记·夏本纪》)。这次禹辟商均,与舜辟丹朱一样,是在履行母系氏族社会民主禅让制的形式;但二者的实质已发生变化。如果说,当年舜作为氏族首长,享有不是用强迫手段获得的无可争辩的尊敬的话;那么,此时的禹,已比当年的舜具有更大的权威。天下诸侯,即各氏族部落首领的抉择并非无故:那不仅因为禹率众治水劳苦功高,同时也由于禹自身权威具有的震慑力量。有谁敢不来,或是晚来朝禹的吗,那么,防风氏就是最好的前车之鉴。舜未能在在位期间,将权力转移于其子商均,自然只能由禹接任天子,亦即部落联盟首领之位。姒在此之前虽然还是禹母亲所在氏族的姓氏,但从此以后,它已经是启父亲自己家族的姓氏了。这是一个根本性的变化。“自黄帝至舜、禹,皆同姓而异其国号,以章明德。……帝禹为夏后而别氏,姓姒氏。契为商,姓子氏。弃为周,姓姬氏”(《史记·五帝本纪》)。此后夏、商、周三族的姓氏,皆从父系相传。虽然从“天下为公”的母系民主制氏族部落联盟,到“天下为家”的父系家长制王朝,亦即人类社会从无阶级社会向阶级社会的转变,要从禹的儿子启才正式开始;但禹在时代为他提供的大舞台上,已经尽其所能,有意识地为子孙后代走向集权的神坛,奠定了坚实的基础。

由于鲧、禹父子两代人的前仆后继,从母权制向父权制的过渡,终于在禹的儿子启手中最后完成。屈原《天问》最先透露出此中消息:“启代益作后,卒然离蘖。何启惟忧,而能拘是达?皆归射鞠,而无害厥躬。何后益作革,而禹播降?”对这几句诗,学者多觉费解。其实,这里描述的,是启如何从父亲手中接过权杖,建立夏王朝的过程。按照母系氏族社会的传统，禹之后，应由部落联盟议事会议民主推举出来的益继承禹的位置。禹在世及临终时，还履行民主程序，“举益，任之政”，“以天下授益”（《史记·夏本纪》）。而益也还满心幻想通过民主选举的禅让制接替禹，担任部落联盟首脑；然而此时整个时代认可的，已经不是母系氏族联盟的民主选举禅让制，而是父系家长制家族的父位子承的世袭制了。“三年之丧毕，益让帝禹之子启，而辟居箕山之阳。……诸侯皆去益而朝启，曰：‘吾君帝禹之子也’。于是启遂即天子之位，是为夏后帝启”（《史记·夏本纪》）。启之所以公然废除母系氏族民主选举禅让制，创立在父系家长制家族内部传承的世袭制，变原始财产共有的“公天下”，为一切归姒夏王朝私有的“家天下”，自然是由于启得到乃父“禹的暗中帮助”①，“禹子启贤，天下属意焉。及禹崩，虽授益，益之佐禹日浅，天下未洽”（《史记·夏本纪》）。益佐禹日浅，而启从禹日长；益人望未洽，而启人望已高；启之代益继承父禹，也就势所必然。但更为重要的，还是由于启顺应了历史发展的要求，其所作所为符合人类历史前进的方向。“氏族酋长议事会和已在图谋获得真正王权的军事首长，这是氏族制度下一般所能达到的最发达的制度；这是野蛮时代高级阶段的典型制度。只要社会一越出这一制度所适用的界限，氏族制度的末日就来到了；它就被炸毁，由国家来代替了。”“在经济发展到一定阶段而必然使社会分裂为阶级时，国家就由于这种分裂而成为必要了。”②尽管启这样做，颇有扼杀民主传统之嫌，不符合当时

① 江林昌《楚辞所见母权制向父权制转变诸现象考》。

②《家庭、私有制和国家的起源》，《马克思恩格斯选集》第四卷，145－146、174页。

仍在流行的母系氏族传统习惯，也理所当然地遭到母权制遗风残余势力的拼死抵抗，“益干启位，启杀之。”(《古本竹书纪年·夏后氏》)“益为启所诛”(《史通》引《汲冢书》)，“有扈氏不服，启伐之，大战于甘。……遂灭有扈氏。天下咸朝。”(《史记·夏本纪》)启终归还是胜利了。所以屈原要问：启取代益做了国君，遭益拘囚。为什么启能从中逃脱，反过来拘囚了益一伙？益用箭射向装有启灵魂的皮囊，启却毫发无损。为什么益施行射革巫术，禹、启却子孙繁衍不绝？“屈原的伟大之处在于，他对这一重大的历史现象作了忠实的记录”[①]；限于历史原因，他还不能理解：时代既已前进到有阶级的时代，历史就不能容忍倒退。启这位昔日为归属父系呱呱啼泣的幼子，已经成为夏王朝真正意义上的开国之君，从此揭开了阶级社会的序幕。

从母权制向父权制的过渡，虽在启手中最后完成；但这一变革的滥觞，应该说从鲧的时代，就已经开始了。“‘粗野的’战士和猎人，以在家中次于妇女而占第二位为满足，但‘比较温和的’牧人，却依恃自己的财富挤上了首位，把妇女挤到了第二位。”[②]从鲧以“产翁制”代表男子向母权制社会争夺生育权起，经过禹与涂山氏族大战，夺得子女抚育权，即子女跟从父系姓氏的权利，到启建立父系家长制色彩的夏王朝，这中间有着一条父权制逐渐成长的发展脉络前后贯穿。通过鲧、禹、启祖孙三代人的持续努力，初步确立了男性即父系在财产继承中的世袭地位，完成了夏族由母权制向父权制

① 江林昌《楚辞所见母权制向父权制转变诸现象考》。

②《家庭、私有制和国家的起源》，《马克思恩格斯选集》第四卷，162 页。

的过渡，人类社会也由无阶级社会开始逐步进入阶级社会。这一变革虽告成于启，但若追根溯源，其开辟之功，实在于鲧和禹。

三、贵族胄子与诗乐舞合一

可能是由于夏朝以前研究史料匮乏的缘故，当今学者多以有大量出土文物可征的商朝，作为中国美学史的开端，而将夏朝以前作为传说时代，置而不论。其实，先秦初民美学思想的萌芽，早在这之前即已开始。

最先发源的可能要数音乐舞蹈。从《尚书·虞书》中的《舜典》、《益稷》，到《吕氏春秋》中的《古乐》、《音初》，均记载了各氏族部落音乐舞蹈当初发源的过程。“昔古朱襄氏(炎帝)之治天下也，多风而阳气蓄积，万物散解，果实不成，故士达作为五弦瑟，以来阴气，以定群生。”“昔陶唐氏(尧)之始，阴多滞伏而湛积，水道壅塞，不行其原，民气郁阏而滞著，筋骨瑟缩不达，故作为舞，以宣导之。”(《吕氏春秋·仲夏纪·古乐》)如果说，《吕氏春秋》对原始社会音乐舞蹈起源的追忆，尚带有较为浓厚的神秘色彩，代表着战国学子对乐舞的稚拙理解；那么，《尚书》上面的记载，则更多地体现出当初氏族部落联盟首领们试图建立乐舞审美标准的努力：

> 帝曰：“夔！命汝典乐，教胄子：直而温，宽而栗，刚而无虐，简而无傲。诗言志，歌永言，声依永，律和声。八音克谐，无相夺伦，神人以和。”夔曰：“於！予击石拊石，百兽率舞。”(《虞书·舜典》)

这则资料虽出于春秋战国时代学子之手,并非当年舜召开部落联盟首领会议时的原始记录;但考虑到秦火之前古籍之多,东周儒生必有所本。《史记·五帝本纪》上也有类似的记载。司马迁为举世公认之“良史”,《史记》被誉为“史家之绝唱”,自应有所依据,据史实录。这里首先要注意的,是舜命夔进行乐舞教育的对象,即胄子的地位,首次在先秦典籍中被单独提出来加以强调,无疑预兆着先秦时代美学思潮的萌动。胄子,即氏族部落首领的长子,后来演变成为贵族长子和国子学生的泛称。在其后漫长的封建社会中,胄子的地位一直长盛不衰,成为父系家族的顶梁柱,若考其滥觞所出,当在于此。其次要加以注意的,是舜在这里试图建树的,并未局限于音乐舞蹈,而是包括诗歌、音乐、舞蹈等审美活动合为一体,直至人的风度仪表在内的氏族社会审美评价标准。“昔者舜作五弦之琴,以歌南风;夔始作乐,以赏诸侯。故天子之为乐也,以赏诸侯之有德者也。德盛而教尊,五谷时孰,然后赏之以乐。故其治民劳者,其舞行级远;其治民佚者,其舞行极短。故观其舞而知其德,闻其谥而知其行。”(《史记·乐书》)人们在审美评价中,总会自觉不自觉地运用某种尺度,去衡量自己的对象,这种用以衡量对象审美价值的尺度,就是审美评价的标准①。因为以教育胄子为主旨,所以,舜提倡的是一种人格楷模和行为规范,即既要为人正直,又要面色温和;既要秉性宽厚,又要小心谨慎、兢兢业业;品格

① 采用张锡坤主编《新编美学辞典》说。吉林人民出版社1987年6月。以下采用同书,不再一一注出。

刚正，而无暴虐之行；处事简捷直率，而无傲慢之态。这种理想人格，体现了氏族社会的审美理想。而要达到这一理想目标的主要途径，就是诗歌与音乐舞蹈的陶冶。用来表达思想情感的诗、用延长音节来咏唱诗的歌、与歌的内容相配合的乐声的高低变化、使乐声和谐的标准音律，在这里都由审美活动的形式，进而成为审美主体实现与神沟通、达到神人相和的审美理想的手段。

任何一个时代审美评价的客观标准，都要为其所处时代的具体历史内容所规定和制约。舜所处的时代，尚处于人类社会蒙昧期的母系氏族社会阶段。《孟子》记录了那时的婚姻习俗：

> 父母使舜……浚井，出，从而掩之。象曰："谟盖都君，咸我绩。牛羊，父母；仓廪，父母；干戈，朕；琴，朕；弤，朕；二嫂，使治朕栖。"象往入舜宫，舜在床琴。象曰："郁陶思君尔！"忸怩。（《万章上》）

象此间所谓二嫂，即尧之二女娥皇、女英。尽管孟夫子的叙述闪烁其词，仍不免透露出氏族社会阶段婚姻状况的史影。《楚辞·天问》就说得尖锐得多："眩弟并淫，危害厥兄。何变化以作诈，而后嗣逢长？"尽管屈原这几句诗说的是商族始祖王亥、王恒兄弟之事，但舜、象时代去此不远，婚姻情形当与此大致相同。一个"并"字，揭示了舜娶尧之二女，而舜弟象与之"并淫"的真相。这种舜、象兄弟二人以娥皇、女英姊妹二人作为自己共同的妻子的婚姻状况，类似于马克思（Karl Marx）和恩格斯（Friedrich Engels）所说的普那路亚家族:“它是建立在几个兄弟及其妻子之间或几个姊妹及其丈夫之间的群婚之上的。”①“若干数目的姊妹——同胞的或血统较远的即从(表)姊妹,再从(表)姊妹或更远一些的姊妹——是她们共同丈夫们的共同的妻子,但是在这些共同丈夫之中,排除了她们的兄弟;这些丈夫彼此已不再互称兄弟,他们也不再必须是兄弟了,而是互称普那路亚,即亲密的同伴,即所谓 associe。”②可见,象之所以能够对二嫂娥皇、女英由垂涎三尺,进而产生占为己有的荒唐淫欲,乃是由于当时风行普那路亚式亚血族婚制的缘故③。《楚辞·天问》对“惟浇在户,何求于嫂?”“女歧缝裳,而馆同爰止”的质问,《今本竹书纪年》关于:“初,浞娶纯狐氏,有子早死,其妇曰女歧,寡居,浇强圉,往至其户,阳有所求,女歧为之缝裳,共舍而宿”的记载,也是这种婚制习俗的反映。这比“知母不知父”的群婚,已经进化了一步,进入了母系氏族公社的鼎盛期。而以原始民主为特征的母系氏族社会的鼎盛时期,同时也就是其行将崩溃的危机时期。虞舜为这样一个时期制定审美标准,自然要兼顾社会生活方方面面的需要。舜试图建立乐舞审美标准之时,表面看来是治水成功,凯歌高奏;实则正是原始氏族公社由母权制向父权制过渡、部落联盟议事会议这一昔日行使统治权力的最高机构即将解体、联盟内部矛盾重重,一触即发的转折时期。昔日足以与鲧、禹氏族相抗衡的共

---

① 马克思《摩尔根〈古代社会〉一书摘要》,中国科学院历史研究所翻译组译。人民出版社 1965 年 4 月,9 页。

②《家庭、私有制和国家的起源》,《马克思恩格斯选集》第四卷,35 – 36 页。

③ 参见郭沫若《甲骨文字研究·释祖妣》,《中国现代学术经典·郭沫若卷》,河北教育出版社 1996 年 8 月,273 页。

工、欢兜、三苗等氏族,已在政治角逐中落马,被迁徙至边远地区;联盟会议上围绕在舜周围的皋陶、伯夷等部落首领,皆是禹的盟友。就连作为母系氏族联盟杰出首领的舜本人,也有意识地将父系氏族最为重视的胄子,即贵族长子摆在了首要位置。舜在这样一种场合讲这一番话,其用意十分明显:所谓“八音克谐,无相夺伦”,既是对八种乐器的声音要谐调一致,不要互相错乱侵扰的审美感受方面的要求,又暗含着对和谐安定生活环境的留恋和向往,因为其最终指向“神人以和”,即通过音乐,达到原始氏族社会初民人与人、各氏族部落信奉崇拜的图腾神与神、各个图腾神与初民人之间全都能够互相沟通、团结一致、和睦相处的理想境界。后来中国封建社会长期流行的以“中和”为美的审美标准,其诞生前的胚胎,当孕育于此。舜为母系氏族民主社会操劳奋斗大半生,如今却坐在母系氏族民主制度危机四伏、摇摇欲坠的火山口上,居心叵测的父系氏族正在虎视耽耽地觊觎着最高权力,寻找裂缝力图崛起;舜耳朵听着与会者高唱的颂歌,心灵却已经感觉出战火即将到来之前的危险征兆,他的心情与其说是喜悦,不如说更多地倒是沉重。夔也许看出了舜当时的神态,连忙应声而答:“予击石拊石,百兽率舞”,乐师夔一敲打拍击原始石制乐器伴奏,百兽亦即头戴着本氏族图腾的各氏族部落的巫师和首领们,纷纷率领本氏族部落初民踊跃起舞。夔描述的这热烈红火的盛大场面,既是对联盟首领舜的安慰,也可以说是初民对原始民主制度的眷恋和肯定。《尚书》上的另一段记载,明显是这段话的延伸:

夔曰:“戛击鸣球、搏拊琴瑟,以咏。”祖考来格,虞宾在位,群后德让。下管鼗鼓,合止柷敔,笙镛以

> 间。鸟兽跄跄;《箫韶》九成,凤皇来仪。夔曰:"於!予击石拊石,百兽率舞,庶尹允谐。"(《虞书·益稷》)

社会美既体现在人类的社会实践过程中,又体现在人类社会实践的成果上。而社会实践的过程,正是人的本质力量作用于对象世界的过程,美就体现在这流动过程中;社会实践的成果,凝结了人的本质力量,美就在这感性成果中显现出来。《尚书》和《史记》上,在上面这段记载后面,都有舜和皋陶对歌的记录。歌词大意,是元首和股肱互相勉励各尽其职。这里的"元首",即氏族部落联盟首领舜;"股肱",则为包括皋陶、禹在内的"群后",亦即各加盟氏族部落首领。这大概可以说是中国音乐史上最早的即席作歌的记录。而他们创造这些精神产品时,最为理想的氛围,当然是夔所描述的这种石磬、石球、琴瑟、鼗鼓、柷敔、笙镛等各种乐器谐调齐奏,头戴各氏族图腾标志的部落首领们载歌载舞、互相谦让、和气融融,整个部落联盟鸟兽跄跄、百兽率舞,共同祭祀祖先神灵的盛大场面。此乃舜一心期盼、并努力想使之长期维持下去的理想境界,但它此时已是难以长期维持的昙花一现的美好景象。究其原因,乃在于舜建立的带有浓厚民主色彩的审美评价标准,本身就已经潜伏着异化为非民主化审美评价标准的因素。这一标准得到众首领一致公认的当时,向与其对立的另一种审美评价标准的转化即已开始。试看舜建立这一审美评价标准之后,天下并未以舜为楷模,而是以禹为典范,"于是天下皆宗禹之明度数声乐,为山川神主"(《史记·夏本纪》),就已经透露出时代审美思潮变化的消息。

此间富有意味的是，舜创立的这一将诗歌、音乐、舞蹈，与创作者的风度仪表，乃至创作环境绑在一起考察的审美评价标准，并未因固守母系氏族社会习俗，而被父系氏族社会的世人忘却；恰恰相反，由于其高瞻远瞩的超前性，这一今人看来含义未免过于宽泛、很难说是纯粹的美学领域的审美标准，一直是父系氏族的先行者恪守力行的金科玉律。禹作为母系氏族社会向父系氏族社会转变转折点上的关键人物，对于舜创立的明显带有氏族民主思想色彩的审美评价体系，其最初的主导思想，就是继承多于改变。“《韶》，继也；《夏》，大也。”（《史记·乐书》）郑玄注：“（《韶》）舜乐名，言能继尧之德。”“（《夏》）禹乐名，言禹能大尧、舜之德。”（《史记集解》）“于是禹乃兴《九招》之乐，致异物，凤皇来翔。天下明德皆自虞（舜）帝始。”（《史记·五帝本纪》）这里的《九招》，实即《尚书》“《箫韶》九成”的《箫韶》。《传》注：“《韶》，舜乐名。言箫，见细器之备。”音乐奏完一曲叫一成，九成即多次演奏①。郑玄注：“成，犹终也。每曲一终，必变更奏。故《经》言九成，《传》言九奏，《周礼》谓之九变。”异物、凤皇，很可能是部落联盟影响扩大后，闻风而至的以鸟图腾为主的氏族部落。这九段乐曲的内容，如今已不得而知，估计可能类似于上古传说时代葛天氏之乐的“一曰《载民》，二曰《玄鸟》，三曰《遂草木》，四曰《奋五谷》，五曰《敬天常》，六曰《达帝功》，七曰《依帝德》，八曰《总禽兽之极》”（《吕氏春秋·仲夏纪·古乐》）；或者也许就是从葛天氏之乐演变而来，在前人创作的基础

①《辞源》（修订本）1－4，商务印书馆1979年7月、1980年8月、1981年12月、1983年12月修订第一版。下引同书，不再一一注明。

上,又有所发展。如此盛大的乐舞,禹将它敬献给舜,无疑表现了禹对舜的拥戴。禹治水有功,对舜仍然如此恭敬,也无形中提高了自身在初民心目中的地位。《箫韶》九成,不妨看作舜、禹政权交接仪式时的伴奏曲,而禹在其中所起的,就是意在使氏族社会审美标准规范化的示范作用。虽然在禹之前,散居各地的各氏族部落原始初民早已创作出音乐舞蹈:"又西三百五十里,曰天山。……有神焉,其状如黄囊,赤如丹火,六足四翼,浑敦无面目,是识歌舞,实惟帝江也。"(《山海经·西山经》)"帝俊生晏龙,晏龙是为琴、瑟。帝俊有子八人,是始为歌舞"(《山海经·海内经》),这些原始音乐舞蹈并不自禹始;但是,正是从禹这里开始,氏族封建制的审美标准才正式确立。就像舜在联盟议事会上褒奖禹时所赞扬的那样,"予欲观古人之象,日、月、星辰、山、龙、华虫,作会;宗彝、藻、火、粉米、黼、黻,絺绣,以五采彰施于五色,作服,汝明;予欲闻六律、五声、八音,在治忽,以出纳五言,汝听"(《尚书·虞书·益稷》),禹既适应母系氏族公社民主时代的需要,按照部落联盟首领舜的意图进行审美活动,同时又有意识地建立了一套程式化的规则,这也就是属于新的父系氏族国家生活的审美标准和规范。与划分天下为九州和制定最初的交通工具同时进行的①,是对美的领域的建树。"禹为人敏给克勤;其德不违,其仁可亲,其言可信;声为律,身为度,称以出;亹亹穆穆,为纲为纪"(《史记·夏本纪》),"禹立,勤劳天下,日夜不懈,通大川,决壅塞,凿龙门,降通漻水以导

① 《史记·夏本纪》:"予陆行乘车,水行乘舟,泥行乘橇,山行乘檋。"

河，疏三江五河，注之东海，以利黔首。于是命皋陶作为《夏籥》九成，以昭其功”（《吕氏春秋·仲夏纪·古乐》）。尽管这里面包含着一个由内在品德到外在仪表、由生活作风到审美活动的转化过程，但毕竟已经开始通过“声为律”，致力于将民间音乐规范化。《礼记·明堂位》记载夏代乐舞是“皮弁素积，裼而舞《大夏》”，形象地再现了当年那些头戴兽皮帽、腰系细褶白布衫、半裸着身子腾踏起舞的舞蹈者的舞姿。这些规范建立在母系氏族公社民主制度尚未解体的经济基础之上，当时社会保持着原始民主遗风，仍以平均主义的社会形态为美。如禹自已刚刚表述“食少，调有余相给，以均诸侯”；“调有余补不足，徙居。众民乃定，万国为治”，禹的盟友皋陶当即予以肯定：“然，此而美也。”（《史记·夏本纪》）皋陶所肯定的平均主义社会形态之美，明显属于舜所在的母系氏族公社民主阶段，反映出带有多元化色彩的联盟意识在初民脑海中已根深蒂固；即使伟大如禹，也只能予以默认，而不能贸然变革舜创立和推行的时代审美评价标准。真正能够突破舜创立的母系氏族社会民主色彩的审美评价标准，将禹遗留的事业发扬光大的，只能是禹的胄子启这位夏王朝真正意义上的开国之君。

自禹开始传位于启，建立夏朝，中国社会开始由“公天下”的氏族民主社会，向“家天下”的等级制阶级社会转变。由于史学界过去流行五大类型生产方式的划分，夏朝被很多学者看作是奴隶制国家的形成，启则被众学者称为中国历史上第一位大奴隶主。其实，这只是一种到目前为止尚未得到印证的推论[①]。从母系氏族公社的民主制度社会,转变为父系氏族的等级制阶级社会,并非一朝一夕之事,而是逐渐完成的。前述种种传说,皆是以男子,其中主要是以胄子为核心的父系家长争夺统治权,与以妇女为骨干的母系初民否定统治者这一特殊权力的争斗。这一历史进程,恰如恩格斯所论述的那样,“全盛时期的氏族制度,……其前提是生产极不发展,因而广大地区内人口极度稀少;因此,人类差不多完全受着同他异己地对立着的、不可理解的外部大自然的支配,这也就反映在幼稚的宗教观念中。”[②]上古自然崇拜以及初民与自然抗争的神话,即由此产生;而“部落始终是人们的界限,无论对别一部落的人来说或者对他们自己来说都是如此:部落、氏族及其制度,都是神圣而不可侵犯的,都是自然所赋予的最高权力,个人在感情、思想和行动上始终是无条件服从的。……他们都仍依存于——用马克思的话说,——自然形成的共同体的脐带。”[③]益部落与有扈氏部落在启已经取得天下诸侯,即各氏族部落首领拥戴之后,不惜以卵击石,奋起抗争,以本部落初民的鲜血和生命,来捍卫古老的没有阶级的氏族制度,其思想根源即在于此。启要以“那种在我们看来简直是一种堕落,一种离开古代氏族社会的淳朴道德高峰的堕落的势力”打破“这种自然发生的共同体的权力”,

---

① 关于启及夏王朝在中国社会发展史上的地位,史学界过去一般认为,夏朝结束了原始社会氏族公社阶段,建立了奴隶制国家,中国历史上之奴隶社会从此开始。实际上,这个结论是很值得怀疑的。以目前所能够见到的材料而论,夏朝虽然结束了母系氏族公社阶段,但充其量只是父系氏族制度发展壮大的开端。至少在夏朝,中国还没有进入奴隶社会。参见晁福林《夏商西周的社会变迁》,第四章,“社会性质的演变”。

② ③《家庭、私有制和国家的起源》,《马克思恩格斯选集》第四卷,96页。

仅仅靠“最卑下的利益”和“最卑鄙的手段”，就想“牺牲被剥削和被压迫的绝大多数人的利益而求得发展”，无论其如何代表了历史前进的趋向，也是难以立即奏效的。所以夏启即位之后，仍然沿用母系氏族社会时部落联盟聚会的方式，以大规模的乐舞活动集聚部下：

> 大乐之野，夏后启于此舞《九代》；乘两龙，云盖三层。左手操翳，右手操环，佩玉璜。在大运山北。一曰大遗之野。（《山海经·海外西经》）
>
> 帝启……十年，帝巡狩，舞《九韶》于大穆之野。（《今本竹书纪年》）
>
> 夏后氏……其乐《夏籥》九成。（《淮南子·齐俗训》）

夏启之乐舞，屡见于史籍记载，其进行乐舞活动的当时，其盛大场面可不言而明。墨子抨击夏“启乃淫溢康乐，野于饮食，将将金石，管磬以方。湛沔于酒，渝食于野，万舞翼翼，章闻于天，天用弗式”（《墨子·非乐》），批判锋芒直指夏启；屈原指责“启《九辩》与《九歌》兮，夏康娱以自纵。不顾难以图后兮，五子用失乎家巷”（《楚辞·离骚》），犀利笔锋入木三分。其实，这些评论只看到了夏启所创作之乐舞消极堕落的一面，即父系氏族社会统治者荒淫腐化的生活；而对其积极进取的一面，未能加以注意。所谓夏启乐舞积极进取的一面，就是以初民原本耳熟能详、喜闻乐见的集体乐舞活动集聚部下，在活动中以音乐舞蹈潜移默化地感化初民，以实现其促成意识形态领域的演变、增强夏王号召力和夏朝凝聚力的最终目的。作为夏朝最早的胄子,启进行音乐舞蹈等审美活动的意图,尚带有浓厚的功利色彩。其通过审美活动要实现的,往往不是审美理想,而是其不可告人的政治目的。

> 西南海之外,赤水之南,流沙之西,有人珥两青蛇,乘两龙,名曰夏后开。开上三嫔于天,得《九辩》与《九歌》以下。此天穆之野,高二千仞,开焉得始歌《九招》。(《山海经·大荒西经》)

这里记载的是夏朝开国时期祭祀歌舞的场面。夏后开即夏后启,汉朝因避景帝讳,而改启为开。嫔,郭璞注:"嫔,妇也,言献美女于天帝。"也许是由于这一注解中的血腥气味,后世学者对郭注多以为非。有一派学者引用《天问》中"启棘宾商,《九辩》、《九歌》"句,用"是宾、嫔古字通。棘与亟同。盖谓启三度宾于天帝,而得九奏之乐也","据近人研究,商乃帝之形讹,'启棘宾商'者,即'启亟宾帝'也",以证"郭注大误"①。但反过来讲,安知"启棘宾商",非"启亟嫔帝"之意?而且郭璞生活之时代,距《山海经》中神话传说流行的年代较后学为近,其说当有所本。所以,另一派学者指出"棘读为亟,有屡次、数番之意。""在提高父权制统治权威的同时,妇女屡屡成为大施淫威的对象,甚至被任意用来作祭。这在母权制盛行时代是不能容忍的,标志着父权制的确立,从其始起即建立在奴役女性的基础上。"②这当然是将复

① 袁珂《山海经校注》引郝懿行语,珂案。巴蜀书社 1993 年 4 月,473 页。
② 宋镇豪《夏商社会生活史》,138 页。

杂的社会变异简单化了，但却可能在某种角度上触及历史的真实。夏朝开国时地位最高的胄子启，利用在高二千仞的天穆之野上祭祀天帝的机会，来实现其处心积虑要排斥母系、巩固父权制社会制度的目的。虞舜联盟祭祀乐舞的团结凝聚功能，到夏启王朝祭祀乐舞这里，已蜕变成为政治清洗的工具。《礼记·郊特牲》记夏族祭祀："有虞氏之祭也，尚用气，血腥爓祭，用气也"，说夏族的祭祀仪式崇尚用气，即用鲜血与火焰的气味祭祀天帝，就是有力的佐证。不过，启举行祭祀祈祷、酣歌狂舞仪式之初，未必会将祭台上的柔弱女子撕衣上绑、强行屠杀，直接暴露出残害妇女的狰狞面目；而很可能伴随着披红挂彩、顶礼膜拜等宗教麻醉式的欺骗。否则，祭祀的神坛、歌舞的舞台与杀人的刑场，在参加盛大祭祀仪式的初民心目中，无论如何也不会联系到一起。

这里值得探讨的，是这些美女昔日的身份。郭氏所注的妇，在古代乃是妻的称呼。也就是说，此时隆重敬献给天帝的，并非后人所理解的那种选自民间的普通美女，而是夏王的配偶——嫔。嫔在古代是妻死后之美称，《礼记·曲礼下》："生曰父，曰母，曰妻；死曰考，曰妣，曰嫔。"郑玄注："嫔，美称。妻死，其夫以美号名之，故称嫔。""对于骑士或男爵，像对于王公一样，结婚是一种政治的行为，是一种借新的联姻来扩大自己势力的机会；起决定作用的是家世的利益，而决不是个人的意愿。"①恩格斯评论欧洲中世纪贵族婚姻的这段名言，同样适用于中国的氏族封建社会。在氏族社会阶

① 《家庭、私有制和国家的起源》，《马克思恩格斯选集》第四卷，76－77页。

段，婚姻乃是各个不同的氏族部落集团之间结成政治联盟的纽带，《〈史记〉索引》："黄帝立四妃，象后妃四星。"皇甫谧云："元妃西陵氏女，曰累祖，生昌意；次妃方雷氏女，曰女节，生青阳；次妃彤鱼氏女，生夷鼓，一名苍林；次妃嫫母，班在三人之下。"四妃所在的西陵氏、方雷氏、彤鱼氏、嫫母等，就是与黄帝部族结成部落联盟的上古著名氏族部落的名称。四妃即四个母系氏族部落的首领，黄帝立四妃，实即黄帝氏族部落与四个在当时最有影响的母系氏族部落结成部落联盟，就是这一历史现象的证明。夏启去黄帝时代未远，情形亦当与此类似。这些被夏启用作祭祀的牺牲的美女，实即昔日与禹氏族结成氏族部落联盟的母系氏族部落首领，她们也许曾带领部落初民，在禹率领的治水大军中逢山开路洒下汗水，说不定还舍生忘死地参加了禹氏族与涂山氏族的大战，总之是建立了种种劳绩和功勋，才被大禹授予联姻的荣耀。

平心而论，启本人不是青面獠牙的冷血杀人狂，他对于帷幄之中这些才貌双绝的昔日盟友们，并非全无感情，更未感情破裂，冷酷到恨之欲其死，必欲杀之而后快的地步。但是，我们要看到，启为了建立父系氏族的父权制家长国家，刚刚削平一触即发的母系氏族部落的叛乱，"益干启位，启杀之。"（《古本竹书纪年》）"有扈氏不服，启伐之，大战于甘。……遂灭有扈氏。"（《史记·夏本纪》）诞生伊始的父系氏族父权制国家夏朝，随时可能被奋起抗争的母系氏族部落共同扼杀于襁褓之中；而昔日部落联盟议事会议的主体，正是这些母系氏族部落的酋长和巫师[1]。夏启的卧榻之旁，岂能容如许众多杰出的母系氏族部落首领鼾睡？因此，不知经过几许反复权衡和痛苦的思想斗争，作为夏朝第一胄子的启，为了家族和国家的利益，最后的抉择只能是忍痛割爱，借祭祀天帝、乞求上天赐予歌舞的名义，将三嫔即父亲大禹的盟友们，送上了祭祀的神坛。无论是在先的以联姻的名义结盟，抑或最终的借宗教的名义舍弃，夏启对诸嫔的态度都非出自于个人的感情，而是为了维护夏朝这个尚在襁褓之中的父系氏族国家的利益。这使人联想到处于中国封建社会后期的清太宗爱新觉罗皇太极，就曾经步夏启后尘，在太祖爱新觉罗努尔哈赤驾崩之后，对太祖大妃纳喇氏等三妃采取同样方式：

上崩，辛亥，大妃殉焉，年三十七。同殉者二庶妃。(《清史稿》卷二一四，“后妃传”)

历史往往有惊人的相似之处。清入关前建立的八旗制度，是在氏族制的基础上发展起来的。而大妃纳喇氏及其生子阿济格、多尔衮、多铎麾下的部族，直接对皇太极的统治构成威胁。因而皇太极才借助氏族社会遗留下来的野蛮习俗，堂而皇之地收拾了母辈诸妃的生命。夏启与皇太极相距何

① 母系氏族之军事民主制，于中国封建社会之影响可谓深远。唐朝唐高祖李渊“每视事，自称名，引贵臣同榻而坐”(《资治通鉴》卷一八五)，满族入关前，代善、皇太极、莽古尔泰、阿敏四大贝勒共同管理国政，并坐受群臣朝贺的旧制，皆为母系氏族社会遗风。也许，当年众多的嫔们曾与大禹父子连榻而坐，共同议事，结果使启下决心排除异己，最终成为铸成嫔们悲剧的根本原因。

止千年，但促使他们萌动杀机的动因即出发点，二者大致上是相通的，都是为了排除异己，借助宗教巫术或部族习俗的力量，达到清除专制制度障碍的目的。在这场以盛大乐舞掩盖血腥屠杀的闹剧中，启这位夏朝开国君王担任的，实际还是父系氏族领袖兼巫师的身份，相当于古希腊罗马时代的国王兼祭司。神圣的宗教，从父系社会一开始就被统治者涂抹上血腥的色彩。

搞清楚了这一点，再来读骚人屈原那义愤填膺的《天问》，就会感到并不难理解："启棘宾商，《九辩》《九歌》；何勤子屠母，而死分竟地？"大禹尸骨未寒，夏启就急不可耐地送三嫔升天，并为此创作了大型祭祀乐舞《九辩》、《九歌》；为什么孝子竟屠杀他的庶母们呢，而在庶母死后分割了她们的领地？作为蛮夷之地楚国的王室贵族成员，屈原尚保留着对刚刚结束的母权制社会的记忆，他以一针见血的犀利笔锋，声泪俱下地揭露控诉这昭示着阶级社会从此开始的血腥屠杀。而屈原所同情的无辜而就死地的女子三嫔，恰恰是夏启的母辈。可怜这些正当豆蔻年华的青春妙龄就与大禹结成伉俪的妇女，她们或许也曾憧憬在花前月下与大禹卿卿我我，海誓山盟；或许也曾幻想于床笫之上与大禹如胶似漆，缠绵悱恻；或许更曾盼望为她们深爱的大禹生儿育女，传宗接代；殊不知，她们如今已归属大禹胄子夏启统治下的父系氏族国家，因而落到祭祀神坛上这任人摆布的屈辱地位。追想起昔日自己那般奋不顾身，亲冒矢石，协同禹氏族，与涂山氏族、益氏族、有扈氏族等母系氏族鏖战，历尽艰辛困苦，结果却将自己引入这鸟尽弓藏、兔死狗烹的人生陷阱，追悔何及！以等级制为特征的阶级社会,从一开始就将其"吃人"①的血腥本质暴露无遗。

"个体婚制在历史上决不是作为男女之间的和好而出现的,更不是作为这种和好的最高形式而出现的。恰好相反,它是作为女性被男性奴役,作为整个史前时代所未有的两性冲突的宣告而出现的。""在历史上出现的最初的阶级对立,是同个体婚制下的夫妻间的对抗的发展同时发生的,而最初的阶级压迫是同男性对女性的压迫同时发生的。"②夏族挑起的父系氏族与母系氏族的争斗,最先揭开了阶级社会的帷幕。中华大地上华夏蛮夷各部族,从此陆续进入阶级社会。"在这个时代中,任何进步同时也是相对的退步,因为在这种进步中一些人的幸福和发展是通过另一些人的痛苦和受压抑而实现的。"③这里有一个多年的误解需要澄清:古代汉族每自称为夏,以夏族为中原汉族之祖,似乎是夏族开启了中原汉族文明之风;其实,历史的真实记载早已向人们证明,夏族代表的,并非汉民族在阶级社会开端时的民间风俗;恰好相反,那反倒是戎狄蛮夷等边远部族,在完成由母系氏族公社向父系氏族社会转变时,所流行的野蛮中不乏血腥气味的社会风习。从这一点上来说,东晋末匈奴贵族赫连勃勃所建之封建割据政权称大夏,北宋时党项羌贵族赵元昊所建之贵族政权称西夏,倒可谓传承有自。汉朝时的匈奴部族为夏族后裔,尤为得夏族真传。这不仅见之于匈奴与夏族一样"毋文书,以言语为约束",而且见之于匈奴习俗"父死,妻其后

①《狂人日记》。《呐喊》,鲁迅著,江苏古籍出版社 2000 年 7 月。

② ③《家庭、私有制和国家的起源》,《马克思恩格斯选集》第四卷,63 页。

母;兄弟死,皆取其妻妻之”,甚至不惜将配偶作为礼品馈赠他人:“东胡……乃使使谓冒顿,欲得单于一阏氏。……冒顿曰:‘奈何与人邻国,爱一女子乎?’遂取所爱阏氏予东胡。”(《史记·匈奴列传》)后面这含有浓厚轻视妇女意味的观念习俗,就明显与夏族观念形态有着传承关系。匈奴社会处于父系氏族社会与封建社会两大历史阶段之间,并已开始有奴隶存在:“其送死,有棺椁金银衣裘,而无封树丧服;近幸臣妾从死者,多至数千百人。……其攻战,斩首虏赐一卮酒,而所得掳获因以予之,得人以为奴婢。故其战,人人自为趣利,善为诱兵以冒敌。”(《史记·匈奴列传》)从这里,可以约略考察到史无明文记载的夏族的社会形态与传统风习的遗迹。

阶级社会的等级变化,必然要反映到美学领域中来。这一变化,不仅表现于乐舞,亦见诸与衣食住行等日常生活相关的建筑、服饰、器具等部门。昔日“尧之王天下也,茅茨不翦,采椽不斫;粝粢之食,藜藿之羹;冬日麑裘,夏日葛衣”(《韩非子·五蠹》);禹治水时,也“薄衣食,致孝于鬼神。卑宫室,致费于沟洫”(《史记·夏本纪》),表现出母系氏族社会首领与初民同甘共苦的美德;然而,曾几何时,禹已“土阶三等,衣裳细布”(《墨子》佚文);禹后代的夏朝君主更进一步将贵族与属民间的差距拉大。据专家考证为夏朝遗迹的二里头文化晚期,“已发现有宫殿建筑基址。偃师二里头的第1号宫殿建筑基址,平面略呈正方形,方向近正南北,东西长108米,南北宽100米,高约1米。上面保留有排列整齐的柱子洞和木骨架墙基。在基址中部偏北的地方是正殿,下面是长方形基座,厚3米多。底部平铺三层鹅卵石,质地坚固。……在基址四周围绕有1道廊庑式的建筑,廊庑的北、东、南3面共有檐柱156根，间距也是3.8米，拱围着正殿。”“第2号宫殿的形制与第1号宫殿相仿，唯面积略小，基址平面为长方形，南北长72.8米，东西宽约58米，在正殿基址上还保留有木骨墙基……这样的大型宫殿建筑，应是当时王权的象征。”①如此宏伟的房屋建筑规模，自然远非一般夏朝人民所能仰望，而成为统治者独享的特权。与阔大的宫室相并行的，是启等夏王“左手操翳，右手操环，佩玉璜”，借服饰品类以区别等级尊卑。晋南襄汾陶寺遗址“发现的1000多座墓葬，绝大多数为小型墓，无随葬品。相反……陶寺遗址的一些大、中型墓，墓主的人体饰品种类均相当高级，有的头佩玉梳、石梳，有的臂戴精工镶嵌绿松石和蚌片的饰物，有的佩戴玉臂环或玉琮，腹部挂置玉瑗、玉钺等。”②这些当初颇费了一番雕琢工夫的原始工艺品，其制作目的当然不仅仅是为了外观的璀璨夺目，而有着更为深层的文化意蕴。从本质上说，它是某种宗教理念和等级观念相混合的产物，即既具有驱邪祈福等美好祝愿的含义，同时又是表示显赫身份的象征。而这一切，都是一般夏朝子民绝难奢望的。阶级社会从它问世伊始，就将等级观念作为奉行不渝的准则，贯穿于上层建筑领域。就连昔日在母系氏族社会生活中，曾兼容日常生活用品和工艺品两重功能的器具，其方便日用的性质也被淡化，而强化了统治者寄予它的名物礼仪等与“礼”有关的内容。韩非曾借由余之口，如此表述这一演化进程：

---

①《中国考古》，221页。

② 宋镇豪《夏商社会生活史》，464、465页。

昔者尧有天下,饭于土簋,饮于土硎。……尧禅天下,虞舜受之,作为食器,斩山木而财之,削锯修之迹,流漆墨其上,输之于宫以为食器。……舜禅天下而传之于禹,禹作为祭器,墨染其外,而朱画其内,缦帛为茵,蒋席颇缘,觞酌有采,而樽俎有饰。(《韩非子·十过》)

一方面,是食用器具由原始社会阶段的没有什么彩绘的素底陶器,向阶级社会阶段的彩绘木制髹漆器的进化;另一方面,是祭祀礼器在统治阶级有意识的引导下,距离下层子民的日常食用的基本用途越来越远,而成为统治阶级上层社会,乃至最高统治者胄子独享的专用品。在整个社会发展刚刚由母系转变为父系,阶级社会在方方面面都还处于初建阶段的时期,这一带有历史进步意味的演变,理所当然地遭到旧的习惯势力的阻挠。舜涂漆和墨描绘食器之时,加盟舜联盟的各氏族部落首领已自不满,“诸侯以为益侈,国之不服者十三”;禹墨染朱画彩绘祭器之时,由部落首领演化而来的方国诸侯更为抵触,“此弥侈矣,而国之不服者三十三”。尽管饮食礼器的等级制,已成为统治者与被统治者、乃至统治阶级内部的一条潜在的裂痕;但作为等级制阶级社会的外在标志,它还是被赋予了特殊的时代意义,成为统治阶级恪守不渝的“名分”制度的象征物。春秋时代王孙满答楚子问鼎时的那段话,最能够说明祭祀礼器的重要意义:

楚子问鼎之大小轻重焉。对曰:“在德不在鼎。昔夏之方有德也,远方图物,贡金九牧,铸鼎象物。

百物而为之备，使民知神、奸。故民入川泽山林，不逢不若。螭魅罔两，莫能逢之，用能协于上下，以承天休。……德之休明，虽小，重也。其奸回昏乱，虽大，轻也。天祚明德，有所厎止。”（《左传·宣公三年》）

真正为夏朝所铸造的那作为国之重宝的宝鼎，我们今天已经看不到了。但从王孙满的精彩描述来看，制造者按夏朝统治阶级审美观念铸造的这些大鼎，当是夏朝鼎盛时期，各方国或氏族部落前来归顺，众多方国部落的旗帜汇聚在一起的产物。文中“远方图物”、“铸鼎象物”、“百物而为之备”的“物”，当为夏朝属下各方国部落的图腾。那些远在偏方的氏族部落，带着他们画好的部落图腾，前来归顺夏朝；夏朝将这些图腾按天下九州的划分，分别铸在大鼎上面，作为天下一统的象征①。图腾的数量竟至于“百”，可见其代表的方国部落之多。这里面不仅有同盟方国或氏族部落崇拜的图腾之“神”，亦包括那些不肯归附，因而被武力征服消灭的方国或氏族部落信奉的图腾之“奸”。从这里也可以看出，夏朝初民那稚拙的审美观念，从一开始就将道德方面的善，与艺术方面的美紧密地联系在一起。正是因为将如许众多服从与不服从、归顺与不肯归顺、主动地自愿前来加盟与被动地被强迫征服的社会集团的图腾，全都一股脑儿地汇聚拢来，分成“神”、“奸”两类，铸造到这尊尊大鼎上；所以，夏朝子民才能

① 一说九，言其众多；九鼎，多鼎也。参见顾颉刚《史林杂识初编》，本节未采用。

"入川泽山林,不逢不若。螭魅罔两,莫能逢之"。若推究其中奥妙,说来其实很简单:因为他们已经熟悉这些图腾标志,不致在现实生活中搞错。也就是说,并不是绝对意义上的"不逢","莫能逢之";而是远远望见,即能分辨敌我哪一集团的图腾旗帜,可以临时决定是迎上前去,还是避开为佳,不至于误入敌群,发生危险而已。这也许可以说是最初铸鼎时实用方面的考虑。但这只是最为表层的含义。夏朝宝鼎包含的寓意,显然并未停留在它的实用上,而更多也更主要的是将鼎作为一种标志物,蕴涵着"器以藏礼"的特殊意义。孔子曾这样解释器与社会生活之关系:"名以出信,信以守器,器以藏礼,礼以行义,义以生利,利以平民,政之大节也。"(《左传·成公二年》)夏朝宝鼎,就是先秦礼器的嚆矢。孔子所说的包括夏鼎在内的祭祀礼器的意义,已经明显超越了礼器本身的实用,而从政治角度着眼,将其提到氏族盛衰、国家兴亡的高度。这是夏鼎等礼器的深层含义。如果能够更进一步,从这些凸显着众多图腾、作为凝聚氏族的标志、国之重器的象征的礼器上面,体会出"用能协于上下,以承天休"、"德之休明,虽小,重也。其奸回昏乱,虽大,轻也"等更为玄妙深远的含义,由强调实用和政治原则,进而至于审美观照,才约略触及这些礼器的美学意蕴,虽然那意蕴仍是与政治紧密地纠缠交结在一起的。这才是夏朝礼器蕴涵的审美意义。

一种观念形态建立的同时,与之相对的观念形态往往即已出现。夏朝时君主在当时社会中的位置,远不能同后来的封建帝王相比。父系家长制王朝在各方面,还都十分稚嫩。昔日的氏族部落联盟,刚刚转变为方国联盟;此时号称一朝天子的夏王,充其量不过是诸方国拥戴的盟主而已[①]。这些方国有的已进入父系氏族社会,有的则还停留在母系氏族公社时期,对于他们或她们的种种风俗习惯,夏王最好的对策,只能是听其自然。而形成这种无序状态的根本原因,乃是由于诸方国的朝见,是一种自愿与强迫相结合的加盟。能够得到诸方国归属的夏王,即可一跃成为号令天下的君主,此所谓"启贤,天下属意焉。""天下咸朝"(《史记·夏本纪》),万国来朝,则夏朝立;然而,一旦夏王举措失当,方国联盟解体,夏王就将坠入众叛亲离、天下共讨之的可悲境地。这是夏朝君主最害怕看到的局面。刚刚从母系氏族公社阶段脱胎出来的夏朝,在各方面都还带有原始氏族社会的印记。受到这一根本条件的制约,夏朝意识形态领域也未能以父系社会胄子们开创的标准作为思想准则,而是发生了多次波动。不仅夏朝子民怀念已流行多年的母系氏族公社的民主遗风,即使在统治阶级内部,贵族诸子也不愿接受父系氏族国家标榜的以贵族胄子为核心的等级制观念。屈原批判夏朝统治者以歌舞娱乐纵欲时,指出的"五子用失乎家巷",就是贵族诸子对这一观念体系的挑战。《今本竹书纪年》载:"帝启……十一年,放王季子武观于西河。十五年,武观以西河叛。"原注:"武观即五观也。"《国语·楚语》:"启有五观。"韦昭注:"五观,启子,太康昆弟也。"关于启之五子,还是《尚书》上记载的史实比较全面:

> 太康尸位,以逸豫灭厥德,黎民咸贰,乃盘游无度,畋于有洛之表,十旬弗反。有穷后羿因民弗忍,

①《中国古史的传说时代》,8页。

距于河，厥弟五人御其母以从，徯于洛之汭。（《夏书·五子之歌》）

太康乃启之冑子，夏朝第二任国君。厥德，即禹从舜继承来的"直而温，宽而栗，刚而无虐，简而无傲"一类氏族社会审美标准。太康这位父系家长制氏族国家的君主，不履行职责，因沉溺享乐而违背了先祖遗训；治下的黎民，即构成夏朝的各方国，亦即以前的氏族部落，全都与太康离心。太康愈加放荡，出外田猎，百日未归。东夷部族的首领有穷后羿，利用夏朝初立，初民怀念过去、人心波动之机，在黄河边阻击太康。"昔有夏之方衰也，后羿自鉏迁于穷石，因夏民以代夏政。恃其射也，不修民事而淫于原兽。"（《左传·襄公四年》）就有穷后羿而言，这是东夷部族向夏族统治的首次挑战；对追随后羿的初民来说，这同时也是母系氏族传统风习的一次小试锋芒的回潮。有穷后羿这个人物的兴衰，本身也说明母系氏族的势力，远非父系氏族统治者一朝一夕可以清除干净，而要在父系氏族国家建立后的一段相当长的历史时期内，继续发挥它的深远影响。历史上的羿得到政权后"不修民事，而淫于原兽"，沉溺于美色犬马之乐，结果被寒浞与羿妻纯狐氏合谋杀害，连屈原都在《天问》中为他慨叹："帝降夷羿，革孽夏民。胡射夫河伯，而妻彼雒嫔？"夷羿本是天帝派来解救夏民的，为什么要射杀河伯，夺取河伯的妻子洛嫔[1]？羿身上的原始野性，既是羿的成功之本，又成为其丧命之源：

---

① 参见姜亮夫、夏传才、赵逵夫、郭维森等《先秦诗鉴赏辞典》，上海辞书出版社 1998 年 12 月，792 页，姜亮夫、姜昆武文。

“浞娶纯狐，眩妻爰谋。何羿之射革，而交吞揆之？”羿的妻子是纯狐图腾部落的成员，寒浞取得了她的芳心，就等于得到了原来乃是羿的氏族部落联盟成员的支持。所以羿虽然勇力过人，有力贯皮革的射艺，但一旦失去纯狐氏族的支持，竟不免杀身之祸，由此也可见出母系氏族的实力。最能说明这一点的，是太康的兄弟们，竟都率领各自部下的母系氏族部落追随后羿，归向洛水北岸。今天所见的五子之歌虽系伪作，但歌词中蕴藏的那种氏族民主情绪的回潮，却触及历史的真实。终有夏之世，父系家长制国家的统治者，亦即父系氏族的胄子们，始终未能平息在野的母系氏族反对派的思想骚动，就是氏族民主思潮具有顽强生命力的证明。夏王对于母系氏族部落首领的压制杀戮，并没有能够彻底完成由母系氏族社会向父系氏族国家的演进，相反倒加速了夏朝自身的崩溃。夏朝末年的宫廷盛大乐舞，即已经起不到粉饰美化夏族统治的作用，相反只能暴露夏族统治寡头的荒淫腐朽。“桀之时，女乐三万人，端噪晨乐，闻于三衢，是无不服文绣衣裳者。伊尹以薄之游女工文绣纂组，一纯得粟百钟于桀之国。”（《管子·轻重甲》）如此庞大的费用开销，已超过了夏族民众的承受能力。“帝桀之时，自孔甲以来而诸侯多畔夏，桀不务德而武伤百姓，百姓弗堪。”（《史记·夏本纪》）夏朝百姓，即仍留恋昔日母系氏族民主传统的初民，已忍受不了父系国家君主夏王的独裁专制，夏统治者却还在自吹自擂：“桀云：‘天之有日，犹吾之有民。日有亡哉？日亡，吾亦亡矣。’”（《史记集解》引《尚书大传》）实即顽固不化地坚信自己不会灭亡，结果只能招致初民更激烈的反对：“有众率怠弗协，曰：‘时日曷丧？予及汝皆亡！’”（《尚书·商书·汤誓》）中国历史上第一个父系国家夏王朝，就在子民奋起反抗、商族趁势来攻的四面楚歌声中，结束了它那始终没有完善的以胄子为核心的统治。这也给后来商、周两族的统治者留下了深刻的教训。

第三篇　先秦美学观念的萌动

一、 玄鸟图腾兴起的奥秘

如果将夏族的主流意识归纳为对母系氏族社会思潮的镇压,那么,商族主流思潮的根本特征,则是对母系氏族思想观念的全盘继承和高度尊崇。包括殷墟甲骨文在内的现存文献清楚地表明,虽然商族早期活动与夏族大致同步,夏、商两族之间也偶有非主流的承继现象,但商族在各方面都与夏族不同,顽强地表现出以玄鸟为图腾的东夷部族集团的思维特征。

有商一朝占据主流地位的思潮,首先是整个部族对女性的尊崇和对母权制时代民主自由遗风的向往。与夏族的起源传说相仿,商族的起源传说,也明显带有母系氏族社会盛行的母权制思想的痕迹:

天命玄鸟,降而生商,宅殷土芒芒。(《诗·商颂·玄鸟》)

有娀氏有二佚女,为之九成之台,饮食必以鼓。帝令燕往视之,鸣若谥隘。二女爱而争搏之,覆以玉筐,少选,发而视之,燕遗二卵,北飞,遂不反。(《吕

氏春秋·季夏纪·音初》)

> 殷契母曰简狄,有娀氏之女……三人行浴,见玄鸟堕其卵,简狄取吞之,因孕生契。契长而佐禹治水有功,……封于商,赐姓子氏。(《史记·殷本纪》)

与夏族女祖所感之植物图腾不同,商族女祖简狄所感为鸟图腾。这首先见出商族不同于夏族之处。如果说崇拜自然生长、以果实养人的植物图腾,反映出农耕状态前身、以采集植物果实为主要生活来源的夏部族的心理特征的话,那么,当初尚处于游牧状态、迁徙无定的商族初民心中崇拜的,则是生有双翅、可以自由翱翔的鸟图腾。神话传说中奉天帝之命,前去探视二女、遗二卵于高台的燕,就是鸟图腾氏族部落崇奉的始祖图腾。燕,甲骨文像燕子上飞之形。本义为燕子,卜辞中主要用作祭名①。"燕,玄鸟也。籋口、布翅、枝尾,象形。"(许慎《说文解字》)许慎对玄鸟的描述与甲骨文燕的字形吻合,证明燕古代又称"玄鸟"。葛天氏之乐中,就有一段模仿燕子的动作、歌颂燕子功德的乐舞,以"玄鸟"命名。《诗·商颂·玄鸟》郑玄笺:"天使鳦下而生商者,谓鳦遗卵,娀氏之子简狄吞之而生契,为尧司徒,有功封商。"这则传说证明,早商出于以女子为中心的母系氏族部落,自契有功封商、赐姓子氏后,才开始向父系氏族社会过渡。商族的远祖,太昊部落为"风姓也"(《左传·僖公二十一年》),而卜辞假"凤"为"风",足证二者在商朝以前,是同一个字②。蚩尤战

---

① 邹晓丽、李彤、冯丽萍《甲骨文字学述要》,岳麓书社 1999 年 9 月,173 页。

② 任继愈主编《中国哲学发展史(先秦)》,人民出版社 1983 年 10 月,55 页。

败之后出现的少昊氏族集团①,当年曾以鸟名作为官职名。春秋时期郯国君主郯子曾如此追述:“我高祖少昊挚之立也,凤鸟适至,故纪于鸟,为鸟师而鸟名。凤鸟氏,历正也。玄鸟氏,司分者也;伯赵氏,司至者也;青鸟氏,司启者也;丹鸟氏,司闭者也。祝鸠氏,司徒也;雎鸠氏,司马也;鸤鸠氏,司空也;爽鸠氏,司寇也;鹘鸠氏,司事也。五鸠,鸠民者也。五雉,为五工正,利器用,正度量,夷民者也。九扈为九民正,扈民无淫者也。”(《左传·昭公十七年》)郯子此间提到的鸟名有二十多种,玄鸟氏在其中是“司分者”,即颁布春分、秋分等节气的历法官。这一方面表现出鸟图腾部落联盟当年群英汇集、人才济济的盛况;另一方面,也透露出该联盟内部自由、民主气息更为浓厚的消息。

有一种历史现象,一直为父系社会制度下的统治者们所羞于承认,那就是与母权制思想对女性的尊崇联系在一起的,是一个时代流行的崇尚民主自由的社会风气。这无疑使鸟图腾集团具有了独特魅力。屈原即曾疑惑:“简狄在台,喾何宜?玄鸟致贻,女何喜?”(《楚辞·天问》)简狄处在高台之上,高辛氏怎么会认为她适合自己?玄鸟飞来致意,简狄为什么那样欣喜?能够解释这个疑问的答案可能有很多,但至关重要的一点,就是新兴起的父系氏族部落集团,在政治上需要同成熟的母系氏族部落集团结盟,因而不惜纡尊降贵,去遵从母系氏族的婚恋习俗;土生土长的母系氏族,也愿意接受父系氏族这一开放的姿态,此乃简狄所在的尚未脱离母系氏族社会的部族,主动同以玄鸟为图腾的、已经开始进入

①《中国古史的传说时代》,6页。

父系氏族社会的东夷部族联姻的根本原因。这就像诗中歌颂的那样,“有娀方将,帝立子生商。玄王桓拨,受小国是达,受大国是达。率履不越,遂视既发。相土烈烈,海外有截。”(《诗·商颂·长发》)有娀氏女正当俊丽少壮,上帝命她生下商契玄王。玄王奋力拨开幽冥,授给小国以光明,授给大国以光明。信步走路也不颠陨,睁眼观看全得辨清。相土武功更加赫赫,东临大海西抵有截[①]。将契看作拨开黑暗分开幽明的开辟之神,作为小国大国崇奉的授予光明者,这样解释虽仍充满神话色彩,却也透露出一个重要史实,即这些小国、大国,亦即各氏族部落前来归顺商契时,那内心自愿多于形势强迫的情形。鸟类生有能够飞翔的双翅,于群体中保持着相对的独立性,合则聚,不合则散,群体的凝聚力与个体的自由度合二而一,也许这就是更为爱好民主自由的商族初民,选择鸟作为自己部落的精神旗帜的原因。《山海经·大荒东经》所谓“有人曰王亥,两手操鸟方食其头”,其实是遗漏了一个“鸟”字。也就是说,这幅图像所画的,并非王亥在啃食自己部落的图腾,恰恰相反,这是商人为了美化自己的先祖,将部落图腾加在高举双手捧鸟的王亥头顶,表示王亥是来自上天的玄鸟的直系子孙,看起来像是“亥两手操鸟,鸟方食其头”,亦即是鸟图腾在啃食王亥的头的形象。甲骨文中“隻”字将“隹”置于“亥”之上,就是有力的证明[②]。鸟图腾的起源渊源久远,河南临汝县阎村出土的新石器时代中期鹳鸟石斧瓮上,那只用白彩图绘、口中横叼着一条鱼的白鹳,兴许就是

① 见张松如《商颂研究》,南开大学出版社 1995 年 6 月第 1 版,30 - 42 页。
②《甲骨文字学述要》,175、176 页。

初民鸟图腾意识的萌芽；但商朝青铜器的铸造者们仍有其独到建树，即把众多图腾的标志汇聚到一起，使各个部落的图腾都能在其中各得其所，以体现原始初民崇尚的独立自由与集中凝聚相合一的审美观念。如河南省安阳殷墟妇好墓出土的偶方彝：

> 高60厘米，长88.2厘米，为长体有肩式。……有盖，盖为四阿屋顶式，有正脊、重脊，顶上有两钮，钮帽亦为四阿式。……彝自顶至足，有六道扉棱，盖面饰有饕餮纹，两侧加饰鸟纹，沿下饰有鸟纹，中间有兽首。腹部饰有饕餮纹，圈足饰有夔纹。……其形制的部分大概是模仿当时的殿堂建筑装饰纹饰，显得富丽堂皇①。

明器是故者生前生活的折射。这件造型奇特、纹饰繁缛的偶方彝，是以商朝宫廷建筑为原型而塑造的，充满了殷商原始宗教特有的神秘意味。不同的题材，在这里被巧妙地统一于奇特庄重的形式之中，而又没有破坏其和谐与端庄的构图，创造者的高超功力，让人叹为观止。此器尤为值得注意的，就是那一圈将饕餮纹、鸟纹、兽首纹、夔纹等现实动物与幻想神灵组合而成的浮雕画面，体现出殷商方国联盟无奇不有、兼容并包的博大襟怀。这里面不知有几许部落图腾的汇聚融合，才形成具有殷商时代特色的审美观念。这时的审美观念，与商朝统治者的政治理念，仍然是紧相联系、彼此交

---

①《中国文物鉴赏辞典》，116页，“青铜器”。

融的。

商朝的开国君主成汤向野外捕鸟人发布的那番著名的言论,即透彻地说明了这一理念的内涵:

> 汤出,见野张网四面,祝曰:“自天下四方,皆入吾网。”汤曰:“嘻,尽之矣!”乃去其三面,祝曰:“欲左,左;欲右,右。不用命,乃入吾网。”(《史记·殷本纪》)

倘若捕鸟人真的依照商汤所教的方法去做,结果是可想而知的。但商汤这番话,其实是说给与商族结盟的各方国,亦即氏族部落集团的首领们听的,可以说是尊重氏族社会原始民主传统的宣言。与夏族统治者借迟到等细故,就将与其离心的母系氏族部落首领处以极刑的专制做法相比,这无疑要宽松得多了。因此,商汤才赢得了各方国首领的拥戴,“诸侯闻之,曰:‘汤德至矣,及禽兽。’”(《史记·殷本纪》)商汤以“德”,而不是单纯依靠武力,夺取了夏族的盟主位置。从最终结果来看,商汤的方法虽然奈何不了自然界的鸟类,但却能使社会生活中的众多以鸟为图腾的部落皆入其彀中,这正是商朝统治者的高明所在。终殷商之世,至少在统治集团内部,民主气息始终比夏族统治时期来得浓厚,这可以说是商朝的一大时代特色。

商族在中华大地上的崛起,可以看作是母系氏族民主风俗的一次大规模的回潮。也许是接受了夏族统治者杀戮母系氏族首领反而加速了自身灭亡的深刻教训,同样是以父系氏族胄子为核心的商族统治者,从开国伊始,就一改夏朝与母系氏族部落首领相对立、必欲除之而后快的过激做法，在很多方面都照顾到原为母系氏族部落成员的商朝子民的心态变化。“缘鹄饰玉，后帝是飨。何承谋夏桀，终以灭丧？帝乃降观，下逢伊挚。何条放致罚，而黎服大说？”（《楚辞·天问》）商朝开国君主汤任以国政的伊尹，是“汤妃有莘氏之女”（《史记集解》引《列女传》）的媵臣，当初靠精美的烹调手艺引起商汤注意，身份可谓低到极点；然而商汤采用他的计谋讨伐夏桀，竟一举使夏朝灭亡。商汤得到伊尹之后，与夏桀战于鸣条之野，将夏桀流放到南巢，黎民百姓却十分高兴，这些都说明了夏商之交的人心向背。其关键的一点，就是当时人民还未能抛弃母系氏族社会的民主遗风，对夏朝贸然实行父系国家的强硬统治，尚存有强烈的抵触情绪之故。在周围各部族还处于母系氏族社会与父系氏族社会相交替、亦即尚未完全脱离母系氏族社会之际，惟独夏族率先进入父系氏族社会，并且以极端手段殄灭母系氏族部落首领，这就像仲虺起草的诰命所说，“肇我邦予有夏，若苗之有莠，若粟之有秕。小大战战，罔不惧于非辜。”（《尚书·商书·仲虺之诰》）漂浮在母系氏族汪洋大海之上的夏族，虽然未必像谷苗中的莠草、谷子中的秕糠，但起码是处于十分尴尬、孤立的地位。毕竟多数方国部族还处于母系氏族社会阶段呵，哪位首领不忧惧自己会成为防风氏和夏启三嫔的后身？就连伊尹归商时，“入自北门，乃遇汝鸠、汝房，作《汝鸠》、《汝房》。”（《尚书·夏书》）这两位伊尹为其作歌的贤臣，其称呼亦皆带有母系氏族部落首领的色彩。面对如此庞大的阶层，商汤“践天子位，平定海内”（《史记·殷本纪》）之后，并未全盘继承父系氏族的夏朝遗留下来的独裁专制统治，而是保留了带有军事民主色彩的、由统治集团成员参政的东夷部族习惯。“汤以宽治民而除其虐”(《礼记·祭法》),一语道破,待域内各方国或部落以“宽”,乃是商族取夏朝天下而代之的秘诀。“克宽克仁,彰信兆民。乃葛伯仇饷,初征自葛,东征,西夷怨;南征,北狄怨,曰:‘奚独后予?’攸徂之民,室家相庆,曰:‘徯予后,后来其苏。’民之戴商,厥惟旧哉!”(《尚书·商书·仲虺之诰》)仲虺之诰的描述,固然不无商族自我吹嘘的成分,但之所以能够出现这种戏剧化的场面,也是由于商汤的军事行动照顾到了各方国,亦即昔日之氏族部落集团方方面面的利益。“汤欲伐桀,伊尹曰:‘请阻乏贡职,以观其动。’桀怒,起九夷之师以伐之。伊尹曰:‘未可。彼尚犹能起九夷之师,是罪在我也。’汤乃谢罪请服,复入贡职。明年,又不供贡职。桀怒,起九夷之师,九夷之师不起。伊尹曰:‘可矣。’汤乃兴师,伐而残之,迁桀南巢氏焉。”(《说苑·权谋》)商族在与夏族的争斗中,之所以如此试试探探出尔反尔,自然不排除其政治上的权谋狡诈因素;但更主要的,还是由于九夷即东方部族的人心向背,直接决定着夏商二族的胜负兴衰。诗人的颂歌唱得何其坦率:“武王载旆,有虔秉钺。如火烈烈,则莫我敢曷。苞有三蘖,莫遂莫达,九有有截。韦顾既伐,昆吾夏桀。”(《诗·商颂·长发》)汤王大旗插在战车,驰进如虎手执斧钺。火焰一般赫赫烈烈,没人敢把我们阻遏。包围了与夏结盟的三余孽,使它不能发芽不能生叶,占领了九州直到有截。豕韦和顾既被伐灭,又吞并了昆吾和夏桀。商汤讨伐夏桀大获全胜这一史实本身,就已经证明了其代表绝大多数方国部落的根本利益的重要性。这就像《左传·襄公二十六年》提到的那样,“《商颂》有之曰:‘不僭不滥,不敢怠皇,命于下国,封建厥福。'此汤所以获天福也。"奖赏不能僭越,刑罚不能滥施,更加不敢怠慢偷懒,这样才能得到属下方国的拥戴,从心理上认可商王的盟主地位,也就是为加盟诸国广开福源。商汤获得"天福"的这一要领,无疑尚带有浓厚的集体军事民主的思想色彩。

母权制社会遗留下来的民主遗风,既是商朝统治集团可以借助的资本,同时也是该集团用来制约个别独裁者不致在专制的路上走得太远的保障。伊尹放太甲的故事千古传诵,但说白了,还不是由于当时方国联盟首领会议之军事民主习俗,足以制约商王专制权力膨胀的缘故。"帝太甲既立三年,不明,暴虐,不遵汤法,乱德,于是伊尹放之于桐宫。""帝太甲居桐宫三年,悔过自责,反善,于是伊尹乃迎帝太甲而授之政。"(《史记·殷本纪》)伊尹的行为若放在后人身上,不知要承担多大的政治风险;然而在商朝当时,这却是再自然不过的选择。"三年,伊尹摄行政当国,以朝诸侯"(《史记·殷本纪》),非但无人提出什么异议,殷商后人反而将对伊尹等重臣的歌颂形诸歌诗:"昔在中叶,有震且业。允也天子,降予卿士。实维阿衡,实左右商王。"往昔时在商的中叶,有威力而且有业绩。诚心呀皇天之子,皇天降给他左右卿士。实在多亏伊尹阿衡,来辅佐着商王成功。这里的伊尹阿衡,所指究竟为一人还是二人,已经并不重要。重要的是,诗歌歌颂伊尹阿衡之类的重臣,这已经说明了殷商后人对商朝统治集团内部民主作风的承认。"欲左,左;欲右,右。"尽管以氏族民主制度为基础建立的统治,客观上必然会限制商王朝的君主专制,进而影响到商朝王权的巩固,但殷商诸王始终未敢明目张胆地背离这一以宽待、尊重各方国民主利益为特色的

“汤法”。就连至关重要的王位继承权,也未像夏朝那样只传于胄子,而是有近半数是在商王族内兄弟相传。郭沫若早年根据“商代的王位是‘兄终弟及’”、“商人尊崇先妣,常常专为先妣特祭”、“殷代末年都有多父多母的现象”三点,推论“商代尚未十分脱离母系中心社会”,指出这是由于“氏族社会是以母系为中心的。”“当时的社会是没有父子相承的习惯的,为子的均要出嫁,所以不能承父;反是兄弟可以相承,因为兄弟是联翩出嫁”①,得之。商朝王位兄弟相传,乃是氏族社会遗风,此说可谓触及商朝时代精神的精髓。而这其中,都隐约透露出当时方国联盟首领们的“民意”。

一个很有意味的史实是,作为血与火象征的“青铜时代”的统治者,商朝诸王却并非后人想像的那种不近人情的暴虐国君,反倒是一些内心充满脉脉温情的怜香惜玉者。与夏朝君主采取的与母系氏族部落首领针锋相对、寸权必夺的方针相反,商朝诸王这些“‘粗野的’战士和猎人”,似乎仍忘不了昔日妇女在氏族中的尊贵地位。传说早商先祖王亥在有易放牧时被杀,就与恋爱妇女有关:

> 王亥托于有易、河伯仆牛。有易杀王亥,取仆牛。(《山海经·大荒东经》)
>
> 殷王子亥宾于有易而淫焉,有易之君绵臣杀而放之。(《今本竹书纪年》)

---

①《中国古代社会研究》,《中国现代学术经典·郭沫若卷》,河北教育出版社1996年8月,15、11页。

《山海经》和《竹书纪年》的说法失之简略，反倒不如屈原的《天问》，用疑问的语气，将王亥遇难前后的情形讲得清楚："该秉季德，厥父是臧。胡终弊于有扈，牧夫牛羊？干协时舞，何以怀之？平胁曼肤，何以肥之？有扈牧竖，云何而逢？击床先出，其命何从？"有扈，即有易。亥秉承冥的美德，他的父亲品德很好。为什么亥会沦落在有易之地，为人家放牧牛羊？亥手执盾牌踊跃起舞，是在引诱哪位女子？这位女子身躯丰满，皮肤润泽，亥用什么使她丰腴？作为有易国的放牧小子，亥又在哪里和女子相逢？二人同床时遭到袭击，女子先已跑出，她的命运何去何从？屈原的疑问流露出史实真相，就是亥在有易之地被杀，乃是由于亥客居有易之地，却不去遵守当地部族高台待嫁、天神示意之类的婚俗，商族婚俗与当地婚俗发生碰撞，触犯了有易当地部族的禁忌，而造成千古伤心的悲剧①。这也是后来商族接受教训，因而为了与众多由氏族部落演化而成的方国结盟，宁愿崇奉母系氏族部落的简狄为本族先妣，以扩大鸟图腾部落方国盟主号召力的原因。

王亥虽然为情捐躯，但他这种尊重、喜爱，乃至于迷恋妇女的品德，却一直流传下来，为殷商后世子孙效法。殷墟甲骨文中有大量关于"帚"即"妇"的记载，她们专有的妊娠、分娩的生育过程，无处不牵动着举国上下关注的目光：

贞，帚好孕。（问卜：妇好怀孕了？《合集》2682正）

贞，王曰，有孕嘉。（占卜：王祷告：妇有孕，好。

---

①《部族文化与先秦文学》，第六章，"灵性情别旨的婚恋习俗"。

《合集》21071)

旬又二日辛未,帚婖允娩,嘉。(十二天后的辛未日,妇婖果然分娩,好。《合集》14017 正)

甲申卜,㱿贞,妇好娩,不其嘉。三旬有一日甲寅娩,允不嘉,唯女。(甲申日占卜:妇好分娩,不好。三十一日后的甲寅日分娩,一定不好,是女孩。《合集》14002 正)

贞,妇婐娩,唯衣。(占卜:妇婐分娩,要进行衣祭。《合集》13958)

妇良有子。(占卜:妇良能生儿子。《合集》13936 正)①

作为一国之君的商王,如此关切诸妇的生育,拳拳之心,真可令千古为人夫者汗颜。这与夏启为巩固父系统治而滥杀诸嫔,相差何啻天壤!大量的甲骨文卜辞证明,商王关心诸妇,有些近似于欧洲中世纪的骑士对妇女的关爱,他并未局限于妊娠生育之类直接关系到王位继承的大事;而是从日常生活着眼,凡与诸妇母子平安有关的疾病灾咎,皆可见于卜辞:

丙午贞,多帚亡疾。(丙午日占卜:诸多妇没有疾病。《合集》22258)

癸亥卜,帚妫无𡆥。(癸亥日占卜:妇妫无灾。

---

①《甲骨文合集》,郭沫若主编,胡厚宣总编辑,1978 - 1982 年中华书局出版。赵诚《甲骨文与商代文化》,辽宁人民出版社 2000 年 1 月。下引《合集》,皆见此书。

《合集》22246）

贞，帚好不延疾。（占卜：妇好的疾病不延续。《合集》13711）

贞，于甲御帚嘉宧。（占卜：向甲进行御祭，请甲保佑妇嘉的龋齿快些痊愈。《合集》13663 正甲）

乙巳卜，贞，帚妥子无若。（乙巳日占卜：妇妥之子不顺利。《合集》21379）

贞，帚婡子其因。（占卜：妇婡之子可能有灾祸。《合集》17068 正）

事无巨细，皆为妇卜，体贴之情，溢于言表。商王对妇女如此情深意重，妇女们自然不会无动于衷。从甲骨文记载的情况来看，诸妇对商王朝的回报，就是以全力支持商王朝的统治。卜辞中关于“帚×示×屯”，即妇×交纳×对甲骨的记载，就是诸妇对商王朝的进贡和奉献。

关于诸妇的身份，研究者认为应包括王妇、子妇、诸侯妇、重臣妇，以及商王的女性亲属。这自然是不错的。但更为重要的是，这些女子首先是与商朝结盟的各方国或氏族部落的首领，其次才是殷商统治集团中的王、诸侯、重臣的配偶或亲属。她们率领自己的方国或氏族部落，散居在茫茫殷土大地上，为商朝拱卫着疆土，平时向商朝交纳贡献，随时听从商王的召唤。一旦商王有令，马上召之即来：

呼帚来归。（命令：所有驻守外地的妇回到朝廷中来。《合集》21653）

帚允其捍。（妇一定会捍卫商朝。《合集》

7006）

帚妏来。（《合集》6648 反）

帚丙来。（《合集》18911 反）

帚姘来。（《合集》6826 反）

如此忠实地执行商王授予的使命，俨然是驻守一方的封疆大吏。妇不仅应命而归，有时还自动归来：

生十三月妇好来。（《合集》2653）

这条就可能是妇好生子十三个月后，主动前来报到的记录。作为军事将领，诸妇能够征集部众，率领大军，征伐敌对方国：

乙酉卜，㱿贞：乎帚好先収人于庞。（乙酉日占卜：命令：妇好在庞地先行征集人众。《殷墟书契前编》7、30、4）

辛巳卜，贞：登妇好三千，登旅万，乎伐羌。（辛巳日占卜：妇好征集部下人众三千，征集部队一万，命令这些人去讨伐羌国。《库方二氏藏甲骨卜辞》310）

壬申卜，㱿贞：令妇好从沚甙伐印方受㞢□（壬申日占卜：命令妇好率沚甙讨伐印方，俘获□。《殷契粹编》1230）

□□□贞：□□姘……从沚或。（□□□占卜：

命令妇姘率沚或讨伐……《殷墟书契后编》下、39、6)①

王共人呼帚好伐土方。(商王征集人众,命令妇好征伐土方。《合集》6412)

唯妇姘伐龙,𢦏。(妇姘单独率军讨伐龙方,重创敌国。《合集》6584)

由这些辞例可以看出,妇好等诸妇指挥的部队,有时多达一万三千人;且于征伐羌国时,颇有斩获,捕捉到了俘虏。在刀光剑影血雨腥风的战场上,到处可见商族女英雄的飒爽英姿。就连当时身经百战的名将沚𢦔、沚或,有时还要受她们节制②。那是何等的威风啊!命诸妇率军出征,是典型的母权制时代的遗风。而当时具有军事天才的女性,并不止妇好一人,足见殷商社会风气之时代特色。与此同时,诸妇还能够主持或参加带有演武性质的田猎:

贞翌丁巳,乎帚好往于□。(占卜:明天是丁巳日,命令妇好到□地去田猎。《殷墟书契续编》3、39、6)

贞乎帚姘田于𠓞。(占卜:命令妇姘在𠓞地田猎。《殷墟书契前编》2、45、1)

此间的田猎,既可以作为战前的军事演习,又可以作为

① 李亚农《殷代社会生活》,上海人民出版社1955年6月,32页。
②《殷代社会生活》,32页。

战后的余兴节目，是军事贵族爱好的大型娱乐活动。殷商诸妇擅长于此，其气质风采可见一斑。但这只是诸妇为人的一个方面。另一方面，作为文职官吏，诸妇又能够接受商王命令，处理商王交办之事：

甲戌卜，王：余令角帚载朕事。（甲戌日占卜，王：我命令妇角处理我交办之事。《合集》5495）

贞：呼妇姘往黍。（占卜：命令妇姘去种黍。《合集》9533）

辛丑卜，㱿贞，妇姘乎黍丘商。（辛丑日占卜：妇姘命令在丘商种黍子。《合集》9530）

贞：帚姘黍萑。（占卜：妇姘的黍子长得很茂盛。《殷墟书契续编》4、25、4）

甲寅卜，古贞，妇姘受黍年。（甲寅日占卜：妇姘负责的黍子获得丰收。《合集》9968 正）

妇姘喜滋滋地将丰收的情况禀告商王，俨然一副方国诸侯向盟主报告的模样。这也说明殷商诸妇拥有自己的土地，尚处于母系氏族时期那种妇女在经济上独立自主、无须依赖男子养活的社会阶段。诸妇不仅可以出任农田的监工，甚至可以代表商王主持祭祀：

帚好侑艮于妣癸。（妇好主持侑祭，用人牲祭祀先妣妇癸。《合集》94 正）

贞，乎帚豍于父乙宰，𫹉三宰，侑艮。（占卜：命令妇豍主持侑祭，用三头祭祀用羊，将肢体砍断、割裂，与人牲同用，祭祀先父小乙。《合集》924 正）

贞，翌辛亥呼帚姘宜于磬京。（占卜：明天是辛亥日，命令妇姘，在磬京主持出兵祭社之宜祭。《合集》8035）

“国之大事，在祀与戎。”（《左传·成公十三年》）上古最为重视的主持祭祀和率军出征这两件至关重要的头等大事，在商代都可以由妇女来充任，这些史实充分说明，商朝仍在实行母系氏族社会阶段遗留的妇女参政习俗。在其他朝代由男子垄断的社会生活中的方方面面，在商朝统统可以由女子主持操办。这一大批允文允武而且有私有财产的殷商女性，在社会生活中保持着很大的独立性，几乎没有哪个重要领域没有她们的足迹。商王朝对妇女的倚重，激发出商朝妇女起码是统治阶级中妇女的才华潜能；而妇女在经邦治国诸方面大显身手，无形中也巩固了商朝的统治。从现在出土的商代文物中，也可以见出当时上层社会男女之间这种平等精神。如妇好墓出土的玉立人：

高12.5厘米，肩宽4.4厘米，厚1厘米。玉料青灰色。……两面性别各异：一面为男性像，椭圆形脸，双目宽而略凸，大耳，头上有两个兽角状发髻，耸短细腰，躯干短小，双手放胯间，膝部略内屈。以各种线条琢饰口、目、手、足和肌肉；另一面为女性像，体形与男性相似，不同处主要在于：眉较弯细，小嘴，双手放于腹部。玉人为裸体直立，足下有伸出的短榫可作插嵌之用①。

将这个人体雕塑与前述新石器时代中期裸体人像壶相比较，不难看出二者之间在观念形态上的传承与嬗变。一人两性别的复合形象，在这里已演化为性器官明显的一男一女各占一面的合二而一；而男性对于女性垄断地位的抗争思想，在这里则为和平共处的意识所取代。这体形与男性相似的女性像，也反映出妇女在商人心目中仍具有与男子平等的社会地位。

如同本篇所述，如果说，在父系氏族部落从与母系氏族部落的争斗中崛起的夏朝，开国君主启在高二千仞的天穆之野率众起舞，高歌《九辩》、《九歌》或《九招》，还只是父系氏族家长以"上三嫔于天"为借口，掩盖和淡化其排斥、残害母系氏族部落首领目的之血腥意味的险恶阴谋；那么，在父系氏族方国曾经借助并依靠母系氏族部落的力量，实现其由母系氏族部落逐步蜕变为父系氏族方国目的的商朝，商王率众进行的盛大祭祀乐舞，则更多地表现出其团结、尊重母系氏族部落或方国首领的特点。由原始宗教需要产生的女巫群体，因之成为商人崇拜的精神领袖的集群；商朝妇女地位的崇高，更使殷商人在母系氏族民主遗风下，焕发出艺术创造的生命活力。这是商朝不同于中国古代社会其他朝代的根本特色。它说明父系统治对母系氏族残余未必非得斩尽杀绝，而可以采取与之结盟、为我所用的态度。后来周武王伐殷纣誓师，明确宣布"牝鸡无晨；牝鸡之晨，惟家之索"，（不许

---

①《中国文物鉴赏辞典》，174页，"玉器"。

母鸡打鸣报晓;母鸡打鸣报晓,乃是家族的末日。)并将“惟妇言是用”(《尚书·周书·牧誓》)作为殷纣王六大罪状之首。其实,这只是姬周宗族与东夷部族两大集团在观念形态上的根本差异,殷纣王的主要罪行并不在此。周武王站在父系氏族已经完全成熟的周宗族的立场上,将东夷部族尊重妇女的风俗习惯看成罪在不赦,并不能说明这一习俗如何的愚昧落后,恰恰相反,它只能说明商族统治集团在观念形态上较之夏、周两族的民主与开放。殷商玄鸟图腾集团兴起的奥秘,正在于此。殷商甲骨文卜辞之内容丰富意义繁多,殷商时代的社会生活之充满生命热情活力,殷商青铜器之虎虎有生气,皆与这一特色息息相关。

二、人祭仪式的隐秘内涵

美学史上的价值评判有时与历史学家的评价并不一致。在历史上留下颇多非议之词的商朝,在中国美学史上却是一个真正意义上的开端。先秦美学思潮最初的萌动,即发生于此。

尽管长期以来,史学界关于中国古史上的分期问题颇多分歧,笔者却愿意赞成并坚持这样一种观点,即认为夏商两朝的社会形态,并非学者以往所说的奴隶制社会,而是处于父系氏族社会和封建社会两种社会形态结合部,由这两种社会形态结合而成的半氏族半封建社会,即当代学者提出的氏族封建制①。殷商时代美学思潮运行的里程，鲜明地体现出这一历史阶段的社会心理特征。与前述商朝盛行祭祀之风紧相联系，近代出土的甲骨卜辞和青铜器，乃是殷商人创造的能够体现其美学观念的代表作品。原始宗教观念的强化，使得殷商人每日祭祀、每事必卜，已成为一种固定的生活习惯。从甲骨卜辞来看，殷商人祭祀的对象极其广泛：

> 贞，燎东、西、南，卯黄牛。（占卜：肢解黄牛，向东、西、南进行燎祭。《合集》14315）
>
> 燎于十山。（在十山举行燎祭仪式。《合集》34166）
>
> 侑风。（侑祭风。《合集》13357）
>
> 燎于四云。（燎祭四云。《合集》13401）
>
> 御于雨。（御祭雨。《合集》22758）

诸凡天地四方、高山大川、风云雨雪等自然景物现象，尽皆在祭祀的范围之内。由于天地、山川、云雨等祭祀对象的变化，祭祀形式自然也会相应变化。如此则青铜器基本式样之丰富，排列组合形式之众多，很可能是殷商人发明出来，供给其幻想世界中的不同神灵享用的需要。最受殷商人崇拜的，莫过于高踞于天，主宰着世间一切的至尊的帝：

> 甗于西南帝。（甗祭西南帝。《合集》721 正）
>
> 贞，于北帝。（占卜：于祭北帝。《合集》34156）

---

①《夏商西周的社会变迁》，229 页。半氏族、半封建社会的提法为笔者归纳，说详见后。

在这类最为庄严的卜辞中，可以见出氏族社会阶段流行的思想观念的色彩。氏族社会思想观念的一个显著特征，即部落方国结盟观念的成熟。从历史的宏观考察，夏族与商族的盛衰，在很大的程度上取决于聚集在其麾下，即与之结盟的其他族部落方国的拥戴程度。《史记·殷本纪》上的记载最能够说明这一点："汤既胜夏，欲迁其社，不可，作《夏社》。……于是诸侯毕服，汤乃践天子位，平定海内。""帝小甲崩，弟雍己立，是为帝雍己。殷道衰，诸侯或不至。""帝太戊赞伊陟于庙，言弗臣，伊陟让，作《原命》。殷复兴，诸侯归之，故称中宗。""自中丁以来，……比九世乱，于是诸侯莫朝。"诸侯来朝与否，在这里已成为决定王朝盛衰的关键性的因素，这就是典型的氏族封建制的时代特征。这个时代人们心中想像出来的天帝，乃是人间的盟主商王和诸侯们的折射式的反映。殷商人崇拜的帝王不止一个，即明显反映出商朝奉行的乃是氏族社会部落方国重视结盟的观念。时代心理影响着艺术创造，殷商青铜器中的人面方鼎，即商朝流行的方国联盟观念的形象外化：

> 人面方鼎通高38.5厘米，长29.8厘米，口宽23.7厘米，呈长方形。在鼎身两侧边缘饰以兽面纹和夔纹的连续纹样，中间雕有人面形图案。足为柱状。在足与腹部相连之处也饰以兽面纹。鼎身两端有立耳，口沿处有高起的棱角。其整体效果气势磅礴，纹饰细处神秘莫测，给人

一种庄穆而又岿然不动的感觉①。

（大禾人面方鼎）……体呈长方槽形，立耳，深腹，柱足，四壁稍向外倾斜。耳侧沿饰有简化的夔纹。腹部饰有人面，人面颧部较高，脸较宽，表情肃穆。其耳部下有手爪。鼎足上部饰有饕餮纹，下部有四道弦纹。器身四隅及足上部皆饰有扉棱。鼎腹内壁有铭文“大禾”②。

当代研究者推测，此器造型可能与古书记载的“黄帝四面”的传说有关，得之。传说见《吕氏春秋·孝行览·本味》：“贤主之求有道之士，无不以也；有道之士求贤主，无不行也；……此功名所以大成也，固不独。……故黄帝立四面”。高诱注：“黄帝使人四面出求贤人，得之立以为佐，故曰立四面也”。封建社会的文人，自然只能从帝王贤臣君臣遇合的角度去索解；其实在传说时代，这一传说的产生，正说明黄帝所在的部落联盟本身，乃是由四面八方汇聚而来的原始氏族部落组成；因此黄帝这一初民崇拜的精神偶像，也由众多氏族部落首领的形象共同构成之意。殷商青铜器的创造者继承了这一以兼容并包为美的审美观念，创造出这种蕴蓄丰富的青铜器，体现出殷商文化中众神崇拜、万物有灵和鼓励各部落方国图腾汇聚融合的观念。如本篇前面所点出，殷商文化之所以具有生机勃勃、经久不衰的旺盛生命力，有容乃大，乃是其首要原因。

---

① 成敏、王勇主编《中外古典艺术鉴赏辞典》，学苑出版社 1989 年 3 月，160 页。王战文。

②《中国文物鉴赏辞典》，108 页，“青铜器”。

氏族社会思想观念的另一个显著特征，是殷商人的祭祀对象不独限于自然神，更多地还是其部族自身的先公、先王、先妣等部族先人，即祖先神。这类将部族先人作为神灵供奉膜拜的记录，构成甲骨卜辞的主体。

翌辛亥，侑于王亥四十牛。（明天是辛亥日，用四十头牛侑祭王亥。《合集》672 正）

贞，燎于王亥母豚。（占卜：用小猪燎祭王亥的配偶。《合集》685 正）

燎于河，王亥、上甲十牛，卯十宰，五月。（五月，用十头牛、肢解十只圈养羊，在河边燎祭王亥、上甲。《合集》1182）

其侑祭三匚母豕。（用猪侑祭报乙、报丙、报丁。《合集》32393）

辛亥卜，乇上甲牛、三匚羊、二示牛。（辛亥日占卜：割裂牛的肢体乇祭上甲；割裂羊的肢体乇祭报乙、报丙、报丁；割裂牛的肢体乇祭示壬、示癸。《合集》32349）

乙酉贞，有燎于上甲、大乙、大丁、大甲。（乙酉日占卜：燎祭上甲、大乙（成汤）、大丁、大甲。《合集》32387）

贞，酌用彘于妣己。（占卜：用野猪酌祭妣己。《合集》454 反）

父丁鼎三兕。（用三头犀牛鼎祭父丁。《合集》32718）

戊午，御虎于妣己。（戊午日，用虎御祭妣己。

《合集》22065)

以象侑祖乙。(用象来侑祭祖乙。《合集》8983)

敬祖,乃是商朝人加强本族凝聚力,进而强化方国联盟的精神支柱。盘庚迁都,召集族人谆谆告诫:“古我先王,暨乃祖乃父,胥及逸勤,予敢动用非罚?……兹予大享于先王,尔祖其从与享之。”(《尚书·商书·盘庚上》)“汝有戕,则在乃心,我先后绥乃祖乃父。乃祖乃父乃断弃汝,不救乃死。”(《尚书·商书·盘庚中》)可见在商朝人心目中,于现实的物质世界之上,还有一个冥冥之中的精神世界。商朝人的祖先在那个世界中,仍然在关心并主宰着现实世界中的恩恩怨怨。神权力量的无所不在,从根本上奠定了商朝人虔诚祭祀的心理基础。殷商游牧部族勇武威严的外表下面,掩盖的是一颗颗战战兢兢的恐惧心灵。他们惟恐因祭祀的不周而惹恼神灵,进而给本族带来灾祸;于是将现实世界中族人宝贵的心力和精力,用于只具有精神世界意义的祭祀仪式。由卜辞中可以见出,商人祭祀祖先,不仅远迩皆祭,男女不拘,而且祭祀仪式繁多,祭品也极其丰厚。这时畜养猪、牛、羊等家畜供奉祖先已很普遍,并出现了专门养在圈里备用的牢(祭祀用牛)和窐(祭祀用羊);就连彘(野猪)、兕(犀牛)、虎和象等凶猛的野生动物,也被气魄恢弘的商人捕捉来,恭敬虔诚地供奉本族祖先①。作为这种祭祀仪式的极端,商朝盛行用人做祭牲的杀人殉葬方式:

---

①《甲骨文与商代文化》,185-187页。

丁丑卜，贞：王宾武丁，伐十人，卯二牢。（丁丑日占卜：商王宾祭武丁，将十人砍头，将两头祭祀用牛剖开。《合集》35355）

丁卯卜，贞：侑于祖乙，宰，羌三人。（丁卯日占卜：用三个羌人做人牲，和祭祀用羊一起，侑祭祖乙。《合集》501）

侑祖甲，用艮。（杀俘虏，侑祭祖甲。《合集》743）

羌、艮、人，这些用作祭祀的人牲，是商人在部族战争中俘获的俘虏。商朝经常杀俘虏祭祀，动辄上千：

不其降，册千牛千人。（神祖不降临，砍杀千头牛、千个人进行祭祀。《合集》1027 正）

其野蛮血腥令人发指。这也可以从现代考古发掘中得到证明。现代大部分学者据此确定商朝是奴隶社会。其实，如同当代另一部分学者所指出的，这些材料恰好证明商代不是奴隶社会①。如前所述，原始社会后期，由于经济利益的驱使，各氏族集团之间爆发了前所未有的激烈的战争。作为战利品的俘虏，就成为中国社会发展史上最初的奴隶的主要来源。甲骨文中，工、奴、奚、臣、妾等字，可能都是指各种类型的奴隶。但这个时期的所谓奴隶，不仅没有属于自己的存在价值，就连生命都毫无保障。战胜者对于这些由战败者转化

① 《甲骨文与商代文化》，189 页。

而来的阶下囚的态度，是要杀就杀，毫不吝惜。商朝动辄大批杀人以祭、杀人以殉，实际上是作为杀人盈野、杀人盈城的战争的延续。这与古希腊罗马等典型的奴隶社会那种将奴隶看成一种财富，亦即活的资本，作为最主要的社会生产力，而无形中受到统治阶级重视的观念，显然是背道而驰的。因而可以这样说，商朝大量杀人以祭、杀人以殉，这种文化现象是血亲氏族集团之间互相仇杀的延伸，此乃典型的原始社会末期的特征①。

这里蕴涵着蒙昧时代与野蛮时代交替时，人类观念形态的一个复杂的历史进程。需要说明，处于人类蒙昧时代的原始氏族社会，在其氏族部落或方国祭祀仪式上，以人作为祭品的习俗，最初并非始于今人理解的杀俘虏。恰恰相反，那最先走上神坛，将自身奉献给神灵的人祭，反倒是初民崇拜的精神领袖——酋长和巫师们。氏族社会阶段的部落首领兼巫师，就是在这种神圣仪式上以身作则的先驱。现代美学界普遍关注的青铜器中的饕餮纹、虎纹等渗透着狞厉之美的抽象形式，真实地记录了这种神秘心态。以著名的司母戊铜鼎为例：

> （司母戊方鼎）高133厘米，横长110厘米，宽78厘米，重875公斤。……鼎双耳外侧饰有一对虎纹，口间有一人面。耳缘饰有类似鱼形的花纹。鼎之四壁为夔纹带构成的方框，两夔相对，作饕餮形，中间隔以短扉棱，上端为牛首纹，下端为饕餮纹。足

---

①《甲骨文与商代文化》，190页；《夏商西周的社会变迁》，320页。

上部饰有兽首,下部有三道弦纹①。

用直线造型,是司母戊鼎的主要形式语言,从而构成了方整、沉稳的外形,体现了威严、庄重的气势。它的装饰花纹以饕餮纹为主,在鼎的四周编铸着神异的纹样图案。在鼎的立耳侧面,雕刻着十分恐怖的图像:两只对向的虎,张开大口衔着一个人头。这种装饰图案给鼎增加了格外的严酷气氛②。

岿然屹立、庄严宏伟的大鼎,积淀着商人深厚的宗教巫术意蕴,渗透着设计者的审美理念。现代学者们认为,此间的饕餮纹,作为原始祭祀礼仪的一种标志,可能是牛首等兽面纹的融合变形。即使这一点,也带有明显的原始氏族社会的遗迹。在那洪荒野火的时代,各地的氏族、部落、方国为了本族的利益,会聚于商朝麾下,这些加盟商朝的部族不仅增强了商朝的统治实力,也带来了各自不同的宗教信仰、祭祀礼仪和部落图腾。牛、羊、虎、鹿……等部落图腾叠印在一起,就融会形成了这种亦牛亦羊亦虎亦鹿,同时又非牛非羊非虎非鹿的饕餮纹饰。学者考证饕餮"最初是相向凤鸟纹,人面纹,翼式羽状鸡冠人面纹;而后是羽式高冠牛角兽足纹;然后开始抽象化,转为兽形的几何图案,但到了商代的中、晚期又具象起来,并定型化。"③饕餮形象从萌生到逐渐定型的嬗变,正反映出东方玄鸟图腾集团蓬勃兴起的历史足迹。

这与河南偃师二里头文化遗址出土的那用绿松石镶嵌

①《中国文物鉴赏辞典》,108 页,"青铜器"。
②《雕塑绘画鉴赏辞典》,15 页,张秉尧文。
③ 王有为《龙凤文化源流》,北京工艺美术出版社 1988 年版,126 页。

而成的双目圆睁、鼻与身脊相通、两角长而上延、卷曲似尾的饕餮纹牌饰①,从形象到内涵都已经不一样了。要而言之,它既是恐吓敌方部族的猛兽形象的集萃,同时又是保护自己和友方部族的图腾意象的会聚,兼备实用功能与审美理念于一体。《吕氏春秋·先识览·先识》载:

> 周鼎著饕餮,有首无身,食人未咽,害及其身,以言报更(高诱注:“更,偿也。”)也,为不善亦然。

吕氏门下诸子对饕餮的理解,带有战国后期的时代思想色彩,这不足为怪,但其所记周鼎之饕餮,与商鼎虽有变化,那大致特征还应是一致的。“有首无身”,说明它是经过浓缩简化之后的形象。而它所食所害之“人”、“身”,则与商朝祭祀中以人为祭品的习俗有关。此间的关键,是这个“人”、“身”的具体含义。对于商朝祭祀仪式上用作祭品的人,评论者一般认为是在部族战争中俘获的俘虏,或说是敌对方国的首领。其实,这是对于商朝祭祀习俗的一种误解。你看司母戊大鼎立耳侧面,两只对向的虎张开大口,捧着的那个栩栩如生的人面像,二目炯炯,鼻正口端,虽置两虎之口,却并无惶惶不安之态,气度表现得何其威严!雕塑得又何其传神!如果这是敌对方国的首领,岂非为敌人建立纪念碑?可见,在商朝祭祀之初,亦即东夷部族祭祀习俗发源之际,作为祭祀仪式中心与审美注意焦点的这个人面,并非俘虏来的敌酋,而是东夷部族的精神领袖,亦即玄鸟图腾氏族部落方国

① 《中国文物鉴赏辞典》,104 页,“青铜器”。

联盟集团首领的形象写照。这使人联想到,西方《新约全书》记载,耶稣受难前夕,与门徒共进最后的晚餐,手持面饼和葡萄酒,祝祷后分给门徒们吃,并称“这是我的身体和血”[①]。天主教把举行弥撒仪式时领食面饼称为“领圣体”;基督教则把分食少量的饼和酒称为“圣餐”。因为根据宗教教义,上帝献出了他的儿子,作为教徒信仰所归的象征。东夷部族祭祀仪式发端时的心理意识理念,应与此类似。原始民族久有以国王即祭司本人,作为宗教祭祀仪式上的极端祭品的残酷传统,并将自我牺牲的祭司作为神坛上的“人神”顶礼膜拜,英国原始宗教学者詹姆斯·乔治·弗雷泽(James George Frazer)《金枝》一书对此有详细记载[②]。氏族社会阶段的部落首领兼巫师以自身为祭品,即属于这种早期行为。而《旧约全书》记载的亚伯拉罕以公羊代替其独子以撒作为燔祭的祭品[③],则属于这一风俗变异之后的后期行为。

这一人祭仪式的隐秘内涵,同样可以从著名的商朝青铜器虎食人卣和龙虎尊上面得到印证:

> (虎食人卣)高32.5厘米。通体作虎踞坐形,虎后爪与尾为整器的三支点。虎之项脊上有盖,其上有立兽为盖纽。项脊两侧为提梁两端,饰有兽首。提梁上饰有夔纹。虎前足上饰有顾首龙纹,两爪抓

---

①《马太福音》第二十六章。

② 詹·弗雷泽《金枝精要——巫术与宗教之研究》,根据纽约1922年版《金枝》的中译本节选编辑,中文版由徐育新、汪培基、张泽石译,汪培基校。刘魁立编,上海文艺出版社2001年1月,第二十四章,“杀死神王”,244-254页。

③《创世纪》第二十二章。

> 住一人置于大口獠牙之下作噬食状。人背衣领的花格纹，下饰有一小兽面，人腿部饰有蛇纹，脚踏在虎的后爪上，虎后足侧面饰有虎纹，脊背饰有牺首纹，中起扉棱，尾部饰有鳞纹。……虎瞪目张口，气势汹汹，人惶惶然侧首盼救①。
>
> （龙虎尊）高50.5厘米，口径45厘米，为人口广肩式。……器腹有三道扉棱，其间分别有三道虎噬人纹。虎身与人为半浮雕，虎首为立雕，虎作一头双身状，圈足上饰有三个十字形镂孔，镂孔下为饕餮纹带②。

有学者发现，“虎食人卣和龙虎尊之人形，其服饰都十分华丽，前者还可与妇好墓的372号贵族玉俑相对照，两者的腿及臀部一侧均各饰一龙蛇纹，当为衣着华丽的贵族。”“被虎所食之人居于供礼祭的显要位置，非王莫属”③。商人心目中的领袖被虎所食，同时也就实现了神人合一的演化，成为芸芸众生顶礼膜拜的偶像。就像弗雷泽在《金枝》中引述的那些任期届满自动献身的君王那样④，统治者先须具备献身精神，然后方能施行其统治，氏族社会的酋长和巫师们创立的这一带有原始民主平等意味的精神法则，到商朝已发展成为制约统治者权力膨胀的桎梏。

氏族社会阶段巫觋社会地位的至高无上，以其不惜自我

---

①《中国文物鉴赏辞典》，116页，“青铜器”。
②《中国文物鉴赏辞典》，112页，“青铜器”。
③ 谢崇安《商周艺术》，巴蜀书社1997年8月，56页。
④《金枝精要》，第二十四章，“杀死神王”，248－249页。

牺牲为代价。那是一项需要潜心投入的职业,前提是必须具有虔诚的宗教感情和忘我的献身精神。《山海经》,就有关于早期巫师殉职的记载:

> 女丑之尸,生而十日炙杀之。……以右手鄣其面。十日居上,女丑居山之上。(《海外西经》)
>
> 大荒之中,有龙山,日月所入。……有人衣青,以袂遮面,名曰女丑之尸。(《大荒西经》)

这颇有些类似于弗雷泽所发现的史实。弗氏以其一生的大部分精力撰述的《金枝》一书,多次提到原始民族中的巫师:"在公众巫师为部落利益所做的各种事情中,最首要的是控制气候,特别是保证有适当的降雨量。水是生命之源,……因而在原始人社会中祈雨法师是位极其重要的人物,而且为了调节'天水'的供应,经常存在一个特殊的巫师阶层。""在尼罗河上游的部落中,巫师一般都是酋长。他们权利的大小首先是依据他们被想像的求雨能力的大小而定,……因此,这些部落的大部分酋长都是祈雨师,他们以自己所具有的为人们适时求雨的能力的大小而赢得不同程度的威望。掌管祈雨的酋长们总是将他们的村庄建在一个相当高的山坡上,因为他们无疑都知道,山丘是吸引云雾的。"①而《山海经》记载的这位女丑,实即母系氏族部落的酋长兼巫师。其"衣青",是在模仿"有人衣青衣,名曰黄帝女魃","魃不得复上,所居不雨"(《山海经·大荒北经》)的形象。《山

①《金枝精要》,56、70、71页。

海经》中配合黄帝氏族集团剿灭蚩尤的天女魃，在上古已经由一个以控制雨水、祈求天晴为职能的女巫的集群，演变成为旱灾的象征。而所谓“十日”，乃是上古太旱，“尧之时，十日并出，焦禾稼，杀草木，而民无所食”（《淮南子·本经训》）的记录。直到生产力较上古已有了很大进步的西周时代，诗人尚有“旱既太甚，则不可推。”“周余黎民，靡有孑遗”（《诗·大雅·云汉》）的慨叹。在生产力极端落后的上古，旱情对初民来说更是不啻为关乎性命的灭顶之灾。这种关键时刻，就需要平日一向受人崇奉的精神领袖即巫师，来履行其历史使命了。上古有所谓“暴巫”的习俗，就是以巫代魃，来达到暴魃的效果。殷商卜辞中的烄祭，“乃焚人祈雨之祭”①，就是暴巫仪式的变形。这与世界上其他原始民族的祈雨仪式的根本性质大致是相通的。“在爪哇，有时为盼望雨水来临，便叫两个男人用柔软的鞭子互相鞭打对方的脊梁直到鲜血流淌。”“在阿比西尼亚的爱格霍地区，人们为了求得雨水，习惯于在每年一月发动一场为期一周的、村落与村落之间的血腥械斗。在这种场合所流的血是作为一种牺牲献给管雨的神灵的。”“在干旱之时，塞尔维亚人将一个少女的衣服脱光，将她从头到脚用野草、香草和鲜花穿戴起来，甚至在她的脸上也罩着用新鲜的绿色植物编成的面罩。这样化装之后，就称她为‘杜多娜’，让她在一队女孩的伴随下走过村庄。她们在每所房子前面都停下来。女孩们在‘杜多娜’四周围成一个圆圈并唱着一支名叫‘杜多娜’的歌曲，‘杜多娜’自己则不断地旋转跳舞，这时那家的主妇便将一桶水泼

① 《甲骨文与商代文化》，182 页。

往她全身。”①中国上古的暴巫仪式，就是这五花八门的庞杂祈雨序列中的一种。试想，一位母系氏族部落的酋长兼巫师，在主持过隆重的求雨祭祀仪式之后，身穿传说中女魃所穿的青衣，独自仰卧在高高的山顶上，头顶着万物皆照、流金砾石的炎炎烈日，以自己的血肉之躯，作为祭祀用的供品来求雨，那是怎样一幅令人触目惊心的图景！后代称呼女孩为“妞”，即“女丑”二字的合音，可见这位肩负初民厚望的巫师不过是一个情窦未开的少女啊，可怜她无论以右手鄣其面也好，还是以袂遮面也好，又哪里抵得住烈日暴晒的煎熬！但是，作为母系氏族部落的精神领袖，为了解救部族初民于酷旱之赤地，使氏族在与严酷自然的竞争中得到延续，她惟一的选择，只能是以身殉职，用自己被烈日晒干的躯体，维护巫师群体在部族初民心中的神秘形象。然而，即使如此，还是未能求到久旱之后的甘霖。所以初民尽管哀怜这位女巫，仍然将其谥为“丑”，丝毫没有掩饰心中的失望情绪。这是一种并不复杂的社会心理现象。初民之崇拜巫师，是源于巫师能够呼风唤雨的传闻，使得他们诚惶诚恐顶礼膜拜。而一旦巫师的法术失灵，所企求的甘霖不至，巫师在他们心中的崇高地位立即一落千丈。由此也可以见出初民审美评判标准的简单与稚拙。这稚拙的审美评价里面，明显蕴涵着对以改造生存环境为目标的道德行为上的善的强烈需求。美与善在这里不仅仍然纠缠交结在一起，而且作为道德行为标准的善，甚至还居于审美标准的美之上。

这位可怜女巫的行事并非特例。商朝的开国之君成汤，

---

①《金枝精要》，57、58 页。

就曾以自身为祭祀仪式上的供品,在大旱之年祷雨于桑林:

> 昔者汤克夏而正天下,天大旱,五年不收,汤乃以身祷于桑林,曰:"余一人有罪,无及万夫。万夫有罪,在余一人。无以一人之不敏,使上帝鬼神伤民之命。"于是剪其发,鄜其手,以身为牺牲,用祈福于上帝,民乃甚说,雨乃大至。(《吕氏春秋·季秋纪·顺民》)
>
> 汤之时,七年旱,以身祷于桑林之际,而四海之云凑,千里之雨至。(《淮南子·主术训》)
>
> 汤旱,以身祷于桑山之林。(《淮南子·修务训》)
>
> 汤以五过祷于桑林,时立得雨。(王充《论衡·明雩》)

桑林,即尧派后羿擒封豨之处。此处的商汤,除具有统治者的身份之外,显然还有一重身份:巫师。具有统治者兼巫师双重身份的商汤,他主持举行的祭祀祈祷,那场面自然要比女丑主持的祭祀场面阔大得多,然而二者在所处的社会地位和最初的出发点上,其根本性质却是相通的。如同弗雷泽所发现,"在早期社会,国王通常既是祭司又是巫师。确实,他经常被人们想像为精通某种法术,并以此获得权力。""在那些年代里,笼罩在国王身上的神性绝非是空洞的言辞,而是一种坚定的信仰。在很多情况下,国王不只是被当成祭司,即作为人与神之间的联系人而受到尊崇,而是被当作神灵。他能降福给他的臣民和崇拜者,这种赐福通常被认为是凡人力所不及的，只有向超人或神灵祈求并供献祭品才能获得。因而国王们又经常被期望着能赐予国家风调雨顺五谷丰登等等。"[①]作为部落或方国联盟的盟主和初民的精神领袖，他们既有至高无上的权力，同时也对联盟内的所有成员负有重大的责任和义务，甚至是远远超出他们力所能及的范围的责任和义务。"如果说一位巫师、特别是祈雨师可由于其成功地施行巫术而发迹，那么一位不走运的或不熟练的巫师，也会掉进密布在其职业生涯中的陷阱。处于公众巫师的地位确实是很危险的，因为人们既笃信巫师拥有使甘露降临、阳光普照、万物生长的法力，因而也就很自然地会把干旱和死亡归咎于他的罪恶的玩忽职守和存心固执己见，并相应地给他以惩罚。""把国王或他孩子献祭一事，与大饥荒联系起来的传说，显然表明了一种信仰，这种信仰在原始人当中是很普遍的，就是国王要对气候或年成负责，他理所当然地要为天气失调和庄稼歉收而付出他的生命。"[②]如果说，女丑的凄惨下场，缘之于她的祈雨巫术不熟练即不走运；而商汤这位大觋的发迹，则与他的祈雨巫术成功奏效密不可分。"汤代桀之后，大旱七年。史卜曰：'当以人为祷。'汤乃翦发断爪，自以为牲，而祷于桑林之社。"（《尚书大传》）"汤曰：'今天大旱，即当朕身履，未知得罪于上下，有善不敢蔽，有罪不敢赦，简在帝心。万方有罪，即当朕身。朕身有罪，无及万方。'"（《墨子·兼爱下》）"汤自伐桀后，大旱七年，洛川竭……殷史卜曰：'当以人祷。'汤曰：'吾所请雨者，民也。若

① 《金枝精要》，15、14页。

② 同上，72、261页。

必以人祷,吾请自当。'遂斋戒剪发断爪,以己为牲,祷于桑林之社,曰:'唯予小子履,敢用玄牡,告于皇天后土曰:万方有罪,罪在朕躬。朕躬有罪,无及万方。无以一人之不敏,使上帝鬼神伤民之命。'言未已而大雨至,方数千里。"(皇甫谧《帝王世纪》)商汤的祈祷最后以降雨告终,这是他较之女丑的幸运之处。然而反过来说,倘若当时雨降不下来,则这位由开国君主兼任的大觋,其命运比他的先人也好不到哪里去。此时的商汤,已经全身心地投入到其祈雨巫师的职责中去,正在以自身的性命孤注一掷,博取这场祭祀的成功。那是何等严峻的时刻啊,商汤须以怎样的虔诚与执著,乃至献身精神,才能主持其理想中的求雨活动,以维持自己部族的生存?此间可以依赖的,只能是他身旁那比女丑氏族阔大的祭祀场面,才能给这位祈雨祭祀仪式主持人以精神上的莫大支持。后来晚周诸子艳称的"桑林之舞"即源于此。

在整个统治集团都明显感到精神桎梏阻碍了现实权力的时候,一种以异族俘虏取代氏族贵族去献身的替代方法的出现,已经成为历史发展的必然。"那些在任期届满必须横死的国王,一旦有了可请别人代死的愉快想法,很自然,他们必然付之实施,因此,我们发现,这种权宜的办法或这种办法的痕迹在许多地方都很流行,就不足为怪了。""我们知道以活人为祭品是这个仪式的一部分。"①祭坛上的牺牲虽由氏族首领换成了异族俘虏,但祭品所蕴涵的神圣意义却并没有改变。就像弗雷泽在孟加拉的一支达罗毗荼族的孔德人中发

①《金枝精要》,第二十四章,第三节,"国王在任期届满被处死",249、250页。

现的那样,“人们相信人牺的血肉和骨灰具有肥沃土壤的魔力或物质力量。他们认为默利亚(人牺)的血和泪也本能地具有这样的力量:他的血能使郁金香花色红艳,他的眼泪能降为甘霖。……这就表明默利亚不只是祈神福佑的人牺。”“总之,默利亚似乎是被当神一样地对待的,最初被看作大地女神,或者植物之神,后来才不把他看作神的化身,而作为奉献给神的人牺。”①虽然由俘虏取代首领担任人牺,但这活人毕竟还是整个氏族虔诚敬献给神的祭品,是芸芸众生信仰的象征。人们对祭品的恭敬乃至崇拜,也就在意料之中。殷商青铜器中的饕餮纹和虎食人纹的含义,即与此相仿。这些看似狞厉恐怖,实则神秘奥妙的花纹,兼备恐吓敌人和保护自己部落两种功能,这一点当代学者早已发现。但这些青铜器图案的核心,亦即当初崇拜者注视的焦点,实在于饕餮和虎等所食之人,在于这些极端祭品所产生的神秘信念,此乃广大信徒精神力量的源泉。而完成了这一转变后的被食者,虽然已是从敌对氏族部落捕获的俘虏,但一经本氏族图腾御用之后,即与氏族图腾融为一体,成为本氏族的保护神。我国西南佤族地区直至解放前,仍在流行的“人头祭”,即这种观念形态的余波。“佤族的人头祭仪式十分隆重,祭典包括猎头、接头、祭头和送头等活动。……在祭头时,将人头放在木鼓上,一面敲击木鼓,一面跳舞。由巫师代表整个部落向人头祈求,求他保佑村寨人畜平安,谷物丰收。巫师对人头说:‘我们不是要加害于你,而是请你来当家。’然后,在人头上放许多火灰,让血水与火灰融合后落在地上,每家取走一些,拿

① 《金枝精要》,第四十七章,第三节,“以活人祭祀谷物”,396－397 页。

回去拌谷种。他们认为这样,被杀者的灵魂就变成了谷魂,保护谷物生长,取得丰收。"①古今中外,原始人群的习俗风情如出一辙。这就已经不是偶然的巧合这样简单的推断所能概括,而肯定有着某种观念形态上的一致。换句话说,刚刚从氏族社会发展而来的佤族的人头祭场面,与殷商青铜器中的饕餮纹和虎食人纹宣扬的食人理念,其实是相通的,即都是为了氏族部落或方国联盟的生存和利益。参与这些盛大祭典的主体与其说是在进行审美,毋宁说是在顶礼膜拜他们心中的精神偶像。这与前述夏启"上三嫔于天"的野蛮行径,也有着某种思想发展纵向上的联系。

近来学者评论殷商青铜艺术,已注意到其狞厉外形及内在意蕴②,但真正能够体现殷商时代美学观念的萌动者,实在于这外形与内蕴的矛盾统一。与商朝盛行祭祀之风紧相连系,最初直接仿自陶器以供烹饪、盛食、奏乐等多种需要的青铜器,逐渐演化成为祭祀所用的礼器。作为宗庙祭祀礼器的青铜器,应殷商人祭祀的需要而得以发展成熟;又因这一需要的加剧而迅速走向顶峰。"商代前期是青铜工艺逐步走向成熟的发展阶段。故礼器的造型几乎是直接仿陶器制成,铜器一般器壁较薄,……花纹结构比较简单,线条显得粗率,且多数单层,双层较少。装饰纹样饕餮纹、夔纹、龙纹等动物纹为主。""商代后期的铜器已完全摆脱了仿陶器的造型风格,走上独立发展的道路。其铜器器壁一般较厚,礼器除继承前期的传统外,还出现了大量的新器种。如罐鼎、鬲鼎、盂形

---

① 陈建宪《神祇与英雄——中国古代神话的母题》,三联书店 1994 年 11 月,174、175 页。

② 李泽厚《美的历程》,《美学三书》,安徽文艺出版社 1999 年版,43 页。

鼎、方彝、鸟兽尊等。……铜器的纹饰这时已发展到一个高峰，其内容和种类十分丰富，以动物及神怪为主题的兽面纹得到空前的发展。其装饰手法采用集群式的，以多种物象或作主纹或作附纹布满器身，甚至在视线所不及的器物底部也有装饰纹饰，有的器物上饰有几十种动物纹。装饰纹饰是多层次的，其地纹一般用细云雷纹，而主体纹田浮雕的现象很普遍，这样地纹与主纹构成强烈的对比，形成独有的艺术感染力。"[①]前期青铜器的铸造式样，明显带有脱胎于氏族公社阶段质朴稚拙的审美观念形态的特征；后期青铜器的艺术风格，则体现出氏族封建制社会阶段美的创造者具备的艺术魅力。若探究其形成原因，则殷商人多种祭祀的需要，直接赋予了风格丰富式样繁多的青铜器以旺盛的生命力。青铜器的进化过程，反映出商朝审美观念的进化。

三、东夷部族的祭祀乐舞

如前所述，与殷商统治集团尚未完全脱离母系氏族风俗的特征相辅相成的，是他们对于天帝和祖先的崇拜和依赖。与夏周两族的统治者比较，殷商统治者更多地乞灵于神灵的护佑，企图通过以"神意"取代"民意"的祭祀活动，实现其以"神权"支持"王权"的目的。商朝祭坛上风行的巫风与殷商部族的祭祀乐舞，就显示出这一具有商朝特色的观念形态。

如本书前面陆陆续续提到的，中国历史上巫师的出现，并不自商朝始。商王朝的独创，只是将巫师群体创造的巫术

---

①《中国文物鉴赏辞典》，408 页，"青铜器"。

文化,由初级阶段推进到高级阶段而已。倘若溯流徂源,山顶洞人在死者遗体周围散布赤铁矿粉粒的葬埋仪式,就已经蕴涵有某种巫术上的意义①;到了传说时代中的少昊氏族集团活动末期,民间自发产生的巫师更是盛行一时。颛顼"绝地天通"的举措,并未根绝巫术生存的基础,相反倒使巫师这一社会职业得以合法化。巫师行使的神秘巫术,也由民间自发的无序状态,进而至于专业化水平。"民神杂糅"与"民神同位"的局面,从此一去不返。女巫男觋作为一个高高在上的社会群体,全面垄断了初民在精神世界与天神进行交流的首要途径——祭祀。《山海经》中,有关巫师主持部族祭祀活动的记载,几乎莫不与巍峨的高山紧相联系:

> 大荒之中,有山名丰沮玉门,日月所入。有灵山,巫咸、巫即、巫肦、巫彭、巫姑、巫真、巫礼、巫抵、巫谢、巫罗十巫,从此升降,百药爰在。(《大荒西经》)
>
> 大荒之中,……又有登备之山。(《大荒南经》。郭璞注:"即登葆山,群巫所从上下者也。")
>
> 巫咸国在女丑北,右手操青蛇,左手操赤蛇,在登葆山,群巫所从上下也。(《海外西经》)

天神与高山的紧相联系,似乎是人类初民原始思维的普遍特征。古希腊神话传说中的奥林匹斯众神,居住于为人间可望而不可即的神山奥林匹斯山顶;西方圣经《旧约全书·

① 《旧石器时代文化》,44页。

出埃及记》中的摩西，登上百姓不可靠近的西奈山，才求得上帝所传十诫①。无独有偶，在上古中国，从夏启在高二千仞的天穆之野"上三嫔于天"开始，各族举行祭祀活动时，多将高山作为首选。即使在少有高山的平原地带，也要用人工筑成高台，在这种人造的高台上进行祭祀。这种认为天神居住于高天，凡人要通过巫师登高祭祀才能与天神沟通的心态，本书称之为"高台情结"。"望瑶台之偃蹇兮，见有娀之佚女。"(《楚辞·离骚》)商族始祖有娀氏女高台待嫁的举动，就蕴涵着以祭祀企求神示，按照天神的意旨与神意所示的氏族联姻的意味。高耸入云的高台，在这里是天人交界的象征，其物理高度与其在先秦时代社会审美心理结构中的高度是相统一的。骚人远远望见高高的瑶台挺拔耸立，似乎望见有娀氏的美女简狄，仰慕之心即油然而生；而当望而不见时，失落感即接踵而至，情不自禁嘘唏流涕："忽反顾以流涕兮，哀高丘之无女。"(《楚辞·离骚》)可见高丘与美女在人们心目中联系之紧密。此间之佚女，实即早期以舞蹈迎接天神，专司占卜祈祷之职的女巫。仅因为她后来成为商族人的始祖，其当初的女巫兼母系氏族部落首领的身份才逐渐淡化。颛顼"绝地天通"之后，通往至高处的道路被全面封锁，只有专门掌管祭祀的巫师才能上下往来，这更加深了初民对高台巫师的崇拜。在初民心中，这些巫师个个神通广大，法力无边，无所不能，乃至有起死回生的本领："开明东有巫彭、巫抵、巫阳、巫履、巫凡、巫相，夹窫窳之尸，皆操不死之药以距之"(《山海经·海内西经》)。中国古代传统意义上"天人合一"文化的源

①《出埃及记》第十九章。

头，即始于上古初民靠巫来沟通天与人之间的联系。对于巫们的降临，世人莫不诚惶诚恐，备感荣幸。听说巫咸将要在黄昏时降临，连一向清高的骚人屈原，都要怀揣花椒粳米前往迎接："巫咸将夕降兮，怀椒糈而要之。"（《楚辞·离骚》）朱熹《楚辞集注》注："巫咸，古神巫也，当殷中宗之世。"据《史记·殷本纪》，殷中宗，即帝太戊。如果说，原始社会母系氏族公社阶段的巫师与酋长，往往是合二而一，那么，一只脚已经踏进父系氏族社会的殷商王朝的巫师，则往往与朝廷重臣角色互换。就像后来周公以赞赏中不乏崇敬之意的口吻追述的那样，"我闻在昔成汤既受命，时则有若伊尹，格于皇天。……在太戊，时则有若伊陟、臣扈，格于上帝；巫咸乂王家。在祖乙，时则有若巫贤。"（《尚书·周书·君奭》）此间的伊尹、伊陟、臣扈等人，并非专业的巫师，却要承担巫师的职责；而巫咸、巫贤，在殷王朝中担负的职责，又与重臣相仿。可见巫师与重臣，在此间是一而二、二而一的概念。巫咸所司之"乂王家"之乂，即治理王家之意。可见，巫师作为天神的代言人，在商朝统治集团中处于仅次于商王的重要地位，已不容置疑地成为殷商诸王委以重任的主心骨和支撑商王朝政局的顶梁柱。

前面提到的"桑林之舞"，这场先秦音乐史上著名的盛大乐舞场面，我们今天已经见不到了。但从先秦典籍的记载中，仍可以感受到其中流露出来的商朝时的祭祀乐舞风习。晚周诸子艳称"桑林之舞"，以庄子所论最脍炙人口。庄子形容庖丁解牛，"手之所触，肩之所倚，足之所履，膝之所踦，砉然响然，奏刀騞然，莫不中音，合于《桑林》之舞，乃中《经首》之会"（《养生主》），可见，桑林之舞乃是一场参加者尽皆全身心投入，手之舞之、足之蹈之、音乐铿锵、出神入化的氏族祭祀乐舞。庄子将其与传说时代黄帝至尧时流行的《咸池》之乐中《经首》一节相提并论，足见著名思想家对它的重视。《左传·襄公十年》中，还有当时演出桑林之舞的记载：

> 宋公享晋侯于楚丘，请以《桑林》。荀罃辞。荀偃、士匄曰："诸侯宋、鲁，于是观礼。鲁有禘乐，宾祭用之。宋以《桑林》享君，不亦可乎？"舞，师题以旌夏，晋侯惧，而退入于房。去旌，卒享而还。及著雍，疾。卜，桑林见。荀偃、士匄欲奔请祷焉。荀罃不可，曰："我辞礼矣，彼则以之。犹有鬼神，于彼加之。"

这位晋侯看来也是个叶公好龙式的人物。他始则请求表演桑林之舞，及至舞蹈者入场，桑林之舞拉开序幕，开始表演，他却又因心里恐惧，而退入房中，终则生起病来，这一切反常的表现，究竟是为什么？答案只有一个，那就是因为晋侯所看到的桑林之舞，乃是一场由巫师领舞的动作狂放、衣着袒露、原汁原味的盛大祭祀巫舞。如前所述，甲骨文中的"舞"字，像一个人两手操牛尾起舞的样子。这与我们今天所见到的"巫"字极其相似。以致学者认为"'巫'字就是由'舞'字产生，在较早的时候，它们原来可能是同一个字"①。《说文解字》释巫为"祝也。女能事无形，以舞降神者也。象人两袖舞形"；释觋为"能斋肃事神明也。在男曰觋，在女曰

① 杨荫浏《中国古代音乐史稿》上册，人民音乐出版社 1981 年 2 月，19 页。

巫”。降神离不开音乐舞蹈，巫师的使命，就是在祭祀仪式上率众起舞，娱乐神灵。先秦典籍中的𩅦，即雩字，就是上古求雨之祭的专用字。《春秋公羊传·桓公五年》：“大雩者何？旱祭也。”注：“祭言大雩，大旱可知也。君亲之南郊，……使童男女各八人舞而呼雩，故谓之雩。”雩雨音同，呼雩即呼雨，看来这种舞蹈还要引吭高歌，疾声呼号。女丑也好，成汤也好，在祭祀求雨大典中担任的，就是这种登高领舞，振臂高呼，祈天降雨的角色。《说文解字》释雩“夏祭乐于赤帝，以祀甘雨也”，说明至少从夏朝以来，就有舞雩求雨的风习。《周礼·春官宗伯第三》：“司巫掌群巫之政令。若国大旱，则帅巫而舞雩”；“女巫掌岁时祓除、衅浴。旱暵，则舞雩”，可见，到周朝还在沿袭这一习俗。这与希腊古典时期盛行的酒神祭典，即举行盛大歌舞享乐酒神狄俄尼索斯，祈求来年的更大丰收，其内在意义是相通的。

桑林之舞的主题是求雨。郭沫若谓“林乃《尔雅》‘林、烝、天、帝’之林，‘桑林’者桑山之林，桑山之君，桑山之神也”①，这也可能是原始氏族公社时期自然崇拜泛神论的遗风。而欲祈求普降甘霖，仅以暴巫来打动桑山之神的恻隐之心，显然是不能奏效的。墨子曾提及燕有驰祖之习，说“燕之有祖，当齐之有社，宋之有桑林，楚之有云梦也，此男女之所属而观也”（《明鬼篇》），即约略透露出一些桑林之舞等祭祀乐舞的内容信息。这里的桑山之林，同云梦之地，皆是古时青年男女春天聚会，以歌舞求偶的佳处。郭沫若认为“祖社同一物也，祀于内者为祖，祀于外者为社，在古未有宗庙之时

① 《甲骨文字研究·释祖妣》，《中国现代学术经典·郭沫若卷》，291页。

其祀殊无内外。此云‘燕之有祖,当齐之社稷’,正祖社为一之证。古人每以牡器为神,或称之祖,或谓之社,祖而言驰盖荷此牡神而趋也。”[①]这样讲固然未免有弗洛伊德泛性论的色彩,但是我们试想,仲春之月,青年男女聚会时,所跳的以求偶为目标的浪漫乐舞,不正是求雨祭典的最佳内容吗?根据弗雷泽的考察,在欧洲圣灵降临节,以新娘新郎人身表现树木精灵的婚嫁,来促使树木花草的生长,“这样的表现就不仅是象征性的或比喻性的戏剧,或用以娱乐和教育乡村观众的农村的游戏。它们都是魔法,旨在使树木葱郁,青草发芽,谷苗茁长,鲜花盛开。……那些习俗的放荡表现并不是偶然的过分行为,而是那种仪式的基本组成部分”;在中美洲的帕帕尔,“甚至有人被指定在第一批种子下土的时刻同时进行性行为。祭司责令人们在这种时刻同他们的妻子行房事,实际是作为宗教义务来完成的”;在新几内亚西端和澳大利亚北部之间的洛蒂、萨马他以及其他群岛,异教徒们把太阳看作男性的本源,地球作为女性的本源,“每年一次,在雨季开始的时候,太阳先生便降临在这棵神圣的无花果树上给大地授精。……这时候人们大量屠宰猪狗来祭奠。男男女女都一起纵情狂欢,太阳和大地的神秘交合就这样公开地在歌舞声中、在男男女女于树下真正进行的性交活动中戏剧性地体现出来。听说这种节庆活动的目的是为了向太阳祖宗求得雨水,求得丰富的饮料和食品,子孙兴旺,牲畜繁殖,多财多福。”[②]凡此种种习俗,皆认为两性交媾与大地丰产之间有着

①《甲骨文字研究·释祖妣》,《中国现代学术经典·郭沫若卷》,289页。
②《金枝精要》,116、117页。

密切关系。我国先秦习俗，在那根本性的出发点上，当亦与此相仿。《周礼·地官司徒第二》谓："媒氏掌万民之判。……仲春之月，令会男女，于是时也，奔者不禁。若无故而不用令者，罚之。司男女之无夫家者而会之。……男女之阴讼，听之于胜国之社"，这不正是中美洲祭司法令的东方版吗？

此时的桑林之舞，与青年男女幽期密约时歌咏吟唱的桑间濮上之音，其音乐的内在韵味是相通的。《汉书·地理志下》载："卫地有桑间濮上之阻，男女亦亟聚会，声色生焉，故俗称'郑、卫之音'。"《礼记·乐记》谓："桑间濮上之音，亡国之音也。"这些记载与评价，也从反面指出了那乐舞内容的浪漫、开放、肆无忌惮。后来《诗·郑风》中《出其东门》、《野有蔓草》、《溱洧》，还有《鄘风》中的《桑中》，皆记录了郑卫之地直到周代还在延续的社会风气。现代流行于云南彝族地区撒尼人和阿细人中的歌舞"阿细跳月"，即每逢节日夜晚，男女盛装聚集在草地上，各为一列，相对而舞；男子弹着大小不同的三弦或吹笛子，女子拍手相和①，就是这一古老习俗的余波。而阿细人之名称，则很可能系阿觋的谐音。古代民间，有以男女野合，刺激天神下雨的习俗。战国时，宋玉作《高唐赋》，以"旦为朝云，暮为行雨"隐喻男女幽合，后世以云雨指代男女幽合，即与此同意。所谓云梦，即奉部族首领之命公开野合的青年男女，尤云殢雨如梦似幻之处，郭沫若早已指出了这一点②。

---

① 中国艺术研究院音乐研究所编《中国音乐词典》，人民音乐出版社 1985 年 6 月，393 页。

②《甲骨文字研究·释祖妣》，《中国现代学术经典·郭沫若卷》，293 页。

墨子所云齐之社，亦即齐民祭祀社神之日在社神祭坛前举行的盛大祭祀乐舞，相当于后世节日迎神赛会上扮演的民间鼓乐社火。后世社火仅是以滑稽取笑的颠狂社舞而已，但在春秋时代，这种舞蹈的内容却是连看看都要被儒家正人君子视为“非礼”的。《左传·庄公二十三年》谓：“夏，公如齐观社，非礼也。”《公羊传·庄公二十三年》指出：“何以书？讥。何讥尔？诸侯越境观社，非礼也。”齐之祭祀乐舞，竟吸引得鲁庄公越境而观，足见齐社神祭祀乐舞令观者神魂颠倒的诱人魅力；而庄公此举，被周朝史官讥为非礼，则从反面透露出，该祭祀乐舞艺术风格的开放不羁、不合礼法。《谷梁传·庄公二十三年》辨析：“常事曰视，非常曰观。观，无事之辞也，以是为尸女也。”《说文解字》谓：“尸，陈也，象卧之形。”此乃尸之本义。说穿了，尸女，就是领舞女巫，在舞蹈进入高潮之时，于众目睽睽之下，仰天而卧，玉体横陈。正是由于这令人触目惊心的舞蹈形象，才吸引得鲁庄公神魂颠倒，越境而观，不惜遗讥于后世。也正是由于这与春秋礼法不合的乐舞内容，使齐之社与本原风味的桑林之舞风格相通。《礼记·月令》载：“仲春之月……是月也，玄鸟至。至之日，以大牢祠于高禖。”注：“高辛氏之出，玄鸟遗卵，娀简吞之而生契。后王以为媒官嘉祥而立其祠焉。”如前所述，古汉语中，还称男子生殖器为鸟，如此则玄鸟之卵，即意味着男性睾丸；旌夏，即用牦牛尾和彩色鸟羽做竿饰的大旗，在桑林之舞中，可能是男子生殖器的象征。《说文解字》谓雩“或从羽，雩，羽舞也”，如此则桑林之舞的内容，还包括表现有娀氏美女简狄与玄鸟图腾野合、吞鸟卵生契之过程的舞蹈。这是久闻《桑林》乐舞盛名，却并未真正领教过该舞蹈具体内容的晋侯始料所不及的。于是，就像茅盾《子夜》中那位终日手持《太上感应篇》的吴老太爷，一见到上海滩十里洋场花花世界中裸露的女人大腿，当即想入非非，被吓得昏死过去那样，桑林之祭祀巫术舞蹈的大旗登场伊始，晋侯就惊心动魄，吓得退避三舍，遁入房中，直到减去部分内容后，方敢归位观赏。然而，既然开场直露，中间内容自然也不会拘谨文雅到哪里去，总会时或冒出些耸人视听、骇世惊俗的插曲，所以晋侯最后还是因吓成疾，疑神疑鬼，如见神灵。荀䓨大约是曾经通过传闻，对桑林之舞的内容略知一二，故而始则拒绝，终则不惧，表现得矜持而得体。这也反映了殷周两种道德标准和审美观念形态的碰撞。晋为宗周大国，其农耕部族奉行的史官文化，更多地强调宗法制度下的内在理性对人的基本欲望的制约，即使观赏音乐舞蹈等感官享受，也须遵循道德理念；宋为殷人后裔，其从殷商王朝承继下来的游牧部族的巫师文化，强调的是虔诚的宗教意识，狂热的舞蹈者在祭祀神灵的乐舞中，已经忘怀了自我的得失。因而在晋人眼中看来是漫无节制的酣歌狂舞，在殷商后裔的宋人心中，却是舞蹈者心灵虔诚圣洁得一尘不染的宗教祭祀仪式。正因为桑林之舞等殷商巫舞具有着深厚的文化底蕴，所以直到周朝，仍然还是“诸侯宋、鲁，于是观礼。鲁有禘乐，宾祭用之。”荀偃、士匄等人将桑林之舞与为宗周一朝制礼作乐的周公的后裔、素称诗书礼仪之邦的鲁国的祭祀乐舞禘乐相提并论，正反映出春秋时代社会审美评判标准对于殷商巫舞所具有的审美价值的默认。

不过，这只是就巫舞对殷商后裔的影响而言。至于对巫术乐舞的总体评价，则比这要复杂得多，远不能就此盖棺论定。事实上，即使在商朝当时，对于巫术乐舞这种祭祀仪式

兼审美活动方式,就已经有过不同的评价。商朝的开国重臣伊尹,曾谆谆告诫商族人:

> 敢有恒舞于宫,酣歌于室,时谓巫风。敢有殉于货色,恒于游畋,时谓淫风。敢有侮圣言,逆忠直,远耆德,比顽童,时谓乱风。(《尚书·商书·伊训》)

这则史料虽然出于后人的补记,却也较为符合伊尹其人的思想风格。伊尹在当时那个时代,就将巫风与淫风、乱风并列,断言"惟兹三风十愆,卿士有一于身,家必丧;邦君有一于身,国必亡",将其提到家国存亡的严重高度,这并非危言耸听。后来殷商亡国的历史,已经印证了伊尹所言不虚,为其提供了史实的佐证。然而伊尹所论现象的奥妙尚不在此,而在于商族人在做这一切的时候,并非对其严重危害视而不见或估计不足,而是明知有反对意见而为之。究竟是什么缘故,能够导致商族人如此不顾后果地我行我素?对于这一点,我们得结合商族人所处的时代社会大环境来考察。商族出于游牧部族,氏族社会的原始宗教,对其思想观念形态的形成影响至深。商族人从心底相信,居于高天的帝,可以支配风云雨雪等自然气象的变化,主宰着畜牧业的繁盛和农作物的年成:

> 翌癸卯,帝不令风,夕雾。(明天是癸卯日,帝没有命令起风,晚上有雾。《合集》672 正)
>
> 贞,帝其及今十三月令雷。(占卜:现在是十三月,帝到现在还命令打雷。《合集》14127 正)

贞，今一月帝令雨。（占卜：现在是一月，帝命令下雨。《合集》14132 正）

贞，今三月帝令多雨。（占卜：现在是三月，帝命令多下雨。《合集》14136）

戊申卜，争贞，帝其降我黑，一月。（戊申日占卜：帝将要把黑暗降临给我们，一月。《合集》1071 正）

庚戌卜，贞，帝其降䕫。（庚戌日占卜：帝将降下灾害。《合集》10168）

帝其降摧。（帝将要降下摧毁庄稼的灾害。《合集》14173 正）

贞，不唯帝乇我年。（占卜：惟有帝不灾害我的年成。《合集》10124 正）

自然界的气象变化，在这里被赋予明显的功利意义，与商族人对于善恶的判断紧相联系。商族人对气象的关注，归根结底还是要落实到畜牧业的繁盛和农作物的收获，亦即商族人的温饱上。“羊大为美”的观念，仍是商族人审美心理结构的出发点。因此，支配自然界的风云变幻阴晴雨雪的帝，实际上是在决定人世祸福，保佑或惩治人间的统治者：

帝其作王𡆥。（帝将要给商王制造灾祸。《合集》14182）

帝唯其终兹邑。（帝将要终绝这个城邑。《合集》14209 正）

贞，帝其作我孽。（占卜：帝将要给我们制造灾

难。《合集》14184)

伐𢀛方,帝受我佑。(讨伐𢀛方,帝保佑我。《合集》6273)

贞,唯帝肇王疾。(占卜:帝疏导王的疾病。《合集》14222 正丙)

王作邑,帝若我。(商王建筑城邑,帝保佑我们。《合集》14200 正)

来岁帝其降永,在祖乙宗,十月卜。(来年帝将降福,在祖乙这一宗族,十月占卜。《屯南》723)①

帝受我佑。(帝保佑我。《合集》14671)

源于生存需要的出发点,使殷商人对神通广大的帝的祭祀,不仅自然而然地构成商代社会生活的重要内容,而且顺理成章地成为商代上层建筑的首要因素。具有原始宗教意味的是,商人崇拜的对象并未止于上帝崇拜一途,而是包罗万象,不仅包括对日、风、云、雨、雪、山、水等天地万物的自然崇拜,而且包括对先公、先王、先妣、先父、先母、旧臣、诸妇等商族先人的祖先崇拜。商朝用翌祭、祭祭、𩛥祭、劦祭、彡祭五种祭祀,周而复始地轮番祭祀先王先妣,周祭一轮大体相当于一年。"夏曰岁,商曰祀,周曰年"(《尔雅·释天》),商代人把一年称为一祀,显然是由周祭一轮为一年引申而来。以祭祀来称谓时期的一年,当属于具有商朝特色的巫术文化②。"殷人尊神,率民以事神,先鬼而后礼,先罚而后赏,尊而不

①《小屯南地甲骨》。见《甲骨文与商代文化》。
②《甲骨文与商代文化》,第九章,"祭祀"。

亲”(《礼记·表记》),这些意识形态领域的习俗,是与商人心灵深处潜在的生存本能紧密相连的。弗雷泽告诉我们,“尽管对较开化的人来说,这种自然与超自然之间的区别是明显的,但对野蛮人来说,他想像不出这两者间有什么区别。在他看来,世界在很大程度上是受超自然力支配的,也就是说,这种超自然力来自具有人性的神灵们,他们如他自己一样,凭一时的冲动和个人意愿而行动,又像他自己一样极易因人们的乞求怜悯和表示希望与恐惧而受到感动。在一个被如此想像的世界里,未开化的人们认为自己影响自然进程以谋取自身利益的这种力量是无限的。他以为通过祈求、许诺或威胁,就可以从神灵那里获得好的气候与丰盛的谷物。”①尚处于野蛮时代的殷商游牧部族的心态,即与此类似。悠悠万事惟此为大的原始生存需要,极大地刺激了外表威严、内心恐惧的商族人的宗教狂热。而宗教信仰与人类原始本能的结合为一,更焕发出巨大的创造能量,突破并超越了社会理性的制约,使商族人对尚保持一些清醒头脑的先知者的担忧警告置若罔闻。需要指出,伊尹并非反对全部祭祀巫舞,而是反对将这种宗教祭祀仪式全面普及,这与当年颛顼“绝地天通”之意旨方向一致。须知伊尹本人就是著名大觋,在巫师这一商族人的精神领袖群体中的地位举足轻重,可以说仅次于商朝开国君主成汤,他哪里会全面禁止祭祀乐舞?而商族人既然全身心投入祭祀乐舞,其狂热程度如火燎原,统治者要想以个人力量制止普及,又谈何容易?何况从商朝统治者开国以来,对乐舞的重视无时或减:“汤放桀于大水,环天

---

①《金枝精要》,14页。

下自立以为王。事成功立，无大后患，因先王之乐，又自作乐，命曰《护》，又修《九招》。”（《墨子·三辩》）汤时创作的这些乐舞，无疑首先也是用于祭祀。所以伊尹的预言虽然振聋发聩，殷商人却并未稍事收敛，祭祀乐舞的风潮反而愈演愈烈。

尽管商朝盛行的东夷部族祭祀乐舞在祭坛表演时的舞姿倩影，如今已难以考释，但我们从甲骨卜辞及后人的歌诗中，仍不难想见女巫男觋们当年铿锵顿挫腾挪跳跃、击鼓搏髀歌呼呜呜的风采。甲骨文中，壴祭、鼓祭为击鼓之祭，彭祭、彡祭为以鼓声致神之祭，舞祭、𩂣祭为以舞祈雨之祭，奏祭、龠祭为奏乐以祭[①]，皆带有当年祭祀乐舞的历史遗迹。《诗·商颂·那》描述商族祭祀乐舞：

> 猗与那与，置我鞉鼓。奏鼓简简，衎我烈祖。汤孙奏假，绥我思成。鞉鼓渊渊，嘒嘒管声。既和且平，依我磬声。於赫汤孙，穆穆厥声。庸鼓有斁，万舞有奕。我有嘉客，亦不夷怿。

由此诗不难看出，殷商时已经出现了鼓、管、磬、镛四种乐器，而以鼓乐为主。值得注意的，是那些描述声乐的猗与、那与、穆穆等赞叹之词和形容器乐的简简、渊渊、嘒嘒等象声词，活现出祭祀仪式上那众巫高歌、钟鼓齐鸣的盛大热烈的乐舞场面。《礼记·郊特牲》：“殷人尚声，臭味未成，涤荡其声。乐三阕，然后出迎牲。声音之号，所以诏告于天地之间

① 《甲骨文与商代文化》，第九章，“祭祀”。

也。”说商族祭祀崇尚音乐，祭祀仪式伊始，供奉给神祇的祭品还没有献上来之前，就开始引吭高歌、钟鼓齐奏。直到荡涤心灵的音乐奏过三遍之后，祭祀的主持者才出来迎接祭牲。巫师们这样做的意义，在于以音乐穿云裂石、荡气回肠的艺术效果先声夺人，将其祭祀的虔诚之意昭告于天地之间。较之于夏族祭祀仪式那赤裸裸的血腥烈火，这已经向文明迈进了一步。商族祭神的舞蹈“万舞”，就在这咚咚砰砰呜呜嘤嘤的音乐声中隆重上演。对于殷商的祭祀乐舞“万舞”，直到周朝，各诸侯国还在效仿。《鲁颂·閟宫》以“万舞洋洋，孝孙有庆”概括其盛大场面；《邶风·简兮》则对舞蹈者的舞姿赞美不已：

> 简兮简兮，方将万舞。日之方中，在前上处。硕人俣俣，公庭万舞。有力如虎，执辔如组。左手执籥，右手秉翟。赫如渥赭，公言赐爵。山有榛，隰有苓。云谁之思？西方美人。彼美人兮，西方之人兮。

此诗以一个女子的视角观摩表演万舞者的表演，其审美注意的聚焦点，主要在于舞蹈者个人的舞姿风采①。诗歌以咚咚的鼓声开篇，从领舞者高大魁梧的身躯着眼，描述他威风凛凛的健美舞姿，以如痴如醉的爱慕之心，观察他的一举手一投足，武舞时如何威武雄壮、力如猛虎；文舞时如何雍容优雅、风度翩翩。诗中的“西方美人”并非女子自道，而是指

---

① 用余冠英说。参见余冠英注译《诗选》，人民文学出版社 1979 年版，41－43 页。

这位领舞者其人。虽然这与殷商娱乐神灵的祭祀乐舞万舞的本来面目,已经有了一定的历史距离,但她却在具体描述“执辔如组”、“左手执籥,右手秉翟”等万舞舞姿的同时,道出了商周两朝一以贯之的审美观点,即以勇武为美。而这正是殷商时代东夷部族祭祀乐舞的精髓所在。后来唐朝诗人王维作《祠渔山神女歌》,描述举行祭祀乐舞时在场人的观感:“坎坎击鼓,渔山之下。吹洞箫,望极浦,女巫进,纷屡舞。陈瑶席,湛清酤,风凄凄,又夜雨。不知神之来兮不来?使我心兮苦复苦。”(《迎神》)“纷进舞兮堂前,目眷眷兮琼筵。来不言兮意不传,作暮雨兮愁空山。悲急管兮思繁弦,神之驾兮俨欲旋。倏云收兮雨歇,山青青兮水潺湲。”(《送神》)封建社会全盛时期的唐人对神灵的依赖已经开始淡化,因此王维甚至对神灵是否前来受享这样的根本问题都产生动摇。而殷商时代祭祀仪式上翩翩起舞的巫师与信徒部众,却正将全身心投入与天神沟通的祭祀乐舞之中,表现出狂热的宗教热诚。此乃殷人与后人的根本区别。

当然,商人的宗教热诚也并非自始至终从没有过动摇。商人对于天帝的崇拜和依赖,也曾使个别统治者感到压抑,如殷王武乙就曾大胆怀疑过天的权威:“帝武乙无道,为偶人,谓之天神。与之博,令人为行。天神不胜,乃僇辱之。为革囊,盛血,卬而射之,命曰‘射天’。”(《史记·殷本纪》)这可以算得上是殷人对天帝权威地位的一次大胆的挑战。但曾几何时,“武乙猎于河渭之间,暴雷,武乙震死”(《史记·殷本纪》)。殷人重又回到天帝庇护之下,尊神祭祀之风也卷土重来,大行于世。殷商时代盛行的东夷部族祭祀乐舞,至殷纣王而登峰造极:

帝纣……于是使师涓作新淫声,北里之舞,靡靡之乐。……大聚乐戏于沙丘,以酒为池,悬肉为林,使男女倮相逐其间,为长夜之饮。百姓怨望,而诸侯有叛者。(《史记·殷本纪》)

殷纣王虽被后代史官涂抹成劣迹累累的亡国之君,但他在先秦美学领域,却实在是开一代风气的先驱。在殷商末年,"大聚乐戏于沙丘",所集聚起来的,只能是殷联盟各方国正在流行的东夷部族的祭祀乐舞。一个"聚"字,明确指出了殷纣王对于殷商时代祭祀乐舞所起的集大成的作用。被后代史官贬斥为荒淫无道之最、成为殷纣王的滔天罪状之一的"以酒为池,悬肉为林,使男女倮相逐其间"的行为,在当时却是殷人对于原始社会母系氏族裸体舞蹈的继承和商朝联盟物质财富发展到一定程度的标志。这里集中体现的,是氏族社会末期,封建领主具有的那种为寻求美感而不顾一切的生命原始本能欲望的冲动。长夜之饮,酒池肉林,既表现了封建领主强烈得近乎疯狂的占有欲,又表现出人类童年时期朦胧幼稚的园林池沼观念。此间之音乐舞蹈,与个中人的生存基本欲望息息相关。师涓即韩非所云师延者流,今人或疑司马迁一时笔误,实则不妨同为殷纣王时得宠之宫廷乐师。其所创作的"新淫声",亦即北里之舞、靡靡之乐,则是殷商末年,宫廷乐师在王朝汇聚起来的祭祀乐舞传统风格基础上,试图有所突破的尝试。春秋时每称郑卫之音等俗乐为"淫声",以别于周朝传统的雅乐。后代更以淫声泛指浮靡不正派的乐调乐曲。北里为舞曲名,三国魏文人阮籍曾赞美"北里多奇舞,濮上有微音”(《咏怀》),也是以其与郑卫之地的濮上之音相提并论。靡靡之音是柔弱的声音,后代指颓废淫荡的音乐。但这些都是从殷纣时代生发开去的引申意,还不是师涓创作乐曲的本来面目。真正揭出师涓创作乐曲本来面目的,当推《韩非子·十过》:

> 昔者卫灵公将之晋,至濮水之上,……夜分,而闻鼓新声者而说之。……乃召师涓而告之,曰:“有鼓新声者,使人问左右,尽报弗闻。其状似鬼神,子为我听而写之。”……明日而习之,遂去之晋。晋平公觞之于施夷之台。酒酣,灵公起。公曰:“有新声,愿请以示。”平公曰:“善。”乃召师涓,令坐师旷之旁,援琴鼓之。未终,师旷抚止之,曰:“此亡国之声,不可遂也。”平公曰:“此道奚出?”师旷曰:“此师延之所作,与纣为靡靡之乐也。及武王伐纣,师延东走,至于濮水而自投。故闻此声者,必于濮水之上。先闻此声者,其国必削,不可遂。”平公曰:“寡人所好者,音也,子其使遂之。”师涓鼓究之。平公问师旷曰:“此所谓何声也?”师旷曰:“此所谓清商也。”

卫国乐师亦名涓,当是仰慕先人,因以为己名之故。所谓桑间濮上之音,即此新声。卫灵公描述新声之音乐形象为“其状似鬼神”,既说明其具有殷商祭祀乐舞的典型特点,也从侧面道出殷商祭祀乐舞出神入化、感天动地、销魂夺魄的艺术魅力。可见殷纣王当年命师涓创作之新淫声,流风遗韵感染后代之深。但此新声当是全面吸收殷商传统巫风和师涓等乐师创作乐曲遗韵相结合的产物，而非新淫声之机械的翻版。这也可以从周人的态度得到佐证。值得注意的是，周族反对殷商的母权制遗风，却并不反对殷商的祭祀乐舞，周武王列举殷纣王六大罪状，第二条就是“昏弃厥肆祀弗答”（《尚书·周书·牧誓》）意思是说，殷人祭祀得还不够，“恒舞于宫，酣歌于室”的“巫风”，还应继续流传下去；而殷纣王命令师涓创作新淫声，恰恰是对于殷商王朝一贯奉行的东夷部族祭祀乐舞传统的背离。新淫声之淫，词义为过度、过甚，即《尚书·大禹谟》“罔淫于逸，罔淫于乐”之意。《尚书·大禹谟》为后人伪托，主要表现了周人的审美观念。也就是说，连殷纣王的主要敌人周族也认为，殷纣王之历史性失误，不在于其集聚殷商祭祀乐舞、以行政力量将其规范化这一举措本身，而在于这位殷商王朝方国联盟的末代盟主，在殷商王朝矛盾重重、危机四伏，方国联盟分崩离析、解体在即的内外交困之际，脱离艺术创作真理，向前跨越的那谬误的一步。本来不过是为了追求感官享受以净化心灵，进而寻求神灵庇佑和精神寄托的殷纣王，竟因此成为违背祭祀乐舞的牺牲，坠入万劫不复的悲凉境地，从而铸成一代美学先驱的历史悲剧。

第四篇　先秦美学观念的汇聚融合

一、郁郁乎文的时代旋律

公元前1046年[①]，崛起于我国西部的周族，借助各路诸侯和边远部落氏族的力量，取殷朝天下而代之，成为新一代天下盟主。中国历史上一个由氏族封建制逐步过渡到封建社会的漫长朝代，从此开始。有周一代，诸凡经济基础、政治制度、社会生活、观念形态、思想文化、风俗习惯，无不发生翻天覆地的根本变化，王国维惊呼"中国政治与文化之变革，莫剧于殷周之际"[②]，准确地道出了这一阶段的时代旋律。

不过，殷周之际的剧烈变革，同样有着一个循序渐进的过程，并非如学者推论的那样突然和迅速。西周王朝既渊源于殷朝，其时代社会的思想文化亦明显带有脱胎于殷商的痕迹，现代学者已经指出这一点[③]。以武王伐纣这一重大事变为例，即使在周朝取代殷朝的那一历史瞬间，仍然遵循着殷

① 用夏商周断代工程专家组说。见岳南《千古学案——夏商周断代工程纪实》，浙江人民出版社2001年8月，378页。

② 王国维《殷周制度论》，《王国维文集》第四卷，中国文史出版社1997年5月，42页。

③ 葛兆光《七世纪前中国的知识、思想与信仰世界——中国思想史·第一卷》，复旦大学出版社1998年4月，104页。

朝时人的思维模式。武王伐纣从牧野誓师到攻入朝歌时的作为,就是这一点的有力印证。

> 王曰:"……今予发惟恭行天之罚。……勖哉夫子!尚桓桓如虎、如貔、如熊、如罴,于商郊弗迓克奔,以役西土,勖哉夫子!尔所弗勖,其于尔躬有戮!"(《尚书·周书·牧誓》)
>
> 武王持大白旗,以麾诸侯……以黄钺斩纣头,悬大白之旗。已而至纣之嬖妾二女……斩以玄钺,悬其头小白之旗。(《史记·周本纪》)
>
> 武王在祀,太师负商王纣县首白旂,妻二首赤旂,乃以先馘入,燎于周庙。(《逸周书·世俘解》)

明明是一个氏族取代另一个氏族的盟主位置,却说成是"恭行天之罚",此明显为殷人天命观之自然延续。武王号召诸侯夫子效法的虎、貔、熊、罴,既是前线战士勇武的象征,又是殷周交替之际原始部落氏族古老图腾向宗法王朝部队旗帜的演化。而攻克朝歌时那鲜血淋漓的血腥祭祀,本身就是殷周氏族集团之间互相仇杀的惯性表现。且不说燎祭本来就是殷商祭祀仪式之一烧柴以祭,即使仅从这旗帜的色彩而观,仍然遗留着殷商朝代人祭仪式的遗迹。据《礼记·檀弓上》记载:"夏后氏尚黑,……殷人尚白,……周人尚赤",明明是诛戮敌国首领,却并未悬之以周族崇尚的赤色旗帜,而是以已被周族攻陷国都的殷朝的旗帜,号召昔日从属于殷朝联盟的诸侯,并以殷人崇尚之白颜色的旗帜,悬挂前殷朝统治者的首级。周武王这样做的直接目的,一方面是为了标榜其以“小邦周”讨伐“大国殷”是“顺应天命”，另一方面也是为了笼络殷朝遗民的人心。因为到底如何征服殷朝遗民的人心，乃西周入主中原之后，最高统治者无时不在考虑的重大问题。

下面这则材料，忠实地记录了周朝统治阶级刚刚取得盟主地位时的真实心态：

> 纣死，武王皇皇若天下之未定，召太公而问曰：“入殷奈何？”太公曰：“臣闻之也：爱人者兼其屋上之乌，不爱人者及其胥余，何如？”武王曰：“不可。”召公趋而进曰：“臣闻之也：有罪者杀，无罪者活，咸刘厥敌，毋使有余烈，何如？”武王曰：“不可。”周公趋而进曰：“臣闻之也：各安其宅，各田其田，毋故，毋私，惟仁之亲，何如？”武王旷乎若天下之已定，遂入殷封比干之墓，表商容之闾，发巨桥之粟，散鹿台之财，归倾宫之女，而民知方。①

西汉刘向《说苑·贵德》上也有类似的记载。这里讲述了周朝如何统治殷朝遗民的三种对策：太公提出的斩草除根之策，是殷周氏族集团之间互相仇杀的延续，那只会激起殷朝遗民更加顽强的反抗，使战事变本加厉，愈演愈烈；召公拟议的政治清洗，与太公的两族战争之法有量的差别，却并无质的不同。因此，只有周公策划的安抚羁縻殷商遗民的方

① 黄中业《三代纪事本末》引《尚书大传》，辽宁人民出版社 1999 年 7 月，161－162 页。

针，堪为长治久安之计。周武王正是听从了周公的方法，方有入殷都下车之际那一系列带有现代社会之统战意味的举措。“封商纣子武庚禄父殷之余民。武王为殷初定未集，乃使其弟管叔鲜、蔡叔度相禄父治殷。已而命召公释箕子之囚。命毕公释百姓之囚，表商容之闾。……武王追思先圣王，乃褒封神农之后于焦，黄帝之后于祝，帝尧之后于蓟，帝舜之后于陈，大禹之后于杞。”（《史记·周本纪》）将昔日殷商联盟的主要氏族，尽可能最大限度地笼络在自己旗下，周武王这样做的根本目的，即追求周朝统治的长治久安。这是西周此后分封诸侯的预演，也是整个周朝意识形态，其中也包括审美意识形态最为初始的起点。

然而，要改变一个民族业已根深蒂固的思想意识等观念形态，远比军事上的征伐要艰巨得多，这并非统治者做出几个向被征服民族表示友好的政治姿态，就能轻而易举地解决。此乃殷周之际民族、阶级、社会矛盾的根本要害所在。正是意识到这一点，周武王才“至于周，自夜不寐”（《史记·周本纪》），抑郁成疾；正是窥测到这一点，周武王逝后，管蔡等三叔才乘机联合殷商王子禄父武庚以及徐奄熊盈等殷商残余势力发动叛乱，害得周公东征三年，方才平定这场远比牧野之战时的殷军抵抗要顽强得多的暴乱。也正是有鉴于这一点，为了从根本上改变殷族众而周族寡，人心向背易出现反复等不利于周朝的统治基础和与此相关的意识形态，周公东征平叛后才接过武王未竟之业，在政治上继续分封诸侯：

> 昔武王克商，成王定之，选建明德，以蕃屏周。故周公相王室以尹天下，于周为睦。分鲁公以大路、大旂，夏后氏之璜，封父之繁弱，殷民六族：条氏、徐氏、萧氏、索氏、长勺氏、尾勺氏，使帅其宗氏，辑其分族，将其类丑，以法则周公，用即命于周。……命以伯禽，而封于少昊之虚。分康叔以大路、少帛、綪茷、旃旌、大吕，殷民七族：陶氏、施氏、繁氏、锜氏、樊氏、饥氏、终葵氏；……聃季授土，陶叔授民，命以《康诰》，而封于殷虚。皆启以商政，疆以周索。分唐叔以大路、密须之鼓、阙巩、沽洗、怀姓九宗、职官五正。命以《唐诰》，而封于夏虚。启以夏政，疆以戎索。(《左传·定公四年》子鱼语)

王国维所说殷周之际“中国政治与文化之变革”，其根本性的政治基础，即周人之分封诸侯，即从以结盟为原则的部落方国联盟制，过渡到以宗族血缘关系为纽带的宗法制。“周公……兼制天下，立七十一国，姬姓独居五十三人”(《荀子·儒效》)，这既是对殷商以兄弟相承为主的王位继承制度的批判性继承扬弃，同时又是将殷商兄弟相承转变为周朝嫡长子父子相承、以同姓兄弟为辅佐的根本性改造。王国维指出的“变革”或曰“革命”，其关键性的肯綮，即在于此。昔日躲在暗处、随时可能跳出来争夺王位、制造天下动乱的潜在危险因子——兄弟，如今变成了公开接受朝廷爵位、奉命为嫡长子戍守一方、保卫周朝统治安宁的国家栋梁——诸侯，这是周公等人的一大发明。“封建亲戚，以蕃屏周”(《左传·僖公二十四年》富辰语)，虽然最初立意无关审美，但它却为此后周朝美学思想观念的萌生与形成,提供了特定的社会文化氛围和思想土壤。这并非美学思想,实际上却无时不在影响并制约着周朝的社会审美意识形态。

史家记载的周公制礼作乐,即周人在思想文化社会审美意识形态领域里,对以嫡长子为核心的宗法制社会观念的演绎和阐释:

> 成王既绌殷命,袭淮夷,归在丰,作《周官》。兴正礼乐,度制于是改,而民和睦,颂声兴。(《史记·周本纪》)
>
> 武王崩,成王幼弱,周公践天子之位,以治天下。六年,朝诸侯于明堂,制礼作乐,颁度量,而天下大服。(《礼记·明堂位》)
>
> 先君周公制《周礼》曰:"则以观德,德以处事,事以度功,功以食民。"(《左传·文公十八年》大史克语)

尽管对于周初礼乐是否周公所制,史学界仍存疑窦;但是我们必须看到,西周初年占据时代主流的主导性思潮,还是以周公等人主持西周朝政时的决策思维为代表的统治思想,这应是不争的事实。而周公决策思维的两个基本点之一,即制礼作乐。这是与分封诸侯同等重要的意识形态领域的大事。后来戴圣《礼记·乐记》这样解释周公制礼作乐时的本意:"乐者为同,礼者为异……礼义立,则贵贱等矣;乐文同,则上下和矣;好恶著,则贤不肖别矣……揖让而治天下者,礼乐之谓也。暴民不作,诸侯宾服,兵革不试,五刑不用,百姓无患,天子不怒,如此,则乐达矣。合父子之亲,明长幼之序,以敬四海之内,天子如此,则礼行矣。”戴圣所描绘的这番美好图景,自然带有儒教理想国之乌托邦性质,但我们从中仍可窥见:周人理想中的音乐的使命,在于使不同民族、不同阶级、不同生活习俗的人们受到同一乐曲的旋律感染的影响,进而在共同的审美活动熏陶中,逐步潜移默化,忘却双方身份、立场上固有的隔阂,乃至最终消除民族、阶级等社会地位上的对立,增强周朝统治集团凝聚力,由审美习惯上的和谐“同”,和平演化到思想观念上的“同”——同一、同化、协同一致;礼乐之乐,乃为以“礼”强调地位差异的宗法制社会服务的有力武器;而以嫡长子为核心、以姬姓同姓贵族为主体的西周列国诸侯政治,正需要这二者互为辅佐、相辅相成的礼乐制度的有力支撑。美与善,审美感受与政治需要,共同的审美活动与明显的社会等级,从一开始,就被西周统治者有意识地捆绑在一起。如《礼记·射义》规定:

> 其节,天子以《驺虞》为节,诸侯以《狸首》为节,卿大夫以《采蘋》为节,士以《采蘩》为节。《驺虞》者,乐官备也;《狸首》者,乐会时也;《采蘋》者,乐循法也;《采蘩》者,乐不失职也。是故天子以备官为节,诸侯以时会天子为节,卿大夫以循法为节,士以不失职为节。

据郑玄解释,《诗·召南·驺虞》中有“壹发五豝,于嗟乎驺虞”,此即“喻得贤者多也”“叹仁人也”,所以用为天子之节;《诗·召南·采蘋》中有“于以采蘋?南涧之滨”,此即“循涧以采蘋，喻循法度以成君事也”（《礼记正义》）①，所以用为卿大夫之节，余以此类推。《诗》三百中以描写劳动生活为主的乐章旋律，就这样经过采纳者那在今天看来颇有牵强附会之嫌的改造利用，巧妙地与统治者建立宗法社会等级制度的政治意图紧密结合在一起，成为维护西周宗法制社会等级秩序的艺术演绎。

德国古典哲学的奠基人康德（Immanuel Kant），曾提出“一个审美判断，只要是掺杂了丝毫的利害计较，就会是很偏私的，而不是单纯的审美判断”、“美是不涉及概念而普遍地使人愉快的”②的著名论断。但中国美学毕竟不同于西方美学，几乎从“羊大为美”那审美意识的胚胎开始，中国先秦美学领域的创始人们，就很难做到康德说的那样超然物外。西周初年周公等人亦如此。周公制礼作乐的直接效应，是使周人脱离了原来较之殷商还要落后的蒙昧状态，率先进入古典文明社会；就连周人以礼为先的社会日常生活，也从此变得与尚处于蒙昧时代的夏人、殷人不同，以致就连举手投足间，皆有章法可循。先看《仪礼·士相见礼》：

> 士相见之礼。挚，冬用雉，夏用腒。
>
> 左头奉之，曰：“某也愿见，无由达。某子以命命某见。”
>
> 主人对曰：“某子命某见，吾子有辱。请吾子之就家也，某将走见。”

---

①《礼记正义》，〔汉〕郑玄注，〔唐〕孔颖达等正义。《十三经注疏》影印本，上海古籍出版社 1997 年 7 月，下，1687 页。

② 朱光潜《西方美学史》下卷，人民文学出版社 1979 年版，361、365 页。

宾对曰："某不敢为仪，固以请。"

主人对曰："某也固辞，不得命，将走见。闻吾子称挚，敢辞挚。"

宾对曰："某不以挚，不敢见。"

主人对曰："某不足以习礼，敢固辞。"

宾对曰："某也不依于挚，不敢见，固以请。"

主人对曰："某也固辞，不得命，敢不敬从！"出迎于门外，再拜。

客答再拜。

主人揖，入门右。

宾奉挚，入门左。

主人再拜受。

宾再拜送挚，出。

主人请见。

宾反见，退。

主人送于门外，再拜。

主人复见之……

按照周朝统治者制定的规矩，客人拜访主人，主客间如此揖让周旋，须一再反复，方为成礼。本来理应合则聚、不合则散，全凭个人感觉投缘与否、随意性很强的正常人际关系交往，被循规蹈矩的周人硬性塞进了太多的规定性内容；士人相见之礼，在周人这里已经超出了礼貌的范围，进而演化成一种社交仪式。被康德明显划出实践哲学之外的社交艺术、饮食规范等“熟巧规则”①,在这里恰恰映照出了当时笼罩周朝社会的人生哲学,其中也包括美学的观念形态。毕恭毕敬,彬彬有礼,尽最大的可能和主观努力,将各项社会活动,当然也包括审美活动,全都蒙上一层温情脉脉的面纱,这可以说是以周公为代表的西周统治阶级着力营造的人际关系和社会审美氛围。

西周时的音乐舞蹈,就在这舒缓和煦的社会审美氛围中,顺应周朝思想文化风俗习惯的需要,应运而兴。且看《仪礼·乡饮酒礼》:

> 设席于堂廉,东上。……工歌《鹿鸣》《四牡》《皇皇者华》。卒歌,主人献工。……
>
> 笙入堂下,磬南,北面立,乐《南陔》《白华》《华黍》。主人献之于西阶上。……
>
> 乃间歌《鱼丽》,笙《由庚》;歌《南有嘉鱼》,笙《崇丘》;歌《南山有台》,笙《由仪》。
>
> 乃合乐:《周南·关雎》《葛覃》《卷耳》,《召南·鹊巢》《采蘩》《采蘋》。工告于乐正曰:“正歌备。”乐正告于宾,乃降。……
>
> 宾出,奏《陔》。主人送于门外,再拜。……

郑玄谓“主人,诸侯之乡大夫也。”乡大夫的酒席已笙歌毕陈,诸侯的宴会上更是诸乐齐奏。《仪礼·燕礼》上的记载,如同乡饮酒礼的翻版,即其证明。据郑玄解释,《诗·小

① 康德《判断力批判》,邓晓芒译,杨祖陶校,人民出版社 2002 年 5 月,7 页。

雅·鹿鸣》“采其己有旨酒，以召嘉宾。嘉宾既来，示我以善道。又乐嘉宾有孔昭之明德，可则效也”；《诗·小雅·四牡》“采其勤苦王事，念将父母，怀归伤悲，忠孝之至，以劳宾也”（《仪礼注疏》）[①]，余以此类推。回肠荡气，余音绕梁，《诗》三百的乐章旋律，萦绕于酒席宴上的周人耳际，更点点滴滴、潜移默化地渗透入他们心中，影响和规范着他们的日常行为，成为西周社会生活中不可或缺的组成部分。礼仪与音乐，政治与艺术，在此间几乎不分彼此，难以截然划分。

像相见、饮酒这类日常生活中最为平凡和频繁的礼节，尚且如此；则冠礼、婚礼、聘礼、丧礼等一向被国人视为人生重大仪式的礼仪，自然更加隆重。从人生呱呱落地始，直至人生最后的盖棺论定，周人的礼仪规范，始终伴随并约束着他们终生的言语行动。“幼名，冠字，五十以伯仲，死谥，周道也。”（《礼记·檀弓上》）名目繁多的礼节仪式，规范了周人的社会生活及行为方式，使原本出身于农耕民族的周人在日常交往中有规可循，当然也使以往颇为随意的农人们感到拘束。后世封建社会之繁文缛节，盖源于此欤？琐细的礼节仪式，最先给实行者带来的自然是约束，然而正是这烦琐的礼仪，不仅体现出周朝宗法制社会生活较之夏商时代氏族社会生活的进步，而且使个中人从举手投足的日常生活中体验到审美的感受和味道，中国古代社会的行为规范之美，正是从这里产生出来。不再是基于原始生存和财产争夺欲望的血腥屠杀，不再是逐日祭祀神秘氛围笼罩下的宗教迷狂，建立

---

①《仪礼注疏》，〔汉〕郑玄注，〔唐〕贾公彦疏，《十三经注疏》影印本，上，985页。

了一整套礼节仪式的周人表现得温文尔雅，文质彬彬，其思维方式也更加清醒和理智。尽管春秋时就曾有人指出这些表面形式的内在本质："子大叔见赵简子，简子问揖让周旋之礼焉。对曰：'是仪也，非礼也。'"（《左传·昭公二十五年》）后世封建社会也曾由此生发出诸多弊端。但说到底，这些行为规范在西周创始的当时，总归是代表了社会先进文化的前进方向。正是基于此，儒教大成至圣先师才对周代文化赞不绝口："子曰：'周监于二代，郁郁乎文哉！吾从周。'"（《论语·八佾》）而孔子之所以特别青睐周礼，是由于周礼所着力建立和体现的，乃封建社会不可或缺的社会秩序。

西周初年周公等人制礼作乐，实现了政治与艺术的合二而一，在意识形态领域建立了稳固的思想统治基础，此乃周公治国方策的高超之处。作为与礼相辅相成的乐，在配合礼仪仪式建立社会秩序这一点上，明显表现出积极的促进作用。《周礼》、《礼记》等儒家经典著作中，详细记载了这方面的有关规定：

> 钟师，掌金奏。凡乐事，以钟鼓奏《九夏》：《王夏》《肆夏》《昭夏》《纳夏》《章夏》《齐夏》《族夏》《陔夏》《骜夏》。（《周礼·春官宗伯》）
>
> 宾入大门而奏《肆夏》，示易以敬也。卒爵而乐阕，孔子屡叹之。（《礼记·郊特牲》）

郑玄注："王出入，奏《王夏》；尸出入，奏《肆夏》；牲出入，奏《昭夏》；四方宾来，奏《纳夏》；臣有功，奏《章夏》；夫人祭，奏《齐夏》；族人侍，奏《族夏》；客醉而出，奏《陔夏》；公出入，奏《骜夏》。"(《周礼注疏》)[1]如此等等,不一而足。表面看来他们是那样的周密详细和复杂,实际若从制作者的出发点来考察,其创作的指导思想却明确得近乎简单。在这里,宫廷雅乐的乐曲旋律已与采纳者为其规定的具体内容紧密地胶结在一起,乐曲旋律的作用实际上与后代的军乐语言相仿。

西周时代的美学领域,首先出现的就是这样一种艺术与政治合二而一、乐舞必须遵循礼仪规定的规定性美学思想。后来鲁隐公为庶母仲子之庙落成典礼上演《万》舞、问乐舞执羽人数于众仲,众仲的回答,即强调了宫廷乐舞必须遵循礼仪的等级规定:

> 九月,考仲子之宫,将《万》焉。公问羽数于众仲。对曰:"天子用八,诸侯用六,大夫四,士二。夫舞所以节八音而行八风,故自八以下。"公从之。于是初献六羽,始用六佾也。(《左传·隐公五年》)

等级规定自然不限于《万》舞一部。诸凡周朝音乐、舞蹈、服装、饮食……总之周朝社会文化生活的方方面面,无不有具体的等级规定。无论何人何地,一旦违背了诸如此类的礼仪规定,即被视为非礼。

> 小胥掌学士之征令而比之。……正乐县之位:王宫县,诸侯轩县,卿大夫判县,士特县。

---

[1]《周礼注疏》,〔汉〕郑玄注,〔唐〕贾公彦疏,《十三经注疏》影印本,上,800页。

(《周礼·春官宗伯》)

诸侯之宫县,而祭以白牡,击玉磬,朱干设锡,冕而舞《大武》,乘大路,诸侯之僭礼也。台门而旅树,反坫,绣黼,丹朱中衣,大夫之僭礼也。

大夫之奏《肆夏》,由赵文子始也。(《礼记·郊特牲》)

据郑玄、孔颖达解释,"诸侯之宫县"云云,"言此皆天子之礼也。""台门而旅树"等等,"言此皆诸侯之礼也。"而"大夫之奏《肆夏》"为"僭诸侯。""按大射礼:公升即席,奏《肆夏》;燕礼云:若以乐纳宾,则宾及廷,奏《肆夏》,是诸侯之礼。今文子亦奏之,故云:僭诸侯。"(《礼记正义》①)音乐歌舞,穿衣戴帽,无往而非礼仪规定之范围;时间、地点、对象、场合、仪式诸要素稍有逾越,即属非礼。而对于非礼之举,则无论等级差异尊卑贵贱,知晓礼仪者人人有权加以拒绝:

穆叔如晋,报知武子之聘也,晋侯享之。金奏《肆夏》之三,不拜。工歌《文王》之三,又不拜。歌《鹿鸣》之三,三拜。

韩献子使行人子员问之,曰:"子以君命,辱于敝邑。先君之礼,藉之以乐,以辱吾子。吾子舍其大,而重拜其细,敢问何礼也?"对曰:"三《夏》,天子所以享元侯也,使臣弗敢与闻。《文王》,两君相见之乐也,使臣不敢及。《鹿鸣》,君所以嘉寡君也,敢

①《十三经注疏》影印本,下,1448、1447 页。

不拜嘉？《四牡》，君所以劳使臣也，敢不重拜？《皇皇者华》，君教使臣曰：'必咨于周。'臣闻之：'访问于善为咨，咨亲为询，咨礼为度，咨事为诹，咨难为谋。'臣获五善，敢不重拜？"（《左传·襄公四年》）

十二月，齐侯田于沛，招虞人以弓，不进。公使执之，辞曰："昔我先君之田也，旃以招大夫，弓以招士，皮冠以招虞人。臣不见皮冠，故不敢进。"乃舍之。（《左传·昭公二十年》）

晋侯款待使节之乐舞，不可谓不隆重；齐侯招呼虞人之表示，不可谓不明显。但由于他们超出了周朝礼仪规定的范围，被款待与被招呼者，就可以不接受。儒教亚圣孟子对此赞不绝口，称齐之虞人为"志士"、"勇士"：

曰："……齐景公田，招虞人以旌，不至，将杀之。志士不忘在沟壑，勇士不忘丧其元。孔子奚取焉哉？取非招不往也。"

曰："敢问招虞人何以？"

曰："以皮冠。庶人以旃，士以旂，大夫以旌。以大夫之招招虞人，虞人死不敢往；以士之招招庶人，庶人岂敢往哉？"（《孟子·万章下》）

这些等级规定制度，其内在意蕴已经包含了周朝的规定性美学思想观念。倘若有人故意违反这些礼仪规定，则不论其权位多高，势力多大，皆应诸侯共讨之，天下共诛之。《左传》记载，庄公二十年"冬，（周）王子颓享五大夫，乐及遍舞”;二十一年“郑伯将王,自圉门入,虢叔自北门入,杀王子颓及五大夫”。西周王子颓篡位,郑、虢挟周惠王讨伐,本是师出有名之事;而仍要以“今王子颓歌舞不倦,乐祸也”为口实,之所以如此,究其原因,无他,乃由于西周礼乐制度已深入人心,成为周人至少在理论上应共同遵守的行为准则,而王子颓欣赏演奏宫廷乐舞遍及此前所有大型音乐舞蹈,乃非礼僭越之故。郑、虢以此为号召,不仅名正言顺,而且理直气壮,底气更足。孔子称许的“非礼勿视,非礼勿听,非礼勿言,非礼勿动”(《论语·颜渊》),讲的就是这个道理。

在这种社会文化氛围中出现的音乐旋律,较之其他时代的音乐旋律,与创作者政治意图的联系无疑要更为直接和紧密,音乐舞蹈语汇也更为简明易懂。后来子夏这样解释周朝音乐旋律的内涵:“钟声铿,铿以立号,号以立横,横以立武。君子听钟声则思武臣。石声磬,磬以立辨,辨以致死。君子听磬声则思死封疆之臣。丝声哀,哀以立廉,廉以立志。君子听琴瑟之声则思志义之臣。竹声滥,滥以立会,会以聚众。君子听竽笙箫管之声则思畜聚之臣。鼓鼙之声欢,欢以立动,动以进众。君子听鼓鼙之声则思将帅之臣。君子之听音,非听其铿锵而已也,彼亦有所合之也。”(《礼记·乐记》)诠释音乐而取其象征意义,将钟石丝竹鼓各类乐器与其特指的社会内容一一对应捆绑在一起,这一思想方法虽然包含着后世儒家学者理解与发挥的因素,但作为一种思维模式的源头和根本点,其始作俑者当首推周公。周初年代的宫廷音乐舞蹈《武》舞及孔子的评介,即这一点的有力证明:

> 武王即位，以六师伐殷，六师未至，以锐兵克之于牧野。归，乃荐俘馘于京太室，乃命周公为作《大武》。成王立，殷民反，王命周公践伐之。商人服象，为虐于东夷，周公遂以师逐之，至于江南，乃为《三象》，以嘉其德。（《吕氏春秋·仲夏纪·古乐》）
>
> 宾牟贾侍坐于孔子，孔子与之言及乐，曰："夫《武》之备戒之已久，何也？"对曰："病不得其众也。""咏叹之，淫液之，何也？"对曰："恐不逮事也。""发扬蹈厉之已蚤，何也？"对曰："及时事也。"……
>
> 宾牟贾起，免席而请曰："夫《武》之备戒之已久，则既闻命矣，敢问迟之迟而又久，何也？"子曰："居！吾语女。夫乐者，象成者也。总干而山立，武王之事也；发扬蹈厉，大公之志也。《武》乱皆坐，周召之治也。且夫《武》，始而北出；再成而灭商；三成而南，四成而南国是疆；五成而分，周公左，召公右；六成复缀，以崇天子。夹振之而驷伐，盛威于中国也。分夹而进，事蚤济也。久立于缀，以待诸侯之至也。"（《礼记·乐记》）

按说描写战争的舞蹈，速度乃其中必不可少的要素之一。多少战争题材的舞蹈，都是挟雷霆万钧之力，以迅雷不及掩耳之势，在腾挪跳跃中表现那风雷迅疾的速度之美，这是中外舞蹈史上的通例。然而周公等人制礼作乐，却恰恰与后代通例相反，着重突出那种重兵在握者的从容不迫。舒缓、展开,在镇定舒缓的旋律中逐步全面展开,这就是《武》舞的艺术风格。此乃西周初年讴歌开基创业者功勋的大型音乐舞蹈史诗。西周统治者在朝堂之上上演为自己歌功颂德的乐舞,惟恐歌不尽言,舞不尽意,所以备戒之已久,迟之迟而又久,既是为了突出乐舞主旋律蓄势待发的韵味,同时也是由于非如此,不足以充分表现出周朝统治大厦奠基之时的不易。音乐舞蹈与政治主题的紧密结合,使《武》舞如同殷周之交的时事演绎。"始奏象观兵盟津时也,再奏象克殷时也,三奏象克殷有余力而反也,四奏象南方荆蛮之国侵畔者服也,五奏象周公召公分职而治也,六奏象兵还振旅也。"(《礼记正义》①)一部宫廷乐舞,浓缩着殷周交替之际政治与文化剧烈变革的精髓,可谓比金文和竹简所录更为形象的历史。咏叹之,淫液之,发扬蹈厉,种种音乐舞蹈的语汇尽皆指向一个根本目的,即多角度立体化全方位地充分展示西周开基创业者的风采。创作者的意图在这里被充分演绎,以音乐舞蹈的语言发挥得淋漓尽致。

从美学史的角度考察,无论周武王还是周公,在极端重视宫廷乐舞对统治者政治意图的象征、阐释和维护作用这一点上,都是一脉相传的。试看周武王观兵盟津,"是时,诸侯不期而会盟津者八百诸侯。诸侯皆曰:'纣可伐矣。'武王曰:'女未知天命,未可也。'乃还师归。"(《史记·周本纪》)直到两年后,"太师疵、少师强抱其乐器而奔周",周武王才下决心会师伐纣。而周武王指责殷纣王的几大罪状之一,就是"乃断弃其先祖之乐,乃为淫声,用变乱正声,怡悦妇人"(《史

①《十三经注疏》影印本,下,1542页。

记·周本纪》),可见周统治者于音乐舞蹈对现实政治的感召感化作用一向极其重视。同样,在西周这个以制礼作乐教化民众、开时代风气之先的年代,统治阶级首先注重用音乐舞蹈教育贵族子女:“凡三王教世子必以礼乐。乐,所以修内也;礼,所以修外也。礼乐交错于中,发形于外,是故其成也怿,恭敬而温文。”(《礼记·文王世子》)“乐正崇四术,立四教,顺先王《诗》《书》《礼》《乐》以造士。春秋教以《礼》《乐》,冬夏教以《诗》《书》。”(《礼记·王制》)“大司乐掌成均之法,以治建国之学政,而合国之子弟焉……以乐德教国子:中、和、祇、庸、孝、友;以乐语教国子:兴、道、讽、诵、言、语;以乐舞教国子:舞《云门》、《大卷》、《大咸》、《大磬》、《大夏》、《大濩》、《大武》。”(《周礼·春官宗伯第三》)“由命士以上及大夫之子……十有三年,学乐,诵诗,舞《勺》,成童舞《象》,学射御。二十而冠,始学礼,可以衣裘帛,舞《大夏》,惇行孝弟,博学不教,内而不出。”(《礼记·内则》)音乐与舞蹈,在周朝统治阶级这里已经成为与思想品德密切相关的人生必修课。由最高统治者天子,到大夫及士,莫不如此。而音乐舞蹈与宫廷礼仪,进而与政治统治的密切关系被一再强调。“天子视学……反,登歌《清庙》,既歌而语,以成之也。言父子君臣长幼之道,合德音之致,礼之大者也。下管《象》,舞《大武》,大合众以事,达有神,兴有德也。正君臣之位,贵贱之等焉,而上下之义行矣。”(《礼记·文王世子》)可以说,艺术在这里并非后世学者推论的政治的婢女,而是形影不离的姊妹。它借助政治的力量,从宫廷乐舞的舞台起步,逐步将自己的领地拓展至日常生活的每一个角落。

能够体现周公等人美学思想的,自然不止乐舞一个部门。在先秦书法史上起到划时代作用的西周金文，就是周公等人创立的规定性美学风格的代表。“西周金文首先是在书写的行款上进行了调整，把商代甲骨金文所开创的有行无列的书写规则纳入到有行有列，并在井然有序的框架里面加以规约。”①其代表作品如《大盂鼎铭》：

《大盂鼎铭》是迄今发现的最早的鸿篇巨制，格局体量上的宏大显示出泱泱大国的气度。在章法上可以看出书写者非常理性的排布，行列有序，严密妥帖。②

铭文……行气款形整齐，纵横疏密相当。王、在、天、正、子、𠂤、有、民、古、十、土、五十等笔画稀少的字施以肥笔，突出重点笔画（主笔），以求该字的重心稳定，或与它字的（包括整体的）平衡均齐。③

平和端方，均匀整齐，工整稳健，这些在书法上尚属于起步阶段的基本要求，正是那个时代书法的规矩。“《大盂鼎》为周初重器，铭文……笔法精严，行款茂密，结体端丽，书风庄美凝重，雍容大方，踌躇满志之态，跃然铭上。”④严格的行列秩序，是以血缘关系为纽带的宗法制社会赖以生存稳固的基石。西周青铜器的铸造者们将这一基本观念熔铸到金文

---

① 王镛主编《中国书法简史》，高等教育出版社2004年2月，11页。
②《中国书法简史》，13页。
③ 王玉池主编《中国书法篆刻鉴赏辞典》，农村读物出版社1989年9月，41页。徐畅文。
④ 朱仁夫《中国古代书法史》，北京大学出版社1992年版，34页。

的书法规则中，形成了这个时代行列谨严、循规蹈矩的书法美学风范。不再像殷商甲骨文那样随火在龟壳上烤裂的裂纹契刻，因而行列自由随意，章法散漫天真；西周金文对于内部空间的秩序极为重视："行列有序的行款把每一个个体的文字纳入到规范中来，每一个字形不再是自由随意的，长短阔狭都限制在给定的相同的空间里，外形便趋向圆融整洁，以致后来的方正整饬。"①虽为劳动阶级铸造、却为统治阶级使用和欣赏的青铜器上的铭文，明确传达出周朝统治者的美学思想。

这倒有些接近康德所说的美感的"普遍可传达性"。康德认为"从经验角度来说，美只有在社会中才能引起兴趣。""只有在社会里，人才想到不仅要做一个人，而且要做一个按照人的标准来说是优秀的人（这就是文化的开始），要被看作优秀的人，他就须有把自己的快感传达给旁人的愿望和本领，他就不会满足于一个对象，除非他能把从那对象所得到的快乐拿出来和旁人共享。同时，每个人都要求每个旁人重视这种普遍传达——这仿佛是根据人性本身所制定的一种原始公约。""等到文化发展到高峰的时代，上述倾向就几乎变成有教养的爱好中的主要项目。对各种感受的估价高低，也要以他们能否普遍传达为准。到了这个阶段，每个人从一个对象中得到的快感是微不足道的，就它本身来说，不能引起多大兴趣，但是它的普遍可传达性的感觉就几乎无限度地把它的价值提高。"②周公等人制礼作乐时的观念形态，大致

①《中国书法简史》，12 页。
② 朱光潜《西方美学史》下卷，人民文学出版社 1979 年版，372 页。

与此相仿。应该说明，西周初年制礼作乐，不只是由西周朝廷以法令形式颁布，而是在周人多年以来形成的社会生活思想文化风俗习惯基础上改造升华而成。也就是说，并非周公个人，而是一批人，一个时代与社会在共同感觉上的约定俗成。在这种上有号召、下有响应的时代思潮中，周公等礼乐的提倡者，只是时代思想潮流的代表人物而已。

这个时代表现出来的美学现象比较复杂。一方面，作为一种“根据人性本身所制定的一种原始公约”，一种普遍可传达的美感的规范，周公等人制定的规范礼乐，或者叫做礼乐规范，表现出康德所说的“主观合目的性”；另一方面，这一“主观合目的性”，具体到周公等人制定的这些规范形式，又并非像康德所说的，没有一个明确的目的。恰恰相反，其中或隐或现地表现出的目的和意图，只要仔细体会，并不难感觉出来。当初周公等人制礼作乐时追求的社会效益，正是那弥漫于西周时代与社会的整体审美文化氛围。作为“每个人都要求每个旁人重视这种普遍传达”的共同感觉的美感，在这里不仅表现出宗法制社会赖以维系生存的等级差别：“天子穆穆，诸侯皇皇，大夫济济，士跄跄，庶人僬僬。”（《礼记·曲礼下》）从金字塔最底层的僬僬之形，到金字塔尖顶上的穆穆之态，等级森严，不可逾越；同时它又表现为统治阶级所倡导的日常生活的仪表规范：“古之君子必佩玉，右徵角，左宫羽，趋以《采齐》，行以《肆夏》，周还中规，折还中矩，进则揖之，退则扬之，然后玉锵鸣也。”“端行，颐霤如矢；弁行，剡剡起屦；执龟玉，举前曳踵，缩缩如也。”“凡行容惕惕，庙中齐齐，朝廷济济翔翔。君子之容舒迟，见所尊者齐遬。足容重，手容恭，目容端，口容止，声容静，头容直，气容肃，立容德，色容庄，坐如尸。燕居告温温。”“凡祭，容貌颜色，如见所祭者。丧容累累，色容颠颠，视容瞿瞿梅梅，言容茧茧。戎容暨暨，言语詻詻。色容厉肃，视容清明，立容辨卑，毋谄，头颈必中，山立时行，盛气颠实，扬休玉色。”（《礼记·玉藻》）后代民间习俗要求的坐如钟、立如松、卧如弓、行如风等带有审美意味的行为规范，盖源于此欤？“言语之美，穆穆皇皇；朝廷之美，济济翔翔；祭祀之美，齐齐皇皇；车马之美，匪匪翼翼；鸾和之美，肃肃雍雍。”（《礼记·少仪》）一个郁郁乎文的时代的主旋律，就在此间氤氲形成。也就是从这个角度上立论，周公等人制礼作乐时倡导的普遍传达和共同感觉，称得上是先秦美学思想潮流的先驱。

二、农耕部族的生活乐章

在夏商周三族的美学观念中，周族的美学观念与后来中国封建社会审美观念形态更为接近。虽然史学界早已指出，与夏商二族相比，生活在西北黄土高原的周族兴起较晚，在社会形态上略显滞后。但是，从美学史的角度考察，正是这一社会形态上的后起因素，使周族得以批判地继承扬弃夏商二族的文化遗产，建立其更适合于农耕部族思维方式的思想文化，成为中华民族农耕文化的滥觞。

周族的起源传说，首先表现出这一后起部族的审美思维特征：

> 姜原为帝喾元妃。姜原出野，见巨人迹，心忻然说，欲践之，践之而身动如孕者。居期而生子，以为

> 不祥，弃之隘巷，马牛过者皆辟不践；徙置之林中，适会山林多人，迁之；而弃渠中冰上，飞鸟以其翼覆荐之。姜原以为神，遂收养长之。初欲弃之，因名曰弃。
>
> 弃为儿时，屹如巨人之志。其游戏，好种树麻、菽，麻、菽美。及为成人，遂好耕农，相地之宜，宜谷者稼穑焉，民皆法则之。（《史记·周本纪》）

姜原生弃的传说，折射出周族由母系氏族部落向父系氏族社会过渡之初始阶段的缩影。这里面是否有过传说中的五帝之一、实为母系氏族部落首领的帝喾的参与，于史无征。即使仅从司马迁的上下文来看，姜原妊娠似乎也与帝喾无关。所以，倘若剔除帝喾元妃等明显为后人所加的阔绰头衔不论，周族始祖姜原孕育生产弃的传说，整体上来看，就是一则周族部族崛起的寓言。不再像夏商二族女祖那样吞食植物种子和鸟卵因而受孕，周族女祖姜原履巨人迹而受孕的经历，既是母系氏族社会知母不知父的真实写照，同时也蕴涵着先秦时代“天人合一”观念的初始萌芽。姜原生育后将婴儿弃而复收时“以为神”的表现，已经印证了这一点。她在此时表现出的，是周民族依违于人神之间的矛盾心态，即不再是将自身认同于植物或鸟类等原始的图腾崇拜，而是指向先秦时人的理想境界——神界。诗歌中歌颂的弃诞生后，隘巷中那些对弃退避三舍的马、牛，象征的可能就是周族部族联盟中加盟部落的图腾。尤其值得注意的，是诗中唱到的弃在渠中冰上时，那以其宽大的羽翼覆盖、保护弃的飞鸟，正是周族原来的旧盟主商族的图腾。而整个姜原生育、弃而复收的全过程，流露出的就是弃知母而不知父、襁褓时其部落曾受鸟图腾部族联盟保护的消息。试看诗三百《大雅·生民》，对这一无端涯之词是何等的赞不绝口："厥初生民，时维姜嫄。生民如何？克禋克祀，以弗无子。履帝武敏歆，攸介攸止，载震载夙，载生载育，时维后稷。……诞置之隘巷，牛羊腓字之；诞置之平林，会伐平林；诞置之寒冰，鸟覆翼之。鸟乃去矣，后稷呱矣。"襁褓中的后稷即弃的啼哭，可以聆听为西部周族崛起的宣言；而飞鸟离去的象征寓意，乃是周族渴望最后挣脱商族盟约羁绊，走向部族独立之路的真实反映。再看诗中对后稷天分的歌颂是如何的生动形象："诞实匍匐，克岐克嶷，以就口食。艺之荏菽，荏菽旆旆，禾役穟穟，麻麦幪幪，瓜瓞唪唪。"幼儿从会爬的时候起就有种植的天分，所种的荏菽禾麻麦果实累累，这不正是一幅农夫理想中五谷茁壮的田园写照吗？"诞后稷之穑，有相之道。茀厥丰草，种之黄茂。实方实苞，实种实褎。实发实秀，实坚实好。实颖实栗，即有邰家室。"这不正是艺术化了的发芽、出苗、抽穗、结实的农作物生长周期吗？此等体验观察细致入微的经验之谈，非精通稼穑之人，决道不出。凡此种种，皆体现出周族作为农耕部族的审美思维的雏形。

按照美国未来学家托夫勒（Alvin Toffler）《第三次浪潮》一书的划分，农业文明是人类经历的第一次文明浪潮[1]。中国上古的情形，也概莫能外。周族祖先率领先民在中国西部大地上的开垦耕耘，不仅从根本上解决了使部族得以长期延

---

① 阿尔温·托夫勒《第三次浪潮》，朱志焱、潘琪、张焱译，三联书店 1984 年 12 月，49、71－72、96 页。

续的、最低限度的生存条件，而且使部族自身与迁徙无定、逐水草而居的游牧部族相脱离，成为中国最初的先进生产力的代表。《诗》三百中对弃即后稷、公刘、古公亶父等周族祖先的歌颂，无不与他们平生身体力行的农田耕作相联系：

是生后稷，降之百福。黍稷重穋，稙稚菽麦。奄有下国，俾民稼穑。有稷有黍，有稻有秬。奄有下土，缵禹之绪。（《鲁颂·閟宫》）

诞降嘉种，维秬维秠，维穈维芑。恒之秬秠，是获是亩；恒之穈芑，是任是负，以归肇祀。

诞我祀如何？或舂或揄，或簸或蹂。释之叟叟，烝之浮浮。（《大雅·生民》）

笃公刘！匪居匪康。乃埸乃疆，乃积乃仓，乃裹糇粮，于橐于囊。思辑用光。弓矢斯张，干戈戚扬，爰方启行。（《大雅·公刘》）

周原膴膴，堇荼如饴。爰始爰谋，爰契我龟。曰止曰时，筑室于兹。

乃慰乃止，乃左乃右。乃疆乃理，乃宣乃亩。自西徂东，周爰执事。

乃召司空，乃召司徒，俾立室家。其绳则直，缩版以载，作庙翼翼。

捄之陾陾，度之薨薨，筑之登登，削屡冯冯。百堵皆兴，鼛鼓弗胜。（《大雅·绵》）

这些以农耕生活为题材的诗歌，既是赞颂祖先的宗庙乐歌，同时又可以当作一部西部上古农业起源史来读。你看诗歌中那稷黍稻秬等农作物品种，那由耕耘、播种、收获、储藏构成的农作全过程，尤其是其中显露的那些在今人看来不足为外人道的农作细节，诗人描述得何其如数家珍，内行老到！从耕种到收获，从治坡到治窝，周人从面朝黄土背朝天的农田劳作中体验到和平安定生活的愉快，从向黄土高原要衣食用品的日常生活中品味出了农耕部族社会的美感。"……犹土之有山川也，财用于是乎出；犹其有原隰衍沃也，衣食于是乎生。"(《国语·周语上》)这种在信息时代看起来是那样平常凡庸琐碎缺乏悬念刺激的农作生活，刚刚从迁徙无定境遇中安定下来的周人却活得有滋有味。《周颂·载芟》《周颂·良耜》等诗歌描画的，就是这种经过美化的农耕部族集体社会生活的形象写照。

> 载芟载柞，其耕泽泽。千耦其耘，徂隰徂畛。侯主侯伯，侯亚侯旅，侯强侯以，有嗿其馌。思媚其妇，有依其士。有略其耜，俶载南亩。播厥百谷，实函斯活。驿驿其达，有厌其杰。厌厌其苗，绵绵其麃。载获济济，有实其积，万亿及秭。……(《周颂·载芟》)
>
> 畟畟良耜，俶载南亩。播厥百谷，实函斯活。或来瞻女，载筐及筥，其饟伊黍。其笠伊纠，其镈斯赵，以薅荼蓼。荼蓼朽止，黍稷茂止。获之挃挃，积之栗栗。其崇如墉，其比如栉，以开百室。百室盈止，妇子宁止。……(《周颂·良耜》)

西周王族的宗庙乐歌，歌颂王族自己的日常生活，自然难免溢美之言。处于社会底层的农夫"劳者歌其事"，诉说咏叹常年农田劳动甘苦的十五国风,内容当更接近西周社会思想状况的历史真实。因此,那首描述农夫一年到头劳作生活的《豳风·七月》虽长,仍须全诗照录:

七月流火,九月授衣。一之日觱发,二之日栗烈。无衣无褐,何以卒岁?三之日于耜,四之日举趾。同我妇子,馌彼南亩,田畯至喜。

七月流火,九月授衣。春日载阳,有鸣仓庚。女执懿筐,遵彼微行,爰求柔桑。春日迟迟,采蘩祁祁。女心伤悲,殆及公子同归。

七月流火,八月萑苇。蚕月条桑,取彼斧斨,以伐远扬,猗彼女桑。七月鸣鵙,八月载绩。载玄载黄,我朱孔阳,为公子裳。

四月秀葽,五月鸣蜩。八月其获,十月陨萚。一之日于貉,取彼狐狸,为公子裘。二之日其同,载缵武功。言私其豵,献豜于公。

五月斯螽动股,六月莎鸡振羽。七月在野,八月在宇,九月在户,十月蟋蟀,入我床下。穹室熏鼠,塞向墐户。嗟我妇子,曰为改岁,入此室处。

六月食郁及薁,七月亨葵及菽。八月剥枣,十月获稻。为此春酒,以介眉寿。七月食瓜,八月断壶,九月叔苴,采荼薪樗,食我农夫。

九月筑场圃,十月纳禾稼。黍稷重穋,禾麻菽麦。嗟我农夫,我稼既同,上入执宫功。昼尔于茅,宵尔索绹,亟其乘屋,其始播百谷。

二之日凿冰冲冲,三之日纳于凌阴。四之日其蚤，献羔祭韭。九月肃霜，十月涤场。朋酒斯飨，曰杀羔羊，跻彼公堂。称彼兕觥：万寿无疆！

春播夏耘秋收冬藏，披星戴月风霜雨雪，犹如一部荡气回肠哀感顽艳的社会生活乐章，同时又是一种有韵律节奏可以感知的乐章式社会生活，从贵族领主到农夫妇孺，苦在其中，乐也在其中，这就是周人创立的农耕民族审美理想中男耕女织的社会思想文化风俗习惯，亦即农业乌托邦理想化社会习俗之美。后来漫长的中国封建社会，就在这日更月替周而复始的心理历程中起步，并且沉迷其中，听任时光流逝，形成中国人长达两千年的超稳定结构的社会心理，演化成中华民族特有的思想文化风俗习惯。一部《诗》三百，记录的首先就是这农业社会上上下下方方面面的喜怒哀乐，虽然其间不乏讥讽与反抗之音，但其占主导地位的主旋律，还是这上至领主下至农夫沉浸其中乐此不疲的风俗情调。所以孔子论《诗》三百，赞美"诗可以兴，可以观，可以群，可以怨"（《论语·阳货》），乃至用不容辩驳的肯定语气指出："诗三百，一言以蔽之，曰：'思无邪'"（《论语·为政》）。

与本书前述殷朝妇女在殷人心目中的优越地位相比，周朝妇女在时代社会审美心理结构中的位置，正在悄悄发生变化。作为农耕部族的生活乐章，《诗》三百忠实地记录了妇女在农业文明社会中地位消长的轨迹。在农业社会肇始之初，母系氏族时期的社会心态并未立即消退。无论日常生活，还是在农夫的理想中，女子，尤其是少女，仍占据着引人注目的位置，吸引着广大农夫的眼球。从《召南·采蘋》记叙民间那淳朴原始的祭祀仪式，可以看出女子在家族祭祀仪式上的中心地位:“于以采蘋?南涧之滨。于以采藻?于彼行潦。于以盛之?维筐及筥。于以湘之?维锜及釜。于以奠之?宗室牖下。谁其尸之?有齐季女。”无须百牛千羊的血腥奢侈,溪涧中采摘的蘋藻等水生植物即可充当供品,而从筹备到主持祭祀仪式的主导和整个家族祭祀活动的灵魂,就是家族中那虔诚清纯的少女。她们作为家族中的核心成员,不仅在祭祀仪式上担任着主持,而且在情感生活中也有着自己的主见,并没有一下子沦为男人的附属品。《诗》三百中既有《召南·摽有梅》那未婚女子大胆寻求爱情的歌唱:“摽有梅,其实七兮。求我庶士,迨其吉兮。摽有梅,其实三兮。求我庶士,迨其今兮。摽有梅,顷筐塈之。求我庶士,迨其谓之。”以成熟待摘的梅子自喻对青春的珍惜,呼唤纯真的爱情,毫不掩饰内心急切的渴望;又有《召南·野有死麇》那小伙子追求少女的优美描写:“野有死麇,白茅包之。有女怀春,吉士诱之。林有朴樕,野有死鹿。白茅纯束,有女如玉。舒而脱脱兮!无感我帨兮!无使龙也吠!”在小伙子白茅纯束、一步紧似一步的热烈追求下,如玉少女那步步为营半推半就、又说不给又想给的羞涩腼腆情态如画;还有《郑风·将仲子》那闺中少女拒绝之中暗含着许诺的巧妙说辞:“将仲子兮,无逾我里,无折我树杞。岂敢爱之?畏我父母。仲可怀也,父母之言,亦可畏也。将仲子兮,无逾我墙,无折我树桑。岂敢爱之?畏我诸兄。仲可怀也,诸兄之言,亦可畏也。将仲子兮,无逾我园,无折我树檀。岂敢爱之?畏人之多言。仲可怀也,人之多言,亦可畏也。”寻寻思思、反反复复的犹豫中,有着几多情深意切的暗示;更有《郑风·褰裳》那刁蛮少女打情骂俏的娇嗔:“子惠思我,褰裳涉溱。子不我思,岂无他人?

狂童之狂也且！子惠思我，褰裳涉洧。子不我思，岂无他士？狂童之狂也且！”对心上人嬉笑怒骂，爽快泼辣，待字闺中而对爱情前景充满自信。凡此种种，无不歌咏农业文明初兴时期青年男女相亲相恋的美好生活，表现出那一代女子独立自强、敢爱敢恨的时代品格。正是基于这种时代品格，《诗》三百中才既有男慕女、夫思妻的歌吟，又有女恋男、妻爱夫的咏叹，自然而然地交织成爱情生活乐章的普遍旋律。

在这些歌吟咏叹中，就已经含有农业文明社会日常生活中的审美化现象。例如，从氏族封建社会男子的角度出发，对于什么样的女子才算得上美，周人有着他们最初的审美标准。《卫风·硕人》前两章唱道：

硕人其颀，衣锦褧衣。齐侯之子，卫侯之妻。东宫之妹，邢侯之姨，谭公维私。

手如柔荑，肤如凝脂，领如蝤蛴，齿如瓠犀，螓首蛾眉。巧笑倩兮，美目盼兮……

硕，大也，先秦以硕大为美。在《诗》三百的时代，硕大颀长的体形一直是诗人赞美的对象，无论男女，皆如此。《卫风·硕人》第三章“硕人敖敖，说于农郊”、《陈风·泽陂》“有美一人，硕大且卷”、“有美一人，硕大且俨”、《唐风·椒聊》“彼其之子，硕大无朋”、“彼其之子，硕大且笃”，都是有力的证明。这是氏族社会阶段先民“羊大为美”审美观念萌芽的自然成长？还是“巨人迹”、“巨人之志”的合理发展？抑或周人潜意识中残留的“大男子”、“大女人”二者并行不悖观念的余波再现？这一审美观念的起源本身，就值得深入探究。总之，硕人，即身材高挑的美人。从这首诗歌，可以看出西周时人审美心态最初的出发点。明明是想赞美一个女子的形象秀美，却先要历数她的父亲、丈夫、兄长乃至姐夫，如何尊贵、显赫、有权有势；给人印象仿佛不是在赞美女子，而是在修宗族家谱。西周初年周公等人创立的以宗族血缘关系为纽带的宗法制，在此间起着决定性的作用。此乃典型的宗法封建制社会的审美心态。同样的审美心理，还见于《召南·何彼襛矣》："何彼襛矣？华如桃李。平王之孙，齐侯之子。"光彩照人的花容月貌，首先使人联想到她的家庭出身：宗法封建制社会重血亲，直接开启了后代重视家世门第的风气。汉乐府《陌上桑》等诗歌，即明显受这一审美观念影响。接下来的七句，方是农业文明社会中人审美标准的经典。不同于后代学人因地制宜，对地处亚洲的黄种人"金色皮肤"、"麦色皮肤"的推崇，更有别于后代革命家对日光沐浴下"巧克力豆色""健康色皮肤"的提倡，先秦人初始的审美标准，是以白为美。柔荑（初生白茅的嫩芽）、凝脂（凝结的油脂）、蝤蛴（昆虫天牛的幼虫）等精美绝伦的譬喻，都是在强调自古至今男子中心社会对于女子肤色的一个最为基本的审美观念：白。有了这个至关重要的基础，硕人的螓（额广而方正的小蝉）首、蛾（蚕蛾细长弯曲的触须）眉才有了依托，才能生发出后面的巧笑倩兮——嫣然一笑，摄人魂魄；美目盼兮——秋波一转，回眸一顾，倾城倾国。从《诗》三百的时代起，中国男子，尤其是诗人审美，说的都是他们自己心目中理想的女子的形象。审美主体将自己脑海中所有关于美的理想，全都投射到审美客体亦即女子的身上去，以主体的情感寄托，塑造出美的理想偶像。这一美的理想偶像，与主体身处现实社会见到的真实女子之间，应该说是有着一定的距离的。然而正是这距离，产生出浓厚的美感，令诗人徜徉其中，流连忘返。试看《郑风·出其东门》中美女虽众，无奈诗人之心另有所属："出其东门，有女如云。虽则如云，匪我思存。缟衣綦巾，聊乐我员。出其闉阇，有女如荼。虽则如荼，匪我思且。缟衣茹藘，聊可与娱。"盛装的如云众女笑语喧哗，抵不上诗人对缟衣綦巾的心上人的情思。而类似《邶风·静女》中那位在约会时害诗人久等不至，亦即始终见不到的少女，却恰恰是诗人心中的最爱："静女其姝，俟我于城隅。爱而不见，搔首踟蹰。静女其娈，贻我彤管。彤管有炜，说怿女美。自牧归荑，洵美且异。匪女之为美，美人之贻。"由于心上人久久不至，就连她所赠的彤管荑草都成为诗人寄托情感之物，《邶风·静女》中这位爱而不见、搔首踟蹰的小伙子，可以说是有《诗》三百以来中国男子的典型。由于审美主体与审美客体之间始终存在着一定的距离，所以诗人的歌吟往往流荡着那么一种迷离恍惚的模糊美，如《陈风·月出》："月出皎兮，佼人僚兮。舒窈纠兮，劳心悄兮。月出皓兮，佼人懰兮。舒忧受兮，劳心慅兮。月出照兮，佼人燎兮。舒夭绍兮，劳心惨兮。"越是看不清楚越是觉得美，中国民间所谓"月下看美人"的审美心理，盖源于此欤？《秦风·蒹葭》的歌吟与陈风咏唱的地域已有差异，但作歌者那愈远愈感到美的审美心理却有增无减："蒹葭苍苍，白露为霜。所谓伊人，在水一方。溯洄从之，道阻且长。溯游从之，宛在水中央。蒹葭凄凄，白露未晞。所谓伊人，在水之湄。溯洄从之，道阻且跻。溯游从之，宛在水中坻。蒹葭采采，白露未已。所谓伊人，在水之涘。溯洄从之，道阻且右。溯游从之，宛在水中沚。"苦苦的追寻没有结果，反倒更激发了诗人浓厚的情思。心上的人儿越是可望而不可即，就越是引动诗人无尽的美好遐想。与其他国风这种若即若离的审美感受相比，昔日商朝统治地区的《郑风》算得上是男女自由交往的典型，如《郑风·野有蔓草》："野有蔓草，零露漙兮。有美一人，清扬婉兮。邂逅相遇，适我愿兮。野有蔓草，零露瀼瀼。有美一人，婉如清扬。邂逅相遇，与子皆臧。"诗人在郊外原野的青草地上，与心上的美人邂逅相遇，一见钟情，两情相悦，爱情突然降临的幸福感受流溢于歌词内外。但在上述审美思维的影响下，即使是东方民族野性十足的《郑风》，即使美女近在眼前，男子仍然按照时代的审美观念，塑造着心中美人的秀美形象。如《郑风·有女同车》"有女同车，颜如舜华。将翱将翔，佩玉琼琚。彼美孟姜，洵美且都。有女同车，颜如舜英。将翱将翔，佩玉将将。彼美孟姜，德音不忘。"实际上诗人与美女已经同路而行，心心相印心灵相通。但诗人赞美的落脚点，却在对方的"德音"——品德之美。这一带有中华民族特色的重德超过重美、以内在美统一外在美的审美标准，在中国诗歌长河的源头就已经开始留下它的印记。

以《诗》三百中那些以青年男女恋爱婚姻为主题的诗歌而言，即不仅准确地道出了这一时代中人共同的审美心理基础，而且约略反映出他们对于恋爱婚姻的审美观念由自由多元逐步走向规范统一的心路历程。如本书前面所讲述，青年男女纵情狂欢的"桑林之舞"，乃《诗》三百的时代青年男女情爱的浪漫源泉。《鄘风·桑中》"爰采唐矣？沬之乡矣。云谁之思？美孟姜矣。期我乎桑中，要我乎上宫，送我乎淇之上矣。爰采麦矣？沬之北矣。云谁之思？美孟弋矣。期我乎桑中，要我乎上宫，送我乎淇之上矣。爰采葑矣？沬之东矣。云谁之思？美孟庸矣。期我乎桑中，要我乎上宫，送我乎淇之上矣。”桑林之中，月色之下，青年男女幽期密约、两相爱慕，吟唱出几多柔情缱绻的情思；《卫风·木瓜》“投我以木瓜，报之以琼琚。匪报也，永以为好也。投我以木桃，报之以琼瑶。匪报也，永以为好也。投我以木李，报之以琼玖。匪报也，永以为好也。”青年男女含情脉脉、投桃报李，演绎着几多卿卿我我的动人故事！但《诗》三百的采集编订者并未听任这自由浪漫的情思无限度地蔓延开来，而是经过巧妙的排序，将青年男女的情爱逐步归到“礼”的范畴。《周南·关雎》歌唱“参差荇菜，左右采之。窈窕淑女，琴瑟友之。参差荇菜，左右芼之，窈窕淑女，钟鼓乐之”，就体现出采集编订者这一主观上的意图。《诗》三百篇以《周南·关雎》开篇，虽未必是古人所说的赞美“后妃之德”，但无疑表现出周礼规约下的正统主流社会对婚姻和夫妻人伦的重视[①]。淑女优美动人的体态，固然使人心中油然而生爱慕之心，但诗中强调的，是明确指向婚姻的“有节制的欢乐”[②]，琴瑟钟鼓之乐，既是对新娘婚姻生活美满的祝福，也是在向亲朋好友宣告着一桩合法婚姻的正式开始。这种“有节制的欢乐”，可以说是具有周朝特色的美学思想或曰审美观念。《周南·桃夭》“桃之夭夭，灼灼其华。之子于归，宜其室家。桃之夭夭，有蕡其实。之子于归，宜其家室。桃之夭夭，其叶蓁蓁。之子于归，宜其家人。”新娘年轻娇媚的姿色令人神往，但人们更关心的还是她

① 李山《诗经的文化精神》，东方出版社 1997 年 6 月。
②《先秦诗鉴赏辞典》，5 页，骆玉明文。

给家庭带来的和睦、和谐、甜美。那枝繁叶茂果实累累的桃树，乃诗人对新娘婚后幸福生活的绝妙譬喻。在周朝这样一个多族相处共存、多种思想文化风俗习惯同时存在，人们的审美观念形态也自然而然地呈现出多元化发展趋势的时代，《诗》三百最初的采集编订者们确乎下了一番苦心。试看《诗》三百中那些以爱情为主题（恐还不止于这一主题）的诗歌，诗人往往有意无意、心照不宣地将男性置于中心位置。《邶风·匏有苦叶》："匏有苦叶，济有深涉。深则厉，浅则揭。有弥济盈，有鷕雉鸣。济盈不濡轨，雉鸣求其牡。雝雝鸣雁，旭日始旦。士如归妻，迨冰未泮。招招舟子，人涉印否。人涉印否，印须我友。"少女在河边等待她的心上人，心上人的到来与否，成为她喜与愁的关键：心上人未至，因而生发出种种痛苦；一旦心上人到来，一天云雾尽皆散去。《鄘风·柏舟》："泛彼柏舟，在彼中河。髧彼两髦，实维我仪。之死矢靡它。母也天只，不谅人只！泛彼柏舟，在彼河侧。髧彼两髦，实维我特。之死矢靡慝。母也天只，不谅人只！"炽热的情感灼人心脾，后代北朝乐府民歌中"阿婆许嫁女，今年无消息"（《横吹曲辞·梁鼓角横吹曲·折杨柳枝歌四曲其四》）"老女不嫁，蹋地唤天"（《地驱乐歌四曲其二》）的呼喊，盖源于此欤？而少女誓死维护的，正是与那个特定的少年的爱情。那个没有出场的少年梦中情人，成为诗中争执的焦点。男女情感当然不仅见于这一首诗，《诗》三百中那些思妇、怨妇、弃妇诗，其所思、所爱、所怨、所恨，莫不是以一个特定的男子——她的丈夫为指向。《诗》三百歌咏忠贞的爱情，在所描写的情节场景由相见逐渐演化到欲见而尚未见面的过程中，由昔日赤裸裸地歌咏两相爱慕烈火干柴如胶似漆的性爱，向咏叹一往情深缠绵悱恻的爱情演进，复由咏叹两性之间自然而生的爱情，向歌颂周朝百姓必须遵守的人为制定的周礼靠拢。严格地讲，这已经逐步超脱远离了原始野性情爱的窠臼，而渐渐归于农业文明社会夫权统治下的家庭伦理统治范围之内了。

农业文明社会生活自然不仅仅限于农耕本身和男女情爱，诸凡周人衣食住行等社会生活的方方面面，莫不是诗人所歌唱的内容。本节由于题目的规定，重点考察其中与音乐舞蹈相关的内容。先看《小雅·鹿鸣》：

> 呦呦鹿鸣，食野之苹。我有嘉宾，鼓瑟吹笙。吹笙鼓簧，承筐是将。人之好我，示我周行。
>
> 呦呦鹿鸣，食野之蒿。我有嘉宾，德音孔昭。视民不恌，君子是则是效。我有旨酒，嘉宾式燕以敖。
>
> 呦呦鹿鸣，食野之芩。我有嘉宾，鼓瑟鼓琴。鼓瑟鼓琴，和乐且湛。我有旨酒，以燕乐嘉宾之心。

《礼记·乡饮酒义》记录了当时乡饮酒的礼节仪式："工入，升歌三终，主人献之。"孔颖达疏："谓升堂歌《鹿鸣》《四牡》《皇皇者华》，每一篇而一终也。"（《礼记正义》①）在一望无际的原野上，一群麋鹿悠闲地吃着青青的嫩草，不时发出呦呦的鸣叫，此起彼伏，和谐悦耳，就是这笙簧琴瑟众乐合奏创造出来的音乐形象。吹笙鼓簧琴瑟和鸣，不仅为酒席上的推杯换盏助兴，同时也是在为宴会上的觥筹交错规定着节

① 《十三经注疏》影印本，下，1684 页。

奏,从而营造出贤主嘉宾济济一堂的和乐氛围。从《诗》三百中其他有关饮酒的诗篇反映出的情形来看,《诗》三百的采集编订者的这一出发点也是十分重要的。西周吸取殷商统治者酗酒无度、最终导致亡国的历史教训,周初曾发布禁酒令:“(商纣)弗惟得馨香祀,登闻于天,诞惟民怨,庶群自酒,腥闻在上,故天降丧于殷。”“汝典听朕毖,勿辩乃司民湎于酒。”(《尚书·周书·酒诰》)酗酒可以导致亡国,这一历史的教训是深刻的。所以周人即使饮酒,也要按照规定的仪式进行,以防止有人沉湎其中,无力自拔。这并非无谓的担心。且看《小雅·宾之初筵》:“宾之初筵,左右秩秩。笾豆有楚,肴核维旅。”“宾之初筵,温温其恭。其未醉止,威仪反反。”宴会开始前,赴会者本来还蛮清醒的,衣冠楚楚、整整齐齐地落位而坐;一旦酒酣耳热,兴会淋漓,激情洋溢,酒席宴会上的局面就全然不同了:“曰既醉止,威仪幡幡。舍其坐迁,屡舞仙仙。其未醉止,威仪抑抑。曰既醉止,威仪怭怭。是曰既醉,不知其秩。宾既醉止,载号载呶。乱我笾豆,屡舞僛僛。是曰既醉,不知其邮。侧弁之俄,屡舞傞傞。”酒过三巡之后,方才还温和、恭谨、庄重如仪的客人们脸红耳热,呶呶吵嚷,舞步踉跄,乃至衣冠不整,原形毕露,丑态百出,将酒席搅扰得杯盘狼藉,笾豆凌乱,形成很不雅观的场面。对于如何约束客人酒后的失态,《仪礼》中的“乡饮酒礼”,《礼记》中的“乡饮酒义”,都记载了周朝在这方面的详细规定。周朝酒席上设立专人任“酒监”、“酒史”,警醒客人遵守赴会饮酒的“游戏规则”,不要在酒后失仪:“既醉而出,并受其福。醉而不出,是谓伐德。饮酒孔嘉,维其令仪。凡此饮酒,或醉或否。既立之监,或佐之史。”既要饮酒尽兴,又要遵守礼仪,周人之“有节制的欢乐”,已经成为一种带有时代印记的风俗习惯。这种场合上的音乐舞蹈,起到的就是引导赴会的客人进入酒会氛围,同时又不致沉溺其中不能自拔的作用。“钟鼓既设,举酬逸逸”“籥舞笙鼓,乐既和奏”,和谐柔婉的音乐曲调,营造着欢快和乐的酒会氛围,与“呦呦鹿鸣,食野之苹”的音乐形象,有着异曲同工的妙用。

黑格尔在《美学》中,这样论述荷兰十七世纪风俗画:“荷兰画家的艺术表现的内容是从他们本身,从他们的当前现实生活中选择来的。”“正是这种在无论大事小事上,无论在国内还是在海外所表现的市民精神和进取心,这种谨慎的清洁的繁荣生活,这种凭仗自己的活动而获得一切的快慰和傲慢,组成了荷兰画的一般内容。”“画的人物无论是在酒馆里,在结婚跳舞的场合里,还是在宴饮的场合里,都是欢天喜地的,纵然在争吵和殴斗的场合也还是如此,太太小姐们也参加在这里面,每一个人都表现出自由欢乐的感觉。这种合理的快慰所表现的心灵的明朗甚至在动物画里也可以见到,它们也见出饱满快乐的心情——正是这种新唤醒的心灵的自由活泼被画家掌握住和描绘出来了,荷兰画的崇高精神也就在此。”①以反映周朝农业社会生活为主旋律的《诗》三百的情形,即与此类似。要而言之,《诗》三百中既有《大雅·生民》、《鲁颂·閟宫》、《大雅·公刘》、《大雅·绵》那样鼓舞男子汉意气风发的气魄宏伟的史诗性交响乐,又有《卫风·硕人》、《邶风·静女》、《陈风·月出》、《秦风·蒹葭》、《郑风·野有蔓草》那样诱惑少女春心萌动的情调缠绵的小夜曲,但那流

① 黑格尔《美学》第一卷,朱光潜译。商务印书馆 1979 年版,216、217 页。

荡于三百篇中弥久不散的主导性的旋律,却大多不约而同地归于一致,共同指向农业社会赖以生存发展壮大的社会心理基础:“和”。从《周南·关雎》对窈窕淑女的欣赏,到《秦风·无衣》对同仇敌忾的赞颂,这之间虽不乏类似《邶风·新台》《魏风·伐檀》《魏风·硕鼠》那些对贵族领主的讥刺和怨愤之声,但从总体的角度考察,讴歌和谐的人际关系,赞美和睦的社会生活,营造和煦的心理氛围,追求和美的审美意境,既是《诗》三百篇的主体风格,同时也是周朝上下心向往之的时代主旋律。周公等人建立的以宗族血缘关系为纽带的宗法制社会,以及与此相适应的舒缓和煦的社会审美氛围和思想文化风俗习惯,已经潜移默化地在周朝的意识形态领域扎下根来,成为周朝尤其是西周人从事艺术创造和审美欣赏时不期而然的基本形态。

三、沧海横流的交响合奏

周公等人建立的超稳定社会结构,并没有如创始人期望的那样维持久远。传到周厉王时代,就由于暴政引起国人暴动。虽然周宣王时期一度有过“中兴”气象,但昏聩的周幽王戏弄诸侯的烽火,终于招致了西周的灭亡。平王东迁后,东周王室衰微,诸侯争霸,一个沧海横流的动荡年代开始了。

这一动荡年代的显著标志,就是整个时代对周王室权威地位的共识发生了根本性的改变。郑武公、郑庄公父子两代人曾是支持东周天子的主要诸侯,“(周平)王贰于虢,郑伯怨王,王曰:‘无之’。故周、郑交质。王子狐为质于郑,郑公子忽为质于周。王崩,周人将畀虢公政。四月,郑祭足帅师取温之麦。秋,又取成周之禾。周、郑交恶。”(《左传·隐公三年》)作为一方诸侯的郑伯,不仅与周天子平等交换人质,而且公然抢收王畿内的禾麦,明显不把周天子放在眼里,说明东周天子已不能够再像昔日西周鼎盛时代那样令行禁止、一呼百应,实际上已蜕变成为仅仅是名义上的“天下共主”。而周天子却不能在诸侯面前再摆西周制定的那套“天子威仪”,否则得罪了支持者即诸侯,后果不堪设想。“郑伯如周,始朝桓王也。王不礼焉。周桓公言于王曰:‘我周之东迁,晋、郑焉依。善郑以劝来者,犹惧不蔇,况不礼焉?郑不来矣!’”(《左传·隐公六年》)不来朝见还是轻的,后来周、郑果然在战场上刀兵相见,“王夺郑伯政,郑伯不朝。秋,王以诸侯伐郑,郑伯御之。”“王卒乱,郑师合以攻之,王卒大败。祝聃射王中肩”(《左传·桓公五年》),“二十年春,郑伯和王室,不克。执燕仲父。夏,郑伯遂以王归。王出于栎。秋,王及郑伯入于邬。遂入成周,取其宝器而还。”(《左传·庄公二十年》)周天子竟然被郑伯手下将领射中肩膀,可见王室威信已经一落千丈。更有甚者,周天子竟被郑伯随意带回,形同俘虏。就连象征天子权力地位的宝器都被郑伯掠走,周王室权威至此扫地以尽。王室衰微,许多诸侯已不再前来朝见听命,“宋公不王”(《左传·隐公九年》),“蔡人、卫人、郕人不会王命”,周天子还得依靠郑伯去会合诸侯,“以王命讨不庭”(《左传·隐公十年》),此时的周天子,已沦落成为列强“挟天子以令诸侯”的工具。不仅周天子的政治地位岌岌可危,作威作福的诸侯们的命运也朝不保夕。“春秋之中,弑君三十六,亡国五十二,诸侯奔走不得保其社稷者,不可胜数。察其所以,皆失其本已”(《史记·太史公自序》),连统治者们自己也感到失去自我，整个社会普遍对时代前景感到迷茫，直接促成了各种思想学术的产生和波动。

春秋政治体制的巨变，影响到整个社会思想文化的改变，使得诸侯以下的众多臣子，得以与闻昔日仅供天子御用的乐舞艺术。“召伯盈逐王子朝，王子朝及召氏之族、毛伯得、尹氏固、南宫嚚奉周之典籍以奔楚”（《左传·昭公二十六年》）。东周王室典籍迁徙至楚，直接促进了楚文化的繁荣，周王朝作为文化中心的地位已不复存在。不仅东周王室文化典籍迁移到诸侯国，就连礼仪之邦的鲁国乐师也分散到各地，“大师挚适齐，亚饭干适楚，三饭缭适蔡，四饭缺适秦，鼓方叔入于河，播鼗武入于汉，少师阳、击磬襄入于海。”（《论语·微子》）乐师四散，文化下移，刺激了各诸侯国艺术领域的逐渐繁荣。沧海横流的时代大动荡，冲决了周公等人制定的礼仪章法，使各国诸侯摆脱思想与行动上的种种拘束，由拱卫王室的朝廷屏障，演变成为所欲为的独立王国，成为历史舞台上观念巨变的突出表演者。“五年春，公将如棠观鱼者。臧僖伯谏……公曰：‘吾将略地焉。’遂往，陈鱼而观之。”（《左传·隐公五年》）鲁隐公准备到棠地观看捕鱼表演，臧僖伯劝阻他，但隐公还是以视察边境为借口去看了；“夏，公如齐观社，非礼也。曹刿谏”（《左传·庄公二十三年》），鲁庄公要到齐国观摩社神祭祀乐舞，曹刿劝阻，但庄公依然成行；“孔子谓季氏：‘八佾舞于庭，是可忍也，孰不可忍也？’”季氏不过是鲁国的大夫，竟敢公然在自家庭院里上演只有天子才能享用的八八六十四人的舞蹈，可谓僭越之至，引起孔子极大愤慨。凡此种种，倘若放在奉行周公之礼的西周，简直就是匪夷所思。但此时诸侯、大夫们不仅我行我素，而且对僭越礼乐心向往之:“新筑人仲叔于奚救孙桓子,桓子是以免。既,卫人赏之以邑,辞。请曲县、繁缨以朝,许之。”(《左传·成公二年》)使用三面悬挂的乐器,用繁缨装饰的马匹朝见,这是周朝诸侯才能享用的礼乐待遇规格,于奚提出这个非分的请求,卫侯竟然答应了,引得孔子感慨不已。“礼崩乐坏”的时代发展大趋势,使社会审美心理发生了根本性的变化,不仅周公等人制定的礼仪典章被诸侯们颠而倒之地各取所需,就连人们对美的态度也与西周大不相同:“宋华父督见孔父之妻于路,目逆而送之,曰:‘美而艳。’”(《左传·桓公元年》)“二年春,宋督攻孔氏,杀孔父而取其妻。公怒,督惧,遂弑殇公。”(《左传·桓公二年》)“初,卫宣公烝于夷姜,生急子,属诸右公子。为之娶于齐,而美,公取之。”(《左传·桓公十六年》)见美而垂涎,急于据为己有,全然不顾其已为他人妻、亲子媳,荒淫无耻,莫此为甚。昔日循规蹈矩的谦谦君子,此时已不再是世人效法的楷模;外观美好的事物刺激了人们昔日只能隐藏在心底的原始欲望,公然的掠夺和占有成为司空见惯的事情。

各国诸侯抛弃礼法的任意妄为,激发出春秋时代有识之士强烈的反抗情绪,针对黑暗现实的不平之鸣,成为那个风雨飘摇的多事之秋中率先奏响的黄钟大吕。“仲尼闻之曰:‘惜也,不如多与之邑。唯器与名,不可以假人,君之所司也。……若以假人,与人政也。政亡,则国家从之,弗可止也已。’”(《左传·成公二年》)对于卫人的颟顸行为,孔子连声慨叹,因为倘若大夫也可以使用三面悬挂乐器、用繁缨装饰的马匹朝见这些周朝诸侯享用的待遇规格,在时代审美价值趋向上,无疑是对周公制礼作乐时规定的典章制度的一个否定。孔子的担忧并非无据：春秋诸侯遵守周礼意识淡薄，不仅以器与名随意假人，而且本身就是窃名僭器的始作俑者，甚至胆大妄为到僭称爵位的地步：郑伯僭称公，楚子僭称王……周公制定的礼仪章法，早已被诸侯抛到九霄云外。面对诸侯的恣意纵欲、胡作非为，有识之士奋起谏诤，慷慨陈词。对于鲁隐公观鱼于棠，“臧僖伯谏曰：‘凡物不足以讲大事，其材不足以备器用，则君不举焉。君，将纳民于轨物者也。故讲事以度轨量谓之轨，取材以章物采谓之物，不轨不物，谓之乱政。……若夫山林川泽之实，器用之资，皂隶之事，官司之守，非君所及也。”（《左传·隐公五年》）对于鲁庄公赴齐观社，“曹刿谏曰：‘不可。夫礼，所以整民也。故会以训上下之则，制财用之节；朝以正班爵之义，帅长幼之序；征伐以讨其不然。诸侯有王，王有巡守，以大习之。非是，君不举矣。君举必书，书而不法，后嗣何观？’”（《左传·庄公二十三年》）需要指出，臧、曹二人制止鲁隐公、鲁庄公的非礼行为，绝不仅仅是两位志同道合者不约而同的个人行为，而是代表了春秋时代有识之士共同的审美观念。他们首先强调的，是诸侯庶民各有职守，非礼之举不可行；而着意倡导的，则是西周鼎盛时期奉行的周公之礼：

> 子大叔见赵简子，……简子曰：“敢问何谓礼？”对曰：“吉也闻诸先大夫子产曰：‘夫礼，天之经也，地之义也，民之行也。’天地之经，而民实则之。则天之明，因地之性，生其六气，用其五行。气为五味，发为五色，章为五声，淫则昏乱，民失其性，是故为礼以奉之。……民有好、恶、喜、怒、哀、乐，生于六气。

是故审则宜类，以制六志。哀有哭泣，乐有歌舞，喜有施舍，怒有战斗。喜生于好，怒生于恶。是故审行信令，祸福赏罚，以制死生。生，好物也；死，恶物也；好物，乐也；恶物，哀也。哀乐不失，乃能协于天地之性，是以长久。"简子曰："甚哉，礼之大也！"对曰："礼，上下之纪，天地之经纬也，民之所以生也，是以先王尚之。故人之能自曲直以赴礼者，谓之成人。大，不亦宜乎？"（《左传·昭公二十五年》）

据杜预注，六气，即"阴、阳、风、雨、晦、明"；五行，即"金、木、水、火、土"；五味，即"酸、咸、辛、苦、甘"；五色，即"青、黄、赤、白、黑"；五声，即"宫、商、角、徵、羽"；而"审则宜类，以制六志"，即"为礼以制好、恶、喜、怒、哀、乐六志，使不过节"。至于"成人"，孔颖达疏引刘炫云："礼有宜曲宜直，不可信情而行。故人之能自曲直以赴于礼者，谓之为成人。不能赴礼，则不成为人。谓之为大，不亦宜乎？"（《春秋左传正义》[1]）将礼的重要性提到经天纬地的高度，说明春秋时代即已出现"天人合一"思想的萌芽；而将一个人能否赴礼与其是否成其为人相提并论，则表现了那一代有识之士于逆境之中，仍着意建立美学规范的原则立场。

先秦典籍中，这类在动荡年代仍坚持建设并着意维护美学规范的言论不绝于书：

郑人赂晋侯以……歌钟二肆，及其镈磬，女乐二

①《春秋左传正义》，〔晋〕杜预注，〔唐〕孔颖达等正义，《十三经注疏》影印本，下，2107、2108 页。

八。晋侯以乐之半赐魏绛……(魏绛)辞曰:"……夫乐以安德,义以处之,礼以行之,信以守之,仁以厉之,而后可以殿邦国,同福禄,来远人,所谓乐也。……"(《左传·襄公十一年》)

二十三年,王将铸无射,而为之大林。单穆公曰:"不可。……钟不过以动声,若无射有林,耳弗及也。夫钟声以为耳也,耳所不及,非钟声也。……耳之察和也,在清浊之间;其察清浊也,不过一人之所胜。是故先王之制钟也,大不出钧,重不过石。律度量衡于是乎生,小大器用于是乎出,故圣人慎之。今王作钟也,听之弗及,比之不度,钟声不可以知和,制度不可以出节,无益于乐,而鲜民财,将焉用之!夫乐不过以听耳,而美不过以观目。若听乐而震,观美而眩,患莫甚焉。夫耳目,心之枢机也,故必听和而视正。听和则聪,视正则明。"(《国语·周语下》)

灵王为章华之台,与伍举升焉,曰:"台美夫!"对曰:"臣闻国君服宠以为美,安民以为乐,听德以为聪,致远以为明。不闻其以土木之崇高、彤镂为美,而以金石匏竹之昌大、嚣庶为乐;不闻其以观大、视侈、淫色以为明,而以察清浊为聪。……夫美也者,上下、内外、小大、远近,皆无害焉,故曰美。若于目观则美,缩于财用则匮,是聚民利以自封而瘠民也,胡美之焉?……若君谓此台美而为之正,楚其殆矣!"(《国语·楚语上》)

从音乐到建筑,从审美观感到政治需要,从主观世界到客观世界，春秋时人审美思维的触角正在全方位展开。康德说过："一个人的美（并且在这个种类中一个男人或女人或孩子的美），一匹马的美，一座建筑（教堂、宫殿、博物馆或花园小屋）的美，都是以一个目的概念为前提的，这概念规定着此物应当是什么，因而规定着它的一个完善性概念，所以这只是固着之美。""人们可以把许多在直观中直接令人喜欢的东西装到一座建筑物上去，只要那不是要做一座教堂；人们也可以像新西兰人用文身所做的那样，以各种各样的花饰和轻松而有规则的线条来美化一个形象，只要那形象不是一个人；而一个人本来也可以具有更精致得多的面部容貌和更迷人、更柔和的脸形轮廓，只要他不是想表现一个男子汉，乃至于表现一个战士。"①春秋时代有识之士坚持的美学思想，在观念形态上即与康德所说的"固着之美"相类似。魏绛对于音乐作用的阐述，还仅仅是一个原则立场的出发点，晋侯听后坚持要犒赏他，"公曰：'……夫赏，国之典也，藏在盟府，不可废也，子其受之！'魏绛于是乎始有金石之乐"（《左传·襄公十一年》），即这一点的证明；单穆公等人对于钟声的评论，则已经在探求音乐的本原。周朝特色之"有节制的欢乐"，已扩展渗透到音乐领域；音乐作为听觉艺术的特征，正成为一代有识之士求索的对象。而伍举对于章华之台的评析，更将主要建筑物的审美与诸侯国的国计民生联系到一起，乃至上升到国家安危的理论高度。就连先民"羊大为美"的传统审美观念，也开始受到前所未有的质疑。这里表现出的美学现

① 康德《判断力批判》，邓晓芒译，杨祖陶校，人民出版社 2002 年 5 月，66 页。

象颇为耐人寻味。表面上看来，音乐建筑之美的追求者似乎是直接享用它的各国诸侯，其实若深入一层来考察，春秋时代实际上的统治者诸侯狂热追求声色之好的纵欲求美态度，反而是对美的破坏与亵渎。只有那坚持以“有节制的欢乐”的审美规则，约束克制诸侯的声色之好的有识之士，方是在沧海横流的动荡时代中，力图还美以本来面目的中流砥柱。

从坚持美学规则，到开始探索美学内在规律，这是春秋时期有识之士对于中国美学思想史的一大贡献。仍以围绕无射大钟的争论为例：

二十一年春，天王将铸无射，泠州鸠曰：“王其以心疾死乎？夫乐，天子之职也。夫音，乐之舆也。而钟，音之器也。天子省风以作乐，器以钟之，舆以行之。小者不窕，大者不槬，则和于物，物和则嘉成。故和声入于耳而藏于心，心亿则乐。窕则不咸，槬则不容，心是以感，感实生疾。今钟槬矣，王心弗堪，其能久乎？”(《左传·昭公二十一年》)

王弗听，问之伶州鸠。对曰：“臣之守官弗及也。臣闻之，琴瑟尚宫，钟尚羽，石尚角，匏竹利制，大不逾宫，细不过羽。夫宫，音之主也。第以及羽，圣人保乐而爱财，财以备器，乐以殖财。故乐器重者从细，轻者从大。是以金尚羽，石尚角，瓦丝尚宫，匏竹尚议，革木一声。

“夫政象乐，乐从和，和从平。声以和乐，律以平声。金石以动之，丝竹以行之，诗以道之，歌以咏之，匏以宣之，瓦以赞之，革木以节之。物得其常曰乐极，极之所集曰声，声应相保曰和，细大不逾曰平。如是，而铸之金，磨之石，系之丝木，越之匏竹，节之鼓，而行之以遂八风。于是乎气无滞阴，亦无散阳，阴阳序次，风雨时至，嘉声繁祉，人民和利，物备而乐成，上下不罢，胡曰乐正。今细过其主妨于正，用物过度妨于财，正害财匮妨于乐。细抑大陵，不容于耳，非和也。听声越远，非平也。妨正匮财，声不和平，非宗官之所司也。

"夫有和平之声，则有蕃殖之财。于是乎道之以中德，咏之以中音，德音不愆，以和神人，神是以宁，民是以听。若夫匮财用，罢民力，以逞淫心，听之不和，比之不度，无益于教，而离民怒神，非臣之所闻也。"

王不听，卒铸大钟。二十四年，钟成，伶人告和。王谓伶州鸠曰："钟果和矣。"对曰："未可知也。"王曰："何故？"对曰："上作器，民备乐之，则为和。今财亡民罢，莫不怨恨，臣不知其和也。……"（《国语·周语下》）

"天子省风以作乐"，是周朝立国以来一以贯之的礼乐传统。西周时宣王不行籍田之礼，虢文公的劝谏之词中，就有"瞽帅音官以风土"（《国语·周语上》）的说法。韦昭注："以音律省土风，风气和，则土气养也。"在周人的美学观念中，天风地气之和煦舒畅，必然反映为音律上的和谐适中。"天人合一"思想的嫩芽，正在此间悄悄萌发。民间风气与自然界反映、农夫情绪与统治者心态、文化生活与身体健康、礼仪规矩与音乐旋律、个体感受与审美氛围，以及这数者之间的互动关系，成为周朝上下共同关注并参与其中的审美活动的核心内容。西周初年即已奉行的“采诗”传统，即与此密切相关。“每岁孟春，遒人以木铎徇于路，官师相规，工执艺事以谏”(《尚书·夏书·胤征》)，“孟春之月，群居者将散，行人振木铎徇于路以采诗，献之太师，比其音律，以闻于天子。”(《汉书·食货志》)行人敲着梆子采集来的诗歌，被用来在五音繁会八声和鸣的大雅之堂上吟诵歌唱。西周时召公谏厉王弭谤，就着重提到“天子听政，使公卿至于列士献诗，瞽献曲，史献书，师箴，瞍赋，矇诵”(《国语·周语上》)等周朝廷听政议事时的主要程序。《左传·襄公十四年》记师旷对晋侯问，也提到“瞽为诗，工诵箴谏”等史实。由于这时的公卿，列士、瞽、师、瞍、矇、工所献皆为可以吟诵歌唱的诗歌，其场面犹如今日文艺晚会上的配乐诗朗诵；则此间使用之宫商角徵羽之音，金石丝竹匏瓦革木之声，以及它们共同组成的音调旋律的和谐顺畅，就显得格外重要。“政象乐，乐从和，和从平”，春秋有识之士之所以特别强调乐音的“中声”、“和乐”、“平声”，究其原因，无他，因为它们所象征的，是整个乐曲演奏时大雅之堂的盛大场面乃至于普天下的“和平之声”。

从这一点出发，春秋时代的有识之士们还深入探讨了音乐旋律与诗歌内容、进而与社会生活的对应关系：

王将铸无射，问律于伶州鸠。对曰：“律所以立均出度也。古之神瞽，考中声而量之以制，度律均钟，百官轨仪，纪之以三，平之以六，成于十二，天之道也。夫六，中之色也，故名之曰黄钟，所以宣养六气、九德也。由是第之:二曰太蔟,所以金奏赞阳出滞也。三曰姑洗,所以修洁百物,考神纳宾也。四曰蕤宾,所以安靖神人,献酬交酢也。五曰夷则,所以咏歌九则,平民无贰也。六曰无射,所以宣布哲人之令德,示民轨仪也。为之六间,以扬沈伏,而黜散越也。元间大吕,助宣物也。二间夹钟,出四隙之细也。三间仲吕,宣中气也。四间林钟,和展百事,俾莫不任肃纯恪也。五间南吕,赞阳秀也。六间应钟,均利器用,俾应复也。

"律吕不易,无奸物也。细钧有钟无镈,昭其大也。大钧有镈无钟,甚大无镈,鸣其细也。大昭小鸣,和之道也。和平则久,久固则纯,纯明则终,终复则乐,所以成政也,故先王贵之。"

王曰:"七律者何?"对曰:"……凡人神以数合之,以声昭之。数合声和,然后可同也。故以七同其数,而以律和其声,于是乎有七律。……"(《国语·周语下》)

据韦昭注,这里所谓的"三",说的是"天、地、人也。古纪声合乐以舞天神、地祇、人鬼,故能人神以和";"六",说的是"平之以六律也。上章曰:律以平声";"十二",说的是"律吕也。六律:黄钟、大蔟、姑洗、蕤宾、夷则、无射也;六吕:林钟、仲吕、夹钟、大吕、应钟、南吕也";"九德"和"九则",说的是"九功之德,水、火、金、木、土、谷、正德、利用、厚生""九功之则";至于"六间",说的是"六吕在阳律之间"。如果说,音乐与自然界和社会生活之间是否存在伶州鸠论证的这种按图索骥式的相互对应关系,还可以留待古典音乐理论界的学者继续考证;那么,吴国公子季札赴鲁进行国事访问,观赏东道主为他举行的大型音乐舞蹈演出时,所发表的对于《诗三百》主要代表作品的评论,则已经明确指出文学艺术作品如《诗三百》的主题,亦即当众演奏时歌舞乐曲的主旋律,所反映出的春秋时代各诸侯国社会生活的气象:

> 吴公子札来聘……请观于周乐。使工为之歌《周南》《召南》,曰:"美哉!始基之矣,犹未也。然勤而不怨矣。"为之歌《邶》《鄘》《卫》,曰:"美哉!渊乎!忧而不困者也。吾闻卫康叔、武公之德如是,是其《卫风》乎?"为之歌《王》,曰:"美哉!思而不惧,其周之东乎?"为之歌《郑》,曰:"美哉!其细已甚,民弗堪也,是其先亡乎!"
>
> 为之歌《齐》,曰:"美哉!泱泱乎!大风也哉!表东海者,其大公乎!国未可量也。"为之歌《豳》,曰:"美哉!荡乎!乐而不淫,其周公之乐乎?"为之歌《秦》,曰:"此之谓夏声。夫能夏则大,大之至也,其周之旧乎?"为之歌《魏》,曰:"美哉!沨沨乎!大而婉,险而易行,以德辅此,则明主也。"为之歌《唐》,曰:"思深哉!其有陶唐氏之遗民乎?不然,何忧之远也?非令德之后,谁能若是?"
>
> 为之歌《陈》,曰:"国无主,其能久乎?"自《郐》以下无讥焉。为之歌《小雅》,曰:"美哉!思而不贰,怨而不言,其周德之衰乎?犹有先王之遗民焉。"为之歌《大雅》,曰:"广哉!熙熙乎!曲而有直

体，其文王之德乎？”为之歌《颂》，曰：“至矣哉！直而不倨，曲而不屈，迩而不逼，远而不携，迁而不淫，复而不厌，哀而不愁，乐而不荒，用而不匮，广而不宣，施而不费，取而不贪，处而不底，行而不流，五声和，八风平，节有度，守有序，盛德之所同也。”

见舞《象箾》《南籥》者，曰：“美哉！犹有憾。”见舞《大武》者，曰：“美哉！周之盛也，其若此乎！”见舞《韶濩》者，曰：“圣人之弘也，而犹有惭德，圣人之难也。”见舞《大夏》者，曰：“美哉！勤而不德，非禹其谁能修之？”见舞《韶箾》者，曰：“德至矣哉！大矣！如天之无不帱也，如地之无不载也，虽其盛德，其蔑以加于此矣。观止矣！若有他乐，吾不敢请已！”（《左传·襄公二十九年》）

从前述《尚书·虞书·舜典》中的“诗言志，歌永言，声依永，律和声”，到季札对《诗》三百代表作品的评论，有一条美学思想的脉络前后贯穿，那就是对于文学艺术诸如诗歌乐舞作品，与其反映出的时代社会生活气象之间的互动呼应关系的求索。审美方法上的宏观把握，审美态度上的兼容并包，共同构成了春秋时代有识之士那广袤辽阔的审美视野和气魄宏大的审美观照。“忧而不困”、“思而不惧”、“乐而不淫”等颇具古老辩证法意味的审美观点，上承《尚书·虞书·舜典》“直而温，宽而栗，刚而无虐，简而无傲”思想的余波，下开孔子“《关雎》乐而不淫，哀而不伤”（《论语·八佾》）观念的先河①,在先秦美学思想史中起到了继往开来、承前启后的承传作用。《尚书·虞书·舜典》推崇的"八音克谐,无相夺伦,神人以和",在时代上与季札大致同时而稍后的伶州鸠向往的"政象乐,乐从和,和从平"(《国语·周语下》),在季札论诗这里已得到体现。

季札如此推重《诗》三百,在春秋时代的美学思想潮流中并非偶然现象。依照春秋时代有识之士的审美观念,《诗》三百的美学意义可以说是包罗万象。孔子多次谆谆教导弟子,"小子何莫学夫诗？诗可以兴,可以观,可以群,可以怨;迩之事父,远之事君;多识于鸟兽草木之名。""女为《周南》、《召南》矣乎？人而不为《周南》、《召南》,其犹正墙面而立也与!"(《论语·阳货》)《诗》三百不仅首先成为春秋士人取之不尽的辞令华章的源泉,而且逐渐成长为他们必须具备的文化素质和进行审美判断时依据的思想准则。"不学诗,无以言也。"(《论语·季氏》)"诵《诗》三百,授之以政,不达;使于四方,不能专对;虽多,亦奚以为哉？"(《论语·子路》)赋诗言志,成为春秋士人时常进行的外交和审美活动。"晋范宣子来聘,且拜公之辱,告将用师于郑。公享之,宣子赋《摽有梅》。季武子曰:'谁敢哉!今譬于草木,寡君在君,君之臭味也。欢以承命,何时之有？'武子赋《角弓》。宾将出,武子赋《彤弓》。宣子曰:'城濮之役,我先君文公献功于衡雍,受彤弓于襄王,以为子孙藏。匄也,先君守官之嗣也,敢不承命？'君子以为知礼。"(《左传·襄公八年》)聘问双方都懂得如何

① 王运熙、顾易生主编《中国文学批评通史》壹,"先秦两汉卷",上海古籍出版社 1996 年 12 月,46－47 页。

巧妙地运用《诗》三百，来婉转地表达己方的意图，通过含蓄而富有韵味的诗意语言交流，来完成诸侯国之间的外交活动，就被评为“知礼”；反之，如果不懂《诗》，不懂得如何体察领会对方引用《诗》三百的深意，就会遭到世人的嘲笑。“齐庆封来聘，……叔孙与庆封食，不敬。为赋《相鼠》，亦不知也。”(《左传·襄公二十七年》)叔孙引用《诗·鄘风·相鼠》中“相鼠有皮，人而无仪；人而无仪，不死何为”的诗句，讥诮庆封不懂得外交礼仪。庆封仍然听不出叔孙引诗的用意，成为世人的笑柄。而最令春秋士人不能容忍的，是那明明了解《诗》三百中含义，却出于某种不可告人的目的，硬是装傻充愣、装作没听出来的别有用心之辈。“晋侯与诸侯宴于温，使诸大夫舞，曰：‘歌诗必类！’齐高厚之诗不类。荀偃怒，且曰：‘诸侯有异志矣！’使诸大夫盟高厚，高厚逃归。于是，叔孙豹、晋荀偃、宋向戌、卫宁殖、郑公孙虿、小邾之大夫盟曰：‘同讨不庭。’”(《左传·襄公十六年》)杜预注：“齐有二心故。”孔颖达疏：“歌古诗各从其恩好之义类。高厚所歌之诗独不取恩好之义类，故云齐有二心。”刘炫云：“歌诗不类，知有二心者，不服晋，故违其令。”可见诸大夫的表现并非小题大做。齐使高厚有二心，当即被察觉，说明当时对于如何运用《诗》三百来表达己方立场，诸侯国间有着约定俗成的共同法则。《诗》三百在春秋时代诸侯国的交往中，无疑充当着外交辞令大全的作用。

郑伯享赵孟于垂陇，子展、伯有、子西、子产、子大叔、二子石从。赵孟曰：“七子从君，以宠武也。请皆赋以卒君贶，武亦以观七子之志。”

> 子展赋《草虫》，赵孟曰："善哉！民之主也。抑武也不足以当之。"伯有赋《鹑之贲贲》，赵孟曰："床笫之言不逾阈，况在野乎？非使人之所得闻也。"子西赋《黍苗》之四章，赵孟曰："寡君在，武何能焉！"子产赋《隰桑》，赵孟曰："武请受其卒章。"子大叔赋《野有蔓草》，赵孟曰："吾子之惠也。"印段赋《蟋蟀》，赵孟曰："善哉！保家之主也，吾有望矣！"公孙段赋《桑扈》，赵孟曰："'匪交匪敖'，福将焉往？若保是言也，欲辞福禄，得乎？"卒享。（《左传·襄公二十七年》）

不难看出，赵孟对于七子所赋之《诗》，其实是区别对待，有选择地接受的。据杜预注，"《草虫》，《诗·召南》。曰：'未见君子，忧心忡忡。亦既见止，亦既觏止，我心则降。'以赵孟为君子。""《隰桑》，《诗·小雅》。义取思见君子，尽心以事之。曰：'既见君子，其乐如何？'""《野有蔓草》，《诗·郑风》。取其'邂逅相遇，适我愿兮'。"子展、子产、子大叔以赵孟为君子，赵孟欣然接受，且不忘谦恭回敬，"卒章曰：'心乎爱矣，遐不谓矣，中心藏之，何日忘之。'赵武欲子产之见规诲。""《黍苗》，《诗·小雅》。四章曰：'肃肃谢功，召伯营之。烈烈征师，召伯成之。'比赵孟于召伯。"子西比赵孟于召伯，其实已经逾越了周礼，所以赵孟当即推辞；"《蟋蟀》，《诗·唐风》。曰：'无以大康，职思其居；好乐无荒，良士瞿瞿。'言瞿瞿然顾礼仪。""《桑扈》，《诗·小雅》。义取君子有礼文，故能受天之佑。"印段、公孙段重申君子礼仪，赵孟对其予以嘉许，“此《桑扈》诗卒章，赵孟因以取义。”[1]“《鹑之贲贲》，《诗·鄘风》。卫人刺其君淫乱，鹑鹊之不若。义取‘人之无良，我以为兄，我以为君’也。”（《春秋左传正义》[2]）惟独对于伯有借赋诗所发的牢骚，赵孟婉言拒绝，表示自己不能与闻。这既是一次国事活动，同时也是一次审美活动，其间表现出来的审美价值评判标准，既有审美观念传承变化的思想线索可寻，又有当时国事的变化趋向为依托，与现实社会生活紧密联系。宴后赵孟对其审美评价作了诠释。“文子告叔向曰：‘伯有将为戮矣！诗以言志，志诬其上，而公怨之，以为宾荣，其能久乎？幸而后亡。’叔向曰：‘然。已侈！所谓不及五稔者，夫子之谓矣。’文子曰：‘其余皆数世之主也。子展其后亡者，在上不忘降。印氏其次也，乐而不荒。乐以安民，不淫以使之，后亡，不亦可乎？’”（《左传·襄公二十七年》）《诗》三百中的章句成为国事活动和人际交往的利器，但当年无名诗人创作《诗》三百的主旨和本来意义，却正在日益被人们忘却。“赋诗断章，余取所求焉。”（《左传·襄公二十八年》）春秋士人赋诗言志，虽然与西周以来社会生活乐章的普遍旋律未必吻合，但却与诗人作诗时源于生活、用于生活的创作主旨日趋接近。他们对于《诗》三百的审美理解，已经超出了诗人当年具体生活的局限，而扩展到整个时代与社会。从美学思想发展史的角度考察，这正是将《诗》三百当初刺美见事精神发扬光大的新的起点。

被春秋时代有识之士改造的不仅是《诗》三百。诸凡美

① 笔者按：《诗·小雅·桑扈》诗卒章为“彼交匪敖，万福来求。”此处系赵孟凭记忆引用。

②《十三经注疏》影印本，下，1997 页。

学领域的方方面面，都打上了那个时代的烙印。“齐庆封来聘，其车美。孟孙谓叔孙曰：‘庆季之车，不亦美乎？’叔孙曰：‘豹闻之：“服美不称，必以恶终。”美车何为？’”（《左传·襄公二十七年》）服饰包括车马，须与穿戴使用者的素质品格相称，否则必然没有好结果。内在美与外在美的统一，开始为士人关注。那些仅仅是外表秀美，却缺少内在文化底蕴支撑的人和物不再是士人追逐的对象。

> 阳处父如卫，反，过宁，舍于逆旅宁嬴氏。嬴谓其妻曰：“吾求君子久矣，今乃得之。”举而从之。阳子道与之语，及山而还。其妻曰：“子得所求而不从之，何其怀也？”曰：“吾见其貌而欲之，闻其言而恶之。夫貌，情之华也；言，貌之机也。身为情，成于中。言，身之文也。言文而发之，合而后行，离则有衅。今阳子其貌济，其言匮，非其实也。……今阳子之情譓矣，以济盖也，且刚而主能，不本而犯，怨之所聚也。吾惧未获其利而及其难，是故去之。”（《国语·晋语五》）

宁嬴氏对阳处父在态度上发生的前后变化，转折的关键在于阳处父其人的言貌不相称。“貌，情之华也；言，貌之机也。”韦昭注：“容貌者，情之华采；言语者，容貌之枢机。”而阳子看来恰恰是在运用辞令上有所欠缺。“若中不济，而外强之，其卒将复，中以外易矣。若内外类，而言反之，渎其信也。夫言以昭信，奉之如机，历时而发之，胡可渎也？”（《国语·晋语五》）《国语》上的另一条记载可为此事注脚。“伯宗朝，以喜归。其妻曰：'子貌有喜，何也？'曰：'吾言于朝，诸大夫皆谓我智似阳子。'对曰：'阳子华而不实，主言而无谋，是以难及其身。子何喜焉？'"(《国语·晋语五》)"华而不实"成为人的主要缺点，"以貌取人"的审美标准，在此间遭遇强劲挑战。作为春秋时代审美主体的有识之士，不仅要求作为其审美客体的对象须有美的外表，而且要求这些外表上符合审美要求的个体，须有与其外表相称的内在思想文化底蕴，包括在日常处世待人接物中表现出言语辞令上的"文"。孔子评价子产回答晋人问陈之罪的文辞时话说得清楚："仲尼曰：'《志》有之："言以足志，文以足言。"不言，谁知其志？言之无文，行而不远。晋为伯，郑入陈，非文辞不为功。慎辞哉！'"(《左传·襄公二十五年》)言语辞令承载着小以展示个人精神面貌风采、大以牵系国家政事成败的重任，士人对文辞的运用自然要谨慎从事，这既是孔子代表其时代归纳提出的一个审美评判标准，也是春秋那个风云变幻的时代通过孔子表现出的一个审美观念形态上的特色。

春秋时代有识之士审美观念形态的特色，还在于他们对美学领域各部门之间内在联系的融会贯通。就像评价人需要结合其个人外表、言语辞令、文化底蕴全面考察一样，春秋士人评论文学艺术，也须结合其社会生活、诸侯国政治以及表演和欣赏者个人情况全面掌握。如晋侯求医，秦太医和却对患者的业余文艺生活大加评论：

> 晋侯求医于秦。秦伯使医和视之，曰："疾不可为也。是谓'近女室，疾如蛊。非鬼非食，惑以丧志。良臣将死，天命不佑'。"公曰："女不可近乎？"

> 对曰："节之。先王之乐，所以节百事也，故有五节。迟速本末以相及，中声以降；五降之后，不容弹矣。于是有烦手淫声，慆堙心耳，乃忘平和，君子弗听也。物亦如之，至于烦，乃舍也已，无以生疾。君子之近琴瑟，以仪节也，非以慆心也。天有六气，降生五味，发为五色，征为五声，淫生六疾。……今君不节不时，能无及此乎？"（《左传·昭公元年》）

这段记载颇有意味。晋侯问的是女色，医和首先回答的却是音乐，表面看来似乎有些风马牛不相及，其实，恰恰是医和的这番关于音乐的论述，正切中春秋时代狂热追求声色之好的诸侯疾病的肯綮。节，是医和此番评论的第一要旨。杜预注"五节"为"五声之节"（《春秋左传正义》①）。这不光说的是欣赏音乐舞蹈要有节制，而且推论到君子接近音乐的宗旨，就是追求其仪式与节奏感。由天气到滋味再到颜色和音声的推论虽然难免简单化，但却开始触摸到艺术起源的本原。后世论文艺作品推崇"味"和"通感"，即与此气息相通。"有节制的欢乐"的审美规则，在这里再一次被强调，并且与诸侯至为关心的身体健康和人生寿命联系到一起，亦可见医和的一片苦心。同时代的晏婴回答齐王的一段话，可以与这段话参照来读：

> 晏子对曰："……先王之济五味，和五声也，以平其心，成其政也。声亦如味，一气，二体，三类，四

① 《十三经注疏》影印本，下，2024 页。

> 物，五声，六律，七音，八风，九歌，以相成也。清浊、小大、短长、疾徐、哀乐、刚柔、迟速、高下、出入、周疏，以相济也。君子听之，以平其心。心平，德和。故《诗》曰：‘德音不瑕。’”（《左传·昭公二十年》）

音乐的心声感应及社会效益作用，在此被春秋有识之士阐发。据杜预注，“一气”，是指音乐“须气以动”；“二体”是指“舞者有文、武”；“三类”，是指“风、雅、颂”；“四物”，是指“杂用四方之物以成器”；“七音”，是指“宫、商、角、徵、羽、变宫、变徵也”；“八风”，是指“八方之风”；“九歌”，是指“九功之德皆可歌也”（《春秋左传正义》①）。音乐舞蹈的美感与审美主体的审美感受之关系，小而至于影响到表演与欣赏乐舞者的心理、精神和身体健康，大而至于影响到诸侯国的社会心理氛围、庶民生活心态乃至两国交战时军队的士气。

> 晋人闻有楚师，师旷曰：“不害。吾骤歌北风，又歌南风。南风不竞，多死声。楚必无功。”董叔曰：“天道多在西北，南师不时，必无功。”叔向曰：“在其君之德也。”（《左传·襄公十八年》）
>
> 晋侯观于军府，见钟仪，问之曰：“南冠而絷者，谁也？”有司对曰：“郑人所献楚囚也。”使税之，召而吊之。再拜稽首。问其族，对曰：“泠人也。”公曰：“能乐乎？”对曰：“先父之职官也，敢有二事？”使与之琴，操南音。……

①《十三经注疏》影印本，下，2093、2094页。

公语范文子，文子曰："楚囚，君子也。言称先职，不背本也；乐操土风，不忘旧也。……"（《左传·成公九年》）

据杜预、孔颖达、服虔等人解释，"歌者吹律以咏八风，南风音微，故曰不竞也。师旷唯歌南、北风者，听晋、楚之强弱。""律吕虽有十二，其风有八……八方之风风别。先有音曲，总吹律吕，以咏八方音曲。今师旷以律吕歌南风音曲，南风音微，不与律声相应，故云不竞。""南风律气不至，故声多死。"（《春秋左传正义》[①]）音乐曲调音高的强弱，在春秋时代的音乐评论者这里，不仅能够反映出军队士气的涨落，而且昭示着社会审美心理氛围的大致趋向，或者叫做民心所向。孔颖达将叔向的话诠释为"孟子云：'天时不如地利，地利不如人和。'"（《春秋左传正义》[②]音乐的审美效果，在此间与"天道"、"君德"联系在一起，被提高到预兆象征部族盛衰兴亡的高度。然而正是由于此，楚国伶人钟仪被俘虏后，仍戴南冠、操南音，"乐操土风，不忘旧也"，就显得格外难能可贵。"楚囚缨其冠，传车送穷北。"（文天祥《正气歌》）宋代民族英雄文天祥兵败被捕身陷囹圄，仍不忘以春秋时代的军旅音乐家钟仪自况，将南冠楚囚列为天地之间的正气之一，赞美的就是这种天崩地裂其志不移的气骨风格。

美学观念的形成与演变是社会存在的反映。在春秋

① ②《十三经注疏》影印本，下，1966 页。

时代这场乾坤板荡的大变动中,直接的受益者虽然是诸侯,但是春秋有识之士创造了新时代的美学思想,为此后先秦美学思想潮流的勃兴和展开,奠定了坚实的思想基础。

第五篇 先秦美学思潮的勃兴

一、 道家隐逸美学的滥觞

春秋时代肇始的乾坤板荡,不只使周公等人苦心孤诣建立的社会秩序重又分崩离析,随之而来的还有时代思想潮流,其中也包括美学思潮的勃然兴起。一个被西方学者称为“轴心时代”的社会阶段①,从此正式开始。而最先感受到这一时代风潮气候变化的,却是那些被后代文人推崇效法的隐逸之士。

隐士作为一个社会角色在历史舞台上出现,最初大约是出于西周初年的遗民。如前所述,周武王灭商下车伊始,为了将商联盟主要氏族笼络在自己麾下,“乃褒封神农之后于焦,黄帝之后于祝,帝尧之后于蓟,帝舜之后于陈,大禹之后于杞。”(《史记·周本纪》)作为氏族社会部族首领的后裔,遗民对于周朝社会,有着较之常人更为深厚的感情。因此他们对于春秋时代社会秩序的崩溃,也有着较之常人更为深重的忧思。“杞国有人忧天崩地坠,身亡所寄,废寝食者。”(《列

---

① 卡尔·雅斯贝斯《智慧之路》,柯锦华等译本,中国国际广播出版社 1988 年,68－70 页。转引自葛兆光著《七世纪前中国的知识、思想与信仰世界——中国思想史第一卷》,复旦大学出版社 1998 年 4 月。

子·天瑞》)"杞人忧天"的典故,今人多用来形容并嘲笑没有根据的担心或不必要的忧虑,其实,此乃对先人的一种误解。须知杞人生活的春秋时代,正是一个天崩地裂、乾坤板荡的时代,杞人以一个先圣遗民对周朝社会的深厚感情,以及由此生发出的特殊的政治敏感,率先感受到了这一征兆,并为之忧心忡忡,这正是由于社会责任心强而导致的感觉敏锐,我们又有何理由嘲笑杞人?"白日不照吾精诚,杞国无事忧天倾。"(李白《梁甫吟》)"阴阳调燮何关汝,偏是书生易杞忧。"(赵翼《冬暖》)后代那些满腹经纶不得施展之士,每每以杞人自况,抒发其大厦将倾独木难支、有心报国无力回天的政治苦闷,可谓杞人的旷代知音。季札当年论《诗》三百至于"歌《唐》,曰:'思深哉!其有陶唐氏之遗民乎?不然,何忧之远也?非令德之后,谁能若是?'"(《左传·襄公二十九年》),也已经从诗歌美学风格与作者现实生活及政治立场之关系的角度指出了这一点。由于满腹忧思之不被世人所理解,遗民忧愁国事之忧思逐渐转化为山林独处的幽思,在野遗民随之演变成啸傲山林的隐士。《诗·卫风·考槃》歌唱的那位形象高大的"硕人",其实就是一位隐居山林、远离朝市喧嚣的遗民即隐士。"考槃在涧,硕人之宽。独寐寤言,永矢弗谖。""考槃在阿,硕人之薖。独寐寤歌,永矢弗过。""考槃在陆,硕人之轴。独寐寤宿,永矢弗告。"即使从这首诗中,我们仍然可以感觉到主人公并未完全脱离社会现实。"独寐寤言"、"独寐寤歌"、"独寐寤宿"的孤独寂寞,改变不了隐士不与世俗同流合污的高洁志向。隐士远离朝市,却并非不食人间烟火,也并未彻底超脱现实生活,他们仍有个体的追求,甚至比常人更为执著。"二十四年春,穆叔如晋。范宣子逆之,问焉,曰:‘古人有言曰:“死而不朽”,何谓也?’……穆叔曰:‘……鲁有先大夫曰臧文仲,既没,其言立。其是之谓乎!豹闻之,大上有立德,其次有立功,其次有立言,虽久不废,此之谓不朽。’”(《左传·襄公二十四年》)身虽在野,仍然时时关心时代发展大趋势,并不忘追求立言传世,这是隐士作为一种独立的社会存在,其自身具有的审美价值所在。

先秦典籍中随处可见关于隐士形象的记载。“子曰:‘贤者避世,其次避地,其次避色,其次避言。’子曰:‘作者七人矣。’”(《论语·宪问》)据刘宝楠解释,“此章言自古隐逸贤者之行也”。“避世”即“谓天地闭则贤人隐,高蹈尘外,枕流漱石,天子诸侯莫得而臣也”;“避地”即“未能高栖绝世,但择地而处,去乱国,适治邦者也”;“避色”即“不能豫择治乱,但观君之颜色,若有厌己之色于斯,举而去之也”;“避言”即“不能观色,斯举矣,有恶言乃去之也”。至于“作者七人”,即“长沮一、桀溺二、荷蓧丈人三、石门晨门四、荷蒉五、仪封人六、楚狂接舆七也”(《论语正义》)①。这些人躬耕于春秋乱世,不求闻达于列国诸侯,是那个动荡年代真正的隐者。即使大成至圣先师孔子,其时也尚未符合这些高洁隐逸之士的审美评判标准。以至于七位隐士中,有六位对孔子的行为风范提出异议:

长沮、桀溺耦而耕。孔子过之,使子路问津焉。长沮曰:“夫执舆者为谁?”子路曰:“为孔丘。”曰:

---

①《论语注疏》引。《论语注疏》,〔魏〕何晏等注,〔宋〕邢昺疏,《十三经注疏》影印本,下,2513页。

“是鲁孔丘与?”对曰:“是也。”曰:“是知津矣。”

问于桀溺。桀溺曰:“子为谁?”曰:“为仲由。”曰:“是鲁孔丘之徒与?”对曰:“然。”曰:“滔滔者天下皆是也,而谁以易之?且而与其从避人之士,岂若从避世之士哉!”耰而不辍。

子路从而后,遇丈人,以杖荷蓧。子路问曰:“子见夫子乎?”丈人曰:“四体不勤,五谷不分。孰为夫子?”植其杖而芸。(《论语·微子》)

子路宿于石门。石门晨门曰:“奚自?”子路曰:“自孔氏。”曰:“是知其不可而为之者与?”

子击磬于卫,有荷蒉而过孔子之门者,曰:“有心哉,击磬乎!”既而曰:“鄙哉,硁硁乎!莫己知也,斯己而已矣。‘深则厉,浅则揭’①。”(《论语·宪问》)

楚狂接舆歌而过孔子曰:“凤兮,凤兮!何德之衰?往者不可谏,来者犹可追。已而,已而!今之从政者殆而。”(《论语·微子》)

虽然孔子所说的“作者七人”,也可能指的是夫子所谓“逸民:伯夷、叔齐、虞仲、夷逸、朱张、柳下惠、少连”(《论语·微子》),但长沮等七人的言行表现,无疑更能代表春秋时代隐逸之士的美学观念。孔门弟子能够将这么多持不同审美观念者的观点言论载诸《论语》,除了见出儒家创始人们作为一个审美主体群体或曰美学思想流派的博大胸襟之外,也昭示出春秋时代主要美学思想潮流的大趋向所在。战国

①《诗·邶风·匏有苦叶》。

诸子的著作中,也有类似的记载。“孔子适楚,楚狂接舆游其门,曰:‘凤兮凤兮,何如德之衰也!来世不可待,往世不可追也。天下有道,圣人成焉;天下无道,圣人生焉。方今之时,仅免刑焉。福轻乎羽,莫之知载;祸重乎地,莫之知避。已乎已乎,临人以德。殆乎殆乎,画地而趋。迷阳迷阳,无伤吾行。吾行却曲,无伤吾足。’”(《庄子·人间世》)显而易见,这些隐士的审美观念与孔子一贯的思想主张并不一致。“子路行,以告。夫子怃然曰:‘鸟兽不可与同群也,吾非斯人之徒与而谁与?天下有道,丘不与易也。’”(《论语·微子》)如果说对于长沮、桀溺的批评,孔子还在为自己的行为辩解,那么对于荷蓧丈人、荷蒉、楚狂接舆等人,孔子则更多的是希望能够与这些隐士进一步沟通思想。而这些隐士显然并不愿意与孔子继续深入沟通。“子路拱而立。止子路宿,杀鸡为黍而食之,见其二子焉。明日,子路行,以告。子曰:‘隐者也。’使子路反见之,至,则行矣。”(《论语·微子》)真诚的赞美,换来的是吃闭门羹的回报;“子曰:‘果哉!末之难矣。’”(《论语·宪问》)就连顽强坚持个人主张可谓百折不挠的孔子,也感到自己已经没有办法说服这些隐士;“孔子下,欲与之言。趋而避之,不得与之言。”(《论语·微子》)对于孔子做出的友好姿态,隐士们视而不见,扬长而去。隐士与儒家在审美观念上的差异,至此已昭然若揭。

从春秋到战国,这些隐士的美学思想观念不仅没有被剧烈动荡的时代潮流湮没,而且逐渐发展成型,演变成为中国美学思想史上的一种传统思潮样式。他们以隐逸出世的局外人的姿态,冷眼旁观着时局世态的起伏涨落;却又站在朋友的立场,关怀同情着热心入世的正直之士的坎坷境遇。那首流传久远的遗民隐士口头创作的“沧浪歌”，便是这种矛盾心态的反映。

> 有孺子歌曰：“沧浪之水清兮，可以濯我缨；沧浪之水浊兮，可以濯我足。”（《孟子·离娄上》）

身处类似春秋这样的乱世，是应该奋起抗争，积极救亡？还是最好和光同尘，随缘就化？这是儒家与道家在对待现实社会态度上的根本分歧。而这首孺子歌倡导的，就是典型的遗民隐士的隐逸美学思想。后来战国时屈原屡遭政敌打击，流放蛮荒之地，还有一位隐士以渔父的身份，就这个理论命题同屈原进行过一番讨论。

> 屈原既放，游于江潭，行吟泽畔，颜色憔悴，形容枯槁。
>
> 渔父见而问之曰：“子非三闾大夫欤？何故至于斯？”
>
> 屈原曰：“举世皆浊我独清，众人皆醉我独醒，是以见放。”
>
> 渔父曰：“圣人不凝滞于物，而能与世推移。世人皆浊，何不淈其泥而扬其波？众人皆醉，何不铺其糟而歠其酾？何故深思高举，自令放为？”
>
> 屈原曰：“吾闻之新沐者必弹冠，新浴者必振衣。安能以自身之察察，受物之汶汶者乎？宁赴湘流，葬于江鱼之腹中。安能以皓皓之白，而蒙世俗之尘埃乎！”

渔父莞尔而笑，鼓枻而去。乃歌曰："沧浪之水清兮，可以濯吾缨；沧浪之水浊兮，可以濯吾足。"遂去，不复与言。(《楚辞·渔父》)

两次吟唱，从内容到形式，除了"我"、"吾"称谓书写表达习惯上的微小差异，几乎完全相同。对于孺子、渔父先后歌咏的这首"沧浪歌"，孔子站在儒学的立场，理解为清贵浊贱，人所自取。"孔子曰：'小子听之！清斯濯缨，浊斯濯足矣，自取之也。'"(《孟子·离娄上》)宋代孙奭解释为"以其缨在上，人之所贵，水清而濯缨，则清者人之所贵也；足在下，人之所贱，水浊而濯足，则浊者人之所贱也。"(《孟子注疏》[1])而在渔父等"旁观者清"的遗民隐士这里，则理解为随缘就化，物尽其用，各得其所。春秋战国乾坤板荡，列国诸侯、执政大夫尚且人人自危，惶惶不可终日；隐士作为在野遗民，对于举世清浊醉醒这样全社会范围内大规模的"集体无意识行动"[2]，根本不可能有那么强大的力量去制止或者扭转。所以渔父强调"圣人不凝滞于物，而能与世推移"，"淈其泥而扬其波""餔其糟而歠其釃"，亦即随着时代的变化而变化。这也就是庄子所谓"天下有道，圣人成焉；天下无道，圣人生焉。方今之时，仅免刑焉。"可怜这被后人称为"滑头"、"混世"的处世哲学，在当时却是隐逸之士应对混乱政局的思想利器。王逸解释"渔父避世隐身，钓鱼江滨，欣然自乐"(《楚辞章

①《孟子注疏》，〔汉〕赵岐注，〔宋〕孙奭疏，《十三经注疏》影印本，下，2719页。

② 容格(Carl Gustav Jang)心理学术语。林传鼎等《心理学词典》，江西科学技术出版社1986年6月，421页。

句》)，可谓深得此中三昧。因为依道家的理解，世间万物，清浊贵贱，只是相对而言，审美主体主观上正不必为此执著。所需要的，倒是韬光养晦，避难全生，实现山林隐逸之士的美学理想。先秦道家思想的形成，在此时即已奠定思想基础。这绝非在提倡与混乱时世上那些蝇营狗苟之徒沆瀣一气、同流合污，而是主张明哲保身，超脱尘世喧嚣之外。伟大的爱国诗人屈原要坚持自己的政治理想，自然不能认同渔父的美学理想，“安能以自身之察察，受物之汶汶者乎?”“安能以皓皓之白，而蒙世俗之尘埃乎!”屈原最后选择舍生取义，“宁赴湘流，葬于江鱼之腹中”，用宝贵的生命实现了自身的清白。渔父无奈之下，也只好同屈原分道扬镳，各奔前程，“遂去，不复与言”(《楚辞·渔父》)。

在中国美学思想史上，能够代表这些隐逸之士的审美观念的，当首推老子。本书之所以这么说，不仅由于老子那“君子得其时则驾，不得其时则蓬累而行”、“良贾深藏若虚，君子盛德容貌若愚”(《史记·老子韩非列传》)的审美观念出发点，而且由于他那博大精深的哲学美学专著《老子》对于美的规律的探索和阐释：

> 小国寡民。使有什佰人之器而不用，使民重死而不远徙。虽有舟舆，无所乘之；虽有甲兵，无所陈之。使民复结绳而用之。甘其食，美其服，安其居，乐其俗。邻国相望，鸡狗之声相闻，民至老死，不相往来。(《老子》八十章。本节下引《老子》，只注章数)

作为宗法封建制社会向封建社会过渡时期的哲人,老子的美学思想似乎还更多地滞留在早期氏族封建制社会阶段[①]。其审美理想中的乌托邦理想国,即典型的原始氏族社会生活的写照。这倒并非老子个人格外念旧,而是人类社会有史以来,从氏族领袖到学界圣贤等思想家一以贯之的美学观念之源。从“禹合诸侯于涂山,执玉帛者万国”(《左传·哀公七年》)的氏族部落结盟盛会开端,发展到“周公……兼制天下,立七十一国,姬姓独居五十三人”(《荀子·儒效》),“封建亲戚,以蕃屏周”(《左传·僖公二十四年》)的宗族势力凝聚典礼,再到与老子同时而稍后的孔子风尘仆仆周游列国,大声疾呼呐喊“兴灭国,继绝世,举逸民,天下之民归心焉”(《论语·尧曰》)的治国平天下宗旨,圣贤们都将小国寡民作为审美观念中理想国度的楷模。无论大禹治水时的万国实即万家氏族部落,还是周武王和周公分封的数十上百个亲戚诸侯,抑或后来孔子为之奔波奋斗的政治理想,皆如此。这正是那一代(也许还不止一代)哲人美学观念中之美的理想社会或曰社会美。老子只不过是在自己的著作中率先阐述这一美学理论而已。按照这一审美观点,原始氏族公社阶段式的社会生活,才是符合隐逸之士审美观念的理想生活。这不仅由于那个时代的人民结绳而治,根本用不上舟舆甲兵等人工造作的器械,也用不着陈列那些吓唬百姓的铠甲兵器;而且由于那个时代的人民在观念形态中,就以他们自己的食物、衣服、居所、习俗为甘甜、为美丽、为安逸、为快乐,自

① 关于氏族封建制社会、宗法封建制社会和封建社会的划分,见晁福林《夏商西周的社会变迁》,第四章,“社会性质的演变”。

然也就从中体味出无尽的美感。此乃先秦道家隐逸美学的思想泉源。研究者指出“这样的国家是极小而又极多的，因为至治之世，这国可望见那国，连鸡犬之声都可相闻，可见这些国家只是自治的村落而已。这种在经济上自足、在政治上自治的村落，星罗棋布于中国，虽有封建的王侯将相亦将无所用之。很显然，老子是想以这种自足自治的村落来代替那种极不合理的封建国家。”①后世东晋陶渊明躬耕陇亩，所描绘的“暧暧远人村，依依墟里烟。狗吠深巷中，鸡鸣桑树颠”(《归园田居》其一)的乡村图画，近人在江苏无锡太湖鼋头渚竖立的“至此忘机”石碑题词，其美学思想渊源皆从这里肇始。

但是，在老子生活的春秋时代，就连这一基于国人生存基本需求而提出、要求亦并不算太离谱的理想社会的社会美，也早已被春秋统治阶级无情亦复无耻地践踏殆尽。所以一部《老子》中，多的是哲人对统治阶级中人掠夺、占有、污辱、糟蹋美，却又以美的欣赏者自居的卑鄙、无耻、冥顽、丑恶行为的严厉抨击。

> 天下皆知美之为美，斯恶已；皆知善之为善，斯不善已。……是以圣人处无为之事，行不言之教，万物作焉而不辞，生而不有，为而不恃，功成而弗居。夫唯弗居，是以不去。(二章)
>
> 五色令人目盲，五音令人耳聋，五味令人口爽，驰骋田猎令人心发狂，难得之货令人行妨。是以圣

① 詹剑峰《老子其人其书及其道论》，湖北人民出版社 1980 年版，479 页。

人为腹不为目，故去彼取此。（十二章）

自从普天之下人人都知道美之所以为美的那一天起，人们就开始为了掠夺、占有美而争斗疯抢，像前述宋华父督杀孔父取其妻、卫宣公霸占儿媳那样无恶不作，于是“斯恶已”；自从普天之下人人都知道善之所以为善的那一天起，人们就开始为了伪装出所谓“行善”的表面姿态，而挖空心思做作出种种虚伪的伪善之举，于是“斯不善已”。“大道废，有仁义；智慧出，有大伪；六亲不和，有孝慈；国家昏乱，有忠臣”（十八章），这不仅是老子对春秋黑暗社会现实一针见血、入木三分的透辟剖析，而且也正是哲人面临的春秋乱世现实生活的真实写照。对于美之遭此浩劫，老子心底里是极其痛心的。字面上的超脱飘逸、淡泊绝尘，难以掩盖内心沉重的痛苦。他在自己的著作中一再呼唤“处无为之事，行不言之教”的“圣人”出现，就是这种沉重心态的反映。过去学者一般将老子十二章所言叫做“美学否定论”，其实，老子所言，反对伪美，呼唤真美，正是那个时代关于美的真知灼见。在老子看来，正是由于春秋乱世中人对美的疯狂追求，引发出种种骇人听闻的丑恶现象，因此需要从根本上扭转世人的审美观念。“不尚贤，使民不争；不贵难得之货，使民不为盗；不见可欲，使民心不乱。是以圣人治，虚其心，实其腹；弱其志，强其骨。常使民无知无欲，使夫知者不敢为也。为无为，则无不治。”（三章）这是从根本的审美观上的改变。蒋锡昌云：“‘腹’者，无知无欲，虽外有可欲之境而亦不能见。‘目’者，可见外物，易受外境之诱惑而伤自然。故老子以‘腹’代表一种简单清静，无知无欲之生活；以‘目’代表一种巧伪多欲，其结果竟至

‘目盲’、‘耳聋’、‘口爽’、‘发狂’、‘行妨’之生活。明乎此，则‘为腹’即为无欲之生活，‘不为目’即不为多欲之生活。‘去彼取此’，谓去目（多欲之生活）而取腹（无欲之生活）也。”①可谓得当之解。只有从根本上彻底扭转、改变时代审美观念最为初始的理论出发点，此后人们在社会现实生活中遭遇的一系列与审美观念有关的迷惑，才能迎刃而解。老子力倡去除外境诱惑，既是对春秋乱世种种巧伪多欲现象的反拨，又是对哲人心中美学理想的呼唤。“绝圣弃智，民利百倍；绝仁弃义，民复孝慈；绝巧弃利，盗贼无有。此三言也，以为文未足，故令之有所属：见素抱朴，少私寡欲，绝学无忧。”（十九章）只有从审美观念形态上彻底否定统治阶级强加给现实社会的种种奸巧诈伪，才能恢复人民孝顺慈爱的淳朴民风，才能实现老子所论之美的理想社会和道家隐逸美学审美理想中的社会美。也就是在这一点上，老子与后来西方康德所说的审美态度暗中相通。康德强调“人们必须对于对象的存在持冷淡的态度，才能在审美趣味中做裁判人。”②老子所倡导之“无欲”者，正康德所谓审美态度也。

不过，老子又并非如后代学者揣测的那样冷漠、淡泊和超脱。事实上，作为中国古代隐逸美学的先驱，老子最先也最敏锐地感受到那种“举世皆浊我独清，众人皆醉我独醒”、亦即美学思想先行者不为世人所理解的悲哀。老子自述“众人熙熙，如享太牢，如登春台。我独泊兮，其未兆；沌沌兮如婴儿之未孩，累累兮若无所归。众人皆有余，而我独若遗。

① 《老子校诂》。张松如《老子说解》引，齐鲁书社 1998 年 4 月，75 页。
② 朱光潜《西方美学史》下卷，人民文学出版社 1979 年版，361 页。

我愚人之心也哉！众人昭昭，我独若昏；众人察察，我独闷闷。惚兮其若海，恍兮其若无所止。众人皆有以，而我独顽似鄙。我独异于人，而贵食母。”（二十章）表面的遗世独立、隐逸超尘，难以掩饰心中的愤愤不平。但处于春秋战国之交这样动荡不安的时代，老子也只能采取这种表面看似超脱尘世、冷眼旁观、与世无争，实则早已将浩浩茫茫、几可连接广阔宇宙的心事掩埋于心底的处世态度。后来清代著名书画家、“扬州八怪”之一的郑板桥所书之“难得糊涂”，其创作思想中即明显可以寻觅出受老子思想影响的痕迹。“老子修道德，其学以自隐无名为务。居周久之，见周之衰，乃遂去。至关，关令尹喜曰：‘子将隐矣，强为我著书。’于是老子乃著书上下篇，言道德之意五千余言而去，莫知其所终。”（《史记·老子韩非列传》）就像波兰天文学家哥白尼（Nicolaus Copernicus）为躲避教会的迫害，直到个人生命接近弥留之际，方将阐明其“日心说”的理论著作《天体运行论》印刷出版那样，老子在出关隐居之前，方才著《老子》五千言，随后即飘然而去，不知所终，留下多少难解之谜，听任后人臆测评说。过去多以为此乃关令尹为了神化《老子》这本书而故意放出的烟幕，其实，这正是老子，这位道家隐逸美学的鼻祖，遗民隐士的精英，中国式斯芬克司之谜的缔造者，公元前六世纪[①]中华民族的伟大哲人，在其抨击当时社会种种反美、污美、虐美、毁美现象的隐逸美学经典论著《老子》问世之前，事先预设的韬晦脱身之计。明乎此，再来看老子对于当时社会的揭露剖析，方才感到那真是鞭辟入里：“夫礼者，忠信之薄，而乱之

① 用詹剑峰说。见《老子其人其书及其道论》，3页。

首。前识者，道之华，而愚之始。是以大丈夫处其厚，不居其薄；处其实，不居其华。故去彼取此。"（三十八章）老子指出，所谓礼，只不过是忠信之风浇薄的标志，是祸乱的开端；所谓先知，只不过是道的虚华，是愚蠢的起源。所以大丈夫要立身淳厚，不居于浇薄；存心朴实，不居于虚华。所以要舍彼后者，而取此前者。[①]"信言不美，美言不信。善者不辩，辩者不善。知者不博，博者不知。"（八十一章）"真诚的话不漂亮，漂亮的话不真诚。善良的人不巧嘴，巧嘴的人不善良。实懂的人不卖弄，卖弄的人不实懂。"[②]老子以其明察秋毫的洞察力，透过纷纭的假象，揭示出当时那些虚幻浮华之美妙言辞的实质。

也许，正是因为耳闻目睹春秋时期社会上种种对美的戕害、扭曲、混淆、假冒，老子才率先在先秦时代美学领域拨乱反正，在中国美学思想史上首次阐述他的"水德之美"学说。

上善若水，水善利万物而不争，处众人之所恶，故几于道：居，善地；心，善渊；与，善仁；言，善信；政，善治；事，善能；动，善时。夫唯不争，故无尤。（八章）

这章歌颂的是老子审美理想中"圣人"的品德。《荀子·宥坐》上记载的孔子答子贡问水的一段对话，可与老子的论断参照来读。

孔子观于东流之水。

子贡问于孔子曰："君子之所以见大水必观焉

① 张松如《老子说解》，218 页，文字有改动。本节引《老子》，均参见此书。
② 张松如《老子说解》，418 页。

者，是何？”

孔子曰：“夫水，遍与诸生而无为也，似德。其流也埤下，裾拘必循其理，似义。其洸洸乎不淈尽，似道。若有决行之，其应佚若声响，其赴百仞之谷不惧，似勇。主量必平，似法。盈不求概，似正。淖约微达，似察。以出以入，以就鲜洁，似善化。其万折也必东，似志。是故君子见大水必观焉。”

《孔子家语·三恕》上，也有类似的记载。两首“水之歌”，寄喻着所谓古“君子”即山林隐逸之士的性格形象。那就是“在位、好谦下让人；存心、好虚静深沉；交锋、好仁爱慈亲；说话、好真实诚信；为政、好精简清静；遇事、好适应圆通；行动、好顺时任运”①。也就是所谓“君子”之德、义、道、勇、法、正、察、善化、志。上善之人若水，是老子“以柔克刚”美学观念的理论出发点。“弱者，道之用。”（四十章）“将欲歙之，必固张之；将欲弱之，必固强之；将欲废之，必固兴之；将欲夺之，必固与之。是谓微明：柔之胜刚，弱之胜强。”（三十六章）“人之生也柔弱，其死也坚强；草木之生也柔脆，其死也枯槁。故坚强者死之徒，柔弱者生之徒。是以兵强则不胜，木强则拱。故坚强处下，柔弱处上。”（七十六章）“天下莫柔弱于水，而攻坚强者莫之能先，以其无以易之也。柔之胜刚也，弱之胜强也，天下莫弗知也，而莫之能行也。”（七十八章）“天下之至柔，驰骋天下之至坚。无有，入于无间，吾是以知无为之有益也。不言之教，无为之益，天下希能及之矣。”（四十三章）

① 张松如《老子说解》，53、57页。

这些以柔弱为美的理论阐述，实开中国美学思想长河中“阴柔美”理论之源。此乃最为根本意义上的生存智慧。此后“阴柔之美”成为中国传统美学思想中与“阳刚之美”相对的基本范畴，即由老子这里肇其始端。作为在野隐逸之士的代表，老子像是一位历经沧海桑田的过来人，他总结种种历史经验概括出“柔弱胜刚强”的理论，无疑有着当时正在经历剧烈变化的社会现实生活为根基。老子的美学思想，也与现实社会政治生活有着千丝万缕的内在联系。由于老子处于春秋乱世，深切地感受到“持而盈之，不如其已；揣而锐之，不可长保。金玉满堂，莫之能守。富贵而骄，自遗其咎。功遂身退，天之道也哉！”（九章）也就是从老子这里发端，出仕与退隐、道家思想与儒家思想，开始相反相成，互为依托，共同构成中国封建社会文人士大夫的两大精神支柱。“儒道两全”、“功遂身退”这一封建文人仕隐情结的结合点，成为后来中国士大夫始终推崇不已奉行不渝的审美理想。三国时蜀相诸葛亮何其敬业，当出兵北伐之前，其《出师表》尚且念念不忘“臣本布衣，躬耕于南阳，苟全性命于乱世，不求闻达于诸侯”，满怀功成名就之后归隐田园的审美情愫；曹操挟天子以令诸侯，权倾朝野，其《让县自明本志令》尚且将其“本非岩穴知名之士，恐为海内人士所见凡愚”引为憾事，津津乐道其“以四时归乡里，于谯东五十里筑精舍，欲秋夏读书，冬春射猎，求底下之地，欲以泥水自蔽，绝宾客往来之望”的内心愿望，隐逸美学的观念溢于言表。儒道互补，作为中国文人审美观念形态的基本特征，无疑形成并发展于日后成熟的封建社会，但其最为初始的理论出发点，在老子创始的道家隐逸美学这里即已开其滥觞。

老子在中国美学思想史上的特殊位置,客观上导致其所有对美学的理解和论述,都带有史无前例、自我作古的意味。试观老子论美,一再强调相生相成的相对关系,"故有无相生,难易相成,长短相形,高下相盈,音声相和,前后相随:恒也。"(二章)因之"丑,由美而显,不知美,则丑不显;恶,因善而著,不知善,则恶不著。"①无独有偶,古希腊最早对美的问题进行深入思考的哲学家柏拉图(Plato)、苏格拉底(Sokrates)等人讨论美,提出"最美的汤罐比起年轻小姐来还是丑","它应该是一切美的事物有了它就成其为美的那个品质"②;而十七世纪荷兰大哲学家斯宾诺莎(Spinoza),也意识到"享有最高荣誉的男子汉的美,与其说是被我们所观察的客体的一种性质,不如说是在观察者身上所发生的一种印象"③。凡此种种,在那审美观念的出发点上,皆与老子气息相通。老子所论之"道",即在于那可意会而不可言传、可感悟而不可捉摸、隐约模糊的抽象空灵美之中:

道冲,而用之又弗盈也。渊兮,似万物之宗:挫其锐,解其纷;和其光,同其尘;湛兮,似或存。吾不知其谁之子也?象帝之先。(四章)

视之不见名曰夷,听之不闻名曰希,搏之不得名曰微。此三者,不可致诘,故混而为一。一者,其上不皦,其下不昧;绳绳兮不可名,复归于无物。是谓

---

① 张松如《老子说解》,22 页。

②《文艺对话集》。引自北京大学哲学系美学教研室编《西方美学家论美和美感》,商务印书馆 1980 年 5 月,24、25 页。

③《通信集》。引自《西方美学家论美和美感》,87 页。

无状之状,无物之象,是谓惚恍。迎之不见其首,随之不见其后。执古之道,以御今之有。能知古始,是谓道纪。(十四章)

古之善为道者,微妙玄通,深不可识。夫唯不可识,故强为之容:豫兮其若冬涉川,犹兮其若畏四邻,俨兮其若客,涣兮其若凌释,敦兮其若朴,浑兮其若浊,旷兮其若谷。(十五章)

玄之又玄的论述,蕴涵着道家隐逸美学观念中理想美的内涵。黑格尔论东方哲学时,谈到中国老子代表的道家,认为“这派的主要观念是‘道’,这就是‘理性’。这派哲学和与哲学密切联系的生活方式的发挥者(不能说是真正的创始者)是老子”、“‘夷’‘希’‘微’三个字,或 I－H－W[①] 还被表示一种绝对的空虚和‘无’。什么是至高无上的和一切事物的起源就是虚,无,惚恍不定(抽象的普遍)。这也就名为‘道’或理”[②],得之。老子其书宗旨在论道,所论述之要义却多涉及美。你看老子心中那道:空虚无形,而又无穷无尽;深沉、隐约,若亡实存。看不见,听不到,摸不着;浑然一体,无头无绪,不可名状;恍恍惚惚,影影绰绰,不见首尾。时而迟迟疑疑、犹犹豫豫,时而庄严,时而涣然;那样朴实、浑厚,那样空阔若谷。这些老子自述是勉强用文字描述出来的形象化的至理名言,正是美的真谛。老子论道,多阐发美。“道之

① 米希勒本,第二版,英译者注:雷缪萨自以为他在这三个字的音中就发现了耶和华(Jehowah)这个字。

② 黑格尔《哲学史讲演录》第一卷,贺麟、王太庆译。商务印书馆 1997 年版,125、126、129 页。

为物，惟恍惟惚。惚兮恍兮，其中有象；恍兮惚兮，其中有物。窈兮冥兮，其中有精；其精甚真，其中有信。”（二十一章）道家隐逸美学观念之理想美，即存在、流动、运行于这隐隐约约、恍恍惚惚、若隐若现、似有若无的模糊状态之中。这才是美。此非独中华民族美学思想的先行者老子所见明知，西方美学史上的哲人名家实所共鉴。钱钟书列举西方美学史上“哲学家湛冥如黑格尔、矫激如尼采之流，或病语文宣示心蕴既过又不及，或鄙语文乃为可落言诠之凡庸事物而设，故‘开口便俗’”，“斯宾诺莎谓文字乃迷误之源”，“但丁叹言为意胜，歌德谓事物之真质殊性非笔舌能传”，“或云诗文品藻只是绕不可言传者而盘旋。亦差同‘不知其名’，而‘强为之名’矣！柏拉图早谓言语文字薄劣，故不堪载道，名皆非常；几可以译注《老子》也”①，业已指出这一点。

我们先不要困惑老子何以给后人留下那么多的美学理论难题。也许，那也是当年困惑着哲人老子的难解之谜，或曰萦绕于遗民隐士思想家老子脑海中的困惑。作为世界思想史，其中也包括中国美学思想史上的第一代哲人，老子最为独到的贡献，就在于他以其卓越的思想、敏锐的心灵，率先感悟到美在现实社会生活中的存在，并且探询、感受、触摸到那多少文论家说也说不清楚，只能处于糊里糊涂的蒙昧状态的美。

> 上士闻道，勤而行之；中士闻道，若存若亡；下士闻道，大笑之。——弗笑，不足以为道。是以建言有

① 《管锥编》第二册，中华书局 1979 年 8 月，407、408、410 页。

之曰：明道若昧，进道若退，夷道若类；上德若谷，广德若不足，建德若偷；质真若渝，大白若辱；大方无隅，大器晚成；大音希声，大象无形；道隐无名。夫唯道，善始且善成。（四十一章）

老子此章主旨仍在论道，其中“大音希声”句，是以音乐美为例，譬喻“道”的特征。王弼注：“听之不闻名曰‘希’。不可得闻之音也。有声则有分，有分则不宫而商矣。分则不能统众，故有声者非大音也。”①张松如解释：“‘众’即全体，‘分’即部分。有了部分的具体的美，反而会丧失大音之全美。”②至乐无声，是道家审美观念中的理想音乐。它既非要从演奏乐器上专门去考虑如何运用金、石、丝、竹、匏、土、革、木“八音”，亦非要从具体音节上刻意去恪守宫、商、角、徵、羽“五声”，黄钟、大蔟、姑洗、蕤宾、夷则、无射“六律”，以及林钟、仲吕、夹钟、大吕、应钟、南吕“六吕”。而是要用审美主体的整个心灵，去体会、感受、沐浴、呼吸、应和“道”之“天籁”。这也正如庄子所论之“天乐”，“听之不闻其声，视之不见其形，充满天地，苞裹六极”（《庄子·天运》）。在道家隐逸美学创始人老、庄心中，音乐是与“道”合一的。庄子在论及“道”、“王德之人”时，这样以音乐为譬喻：“夫道，渊乎其居也，漻乎其清也。”“视乎冥冥，听乎无声。冥冥之中，独见晓焉；无声之中，独闻和焉。故深之又深，而能物焉；神之又神，而能精焉。”（《庄子·天地》）这似乎已经不是纯粹在论述音乐了，但

①《王弼集校释》，113 页。敏泽《中国美学思想史》第一卷引，齐鲁书社 1987 年 7 月，235 页。

② 张松如《老子说解》，244 页。

它却是道家隐逸美学中的“至乐”，即符合道家隐逸美学审美理想之真正的音乐。老子在中国美学思想史上的贡献，还在于他探询的，是宇宙间天地万物其中也包括美学思想发生发展的规律。

> 有物混成，先天地生。寂兮寥兮，独立而不改，周行而不殆，可以为天地母。吾不知其名，故强字之曰道，强为之名曰大。大曰逝，逝曰远，远曰反。……人法地，地法天，天法道，道法自然。（二十五章）
>
> 道之出言，淡兮其无味。视之不足见，听之不足闻，用之不可既。（三十五章）

老子用优美的诗歌风格的语言，撰写中国美学思想史上第一部经典著作，描述道家隐逸美学中至为推崇的规律——道。道成于混沌，先于天地，寂静空旷；它独立存在而永不改变，循环运行而永不消逝，可以作为天地万物的根本。而道用语言表述出来，却又平淡而无味。看它，看不见；听它，听不到；用它，却又用不完。这些，正是客观存在的规律的特征。对于如何认识、把握这个充满神秘感的规律“道”，老子主张从“一”，即从头开始。“天下有始，可以为天下母。既得其母，以知其子；既知其子，复守其母：没身不殆。”（五十二章）天下万事万物，都有其最初的起点“始”，它可以作为天下万事万物的根本。既已掌握了万事万物的根本，那么就可以了解万事万物本身。老子有见于此，一再强调“一”的作用：“道生一，一生二，二生三，三生万物”（四十二章）；“昔之得一者:天得一,以清;地得一,以宁;神得一,以灵;谷得一,以盈;万物得一,以生;侯王得一,以为天下正。”(三十九章)“是以圣人抱一,为天下式。”(二十二章)老子对“一”的赞美并非无据:当时也正是“一”的时代。

毕生正直坦率、很少恭维别人的孔子,曾盛赞老子:“至于龙,吾不能知其乘风云而上天。吾今日见老子,其犹龙邪!”(《史记·老子韩非列传》)孔子问礼于老子,感慨于老子对其启迪之深,其审美评价自然难免溢美之词。但老子之于中国美学,尤其是先秦美学,自有其不容抹杀的辉煌业绩,倘若用形象思维来描述,确乎很像是鸿蒙初辟之际那“见首不见尾”的“神龙”。也许可以这么说,老子从“一”起步,开创了道家隐逸美学。后来者接踵而至,先秦美学思潮就此勃兴。

二、儒家入世美学的起源

在先秦美学思潮中,能够与老子代表的道家隐逸美学并驾齐驱的思想潮流,应该说并不止一种。但由于种种历史的原因,真正能够对后代产生深远影响,成为中国人的知识、思想与信仰世界的主要特征之一的,则只有《论语》记载的儒家思想和孔子形象所代表的儒家入世美学。因此,如果将老子的学说看作道家隐逸美学的滥觞,那么,孔子的审美观念就是儒家入世美学的起源。

从《论语》开端,先秦诸子百家,皆非单一、孤立的个人或个体性的学术思想,而是一个个几代师生薪火相传的思想及学术流派的代表。“《论语》者,孔子应答弟子、时人,及弟子相与言,而接闻于夫子之语也。当时弟子各有所记,夫子既卒,门人相与辑而论纂,故谓之'论语'。"(《汉书·艺文志》)语录体经典著作《论语》的由来,已经说明了这一点。由于孔子平生"述而不作"(《论语·述而》。本节下引《论语》,只注篇名),后人只能从其弟子时人的记述中爬罗剔抉钩稽索引,方能得其美学思想之大略梗概。可以这么说,孔子的美学观念,重点不在鸿篇巨制的文字论述,而在孔子其人春风化雨、言传身教的行为风范,表现出的儒家关怀世道人生的入世美学。如果说,老子的审美态度,侧重于深奥玄妙的道家隐逸美学的理论探讨,那么,孔子的美学思想,则更为着重身体力行的儒家入世美学的实践。换言之,孔子以自身的所作所为,向时代和社会证明了美的存在,为世人展示、示范了什么是美,带有"从我做起"的意味。传说时代的尧、舜、禹开创的身教重于言教的美的风格,到孔子这里达到了一个前所未有的高潮。西方与孔子大致同时而稍后的古希腊哲学家柏拉图,说美"它只是永恒地自存自在,以形式的整一永与它自身同一;一切美的事物都以它为泉源,有了它那一切美的事物才成其为美","总之,一个人从人世间的个别事例出发……先从人世间个别的美的事物开始,逐渐提升到最高境界的美,好像升梯,逐步上进,从一个美形体到两个美形体,从两个美形体到全体的美形体;再从美的形体到美的行为制度,从美的行为制度到美的学问知识,最后再从各种美的学问知识一直到只以美本身为对象的那种学问,彻悟美的本体。"①"轴心时代"的两位哲人虽相距遥远,但两颗伟大的爱美之心,其实是相通的。如同柏拉图这位古希腊的孔子,以其美

①《文艺对话集》,《西方美学家论美和美感》,22 页。

的理念影响西方美学界几个时代一样,孔子,这位东方的柏拉图,率领他的弟子门人们建立儒教学园,创造了泽被后世的儒家入世美学。

儒家入世美学的理论基础,首先建立在对人这一主体的生存意义的认识之上。如同本书前面提到,孔子生逢乾坤板荡、时运多艰的乱离之世,时代社会可谓荆棘载途、生灵涂炭,人的生命如同草芥一样不被重视。无论沉溺在社会底层苦苦挣扎的庶民,还是高踞于冰山顶峰醉生梦死的诸侯,在人命危浅、朝不虑夕这一点上,其实并无本质差别。春秋时代篡位弑君之事史不绝书,可与列国混战饿殍遍野的记载相比肩,就是有力的证明。在这风雨飘摇的多事之秋,是孔子率先挺身而出,为争取人的生存权而呐喊呼号,这就是孔子所提倡的"仁"。

子曰:"人而不仁如礼何?人而不仁如乐何?"(《八佾》)

子曰:"巧言令色,鲜矣仁!"(《学而》)

子夏问曰:"'巧笑倩兮,美目盼兮,素以为绚兮。'何谓也?"

子曰:"绘事后素。"

曰:"礼后乎?"

子曰:"起予者商也!始可与言《诗》已矣。"(《八佾》)

在孔子的儒教美学观念体系中,仁是第一位的。作为一个人,如果连仁都做不到,那么礼、乐云云就都谈不上了。一个不仁的人，不仅不会正确地对待礼、乐，而且花言巧语，掩盖的是不可告人的卑鄙目的；伪装和善的面容，包藏的是欲置对方于死地而后快的险恶居心。这种人心中，是不会有多少仁的。子夏就《卫风·硕人》中描写美人的几句诗的审美标准请教其师孔子：是不是礼乐的产生在仁之后呢？谁知孔子大为激赏：卜商呀，你真是能够启发我的人！现在可以同你讨论《诗》了。① 可见仁在孔子美学观念体系中的首要地位。那么，什么是仁的内涵呢？

> 颜渊问仁。
>
> 子曰："克己复礼为仁。一日克己复礼，天下归仁焉。为仁由己，而由人乎哉？"（《颜渊》）
>
> 仲弓问仁。
>
> 子曰："出门如见大宾，使民如承大祭。己所不欲，勿施于人。在邦无怨，在家无怨。"（《颜渊》）
>
> 樊迟问仁。
>
> 子曰："爱人。"（《颜渊》）
>
> 子曰："……泛爱众，而亲仁。"（《学而》）

要而言之，孔子的仁，就是对人的爱，也就是孟子所说的"仁者爱人，有礼者敬人"（《孟子·离娄下》）。仁，首先是孔子的政治理想，这是中国现代以人为本观念的先驱；同时仁也是孔子的审美理想，是儒教入世美学的乌托邦理想国。

---

① 杨伯峻编著《论语译注》，中华书局1958年6月，3、26、27、28页。

有子曰："其为人也孝悌，而好犯上者，鲜矣。不好犯上而好作乱者，未之有也。……孝悌也者，其仁之本与？"(《学而》)

子曰："导千乘之国，敬事而信，节用而爱人，使民以时。"(《学而》)

厩焚，子退朝，曰："伤人乎？"不问马。(《乡党》)

仲尼曰："始作俑者，其无后乎！"为其象人而用之也。(《孟子·梁惠王上》)

家族内部父慈子孝，兄友弟悌，是仁最为根本的基础。由此出发，一个孝悌子弟，自然不会去犯上作乱；一个个和睦的家庭个体，构成支撑国家整体统治的基石。这是自下而上立论。反过来考虑，统治者治理具有一千辆兵车的国家，就要严肃认真地对待国事，信实无欺，爱护百姓，役使百姓要按一定的时间[①]，这样国家的统治才能巩固。如此上下双向良性互动，所构建的和谐社会，就是儒家审美观念中的理想国度。主人退朝回家，听说马厩失火，心中自然要联想到名马的安危，问一下门人：马怎么样了？受到损失没有？这本是可以理解的正常反应。但孔子没有这样做。他心中系念的，是马厩突然失火，想来门人必然奋力扑救，慌乱之中，有几人焦头烂额？伤着人了吗？这一声关切的询问，是对那些焦头烂额者的终极关怀！此间跳动的那颗真挚的爱心，学者称之

①《论语译注》，4页。

为“春秋时期人的觉醒”①。正是由于把人当作人来看待，所以孔子不仅反对春秋时期用活人殉葬的野蛮习俗，并且诅咒那最先用俑殉葬的发明者，因为其人明知那是人的象征，却仍然用来殉葬，也是对人的大不敬。这是孔子对人的尊严的维护。

然而，孔子构建的这一理想社会图景，在天下板荡、弱肉强食、暂时得势者以蹂躏践踏他人的基本生存权为荣的春秋乱世，无疑是不合时宜的。试看孔子周游列国，宣讲他的仁，结果是“去鲁，斥乎齐，逐乎宋、卫，困于陈、蔡之间”，“累累若丧家之狗”(《史记·孔子世家》)，只落得四处碰壁的境遇，就已经说明了这一点。正是由于儒教学说用诸治国平天下无望，孔子才将审美教育的重心转移到塑造审美个体的人上来。

> 子贡问曰：“何如斯可谓之士矣？”
>
> 子曰：“行己有耻，使于四方，不辱君命，可谓士矣。”
>
> 曰：“敢问其次。”
>
> 曰：“宗族称孝焉，乡党称悌焉。”
>
> 曰：“敢问其次。”
>
> 曰：“言必信，行必果，硁硁然小人也，抑亦可以为次矣。”(《子路》)
>
> 子路问曰：“何如斯可谓之士矣？”
>
> 子曰：“切切偲偲，怡怡如也，可谓士矣。朋友

①《中国美学思想史》第一卷，133页。

切切偲偲,兄弟怡怡如也。”(《子路》)

子曰:“贤哉回也!一箪食,一瓢饮,在陋巷,人不堪其忧,回也不改其乐。贤哉回也!”(《雍也》)

子曰:“饭疏食,饮水,曲肱而枕之,乐亦在其中矣。”(《述而》)

在春秋时代孔子师徒开展这场什么是士的讨论时,士已由最初的从事劳动的男子的代称,演化成士农工商“四民”之一。这些学道艺或习武勇的士子庶民,其社会地位介于少数统治者与广大被统治民众之间,他们进可以朝为布衣、夕为卿相,跻身朝堂分一杯羹;退可以聚徒讲学、著书立说,是那个动荡年代最为自由的阶层即知识阶层。这是中国历史上第一代亦即最为初始意义上的知识分子。他们的审美观念与生存智慧,乃是即使在世界美学思想史上也称得上广袤浩瀚的中国美学主潮的泉源,即源中之源。但此时孔子师徒讨论的要义,显然已经不再囿于“什么是士?”“怎样成为士?”这般初始的基础层面,而是由此出发,进而至于“什么是真正的士?”“怎样成为一个真正的士?”这般超越时代的崇高境界,颇有现代世纪之交时人探讨之“什么是真正的男子汉?”的审美意味。孔子认为:能够用羞恶之心约束自己的行为,出使他国,完成任务,这就可以叫做士了。而宗族乡党的称赞,倒在其次。至于言语一定信实,行为一定坚决,这是不问是非黑白,而只管自己贯彻言行的小人,但也可以算是再次一等的士①。平心而论,孔子在这里提出的士的审美标准,要求并

①《论语译注》,147－148页。

不算太高。而当时的执政诸公则连这一点都做不到。羞耻之心早已被时人淡忘,宗族乡党的称赞可以靠伪装取得,言而无信更是家常便饭,在春秋这个无耻之徒横行、信义弃诸尘埃的年代,孔子之个体审美标准,无疑带有针砭时弊的意味。因此,孔子主张朋友和兄弟之间要互相批评,和睦共处,以符合士的标准①;并推崇像颜渊那样的理想人物:生活在普普通通的偏僻小巷子里,吃粗粮,喝冷水,睡觉时弯着胳膊权充做枕头②,于简单朴素的物质生活之中,汲取到人生的快乐。孔子推崇颜渊,表现出的美学思想有着多重意义。一方面,当时那种动乱纷争的年代,已经给社会生产力造成了巨大的破坏,个体对于生活的物质需求越是简单得不能再简单,也就越是容易得到满足,进而从获得满足后的基本生活中体验到审美愉悦。熊掌不是人人都可以品尝的,但对鱼的需求却并不难得到满足,儒家入世美学从一开始,就为自己寻找到了宽广辽阔深厚久远的大众审美心理基础;另一方面,越是这种没有什么油水可以榨取的偏僻陋巷,也就越是能够远离干戈战火的践踏和名利场上的动乱纷争,进而从根本上保障个体得以继续深入思考更为深刻的美学问题。“儒有一亩之宫、环堵之室,筚门圭窬,蓬户瓮牖,易衣而出,并日而食。上答之,不敢以疑;上不答,不敢以谄。其仕有如此者。”(《孔子家语·儒行解》)孔子设想的这个最容易建立的寒舍陋室,既是儒教亚圣孟子构建其“五亩之宅”乌托邦蓝图时得以依据的范本,同时也是后来中国封建社会寒士阶层引

①《论语译注》,151 页。
②《论语译注》,63、76 页。

以为荣的理想归宿。儒家入世美学在其创始人这里，即已开始与道家隐逸美学思想互为补充。事实上，儒家学子还真从这偏僻陋巷里和乡间小路上，品味体验出生活的美感。

> 子路、曾皙、冉有、公西华侍坐。
>
> 子曰："以吾一日长乎尔，无吾以也。居则曰：'不吾知也！'如或知尔，则何以哉？"
>
> 子路率尔而对曰："千乘之国，摄乎大国之间，加之以师旅，因之以饥馑，由也为之，比及三年，可使有勇，且知方也。"
>
> 夫子哂之。
>
> "求，尔何如？"
>
> 对曰："方六七十，如五六十，求也为之，比及三年，可使足民也。如其礼乐，以俟君子。"
>
> "赤，尔何如？"
>
> 对曰："非曰能之也，愿学焉。宗庙之事，如会同，端章甫，愿为小相焉。"
>
> "点，尔何如？"
>
> 鼓瑟希，铿尔，舍瑟而作，对曰："异乎三子者之撰。"
>
> 子曰："何伤乎！亦各言其志也。"
>
> 曰："暮春者，春服既成，冠者五六人，童子六七人，浴乎沂，风乎舞雩，咏而归。"
>
> 夫子喟然叹曰："吾与点也！"（《先进》）

这是儒家入世美学思想的集中表现。美的生活蕴涵着美学思想，弟子们描述的四种理想生活图景，分别体现着个中人的审美理想。从字面意义来看，孔子当时发表的评论，似乎夫子仅首肯曾点一人的审美理想："三子者出，曾皙后。曾皙曰：'夫三子者之言何如？'子曰：'亦各言其志也已矣。'曰：'夫子何哂由也？'子曰：'为国以礼，其言不让，是故哂之。''唯求则非邦也与？''安见方六七十如五六十而非邦也者？''唯赤则非邦也与？''宗庙之事如会同，非诸侯如之何？赤也为之小，孰能为之大相？'"（《先进》）但这只是表层含义。实际上，这段话颇为值得寻味。表面看来，孔子对于子路等人的远大理想似乎并不赞同；其实，此乃夫子济世救民的理想四处碰壁之后，明知子路等人经邦治国、司仪宗庙祭祀的远大理想行不通，方才做出的明智抉择，多少有些不得已而为之的因素在内。这样看来，夫子之哂，就并非嘲笑子路等弟子，而含有幽默、调侃、欣赏，乃至欣慰等多重美感品味。《孔子家语》上的另一段记载，可与此参照来读：

> 孔子北游于农山，子路、子贡、颜渊侍侧。
>
> 孔子四望，喟然而叹曰："于思致斯，无所不至矣。二三子各言尔志，吾将择焉。"
>
> 子路进曰："由愿得白羽若月，赤羽若日，钟鼓之音上震于天，旌旗缤纷下蟠于地。由当一队而敌之，必也攘地千里，搴旗执馘。唯由能之，使二子者从我焉。"
>
> 夫子曰："勇哉！"
>
> 子贡复进曰："赐愿使齐、楚合战于漭瀁之野，两垒相望，尘埃相接，挺刃交兵。赐著缟衣白冠，陈

说其间，推论利害，释国之患。唯赐能之，使二子者从我焉。”

夫子曰：“辩哉！”

颜回退而不对。

孔子曰：“回，来！汝奚独无愿乎？”

颜回对曰：“文武之事，则二子者既言之矣，回何云焉？”

孔子曰：“虽然，各言尔志也，小子言之。”

对曰：“回闻薰莸不同器而藏，尧桀不共国而治，以其类异也。回愿明王圣主辅相之，敷其五教，导之以礼乐，使民城郭不修，沟池不越，铸剑戟以为农器，放牛马于原薮。室家无离旷之思，千岁无战斗之患。则由无所施其勇，而赐无所用其辩矣。”

夫子凛然而对曰：“美哉！德也。”（《孔子家语·观思》）

这段记载可以作为子路等人理想的注脚①。由此看来，子路等弟子多年钻研儒学，在某种意义上甚至可以说是与其师孔子一起，共同建设了儒教思想体系，他们提出的济世理想，应该说起码可以代表早期儒家全力入世的思想观念。子路、冉求、公西赤三人递减下来，还是在沿着儒家全力入世的观念前进，只不过其理想逐步趋向现实而已。换言之，子路

①《孔子家语》长期以来被视作伪书，直到 20 世纪后期，河北定县八角廊和安徽阜阳双古堆汉墓中分别出土了与其有关的竹简、简牍，才证明其原型早在汉初即已存在。见《孔子家语》，廖名春、邹新明校点，新世纪万有文库，辽宁教育出版社 1997 年 3 月，出版说明。

等弟子身上体现出来的,仍旧是年轻化的孔子思想。然而终究只博得夫子哂之。夫子之哂,乃是因为孔子本人思想久经磨炼,已经进入到一个新的更高的境界。颜回的理想能够“不伤财,不害民,不繁词”(《孔子家语·观思》),在宏观意义上实现了孔子建立的儒家渴望经纶济世的入世美学理想,无疑更契合孔子的本意,但美中不足的是终归有些可望而不可即的意味,构想者很难真正将其付诸社会实践。后来中国封建社会文人士大夫多次重复提出这一审美理想,但始终没有什么人能够真正实现这一理想生活图景,就是有力的证明。当然,彼时彼地,孔子真正有把握提出并将其付诸实现的理想还是有的,这就是曾点提出的已经超越了现实功利的美学理想。刘宝楠注“浴沂,言祓濯于沂水,而后行雩祭,盖三子者之馔,礼节民心也;点之志,由鼓瑟以至风舞咏馈,乐和民声也。乐由中出,礼自外作,故孔子独与点相契。”(《论语正义》[1])这自然是将日常生活制度化和规定性了,但即使是从这容或有之的民间风俗中,我们不是仍然可以感受到孔子弟子曾点表达出来的那种美的境界吗?无须周游列国说服诸侯,亦不必小心翼翼供职朝廷,只要在风和日丽的暮春,与五六个志同道合的朋友,带着六七个小孩,在沂水里洗洗澡,舞雩台上吹吹风,一路唱着歌走回来[2],这本身就已是一种充满诗意的美的境界。20世纪德国思想家马丁·海德格尔(Martin Heidegger)提出“人诗意地栖居”,并阐释为“只要这种善良之到达持续着,人就不无欣喜,以神性度量自身。

---

①《诸子集成》(影印本,全八册),上海书店1986年7月,259页。
②《论语译注》,128页。

这种度量一旦发生,人便根据诗意之本质而作诗。这种诗意一旦发生,人便人性地栖居在这片大地上,‘人的生活’——恰如荷尔德林在最后的诗歌中所说的那样——就是一种‘栖居生活’。”[①]曾点在这里提出的,就是这样一种“人的生活”即“栖居生活”,亦即儒教入世美学所向往的“人诗意地栖居”。人在现实生活中有着太多的烦恼和困惑,对于中国早期知识阶层人士来说,且不说在春秋那种动荡年代,即使推而论之,在后来漫长的中国封建社会,诗意地栖居,这一看起来无甚出奇、实际却难以实现的美学理想,对于他们也是可望而不可即,可遇而不可求的。所以孔子长叹一声说:“吾与点也!”这样看来,孔子之所以将子路等人的理想付诸一哂,惟独同意曾点的主张,就并不难理解:因为曾点所代表的,是儒家美学思想体系中最为超脱和理想化的境界。但这又并非将儒家审美理想等同于道家出世的隐逸美学,它仍然还是儒家的入世美学,是在以不与世俗蝇营狗苟的龌龊之徒同流合污的高风亮节,提出的一种崭新的美学楷模和人伦典范。虽然其间不乏与道家隐逸美学思想的互相渗透交叉影响,但那观念形态的本体,仍是儒家美学思想体系。

由孔子等人开创的儒教美学思想体系,是一个需要全面感受和把握的生命整体。在儒教入世美学思想中,不仅个体人格的塑造与理想社会的构建密不可分;而且他们对于理想社会生活图景的审美追求,也与其一以贯之的美学思想有机地紧密联系在一起。美的创造与审美理想,美学理论与审美

---

①《……人诗意地栖居……》,孙周兴译,《海德格尔选集》上,上海三联书店1996年9月,480页。

实践，在此间水乳交融，人们须用心体会，方能触摸到其间蕴涵的美的真谛。

> 子张问仁于孔子。
>
> 孔子对曰："能行五者于天下，为仁矣。"
>
> "请问之。"
>
> 曰："恭、宽、信、敏、惠。恭则不侮，宽则得众，信则人任焉，敏则有功，惠则足以使人。"（《阳货》）
>
> 子禽问于子贡曰："夫子至于是邦也，必闻其政，求之与？抑与之与？"
>
> 子贡曰："夫子温、良、恭、俭、让以得之。"（《学而》）
>
> 子曰："刚、毅、木、讷近仁。"（《子路》）

孔子及其弟子们对美的这些感悟，明显地表现出儒家美善结合、亦善亦美的审美观念。无论庄矜、宽厚、诚实、勤敏、慈惠，还是温和、善良、严肃、节俭、谦逊，抑或刚强、果决、朴质、[1]语迟，说的其实都是人的美好品德，即善。而孔子着力构建的，是少数统治者与广大被统治民众上下相安、各尽其职、各得其所、其乐融融的理想社会蓝图，亦即儒教美学观念中的乌托邦理想国。孔子的伟大，在于将这一看来纯属政治社会学的理念扩而大之，提升到哲学美学的理论高度，所以孔子十分重视文艺领域的美的创造。

---

①《论语译注》，190、7、151 页。

子曰："小子何莫学夫诗？诗可以兴，可以观，可以群，可以怨；迩之事父，远之事君；多识于鸟兽草木之名。"（《阳货》）

与柏拉图在《理想国》里借苏格拉底之口历数文艺的罪状、要把诗人驱逐出理想国不同，孔子十分重视诗歌、音乐等文学艺术的审美认识、审美教育和审美愉悦作用。"兴、观、群、怨"说，就表现出孔子文艺功用论的观念①。兴即感兴，孔子自述"兴于《诗》，立于礼，成于乐"（《泰伯》）；观即郑玄注"观风俗之盛衰"；群、怨即孔安国注"群居相切磋"、"怨刺上政"（《论语注疏》②。孔子推崇《诗》三百，因其思想纯正："《诗》三百，一言以蔽之，曰：'思无邪'。"（《为政》），符合儒家提倡社会和谐的审美观念："《关雎》，乐而不淫，哀而不伤。"（《八佾》）既可以用作人生的指南："子谓伯鱼曰：'女为《周南》、《召南》矣乎？人而不为《周南》、《召南》，其犹正墙面而立也与！'"（《阳货》）又可以成为列国外交时的利器："子曰：'诵《诗》三百，授之以政，不达；使于四方，不能专对；虽多，亦奚以为哉？'"（《子路》）"不学诗，无以言"（《季氏》）。一部《诗》三百，在孔子口中被运用得出神入化。而这一切，都是为其构建儒教乌托邦理想国服务。

颜渊问为邦。

子曰："行夏之时，乘殷之辂，服周之冕，乐则《韶》、《舞》。"（《卫灵公》）

---

①《中国美学思想史》第一卷，146页。

②《论语注疏》，〔魏〕何晏等注，〔宋〕邢昺疏。《十三经注疏》影印本，下，2525页。

子谓《韶》："尽美矣，又尽善也。"谓《武》："尽美矣，未尽善也。"（《八佾》）

子之武城，闻弦歌之声。夫子莞尔而笑曰："割鸡焉用牛刀？"

子游对曰："昔者偃也闻诸夫子曰：'君子学道则爱人，小人学道则易使。'"

子曰："二三子！偃之言是也，前言戏之耳。"（《阳货》）

颜渊虽然在陋巷，枕曲肱，饭疏食，饮水，却仍然在关心着经邦治国的远大理想。此生身上，分明有着乃师孔子的影子。所以孔子尽心传授侃侃而谈：用夏朝的历法，坐殷朝的车子，戴周朝的冠冕，音乐就用《韶》和《武》。夏历四季合乎自然现象，商朝大车自然朴质，周朝冠冕华美富丽堂皇，舜时的乐舞《韶》和周武王的乐舞《武》仪式隆重令人振奋①。源于先秦文化生活的美学理念，被孔子巧妙地运用于政治范畴，为统治者勾勒出用儒学治国的理想图景。舜的天子之位是由尧禅让而来，所以孔子认为《韶》尽美尽善；而周武王的天子之位却是由讨伐商纣而来，所以孔子认为《武》尽美未尽善②。在孔子这里，美与善、审美与政治不仅紧密相联系，而且善明显居于美之上。子游用周公制定的礼乐制度治理武城这样一个小县，这正是儒教美学向往实现乌托邦理想国的社会实验。因此孔子听到弹琴鼓瑟唱诗的声音，情不自禁微

①《论语译注》，171 页。
②《论语译注》，36 页。

微一笑：治理这个小地方，还用得着审美教育吗[1]？这其实是儒教美学创始人抑制不住内心欣慰之情的赞美之词。但子游这位儒教入世美学的实践者，中国公元前五世纪的罗伯特·欧文[2]，是将儒教的审美理想认真地付诸实践的，武城庶民的弦歌之声，又真的接近于儒家入世美学推崇的人的生活、诗意地栖居，所以即使提倡尊师如孔子，也连忙放下师道尊严的架子，现场自我纠正，来肯定子游的审美创造实践。

孔子在周游讲学中建立的这些审美选择评判标准，表现得有些近似于柏拉图所说的“好性情”。柏拉图在《文艺对话集》中，借苏格拉底之口指出：“所以语文的美，乐调的美，以及节奏的美，都表现好性情。所谓‘好性情’，……是心灵真正尽善尽美。”[3]孔子的形象，就是西周以来周公等人建立的宗法制封建社会审美观念体系中的典型形象，即周礼的典范和楷模。他在日常生活中的言行举止，一颦一笑，都表现出这样一种细节之美。

孔子于乡党，恂恂如也，似不能言者。其在宗庙朝廷，便便言，唯谨尔。

朝，与下大夫言，侃侃如也。与上大夫言，訚訚如也。君在，踧踖如也，与与如也。

君召使摈，色勃如也，足躩如也。揖所与立，左右其手，衣前后，襜如也。趋进，翼如也。宾退，必复

---

①《论语译注》，189页。

② 罗伯特·欧文（Robert Owen，1771－1858），英国空想社会主义者。见恩格斯《反杜林论》。

③《文艺对话集》，《西方美学家论美和美感》，22页。

命,曰:“宾不顾矣。”

入公门,鞠躬如也,如不容。

立不中门,行不履阈。

过位,色勃如也,足躩如也,其言似不足者。

摄齐升堂,鞠躬如也,屏气似不息者。

出,降一等,逞颜色,怡怡如也。

没阶,趋进,翼如也。

复其位,踧踖如也。执圭,鞠躬如也,如不胜。上如揖,下如授。勃如战色,足缩缩如有循也。

享礼,有容色。

私觌,愉愉如也。(《乡党》)

康德说过:“美的理想只可以期望于人的形象。在这个形象这里,理想就在于表达道德性,舍此,该对象就不会普遍地而又是为此积极地(而不只是在合规矩的描绘中消极地)使人喜欢。对在内心支配着人们的那些道德理念的明显的表达虽然只能从经验中取得;但要使这些道德理念与凡是我们的理性使之在最高合目的性的理念中与道德的善联系起来的一切东西的结合,如灵魂的善良或纯洁,或坚强或宁静等等,仿佛在身体的表现(作为内心的效果)中变得明显可见:这就需要那只是想要评判它们、更不要说想要描绘它们的人,在内心中结合着理性的纯粹理念和想像力的巨大威力。”①虽然身处不同的时代和国度,但孔子及其弟子对于人

① 康德《判断力批判》,第一部分:审美判断力评判,第一卷:美的分析论,17:美的理想,71－72页。

的内在品质与外在表现之关系的理解，与康德这段论述的精神其实是相通的。“棘子城曰：‘君子质而已矣，何以文为矣？’子贡曰：‘惜乎！夫子之说君子也，驷不及舌。文犹质也，质犹文也。虎豹之鞟，犹犬羊之鞟也。’”（《颜渊》）“子曰：‘质胜文则野，文胜质则史，文质彬彬，然后君子。’”（《雍也》）要把君子之质——即康德所说的道德理念与凡是我们的理性使之在最高合目的性的理念中与道德的善联系起来的一切东西的结合，如灵魂的善良或纯洁，或坚强或宁静等等——表现为理想化的人的形象，就只有克己复礼，文质彬彬，复兴西周宗法封建制社会提倡的人际交往中的礼仪之美。孔子本人以身作则，在乡里和朝堂上表现出的毕恭毕敬、彬彬有礼的行为细节，就是在春秋末年运用周公之礼的典范。你看他上朝：同下大夫讲话，理直气壮，直抒已见；同上大夫讲话，和颜悦色，讨论问题；有国君在时，恭敬局促，礼仪适度。其待人接物的态度分寸，火候把握得何其到位！周公等人制礼作乐时倡导的普遍传达和共同感觉，到孔子这里已出神入化，炉火纯青，臻于极致。他的举手投足，音容笑貌，都传达着宗法封建制社会提倡的温柔敦厚、一团和气的和乐之美。“子温而厉，威而不猛，恭而安。”（《述而》）孔子这一美的形象示范，对于中国人，尤其是中国封建社会的文人士大夫，影响可谓深远。《汉书·霍光传》载：“光为人沉静详审……每出入，下殿门，止进有常处。郎、仆射窃识视之，不失尺寸。其资性端正如此。初辅幼主，政自己出，天下想闻其风采。”而霍光之所以能够以端方正直的美学风采征服天下人心，究其原因，无他，就在于那是由于春秋时孔子所创立的以礼仪约束自己、以细节感染人的儒教入世美学风范，久已春风夏雨潜移默化深入人心之故。

也就是从孔子开始，宗法封建制社会生活中的方方面面，当然也包括文学和艺术，都被纳入到时代审美主体的视野中来。

> 子曰："恶紫之夺朱也，恶郑声之乱雅乐也！"（《阳货》）

这里最明显地表现出孔子所捍卫的西周以来正统的审美标准。"恶紫，恐其乱朱也。"（《孟子·尽心下》）孔子为什么"恶紫之夺朱"？因为朱即大红色，与红色赤一样是周朝的正色，"周人尚赤"（《礼记·檀弓上》），从朝廷到民间，无不以朱、赤为时尚："孟夏之月……天子居明堂左个，乘朱路，驾赤骝，载赤旗，衣朱衣，服赤玉"（《礼记·月令》）。《诗》三百中歌唱"我朱孔阳，为公子裳。"（《豳风·七月》），可见朱、赤是何等的深入人心。"君子……红紫不以为亵服"（《乡党》）。君子不用近乎赤色的浅红色和紫色作平常居家的衣服①，因为怕亵渎了与它颜色相近的朱、赤。然而曾几何时，朱赤的这一受尊崇的正统地位，受到了紫色的挑战："齐桓公好服紫，一国尽服紫。当是时也，五素不一紫。桓公患之，谓管仲曰：'寡人好服紫，贵甚，一国百姓好服紫不已，寡人奈何？'"（《韩非子·外储说左上》）甚至出现了国君服紫，故而不准下人僭越服紫的规矩。《左传·哀公十七年》上就有"良

① 《论语译注》，107 页。

夫乘衷甸两牡，紫衣狐裘”而被罪的记载①。杜预注：“紫衣，君服。”（《春秋左传正义》②）坚守以朱赤为正色，唯朱赤为尊崇观念的孔子，对于齐桓公等人这一数典忘祖、离经叛道的行为，自然表现出极大的愤懑③。孔子又为什么“恶郑声之乱雅乐”？“恶郑声，恐其乱乐也。”（《孟子·尽心下》）郑风与卫风是《诗》三百中最为浪漫的部分，郑卫之风的火暴流行，冲击了大雅正声，即正统典雅乐曲在音乐领域的垄断地位，因此招致孔子一而再的严厉谴责：“放郑声，远佞人，郑声淫，佞人殆。”（《卫灵公》）将郑卫之声与奸佞之人相提并论，表现出孔子对内容浪漫、旋律活泼的“新乐”的深恶痛绝，也使得孔子的音乐美学观从此与保守一词紧紧地绑在一起，这是毋庸为这位圣人讳言的。

但我们要看到，孔子开创的儒家入世美学音乐观的思想精髓，其实并不止此。事实上，孔子对音乐至少有着与在野隐逸之士相等的感悟。“子击磬于卫，有荷蒉而过孔子之门者，曰：“有心哉，击磬乎！”既而曰：“鄙哉，硁硁乎！莫己知也，斯己而已矣。”（《宪问》）本篇前面提到的这位隐逸之士荷蒉对孔子击磬这一举动本身虽然颇有微词，但这正从另一个角度说明，他和击磬者孔子对于孔子击磬所表达的旋律语言的理解，其实是相通的。音乐通过有组织的乐音所形成的艺术形象表达人们的思想感情，作为审美主体的两个不同个体，演奏者和听乐者从同一首乐曲的音乐旋律中产生共同的

---

①《论语译注》，194 页。

②《十三经注疏》下，2179 页。

③ 张志春《中国服饰文化》第一卷，中国纺织出版社 2001 年 2 月，182－183 页。

感受,并从中捕捉到相似的艺术形象,这就是一种审美心理素质亦即心灵上的相通。孔子十分爱好音乐:“子与人歌而善,必使反之,而后和之”(《述而》)。他对音乐亦有精微的感受:“子语鲁太师乐,曰:‘乐其可知已也。始作,翕如也。从之,纯如也,皦如也,绎如也,以成。’”(《八佾》)尤其是听到喜爱的音乐,孔子甚至达到废寝忘食的痴迷程度:“子在齐闻《韶》,三月不知肉味,曰:‘不图为乐之至于斯也!’”(《述而》)孔子对音乐旋律的品味,对音乐形象的把握,皆非常人所及:

孔子学鼓琴师襄子,十日不进。

师襄子曰:“可以益矣。”

孔子曰:“丘已习其曲矣,未得其数也。”

有间,曰:“已习其数,可以益矣。”

孔子曰:“丘未得其志也。”

有间,曰:“已习其志,可以益矣。”

孔子曰:“丘未得其为人也。”

有间,有所穆然深思焉,有所怡然高望而远志焉。曰:“丘得其为人,黯然而黑,几然而长,眼如望羊,如王四国,非文王其谁能为此也!”

师襄子辟席再拜,曰:“师盖云《文王操》也。”(《史记·孔子世家》)

学弹琴曲《文王操》,一直到文王的音乐形象在琴声之中跃然而出才肯罢休①,连老师师襄子都佩服得“辟席再拜”,孔

① 刘再生著《中国古代音乐史简述》,人民音乐出版社1989年12月。

子对音乐的执著和品味的细致入微,于此可见一斑。由此看来,孔子之喜爱音乐的翕翕地热烈、纯纯地和谐、皦皦地清晰、绎绎地不绝①,正是由于这些音乐形象,象征着与春秋乱世动荡不安的社会现实恰相反对,形成鲜明对照的儒教入世美学审美理想中之乌托邦理想国和谐社会生活图景之故。

"子曰:'吾自卫反鲁,然后乐正,《雅》《颂》各得其所。'"(《子罕》)"三百五篇孔子皆弦歌之,以求合《韶》《武》《雅》《颂》之音。""孔子以诗书礼乐教,弟子盖三千焉。"(《史记·孔子世家》)三千弟子演奏吟唱三百首大雅正声诗歌,那一片歌声琅琅的多声部大合唱,就是孔子开创的儒教入世美学的音乐形象写照。

三、 墨家节用美学的嚆矢

就在儒道美学发端的春秋时期,其他学派的美学思潮也正蓬勃兴起。其中最引人注目的,当属火暴盛行一时、曾与儒家入世美学并称显学的墨家节用美学。如果说,无论道家的隐逸,还是儒家的入世,归根结底,都是介于统治者与被统治民众之间的士,在各自不同的美学思想观念体系中,对于出处进退等人生理想道路进行的寻觅探索;那么,墨家则是站在与统治阶级不同思维方式的士的角度,以独具特色的审美价值取向,表现出对于世道人生应有图景的呐喊呼唤。后代统治者一向对墨家学说态度冷淡,正从反面指示出墨子倡导之节用美学的思想观点,击中了历代统治阶级的阴私

①《论语译注》,35 页。

痛处。

春秋时代士的成分来源，原本就网罗天下，包涵众生。墨家所会聚的，大体是由原始氏族部落的巫师演变而来的宗庙祭祀之士。相对于道家的超脱出世和儒家的积极入世来说，他们更像是一群扎根于现实社会之中，以自身行动实践自己学说的哲人。“墨家者流，盖出于清庙之守。茅屋采椽，是以贵俭；养三老五更，是以兼爱；选士大射，是以上贤；宗祀严父，是以右鬼；顺四时而行，是以非命；以孝视天下，是以上同：此其所长也。及蔽者为之，见俭之利，因以非礼；推兼爱之意，而不知别亲疏。”（《汉书·艺文志》）墨家身居春秋乱世，却不肯随波逐流谋取私利，仍在以自身微薄的力量，倡导着早已为时人抛到九霄云外的博爱与和平，可以说是尚保留着远古淳朴之风的一群理想主义者：

> 子墨子言曰：以兼相爱交相利之法易之。然则兼相爱交相利之法将奈何哉？子墨子言：视人之国若视其国，视人之家若视其家，视人之身若视其身。是故诸侯相爱则不野战，家主相爱则不相篡，人与人相爱则不相贼，君臣相爱则惠忠，父子相爱则慈孝，兄弟相爱则和调。天下之人皆相爱，强不执弱，众不劫寡，富不侮贫，贵不敖贱，诈不欺愚。（《墨子·兼爱中》。本节下引《墨子》，只注篇名）

这是比道儒两家走得更远的理想主义乌托邦。如墨子所设想，世人视人若己，兼相爱，交相利，让天下充满爱，那该多好呵。但事实上，人类社会自有阶级以来，这种充满浓厚的浪漫色彩的理想化社会即不复存在。到墨子生活的春秋时代,诸侯割据纷争、扰攘不已的社会现实,不仅明确昭示出现实社会的黑暗,而且早已从根本上扭曲了人们的思想,改变了时人的审美观念。墨子在这种时代仍然坚持其乌托邦理想国之浪漫幻想,一方面可见其出淤泥而不染的天真执著,另一方面也因而显得与动乱现实格格不入。墨子在对春秋社会思潮的考察中,也已经发现了这一时代人们审美观念的变化:

> 昔者晋文公好士之恶衣,故文公之臣皆牂羊之裘,韦以带剑,练帛之冠,入以见于君,出以践于朝。是其故何也?君说之,故臣为之也。
>
> 昔者楚灵王好士细腰,故灵王之臣皆以一饭为节,胁息然后带,扶墙然后起。比期年,朝有黧黑之色。是其故何也?君说之,故臣能之也。
>
> 昔越王勾践好士之勇,教训其臣。和合之,焚舟失火,试其士曰:"越国之宝尽在此!"越王亲自鼓其士而进之,其士闻鼓音,破碎乱行,蹈火而死者,左右百人有余。越王击金而退之。(《兼爱中》)

此间之昔,其实还是春秋时代。这里涉及的,是一个时代审美价值取舍标准大趋向如何嬗变的问题。衣以新丽为美,士以健康为美,人间万物以生命为美,本是人之常情。然而在春秋时代,这一切似乎全都颠倒了过来:颠沛半生的晋文公重耳,怀念昔日流亡国外时跟随者褴褛的衣衫,于是晋国朝廷衣着朴素成风;养尊处优的楚灵王,欣赏后宫楚女纤细袅娜的腰肢，于是满朝群臣纷纷节食减肥，“当灵王之身，荆国之士饭不逾乎一，固据而后兴，扶垣而后行”（《兼爱下》），至于弱不禁风，饿死而不悔；卧薪尝胆的越王勾践渴望国士具有勇猛的气概，于是越人争相赴汤蹈火，在所不辞。凡此种种独出心裁猎奇好异，甚至违背人类生存自然规律的审美标准，由于个别统治者个人的提倡，得以明目张胆，公然大行于世。“君说之，故臣能之”，这种惟统治者个人之喜好是从，以统治阶级提倡之评价标准为美的审美风尚发展到极端，必将直接或间接地戕害人的生存本能，走到荒谬的极端上去：“今若夫攻城野战，杀身为名，此天下百姓所皆难也，若君说之，则士众能为之”（《兼爱中》）。战争，尤其是春秋时代那种以攻城略地为目的的非正义的战争，无不以杀人为业，无论于己、于人，还是于家、于国，皆可谓极端不利。但在诸侯的操纵下，却正风靡于时。“今至大为不义攻国，则弗知而非，从而誉之，谓之义”（《非攻》）。也就是在这乾坤颠倒的时代，墨子及其同道者们挺身而出，倡导兼爱、非攻、节用、节葬、非乐，试图以自身微薄之力，扭转时代颓波，还天下以和平。“墨子兼爱，摩顶放踵利天下，为之。”（《孟子·尽心上》）这是墨家学派最根本意义上的理论出发点，也是这一学派理论当时最能征服天下人心，亦即最具有时代美学魅力的所在。

也许是由于统治阶级的思想左右了史学家选材时的去取标准所致，今天我们在图书典籍所能见到的有关墨子学派的历史记载，已属凤毛麟角。即使从这凤毛麟角、只言片语的记述中，我们仍可以想见墨家学派流行时的盛况。“世之显学，儒、墨也。……墨之所至，墨翟也。……自墨子之死也，有相里氏之墨，有相夫氏之墨，有邓陵氏之墨。故孔、墨之后，儒分为八，墨离为三，取舍相反不同，而皆自谓真孔、墨。”（《韩非子·显学》）在春秋当时，墨家门徒不仅人数众多，而且其中多有坚定不移的笃信之士。“禽子，名滑厘……后学于墨子，尽传其学，与墨子齐称。禽子事墨子三年，手足胼胝，面目黎黑，役身给使，不敢问欲。……楚惠王时，公输般为楚造云梯之械成，将以攻宋。墨子自鲁至郢止之，使禽子诸弟子三百人，持守圉之器，在宋城上，而待楚寇，楚卒不攻宋。”（《墨子后语·墨子弟子》①）后来中国封建社会之行侠仗义、济弱扶倾的江湖游侠形象，盖源于此欤？类似禽滑厘这样的至诚之士，在墨家中比比皆是：“墨子服役者百八十人，皆可使赴火蹈刃，死不还踵，化之所致也。”（《淮南子·泰族训》）他们风尘仆仆，奔走天下，不为个人私利，只为实现自己的理想。一旦理想受阻，无论功名利禄，皆不能诱惑打动其心志：“子墨子使管黔遨游高石子于卫，卫君致禄甚厚，设之于卿。高石子三朝必尽言，而言无行者。去而之齐，见子墨子……墨子曰：‘去之苟道，受狂何伤！……’‘夫倍义而乡禄者，我常闻之矣。倍义而乡禄者，于高石子焉见之也。’”（《耕柱》）墨家不同于道家，其淡泊名利不是为了超脱出世，而是为了实现其兼爱天下的政治理想。“夫爱人者，人亦从而爱之；利人者，人亦从而利之；恶人者，人亦从而恶之；害人者，人亦从而害之，此何难之有焉？特上不以为政而士不以为行故也。”（《兼爱中》）使天下之人兼相爱，这是春秋现实社会中那些以和平、博爱为奋斗宗旨之士的政治理想，同时也

① 孙诒让著《墨子闲诂》，《诸子集成》，4页。

是他们的审美理想。墨家学派贫贱的出身，使他们更为关心和看重其所在的庶民阶层最为基本的生活条件。如“节用”、“节葬”：

> 圣人为政，其发令、兴事、使民、用财也，无不加用而为者。是故用财不费，民德不劳，其兴利多矣！
>
> 其为衣裘何以为？冬以围寒，夏以围暑。凡为衣裳之道，冬加温、夏加清者，芊䱗。不加者，去之。
>
> 其为宫室何以为？冬以围风寒，夏以围暑雨。有盗贼加固者，芊䱗。不加者，去之。
>
> 其为甲盾五兵何以为？以围寇乱盗贼。……凡为甲盾五兵，加轻以利坚而难折者，芊䱗。不加者，去之。
>
> 其为舟车何以为？车以行陵陆，舟以行川谷，以通四方之利。凡为舟车之道，加轻以利者，芊䱗。不加者，去之。(《节用上》)
>
> 古者圣王制为饮食之法，曰：足以充虚继气，强股肱，使耳目聪明，则止。(《节用中》)

芊䱗二字，注家疑为“鲜且”二字之误。不加，犹言无益是也①。墨子节用美学的理论基础和着眼点，即源之于其关注的节用之“用”。这是人类童年时期最为典型的实用主义审美观。从朴素实用的理念出发，墨子于衣裳注重其冬保暖夏清凉，于宫室注重其抵御风寒暑雨盗贼，于兵器注重其

① 毕沅、俞樾注《墨子闲诂》，《诸子集成》，4、99页。

坚而难折，于舟车注重其轻快便利，于饮食注重其充虚果腹……对物品用途的强调，使人感到仿佛又回到了远古氏族社会“羊大为美”的初始美学观念萌芽阶段。墨家长年处于如此朴实的现实生活环境之中，对于春秋时期流行的厚葬久丧之风，自然义愤填膺，极其不满：

此存乎王公大人有丧者，曰棺椁必重，葬埋必厚，衣衾必多，文绣必繁，丘陇必巨。……存乎诸侯死者，虚库府，然后金玉珠玑比乎身，纶组节约，车马藏乎圹，又必多为屋幕、鼎鼓、几挺、壶滥、戈剑、羽旄、齿革，寝而埋之，满意若殉从，曰天子杀殉，众者数百，寡者数十。将军、大夫杀殉，众者数十，寡者数人。（《节葬下》）

这是对春秋统治阶级厚葬之风的血泪控诉！与奢靡血腥、令人发指的厚葬之风针锋相对，墨子提出了古先圣王的薄葬作为时人效法的楷模：

故古圣王制为葬埋之法，曰：“棺三寸足以朽体，衣衾三领足以覆恶。以及其葬也，下毋及泉，上毋通臭，垄若参耕之亩，则止矣。”（《节葬下》）

墨子并举出尧、舜、禹三王的葬埋之法，说明“厚葬久丧果非圣王之道”（《节葬下》）。“古者圣王制为节葬之法，曰：衣三领，足以朽肉。棺三寸，足以朽骸。”（《节用中》）墨子的节用节葬观，在当时可以说是标新立异，独树一帜。他不仅给了奢侈靡费的统治者一个当头棒喝,也与时代流行的儒道两家的美学观念背道而驰。你看:孔子饮食讲究“食不厌精,脍不厌细”,有着许多品味高雅的饮食禁忌:“食饐而餲,鱼馁而肉败,不食;色恶,不食;臭恶,不食;失饪,不食;不时,不食;割不正,不食;不得其酱,不食;……沽酒市脯,不食”(《论语·乡党》),口腹享受可谓无微不至。墨子饮食之法却只有人类维持生存最为基本的“足以充虚继气”而已。孔子衣裳考究适时得体:“当暑,袗絺绤,必表而出。缁衣羔裘,素衣麑裘,黄衣狐裘。亵裘长,短右袂。必有寝衣,长一身有半。狐貉之厚以居。……吉月,必朝服而朝。斋,必有明衣,布也。”(《论语·乡党》)墨子衣裳之道却只有人类先民最为初始的抵御寒暑的功能“冬加温、夏加清”而已,此间相差,何止以道里计!其余如宫室、舟车,墨子皆因陋就简,不恤寒碜,与儒家之于日常生活中体现出美感,形成鲜明对照。儒墨尤其对立的,是对于丧葬的态度。孔子师生有段辩难久已为人熟知:“宰我问:‘三年之丧,期已久矣。君子三年不为礼,礼必坏;三年不为乐,乐必崩。旧谷既没,新谷既升,钻燧改火,期可已矣。’子……曰:‘予之不仁也!子生三年,然后免于父母之怀。夫三年之丧,天下之通丧也。予也,有三年之爱于其父母乎?’”(《论语·阳货》)儒家葬礼规定子为父母之丧守孝三年,墨子却主张“死者既已葬矣,生者必无久丧,而疾而从事,人为其所能,以交相利也”(《节葬下》),与儒家针锋相对。尤其令儒家不能容忍的,是墨子引证的那些边远部族习俗:

昔者越之东，有跡輆沐之国者，……其大父死，负其大母而弃之，曰：鬼妻不可与居处。……

楚之南，有啖人国者，其亲戚死，朽其肉而弃之，然后埋其骨，乃成为孝子。

秦之西，有仪渠之国者，其亲戚死，聚柴薪而焚之，熏上谓之登遐，然后成为孝子。(《节葬下》)

抛弃、天葬、火葬，这些边远部族的赡养和殡葬方式，对于先秦诸子所在的中原部族来说，真可谓惊世骇俗，莫此为甚；骇人听闻，至于此极。而墨子却只是轻描淡写地一句"此所谓便其习而义其俗者也"(《节葬下》)，亮出其不同于儒道两家的思想原则。所以不仅荀子批评墨子之说是"役夫之道也"(《荀子·王霸》)，即使以超脱尘世自我标榜的道家创始人之一的庄子及其门徒，也批评墨家的不近人情："不侈于后世，不靡于万物，不晖于数度，以绳墨自矫，而备世之急。古之道术有在于是者，墨翟、禽滑厘闻其风而说之。为之大过，已之大循。作为'非乐'，命之曰'节用'。生不歌，死无服。墨子泛爱兼利而非斗，其道不怒。又好学而博，不异，不与先王同，毁古之礼乐。黄帝有《咸池》，尧有《大章》，舜有《大韶》，禹有《大夏》，汤有《大濩》，文王有《辟雍》之乐，武王、周公作《武》。古之丧礼，贵贱有仪，上下有等，天子棺椁七重，诸侯五重，大夫三重，士再重。今墨子独生不歌，死不服，铜棺三寸无椁，以为法式。……使后世之墨者多以裘褐为衣，以跂𫏋为服，日夜不休，以自苦为极，曰：'不能如此，非禹之道也，不足谓墨。'相里勤之弟子，五侯之徒，南方之墨者：苦获、已齿、邓陵子之属，俱诵墨经，而倍谲不同，相谓'别墨'。以坚白同异之辩相訾，以觭偶不仵之辞相应，以巨子为圣人，皆愿为之尸，冀得为其后世，至今不决。”(《庄子·天下》)庄子学派并非儒家信徒，但对墨家之一味节用仍然颇多非议，可见墨家的节用观念，已经超出了春秋时人所能接受的心理底线。追求生活享受既是人与生俱来的天性，也是人类社会得以不断前进和进步的原动力，墨家从本质上否定这一点，给在奋斗和竞争中前进和进步的人们泼了一桶冷水，人们自然难以接受。墨家于春秋之后门庭日冷，追随者稀，以致逐渐湮没无闻，其根本原因当在于此。

其实，此乃春秋其他学派对墨家的误解。就墨子及其后学的本来目的来说，他们提倡撙节用度，与其“非攻”理论一样，是其“兼爱”理念的自然延伸。即如墨子阐述其“非乐”观念：

> 子墨子言曰：仁人之事者，必务求兴天下之利，除天下之害。将以为法乎天下，利人乎即为，不利人乎即止。且夫仁者之为天下度也，非为其目之所美，耳之所乐，口之所甘，身体之所安，以此亏夺民衣食之财，仁者弗为也。
>
> 是故子墨子之所以非乐者，非以大钟鸣鼓、琴瑟竽笙之声以为不乐也，非以刻镂华饰文章之色以为不美也，非以刍豢煎炙之味以为不甘也，非以高台厚榭邃野之居以为不安也。虽身知其安也，口知其甘也，目知其美也，耳知其乐也，然上考之不中圣王之事，下度之不中万民之利。是故子墨子曰：为乐非也。(《非乐上》)

这是墨子"非乐"理论的总纲。墨家学说最为春秋其他学派不能认同的,"非乐"审美观当属于其中要点。但我们从墨子"非乐"理论的这一根本目的和出发点来看,却的的确确是一番言出有因的谠言嘉论。换言之,虽然墨子之美感,尚未超出耳目口身的快感的层面,比"羊大为美"的原始氏族社会美学初始阶段前进不多,但墨子立论的着眼点,却已囊括春秋时代各诸侯国的劳苦民众。墨子认为在春秋之世,当务之急不应是音乐等不急之务:"民有三患:饥者不得食,寒者不得衣,劳者不得息,三者民之巨患也。然即当为之撞巨钟、击鸣鼓、弹琴瑟、吹竽笙而扬干戚,民衣食之财,将安可得而具乎?即我以为未必然也。意舍此,今有大国即攻小国,有大家即伐小家,强劫弱,众暴寡,诈欺愚,贵傲贱,寇乱盗贼并兴,不可禁止也。然即当为之撞巨钟、击鸣鼓、弹琴瑟、吹竽笙而扬干戚,天下之乱也,将安可得而治与?即我以为未必然也。"(《非乐上》)音乐舞蹈等审美活动作为精神产品,自然不能直接创造衣食用度等物质财富,也不能直接消弭争斗、动乱和战争,墨子以此责之于乐舞艺术,难免故意否定艺术存在价值之嫌。但墨子强人所难的言行,包孕的却是一颗赤诚之心:"是故子墨子曰:姑尝厚措敛乎万民,以为大钟鸣鼓、琴瑟竽笙之声,以求兴天下之利,除天下之害,而无补也。是故子墨子曰:为乐非也。"(《非乐上》)政治、经济与艺术、审美,在墨子学说中统统被捆绑在一起,统一起来进行考虑。"今王公大人惟毋处高台厚榭之上而视之,钟犹是延鼎也,弗撞击,将何乐得焉哉!其说将必撞击之。……将必使当年,因其耳目之聪明,股肱之毕强,声之和调,明之转朴。使丈夫为之,废丈夫耕稼树艺之时;使妇人为之,废妇人纺绩织纴之事。”“今大钟鸣鼓、琴瑟竽笙之声,既已具矣,王公大人锗然奏而独听之,将何乐得焉哉?其说将必与人。与君子听之,废君子听治;与贱人听之,废贱人之从事。”(《非乐上》)墨子从物质实用的角度考察音乐,得出后面的结论也就顺理成章:“是故子墨子曰:今王公大人惟毋为乐,亏夺民衣食之财以拊乐,如此多也。是故子墨子曰:为乐非也。”(《非乐上》)就音乐审美的观点来说,墨子这一以政治和经济否定艺术的非乐观于朴素中明显有着几分稚拙,但从艺术社会学的角度考察,墨子的非乐观却是投向春秋诸侯奢侈腐化生活的药石针砭。如墨子所指出:

> 昔者齐康公兴乐万,万人不可衣短褐,不可食糠糟,曰:“食饮不美,面目颜色不足视也;衣服不美,身体从容不足观也。”是以食必梁肉,衣必文绣。此掌不从事乎衣食之财,而掌食乎人者也。(《非乐上》)

这也从春秋社会音乐生活实践的角度印证了墨子的观点。因而墨子大声疾呼:“今惟毋在乎王公大人说乐而听之,即必不能蚤朝晏退,听狱治政,是故国家乱而社稷危矣!今惟毋在乎士君子说乐而听之,即必不能竭股肱之力,亶其思虑之智,内治官府,外收敛关市、山林、泽梁之利,以实仓廪府库,是故仓廪府库不实。今惟毋在乎农夫说乐而听之,即必不能蚤出暮入,耕稼树艺,多聚叔粟,是故叔粟不足。今惟毋在乎妇人说乐而听之,即必不能夙兴夜寐,纺绩织纴,多治麻丝葛绪、捆布缘，是故布缘不兴。曰：孰为而废大人之听治、贱人之从事？曰：乐也。是故子墨子曰：为乐非也。”“是故子墨子曰：今天下士君子，请将欲求兴天下之利，除天下之害，当在乐之为物，将不可不禁而止也。”（《非乐上》）将听乐的危害，上升到亡国亡社稷的高度，从而在中国音乐美学思想史上留下浓重特异的一笔。墨子在讲学答疑时一再阐明他的非乐观点：

> 程繁问于子墨子曰：“……今夫子曰：‘圣王不为乐’，此譬之犹马驾而不税，弓张而不弛，无乃非有血气者之所能至邪？”
>
> 子墨子曰：“昔者尧舜有第期者，且以为礼，且以为乐。……武王胜殷杀纣，环天下自立以为王，事成功立，无大后患，因先王之乐，又自作乐，命曰《象》。周成王因先王之乐，又自作乐，命曰《驺虞》。周成王之治天下也，不若武王。武王之治天下也，不若成汤。成汤之治天下也，不若尧舜。故其乐逾繁者，其治逾寡。自此观之，乐非所以治天下也。”（《三辩》）
>
> 桀女乐三万人，晨噪闻于衢，服文绣衣裳。（佚文①）
>
> 秦穆王遗戎王以女乐二八，戎王沈于女乐，不顾国政，亡国之祸。（佚文）②

① ②《诸子集成》，4页《墨子闲诂》，附录，10页。

其乐逾繁，其治逾寡，音乐与政治之间，是否存在墨子所说的这种简单化的呈反比例变化的互动关系，是可以探讨的。因为就像程繁质疑墨子非乐论时所指出的："昔诸侯倦于听治，息于钟鼓之乐；士大夫倦于听治，息于竽瑟之乐；农夫春耕夏耘，秋敛冬藏，息于瓴缶之乐"(《三辩》)，音乐有其审美愉悦作用，已是为实践印证了的事实。后来荀子论述"夫乐者，乐也，人情之所必不免也。故人不能无乐""先王之道，礼乐正其盛者也"、"夫声乐之入人也深，其化人也速，故先王谨为之文"(《荀子·乐论》)，也说明了这一点。就连墨子在这里列举的尧舜以至周成王之乐，其实也是在正面肯定音乐的审美作用。所以程繁指出墨子非乐观的自相矛盾之处：

> 程繁曰："子曰：'圣王无乐'，此亦乐已，若之何其谓圣王无乐也?"
>
> 子墨子曰："圣王之命也，多寡之。食之利也，以知饥而食之者智也，因为无智矣。今圣有乐而少，此亦无也。"(《三辩》)

说到底，墨子还是没有事实上也无法彻底否定音乐的审美作用。墨子只是希望音乐艺术的发展能够有所节制，以节约社会用度，将有限的财力首先用之于解决人民温饱等基本生存需求，而春秋恰巧是这样一个统治者骄奢淫逸挥霍无度、下层民众饥寒交迫衣食无着的时代，这就使得墨子明显有片面之嫌的非乐理论，有了其得以在春秋时代流行一时的社会审美心理基础。说穿了，墨子之非乐，所否定的并非是音乐这门艺术本身的存在价值，而是春秋列国诸侯为欣赏音乐而暴夺民衣食之财的审美方式。现代研究者也已指出这一点①。

墨子非乐，或者正确地说来应该叫做苛求于音乐，与墨子的整个节用美学思想体系是一以贯之的。一部《墨子》，时时在崇尚节俭，抨击靡费：

> 子墨子曰：古之民未知为宫室时，就陵阜而居，穴而处，下润湿伤民……是故圣王作为宫室，便于生，不以为观乐也。……当今之主，其为宫室，则与此异矣。必厚作敛于百姓，暴夺民衣食之财，以为宫室台榭曲直之望，青黄刻镂之饰。为宫室若此，故左右皆法象之。是以其财不足以待凶饥，振孤寡，故国贫而民难治也。……
>
> 古之民未知为衣服时，衣皮带茭，冬则不轻而温，夏则不轻而清。……故圣人为衣服，适身体，和肌肤而足矣，非荣耳目而观愚民也。当是之时，坚车良马不知贵也，刻镂文采不知喜也。……当今之王，其为衣服，则与此异矣。……必厚作敛于百姓，暴夺民衣食之财，以为锦绣文采靡曼之衣，铸金以为钩，珠玉以为佩，女工作文采，男工作刻镂，以为身服。……以此观之，非为身体，皆为观好。是以其

① 参见施昌东《先秦诸子美学思想述评》，中华书局 1979 年 5 月，27 – 47 页，“墨子的美学思想”；敏泽《中国美学思想史》第一卷，277 – 280 页，“墨子”；蔡仲德《中国音乐美学史》，人民音乐出版社 1995 年 1 月，114 页，“墨子的音乐美学思想”。

民淫僻而难治,其君奢侈而难谏也。……

古之民未知为饮食时,素食而分处。故圣人作诲男耕稼树艺,以为民食。其为食也,足以增气充虚,强体适腹而已矣。……今则不然,厚作敛于百姓,以为美食刍豢,蒸炙鱼鳖。大国累百器,小国累十器,前方丈,目不能遍视,手不能遍操,口不能遍味。冬则冻冰,夏则餲饐。人君为饮食如此,故左右象之。是以富贵者奢侈,孤寡者冻馁,虽欲无乱,不可得也。……

古之民未知为舟车时,重任不移,远道不至。故圣王作为舟车,以便民之事。其为舟车也,完固轻利,可以任重致远。……当今之王,其为舟车与此异矣。完固轻利皆已具,必厚作敛于百姓,以饰舟车,饰车以文采,饰舟以刻镂。女子废其纺织而修文采,故民寒;男子离其耕稼而修刻镂,故民饥。……(《辞过》)

从墨子美学思想体系的整体考察,墨子反对的显然不是制作宫室、衣服、饮食、舟车,而是在制作这些宫室、衣服、饮食、舟车时出现的靡费倾向。墨子概括其评判事物的标准为“三表法”:“有本之者,有原之者,有用之者。于何本之?上本之于古者圣王之事。于何原之?下原察百姓耳目之实。于何用之?废以为刑政,观其中国家百姓人民之利。”(《非命上》)此间对远古先民未知有宫室、衣服、饮食、舟车时的评述,就是有力的证明。古圣王为了满足众人的需要,创造了宫室、衣服、饮食、舟车,因陋就简,惠而不费,这是墨子歌颂的对象;春秋诸侯为了满足其对于宫室台榭曲直之望、青黄刻镂之饰、锦绣文采靡曼之衣等物质生活享受的需要,而厚作敛于百姓,暴夺民衣食之财,造成财不足以待凶饥、振孤寡,富贵者奢侈,孤寡者冻馁,这些才是墨子抨击的重点。墨子推崇古圣王节俭实用的美学风范,正是为了批判古代统治阶级骄奢淫逸暴殄天物的靡费之风。

禽滑厘问于墨子曰:"锦绣缔苎,将安用之?"

墨子曰:"恶! 是非吾用务也。古有无文者得之矣,夏禹是也:卑小宫室,损薄饮食,土阶三等,衣裳细布。当此之时,黼黻无所用,而务在于完坚。殷之盘庚,大其先王之室,而改迁于殷,茅茨不翦,采椽不斫,以变天下之视,当此之时,文采之帛,将安所施? ……纣为鹿台糟丘,酒池肉林,宫墙文画,雕琢刻镂,锦绣被堂,金玉珍玮,妇女优倡,钟鼓管弦,流漫不禁,而天下愈竭。故卒身死国亡,为天下戮。非惟锦绣缔苎之用邪?"(佚文①)

由于审美价值观念与社会政治生活紧密相连的缘故,社会物质生活中自然的美丑善恶,在墨子的审美评价体系中出现颠倒:夏禹盘庚等古圣先王的土阶三等、茅茨不翦,成为墨家赞美推崇的审美客体;而锦绣文采等美的产品,与钟鼓管弦演奏的美的音乐,在墨子这里是被作为导致亡国的祸水尤物来看待的。后代盛行之政治标准明显高于艺术标准的思想原则即审美价值评判标准,在此间已见其端倪。

---

①《诸子集成》4,《墨子闲诂》附录,8-9页。

中国古代的美学思潮,刚刚舒展开它的泉源脉络,就在墨子这里出现了第一次返本还源。文与质,亦即形式与内容的关系,在墨子这里被深入探讨。

> 公孟子义章甫,搢忽,儒服,而以见子墨子,曰:“君子服然后行乎?其行然后服乎?”
>
> 子墨子曰:“行不在服。”
>
> 公孟子曰:“何以知其然也?”
>
> 子墨子曰:“昔者齐桓公高冠博带,金剑木盾,以治其国,其国治。昔者晋文公大布之衣,牂羊之裘,韦以带剑,以治其国,其国治。昔者楚庄王解冠组缨,绛衣博袍,以治其国,其国治。昔者越王勾践剪发文身,以治其国,其国治。此四君者,其服不同,其行犹一也。翟以是知行之不在服也。”(《公孟》)

墨子的答辩透露出这样一个史实:春秋时期,各诸侯国对于服装的审美标准,已呈现出自由发展、百花齐放的多样化趋势。但墨子关注和强调的并未止于此。墨子此间关注和强调的,是品行重于服装、实质重于文采、内容重于形式的思想核心。墨子指出:“有文实也,而后谓之;无文实也,则无谓也。不若敷与美:谓是,则是固美也;谓也,则是非美;无谓,则报也。”(《经说下》)美就是美,不美就是不美,内容与实质决定外在形式。“诚然,则恶在事夫奢也!长无用,好末淫,非圣人之所急也。故食必常饱,然后求美;衣必常暖,然后求丽;居必常安,然后求乐。为可长,行可久,先质而后文,此圣人之务。”(佚文[①])先质而后文、质重于文,成为具有墨子学说特色的美学思想原则亦即审美价值评判标准。由于墨子主张先质后文,质决定文,因而实际上墨子并不太计较作为外在形式的服装样式。所以当公孟子提出舍弃儒服改从墨时,墨子并未赞同:

> 公孟子曰:“善! 吾闻之曰:宿善者不祥。请舍忽,易章甫,复见夫子,可乎?”
>
> 子墨子曰:“请因以相见也。若必将舍忽、易章甫而后相见,然则行果在服也。”(《公孟》)

在墨子看来,儒墨之区别,并不在于是否儒服,而在于思想实践。若是服装能决定思想行动,那么行动岂非真的在于服装了。墨子以他的实际审美取舍,启发学生领会的,自然不只局限于服装。要而言之,那是一整套评判客观事物的美学思想体系亦即审美评价标准。与儒家注重文与质的统一,提倡“文犹质也,质犹文也。虎豹之鞟,犹犬羊之鞟也”(《论语·颜渊》)相反,墨子认为质决定文:“子禽问曰:‘多言有益乎?’墨子曰:‘蛤蟆蛙蝇,日夜而鸣,舌干擗,然而不听;今鹤鸡时夜而鸣,天下振动,多言何益? 唯其言之时也。’”(佚文[②])在如何评价文与质、名与实、言论与行动的关系亦即美学思想体系的基本点上,墨子与儒家正背道而驰。墨子非议儒家“繁饰礼乐以淫人,久丧伪哀以谩亲”(《非儒》)“或以不

①《诸子集成》,4 页《墨子闲诂》,附录,9 页。
②《诸子集成》,4 页《墨子闲诂》,附录,11 页。

丧之间诵诗三百,歌诗三百,舞诗三百,若用子之言,则君子何日以听治?庶人何日以从事?”“又弦歌鼓舞,习为声乐,此足以丧天下”(《公孟》),不仅在音乐思想领域亮出其与儒家针锋相对的节用美学旗帜,而且也确实说中了儒学末流的积弊,可谓狙击之辣手。稍后的韩非子这样评价墨家的美学观念:

> 楚王谓田鸠曰:“墨子者,显学也。其身体则可,其言多而不辩,何也?”
>
> 曰:“昔秦伯嫁其女于晋公子,令晋为之饰装,从衣文之媵七十人。至晋,晋人爱其妾而贱公女。此可谓善嫁妾而未可谓善嫁女也。楚人有卖其珠于郑者,为木兰之柜,薰桂椒之椟,缀以珠玉,饰以玫瑰,辑以羽翠。郑人买其椟而还其珠。此可谓善卖椟矣,未可谓善鬻珠也。今世之谈也,皆道辩说文辞之言,人主览其文而忘有用。墨子之说,传先王之道,论圣人之言,以宣告人。若辩其辞,则恐人怀其文、忘其直,以文害用也。此与楚人鬻珠秦伯嫁女同类,故其言多不辩。(《韩非子·外储说左上》)

此间之言多,指的是《墨子》作为从语录体向有组织有结构的论说文发展的过渡,文中内容不无重复之处,可以见出其讲义笔记的特点,非多言之意。韩非子从法家的美学观念出发,在重质轻文这一点上比墨子走得更远,可谓墨子的旷世知音。他对墨子美学观的评价,也愈加慧眼独具。但说到底,内容与文辞仍是一个矛盾统一的生命有机体,二者的关系并非完全对立，实际上，怀其文并不一定就会忘其值，文也未必就一定会害用，墨子与韩非子的美学观点，在这一点上应该说是有疏漏的。

倘若将道、儒、墨三家的美学思想加以比较，我们不难发现：一部《墨子》，其实也是在描述墨家学派心目中的乌托邦理想国。所谓节用、节葬之节，非攻、非儒、非乐之非，尚贤、尚同之尚，一言以蔽之，皆为墨家学派的政治理想亦即审美理想。墨子之兼爱爱人，与老子、孔子在美在理想这一点上表面似相反，实则为相成，可谓不约而同，殊途同归。惜乎后世统治者代表的主流社会将墨家徒以贱民视之，埋没了墨子思想的精华。平心而论，墨子在沧海横流的春秋时代，坚持从政治和经济的角度考察艺术和美，其观察视角与其他流派迥异，所发之议论难免矫枉过正的片面和偏激，尤其是他反对靡费时将文采刻镂等美的创造一并加以反对，更是有倒洗澡水连同孩子一起倒掉之嫌。但倘若将墨子学派放到当时的历史大环境中来考察，就会发现他正是人类童年时期忧民思想的萌芽。后来中国封建社会美学先驱那些忧国忧民的力作，皆从这里肇其始端。你看："富贵者奢侈，孤寡者冻馁"，这不就是唐代大诗人杜甫那千古流传的名句"朱门酒肉臭，路有冻死骨"（《自京赴奉先县咏怀五百字》）的思想先河吗？而"女子废其纺织而修文采，故民寒；男子离其耕稼而修刻镂，故民饥"的呼号，与唐代大诗人白居易那义愤填膺的呐喊"地不知寒人要暖，少夺人衣作地衣"（《红线毯》）之间的思想脉络又何其清晰！中国美学主潮运行的规律就是这样耐人寻味：尽管墨子在天下纷争的时代反对战争，在弱肉强食的列国间扶助弱小，在人欲横流的社会提倡节用，在在处处都闪现出一个伟大思想家的光辉，以至于后人将牢固防守城池称为“墨翟之守”、“墨守”①，将墨子的存心救世、到处奔走与孔子相提并论为“孔席不暖，墨突不黔”（班固《答宾戏》）；但惟独对于墨子的审美观，其影响却尚不及他的这些后人来得深远。究其原因，除了墨子反映出的“历史的必然要求”在当时的历史条件下“实际上不可能实现”造成“悲剧性的冲突”②之外，墨子在已经触摸到审美客体真谛之后，又向前迈进的那否定音乐艺术发展的一步，也直接将他自己推到了曲高和寡、独到见解难以为后人接受的境地。

行路难，开路更难。美学先驱们披荆斩棘筚路蓝缕的艰苦努力，换来了先秦美学思想潮流的波涛汹涌。各思想流派的继承者各抒己见，先秦美学思潮从此全面展开。

①《战国策·齐策六》：“今公又以弊聊之民，距全齐之兵，期年不解，是墨翟之守也。”

② 恩格斯《致裴·拉萨尔》（1859 年 5 月 18 日），《马克思恩格斯选集》第四卷，560 页。

第六篇　先秦美学思潮的展开

一、　儒家美学思想的拓展

艺术的发展与社会经济、政治的演进毕竟不平衡。伴随着历史的车轮由弱肉强食的春秋进入七雄逐鹿的战国，到来的竟是中国古典美学的黄金时代。与西方哲学家的门徒常感慨于难以望哲人项背相比，孔、老等东方哲人在战国时代的传人可以说是青出于蓝。他们不仅将孔子、老子开创的儒、道等学派的美学思想继承下来，而且将其发扬光大，在兵戈征战愈演愈烈的战国时代，闪现出杰出美学家的思想光辉。其中最有代表性的佼佼者，当首推孟子。

孟子受业于子思之门人，可谓是孔子之旷世传人。作为孔子的正宗门徒和崇拜者，孟子始终以孔子为榜样："可以仕则仕，可以止则止，可以久则久，可以速则速，孔子也。皆古圣人也，吾未有能行焉；乃所愿，则学孔子也。""自有生民以来，未有孔子也。""出乎其类，拔乎其萃，自生民以来，未有盛于孔子也。""以德服人者，中心悦而诚服也，如七十子之服孔子也。《诗》云：'自西自东，自南自北，无思不服。'此之谓也"（《孟子·公孙丑上》。本节下引《孟子》，只注篇名），这是孟子一以贯之的思想。然而孔子及儒家思想当年在美学领域之境遇，却并非如孟子所赞美的这般理想化。与儒家同时并存、分庭抗礼的墨子，曾借晏子之口批评儒家："孔丘盛容修饰以蛊世，弦歌鼓舞以聚徒，繁登降之礼以示仪，务趋翔之节以观众，博学不可使议世，劳思不可以补民，累寿不能尽其学，当年不能行其礼，积财不能瞻其乐，繁饰邪术以营世君，盛为声乐以淫遇民，其道不可以示世，其学不可以导众。"(《墨子·非儒下》)墨子此番批评之语，容或带有论敌相互攻击时的偏激色彩，但当时儒家美学思想之不易为其他思想学派和整个时代与社会所接受，于此却可见一斑。孟子的历史功绩，就在于他创造性地改进了儒家美学，使儒家入世美学成为易于为时人接受的针砭时代社会的良药。与孔子坚持儒家礼乐同一等美学思想原则不肯偏离半步相比，孟子对于世间事物的评判标准，其中自然也包括审美价值评判标准，显得更加灵活与变通。先看孟子与其弟子关于什么是真正的礼的讨论：

> 淳于髡曰："男女授受不亲，礼与？"
> 孟子曰："礼也。"
> 曰："嫂溺，则援之以手乎？"
> 曰："嫂溺不援，是豺狼也！男女授受不亲，礼也；嫂溺，援之以手者，权也。"(《离娄上》)

在儒家礼乐美学思想体系中，礼是乐的首要宗旨，乐是礼的表现形式之一。礼约束着乐，乐服务于礼。讲礼，是论乐舞等文艺形式的根本点。而几乎是从周公那个年代起，也许还要更早一些时间，儒家礼仪形式的主要落脚点，即在严于男女之大防。据说“帝颛顼之法,妇人不避男子于路者,拂之于四达之衢”(《淮南子·齐俗训》);周礼规定“男不言内,女不言外。……道路,男子由右,女子由左”(《礼记·内则》),“道路,男子由右,妇人由左,车从中央”(《礼记·王制》)。孔子提倡“克己复礼为仁”,更是将“非礼勿视,非礼勿听,非礼勿言,非礼勿动”(《论语·颜渊》)作为男女之间必须坚守的心理防线。然而到了战国时代,这一切全都颠倒了。“祭仲专,郑伯患之,使其婿雍纠杀之。将享诸郊。雍姬知之,谓其母曰:‘父与夫孰亲?’其母曰:‘人尽夫也,父一而已,胡可比也?’遂告祭仲曰:‘雍氏舍其室而将享子于郊,吾惑之,以告。’祭仲杀雍纠,尸诸周氏之汪。”(《左传·桓公十五年》)人尽可夫,此言在后代是一句恶毒至极的谩骂,但在当时,这却是一位慈爱的母亲发自肺腑、谆谆教诲亲生女儿的至理名言。在时人思想如此通脱的时代,若还是强调男女之间不得越雷池半步,连看都不能看,非但令人齿冷,也是没有思想市场的。时代已经前进到战国时代,儒家思想也应有所前进。所以孟子师承孔子,却并没有拘泥于孔子学说的全部,而是对其进行大刀阔斧的革命和改造。于男女之情,孟子仍提倡遵循其道:“男女居室,人之大伦也。”(《万章上》)“丈夫生而愿为之有室;女子生而愿为之有家。父母之心,人皆有之。不待父母之命、媒妁之言,钻穴隙相窥,逾墙相从,则父母国人皆贱之。”(《滕文公下》)于嫂溺援手,孟子则网开一面,提倡灵活机动,讲究随机应变。一个权变的“权”字,既见出孟子学术思想的灵活,同时也反映出时代前进的要求。孟子于儒家最为注重的男女之大防尚且如此,于儒家其他思想原则的态度亦皆从权。

但这并非孟子对孔子开创的儒家美学思想的背离。恰恰相反,这正是孟子对儒家入世美学的创造性发展,因为孟子将儒家思想原则发展得更合乎华夏民族的情感和心理,用哲学的语言来说就是更合乎人性。孟子对儒家入世美学思想的拓展,要点即在于其学说阐述的人性。且看孟子对美的论述:

> 浩生不害问曰:"乐正子何人也?"
>
> 孟子曰:"善人也,信人也。"
>
> "何谓善?何谓信?"
>
> 曰:"可欲之谓善,有诸己之谓信,充实之谓美,充实而有光辉之谓大,大而化之之谓圣,圣而不可知之之谓神。乐正子,二之中、四之下也。"(《尽心下》)

孟子在中国美学史上首倡"充实之谓美,充实而有光辉之谓大"的美学命题,虽然仍属于与善有紧密联系的范围,但值得喜悦的是,此时的美,已不再安于善的附庸和仆从的位置,而开始将自己的内涵扩而大之,出于善而胜于善,包容并且超越了善,实现了在善、信基础之上的升华。也可以说,孟子所论之美,乃在善的基础之上升华而来的美好人格精神。孟子在答复弟子公孙丑的疑问时,自述其美学思想特点,就是这一理念的绝佳注脚。

> "敢问夫子恶乎长?"
>
> 曰:"我知言,我善养吾浩然之气。"(《公孙丑上》)

据孟子自己解释，所谓“知言”，就是“詖辞知其所蔽，淫辞知其所陷，邪辞知其所离，遁辞知其所穷”，即明确何谓非美之词，以及这些非美之词在何处偏离了儒家入世美学的审美价值评判标准。而“浩然之气”，则是“其为气也，至大至刚，以直养而无害，则塞于天地之间。其为气也，配义与道，无是，馁也。是集义所生者，非义袭而取之也。行有不慊于心，则馁矣”（《公孙丑上》），这股天地之间的浩然正气，就是孟子所说的“充实之谓美”。而养气，即以儒家入世美学提倡的仁义礼智信等美德不断砥砺、磨炼自己的气质情操，就是“充实之谓美”、“充实而有光辉之谓大”。中国封建社会多有舍身取义的壮烈之士，其共同点即在于这股浩然正气。后来南宋民族英雄文天祥作《正气歌》，历数“在齐太史简，在晋董狐笔；在秦张良椎，在汉苏武节；为颜将军头，为嵇侍中血；为张睢阳齿，为颜常山舌；或为辽东帽，清操厉冰雪；或为《出师表》，鬼神泣壮烈；或为渡江楫，慷慨吞胡羯；或为击贼笏，逆竖头破裂”等宁死不屈的壮举，来说明这股“是气所磅礴，凛烈万古存。当其贯日月，生死安足论！地维赖以立，天柱赖以尊”的浩然正气，并以之与个人身陷囹圄的水气、土气、日气、火气、人气、恶气、秽气七气对抗，若追溯其思想渊源，即从孟子这里肇其始端。可以明确地说，文天祥用鲜血和生命呐喊出的“况浩然者，乃天地之正气也”，就是孟子“浩然之气”之美的精彩诠释。这也说明孟子在美学思想上提倡的，乃宗法封建制社会肇始、封建社会发展完善的儒家理想人格。“伯夷目不视恶色，耳不听恶声；非其君不事，非其民不使；治则进，乱则退。横政之所出，横民之所止，不忍居也。

思与乡人处，如以朝衣朝冠坐于涂炭也。……故闻伯夷之风者，顽夫廉，懦夫有立志。伊尹……思天下之民匹夫匹妇有不与被尧舜之泽者，若已推而内之沟中——其自任以天下之重也。柳下惠不羞污君，不辞小官；进不隐贤，必以其道。遗佚而不怨，厄穷而不闵；与乡人处，由由然不忍去也。……故闻柳下惠之风者，鄙夫宽，薄夫敦。孔子之去齐，接淅而行。去鲁，曰：'迟迟吾行也，去父母国之道也。'可以速而速，可以久而久，可以处而处，可以仕而仕，孔子也。"（《万章下》）伯夷、伊尹、柳下惠、孔子，是孟子列举出的"大而化之之谓圣"的四个典型："伯夷，圣之清者也；伊尹，圣之任者也；柳下惠，圣之和者也；孔子，圣之时者也。"（《万章下》）伯夷放弃国君之位，耻食周粟，是儒家清高廉洁之美的大而化之；伊尹流放太甲，摄政当国，是儒家以天下为己任之美的大而化之；柳下惠彬彬有礼，不辱使命，是儒家中和之美的大而化之；孔子因地制宜，应时而动，是儒家众美集大成的大而化之。"孔子之谓集大成。集大成也者，金声而玉振之也。"（《万章下》）孟子推崇的圣，即在"充实之谓美，充实而有光辉之谓大"思想基础上发展起来的儒家美好人格精神的化身。

由于时代的缘故，孟子尚未遇到文天祥所遭遇的激烈到白热化程度的民族矛盾，他只是在提倡一种于战国乱世特立独行、不为外在形形色色的大千世界所动、不为物质所异化的审美理想：

> 说大人，则藐之，勿视其巍巍然。堂高数仞，榱题数尺，我得志，弗为也。食前方丈，侍妾数百人，我得志，弗为也。般乐饮酒，驱骋田猎，后车千乘，我得

志，弗为也。（《尽心下》）

以高堂广厦、食前方丈、侍妾成群、饮酒作乐、田猎驰骋、后车千乘等种种战国诸侯自以为美的浩大排场为非美，表现出以孟子为代表的儒家独到的审美价值评判标准。与此相对应的，就是孟子所提倡的理想化的人伦师表、美学楷模："居天下之广居，立天下之正位，行天下之大道；得志与民由之，不得志独行其道；富贵不能淫，贫贱不能移，威武不能屈：此之谓大丈夫。"（《滕文公下》）战国以降，中国封建社会文人士大夫多以得志与否作为个人行为取向依据，如唐代"新乐府"诗歌的创始人白居易，就曾坦言其处世哲学的宗旨是"志在兼济，行在独善"（白居易《与元九书》）。历代文人持此宗旨者代不乏人，其思想源头，亦应追溯到孟子这里。孟子美学思想的深刻性，还在于他提出的这一理想人格或曰人格理想，并非只要学习者思想上领会这一宗旨，就可以在一个早上一蹴而就，而是其中有着一个个人经历磨炼、思想不断深化、认识循序渐进，最终实现升华的曲折历程。"凡有（仁义礼智）四端于我者，知皆扩而充之矣，若火之始然，泉之始达。苟能充之，足以保四海；苟不充之，不足以事父母。"（《公孙丑上》）充，即养勇、养气之养，亦即充实之谓美。"故天将降大任于斯人也，必先苦其心志，劳其筋骨，饿其体肤，空乏其身，行拂乱其所为，所以动心忍性，曾益其所不能。"（《告子下》）充气养勇的过程，同时也是一段艰难困苦、玉汝于成的经历。这使人联想到希腊神话中的英雄赫拉克勒斯，幼年时在人生十字路口同时遇到恶德和善德两位女神。恶德女神向他许诺种种世间的享受，引诱他走享乐的道路；善德女神则向他展示种种艰难困苦的磨炼，许诺他成为伟大的英雄。他听从了善德女神的劝告，决心不畏艰险，为众人造福，成人之后完成了十二项英雄事迹。孟子建立的儒家人格审美价值评判标准，就是要求时人摒弃高堂广厦、食前方丈、侍妾成群、饮酒作乐、田猎驰骋、后车千乘等种种个中人自以为美，其实并非美的世间享受，经历苦其心志、劳其筋骨、饿其体肤、空乏其身、行拂乱其所为等一系列动心忍性的艰苦磨炼，最终担当起立天下之正位、行天下之大道、得志与民由之、不得志独行其道的历史重任。东西方哲人几乎在同一历史时期，考虑到这一关涉人生道路的理论命题，其间蕴涵的内在规律就很值得探讨。对于孔子观水，孟子阐释为“观水有术，必观其澜。日月有明，容光必照焉。流水之为物也，不盈科不行；君子之志于道也，不成章不达。”（《尽心上》）“原泉混混，不舍昼夜，盈科而后进，放乎四海。有本者如是，是之取尔。”（《离娄下》）此间的澜、本，即与这千锤百炼而后形成的浩然正气的理想人格紧密相关。动荡的年代呼唤着杰出的人才，孟子以其卓越的美感心灵，感受到了这一当时时代的潜在需求：“夫天未欲平治天下也，如欲平治天下，当今之世，舍我其谁也？”（《公孙丑下》）后来中国封建社会文人士大夫多以天下为己任者，其自命不凡的自信和勇气，即由此发源。孟子这种建立在美好人格基础上的高度理论自信，源之于孔子的入世思想，但又不拘泥于孔子固有的君尊臣卑、“君君，臣臣，父父，子子”（《论语·颜渊》）的观念，而是君明臣忠、君昏臣离的相对平等：“孟子告齐宣王曰：‘君之视臣如手足，则臣视君如腹心；君之视臣如犬马，则臣视君如国人；君之视臣如土芥，则臣视君如寇仇。’”（《离娄下》），君臣之间在统属关系之上又增加了一层互动关系，这种观念本身，就是隐含着远古氏族社会众人平等理念在内的尽心奉献精神的升华。在孟子的观念体系中，待价而沽的士，在自我评价上并不低于权柄在握的诸侯。孟子此说，唤醒了沉睡于士人脑海深处潜意识冰山底层的平等理念，砥砺激发出士的自信，从士人审美心理的根本上提升了士的理论地位。“圣人，与我同类者。”（《告子上》）“人皆可以为尧舜。”（《告子下》）孟子追求的人格的完善，因之成为儒家入世美学时时关注的理论着眼点和奋斗理想的最后归宿。

与这一理论着眼点紧密联系，孟子对于文艺坚持其“同感”、“同乐”说：

> 口之于味，有同耆也；易牙，先得我口之所耆者也。如使口之于味也，其性与人殊，若犬马之与我不同类也，则天下何耆皆从易牙之于味也？至于味，天下期于易牙，是天下之口相似也。惟耳亦然，至于声，天下期于师旷，是天下之耳相似也。惟目亦然，至于子都，天下莫不知其姣也。不知子都之姣者，无目者也。故曰：口之于味也，有同耆焉；耳之于声也，有同听焉；目之于色也，有同美焉。（《告子上》）

耆，当为嗜字之误。对孟子的这一美学观点，现代研究者是将其作为“人性论”来批判的①。其实，换一个角度，从孟

① 参见施昌东《先秦诸子美学思想述评》，“孟子的美学思想”；敏泽《中国美学思想史》第一卷，“孟子与荀子”。

子提出这一学说时的时代社会氛围即历史环境来看,同感说的提出,正是孟子从理论上把人尤其是那些被统治的民众,其中也应包括尚未得志时的士,真正当作人来看待的结果。在孟子生活的战国时代,一方面是统治者更加骄奢淫逸,无所不为:“齐桓,五伯之盛者也,前事则杀兄而争国;内行则姑姊妹之不嫁者七人,闺门之内,般乐奢汰,以齐之分奉之而不足”(《荀子·仲尼》);另一方面是被统治民众人命如草,连最起码的基本生存条件也无法维持。在这种极其不合理的历史环境下,孟子提出人有大致相同的心理感受:“口之于味也,目之于色也,耳之于声也,鼻之于臭也,四肢之于安佚也,性也”(《尽心下》),“恻隐之心,人皆有之;羞恶之心,人皆有之;恭敬之心,人皆有之;是非之心,人皆有之。”(《告子上》)“无恻隐之心,非人也;无羞恶之心,非人也;无辞让之心,非人也;无是非之心,非人也。恻隐之心,仁之端也;羞恶之心,义之端也;辞让之心,礼之端也;是非之心,智之端也。人之有是四端也,犹其有四体也。”(《公孙丑上》)高高在上的极少数统治者,与沉沦社会底层的广大被统治阶级,就其个体的感受来说是相同的,但双方遭遇的人生境遇却迥然各异,其间蕴涵的不合理性于此昭然若揭。“故凡同类者,举相似也,何独至于人而疑之?”(《告子上》)孟子在政治思想体系上所提倡的,是给民众一个基本的生存地位,与此紧密联系,儒家入世美学思想中经典性的仁、义、智、礼、乐,即由此生发出来:“仁之实,事亲是也;义之实,从兄是也;智之实,知斯二者弗去是也;礼之实,节文斯二者是也;乐之实,乐斯二者,乐则生矣;生则恶可已也,恶可已也,则不知足之蹈之手之舞之。”(《离娄上》)优美的音乐,产生于和谐的社会环境。在审美活动方面，孟子从仁政理想出发，将民众作为审美主体提出，强调统治者与民同乐的重要，也是基于这一考虑。且看孟子对《诗·大雅·灵台》的阐释：

孟子见梁惠王。王立于沼上，顾鸿、雁、麋、鹿，曰："贤者亦乐此乎？"

孟子对曰："贤者而后乐此，不贤者虽有此不乐也。《诗》云：'经始灵台，经之营之，庶民攻之，不日成之。经始勿亟，庶民子来。王在灵囿，麀鹿攸伏，麀鹿濯濯，白鸟鹤鹤。王在灵沼，于牣鱼跃。'文王以民力为台为沼，而民欢乐之，谓其台曰灵台，谓其沼曰灵沼，乐其有麋鹿鱼鳖。古之人与民偕乐，故能乐也。……"（《梁惠王上》）

这是孟子首次提出"与民偕乐"的美学命题。孟子论诗，主张"故说诗者，不以文害辞，不以辞害志。以意逆志，是为得之。"（《万章上》）"颂其诗，读其书，不知其人，可乎？是以论其世也。"（《万章下》）他对于《诗·大雅·灵台》作者的创作意图的阐释，即与对诗歌产生年代社会生活环境的解读相关。西周入主中原之前处于氏族封建社会阶段，尚保留着上古氏族社会生活习俗。偕民而乐，与民偕乐，即其中之一。及至战国时代，这一古老习俗早已荡然无存，无怪乎梁惠王、齐宣王等诸侯对孟子的理论感到困惑不解：

齐宣王问曰："文王之囿方七十里，有诸？"

孟子对曰："于传有之。"

“若是其大乎?”

“民犹以为小也。”

曰:“寡人之囿方四十里,民犹以为大,何也?”

曰:“文王之囿方七十里,刍荛者往焉,雉兔者往焉,与民同之。民以为小,不亦宜乎? ……臣闻郊关之内有囿方四十里,杀其麋鹿者如杀人之罪,则是方四十里为阱于国中。民以为大,不亦宜乎?”(《梁惠王下》)

与民同之,则民以为小;禁民为之,则民以为大。台囿如此,乐舞亦然。孟子由此引申出“与民同乐”的美学命题:“今王鼓乐于此,百姓闻王钟鼓之声,管籥之音,举疾首蹙頞而相告曰:‘吾王之好鼓乐,夫何使我至于此极也? 父子不相见,兄弟妻子离散!’今王田猎于此,百姓闻王车马之音,见羽旄之美,举疾首蹙頞而相告曰:‘吾王之好田猎,夫何使我至于此极也? 父子不相见,兄弟妻子离散!’——此无他,不与民同乐也。今王鼓乐于此,百姓闻王钟鼓之声,管籥之音,举欣欣然有喜色而相告曰:‘吾王庶几无疾病与,何以能鼓乐也?’今王田猎于此,百姓闻王车马之音,见羽旄之美,举欣欣然有喜色而相告曰:‘吾王庶几无疾病与,何以能田猎也?’——此无他,与民同乐也。”“人不得,则非其上矣。不得而非其上者,非也;为民上而不与民同乐者,亦非也。乐民之乐者,民亦乐其乐;忧民之忧者,民亦忧其忧。乐以天下,忧以天下,然而不王者,未之有也。”(《梁惠王下》)将欲参加审美活动而不得因而非其上者,与为民上而不偕民参加审美活动、不与民同乐者,各打五十大板,孟子貌似公正的评判,其令人发噱处自不待言。但我们从中仍可看到,无论鼓乐,还是田猎,孟子分析的审美活动,都在忠实地遵循着这条“与民同乐”的美学原则:与民同乐,则民喜;不与民同乐,则民忧。与民同乐,则就连最为原始的财物女色等基本欲望,皆属符合人类本性的正当要求:“昔者公刘好货。《诗》云:‘乃积乃仓,乃裹糇粮,于橐于囊。思辑用光。弓矢斯张,干戈戚扬,爰方启行。’故居者有积仓,行者有裹囊也,然后可以爰方启行。王如好货,与百姓同之,于王何有?”“昔者大王好色,爱厥妃。《诗》云:‘古公亶甫,来朝走马,率西水浒,至于岐下;爰及姜女,聿来胥宇。’当是诗也,内无怨女,外无旷夫。王如好色,与百姓同之,于王何有?”(《梁惠王下》)不与民同乐,则会激起民怨,甚者乃至会危害社稷:“《汤誓》曰:‘时日害丧?予及女皆亡!’民欲与之皆亡,虽有台池鸟兽,岂能独乐哉?”(《梁惠王上》)在“争地以战,杀人盈野;争城以战,杀人盈城”(《离娄上》)的战国时代,孟子却在为人命如草、甚至连草芥都不如的平民争取欣赏鼓乐、参加田猎等审美活动的权利,可谓极大的天真和浪漫。但正是这天真浪漫之中,凸显出身处乱世而维护人的基本生存权利,目睹社会不平而大声疾呼平等的儒家亚圣孟子的铮铮气骨和美学风格。较之于前述墨子的节用非乐美学观,孟子的“与民同乐”说虽然同样是在反对战国诸侯的骄奢淫逸,但由于孟子美学思想的主要宗旨在于还参加审美活动的权利于民众,无疑比墨子带有浓厚的禁欲主义色彩的非乐理论更加深入人心。后来封建社会统治阶级每以“与民同乐”自我标榜,如北宋宋徽宗宣和年间京城汴梁举行的大型歌舞百戏等审美活动,就树立大牌上书“宣和与民同乐”(《东京梦华录》卷六),倘若溯流徂源,皆可以上溯到孟子这里。

但这还不是孟子审美理想中的最高境界。孟子美学思想体系中最高的理想境界,是建立一个上下和睦、秩序井然的乌托邦理想国:

> 五亩之宅,树之以桑,五十者可以衣帛矣。鸡豚狗彘之畜,无失其时,七十者可以食肉矣。百亩之田,勿夺其时,数口之家可以无饥矣。谨庠序之教,申之以孝悌之义,颁白者不负戴于道路矣。七十者衣帛食肉,黎民不饥不寒,然而不王者,未之有也。(《梁惠王上》)
>
> 五亩之宅,树墙下以桑,匹妇蚕之,则老者足以衣帛矣。五母鸡,二母彘,无失其时,老者足以无失肉矣。百亩之田,匹夫耕之,八口之家足以无饥矣。(《尽心上》)

像是原始氏族公社后期的物质发达阶段,又像是经济独立、自给自足的封建庄园,更像是《山海经》中的载民之国、有沃之国、都广之野,这就是孟子一再提到、念兹在兹的审美理想。它不同于古希腊柏拉图的理想国,论述加强奴隶制国家统治的方案,以贵族共和国为巩固奴隶主阶级统治的理想制度,将自由公民分为三个等级:有智慧的人即哲学家统治一切,勇敢的人即武士保卫国家,从事劳动生产的人即农民和手工业者则以节制欲望为其美德。为着加强前二个等级的力量,柏拉图主张对他们施行严格的教育训练,甚至实行共同私有制和公妻制度。孟子的理想国,核心思想是贵民,"民为贵,社稷次之,君为轻”(《尽心下》);主张制民之产,“民之为道也:有恒产者有恒心,无恒产者无恒心。”(《滕文公上》)“若民则无恒产,因无恒心。苟无恒心,放辟邪侈,无不为已。及陷于罪,然后从而刑之,是罔民也。焉有仁人在位,罔民而可为也?是故明君制民之产,必使仰足以事父母,俯足以畜妻子,乐岁终身饱,凶年免于死亡;然后驱而之善,故民之从之也轻。今也制民之产,仰不足以事父母,俯不足以畜妻子,乐岁终身苦,凶年不免于死亡。此惟救死而恐不赡,奚暇治礼义哉!”(《梁惠王上》)较之柏拉图的理想国,孟子描述的理想蓝图无疑更加务实。从东西方古代哲人思想方法的差别中,可以见出古代东西方民族思维方式的不同。柏拉图从其唯心主义的理念出发,以现实世界为理式世界的摹本,其理想国抽象思辨色彩更为浓厚;孟子从战国时代动荡不已的社会现实出发,认为施行仁政乃当务之急,其审美理想则更多地关注于衣食温饱等百姓现实生活的层面。倘若考察其思想渊源,可以上溯到氏族封建制社会的井田制:“夏后氏五十而贡,殷人七十而助,周人百亩而彻,其实皆什一也。……《诗》云:‘雨我公田,遂及我私。’惟助为有公田。由此观之,虽周亦助也。……死徙无出乡,乡田同井,出入相友,守望相助,疾病相扶持,则百姓亲睦。方里而井,井九百亩,其中为公田。八家皆私百亩,同养公田;公事毕,然后敢治私事,所以别野人也。”(《滕文公上》)这就是孟子理想中的和谐社会。孟子这一思想的余波波及整个中国封建社会,从东晋文人陶渊明笔下的桃花源,一直蔓延到现代的“耕者有其田”理想,足见其是何等的深入人心。孟子这一思想的基础,上承孔子的政治理想“仁”、“爱人”,发展成为“仁政”:“不违农时,谷不可胜食也；数罟不入洿池，鱼鳖不可胜食也；斧斤以时入山林，材木不可胜用也。谷与鱼鳖不可胜食，材木不可胜用，是使民养生丧死无憾也。养生丧死无憾，王道之始也。”（《梁惠王上》）这可谓是最为初始的环境保护意识，绿色和平组织在古老东方的先驱；“人皆有不忍人之心。先王有不忍人之心，斯有不忍人之政矣。以不忍人之心，行不忍人之政，治天下可运之掌上。”（《公孙丑上》）“老吾老，以及人之老；幼吾幼，以及人之幼。天下可运于掌。”（《梁惠王上》）战国诸侯倘若采纳孟子学说，则何忧国内百姓不其乐融融！在七雄并立、角逐天下的战国时代，孟子的仁政学说首先是对黑暗的社会现实的鞭挞和针砭：“狗彘食人食而不知检，涂有饿殍而不知发；人死，则曰：‘非我也，岁也。’是何异于刺人而杀之，曰：‘非我也，兵也’？”“庖有肥肉，厩有肥马，民有饥色，野有饿殍，此率兽而食人也！”（《梁惠王上》）较之前此墨子的节用美学，孟子仁政学说对当时社会不平等现象的揭露更为深刻。所以后人认为，唐代大诗人杜甫那“朱门酒肉臭，路有冻死骨”的名句，乃直接受孟子影响。其次孟子仁政学说也是对那些连做梦都在“欲辟土地，朝秦楚，莅中国而抚四夷”，想统一天下的梁惠王、齐宣王等战国诸侯的劝戒感召：“地方百里而可以王。王如施仁政于民，省刑罚，薄赋敛，深耕易耨；壮者以暇日修其孝悌忠信，入以事其父兄，出以事其长上，可使制梃以挞秦楚之坚甲利兵矣。彼夺其民时，使不得耕耨以养其父母，父母冻饿，兄弟妻子离散。彼陷溺其民，王往而征之，夫谁与王敌？”“今王发政施仁，使天下仕者皆欲立于王之朝，耕者皆欲耕于王之野，商贾皆欲藏于王之市，行旅皆欲出于王之涂，天下之欲疾其君者，皆欲赴诉于王。其若是，孰能御之?”(《梁惠王上》)靠施行仁政来凝聚人心,抵御大国,征讨不仁,将无往而不胜。这既是孟子说服诸侯施行仁政的回报许诺,同时也是孟子描绘的仁政理想蓝图,是孟子心中向往已久、时时萦绕于怀的美好愿景:“尊贤使能,俊杰在位,则天下之士皆悦,而愿立于其朝矣;市,廛而不征,法而不廛,则天下之商皆悦,而愿藏于其市矣;关,讥而不征,则天下之旅皆悦,而愿出于其路矣;耕者,助而不税,则天下之农皆悦,而愿耕于其野矣;廛,无夫里之布,则天下之民皆悦,而愿为之氓矣。信能行此五者,则邻国之民仰之若父母矣。”(《公孙丑上》)尽管在阶级社会中,尤其是中国宗法封建制社会和中国封建社会之交那样乾坤板荡、矛盾激化、对立剧烈的阶级社会中,孟子的美好愿景只能是虚无缥缈的理想主义乌托邦;但它在后人心目中点燃起的思想的火花,却给漫长的中国封建社会中人带来了无尽的希望。儒学先师孔子创立的美在理想的审美思维,到孟子这里更加发扬光大。

二、 道家美学思想的形成

与以孟子为代表的儒家美学思想的拓展几乎同时进行的,是以庄子为标志的道家美学思想的形成。庄子用他那天马行空的谬悠之说、想像奇幻的荒唐之言、汪洋恣肆的无端崖之词,冷静地剖析了那个世事迷茫的时代,以无为之为、不动之动应对着动荡的社会,在存身养性的过程中,形成了道家隐逸美学思想体系。

从庄子美学的思想出发点来看,庄子学派的思想起初是将老子开端的道家隐逸美学进一步发挥。例如老子抨击“五色令人目盲，五音令人耳聋”(《老子》十二章)，庄子学派即指出“骈于明者，乱五色，淫文章，青黄黼黻之煌煌非乎？而离朱是已。多于聪者，乱五声，淫六律，金石丝竹黄钟大吕之声非乎？而师旷是已”(《庄子·骈拇》。本节下引《庄子》，只注篇名)；老子倡言“小国寡民。使有什佰人之器而不用……使民复结绳而用之。甘其食，美其服，安其居，乐其俗。邻国相望，鸡狗之声相闻，民至老死，不相往来”(《老子·八十章》)，庄子学派则将老子这一洪荒渺矣的乌托邦蓝图描绘得更为具象化，表述得更为合理化：“子独不知至德之世乎？昔者容成氏、大庭氏、伯皇氏、中央氏、栗陆氏、骊畜氏、轩辕氏、赫胥氏、尊卢氏、祝融氏、伏羲氏、神农氏，当是时也，民结绳而用之，甘其食，美其服，乐其俗，安其居，邻国相望，鸡狗之音相闻，民至老死而不相往来。若此之时，则至治已”(《胠箧》)；“彼民有常性，织而衣，耕而食，是谓同德；一而不党，命曰天放。故至德之世，其行填填，其视颠颠。当是时也，山无溪隧，泽无舟梁；万物群生，连属其乡；禽兽成群，草木遂长。是故禽兽可系羁而游，乌鹊之巢可攀援而窥。夫至德之世，同与禽兽居，族与万物并，恶乎知君子小人哉！”(《马蹄》)初民茹毛饮血的原始社会生活状态，被庄子学派赞美为“至德之世”；老子“见素抱朴，少私寡欲，绝学无忧”(《老子》十九章)的美学理念，被庄子学派渲染得玄乎其神；而创造文采音律、礼乐文明的“圣人”，却受到庄子学派尖刻犀利的批判：“同乎无知，其德不离；同乎无欲，是谓素朴，素朴而民性得矣。及至圣人，蹩躠为仁，踶跂为义，而天下始疑矣。澶漫为乐，摘僻为礼，而天下始分矣。故纯朴不残，孰为牺尊？白玉不毁，孰为圭璋？道德不废，安取仁义？性情不离,安用礼乐?五色不乱,孰为文采?五声不乱,孰应六律?夫残朴以为器,工匠之罪也;毁道德以为仁义,圣人之过也!"(《马蹄》)提倡回归自然,反对人工造作,庄子的审美理想,实即上古原始社会阶段,一切都还混沌未分时的自然状态。因而庄子主张"绝圣弃智,大盗乃止;擿玉毁珠,小盗不起;焚符破玺,而民朴鄙……擢乱六律,铄绝竽瑟,塞瞽旷之耳,而天下始人含其聪矣;灭文章,散五彩,胶离朱之目,而天下始人含其明矣"(《胠箧》),在否定人为造作这一点上比老子走得更远。庄子认为人"失性有五:一曰五色乱目,使目不明;二曰五声乱耳,使耳不聪……"(《天地》),即明确表示了这一审美态度。但是我们并不能就此断定庄子思想是否定美学,恰恰相反,这正说明庄子对于什么是真正的美,有着比老子更为清醒、透彻的认识。先看庄子评述美的寓言:

阳子之宋,宿于逆旅。逆旅人有妾二人,其一人美,其一人恶,恶者贵而美者贱。

阳子问其故,逆旅小子对曰:"其美者自美,吾不知其美也;其恶者自恶,吾不知其恶也。"(《山木》)

逆旅小子二妾之容貌美恶,在包括阳子在内的路人眼里,区别是很明显的。但逆旅小子自己却不这样看。他以自己主观上的感受,取代了世人客观上的评价标准,做出了不同寻常但却符合自己本心的取舍选择。这看起来像是与众不同的偶然,其实却包含着不得不然的必然在内。庄子对当时社会流行之文采、声律的态度,与逆旅小子的审美态度,即有着内在的相通之处。要而言之,在庄子这里,美已由客观的存在演化为一种主观上的认识与评价,即审美主体自身对审美价值的取舍标准。“物固有所然,物固有所可。无物不然,无物不可。故为是举莛与楹,厉与西施,恢诡谲怪,道通为一。”“毛嫱、丽姬,人之所美也;鱼见之深入,鸟见之高飞,麋鹿见之决骤。四者孰知天下之正色哉?”(《齐物论》)一方面,庄子承认美的存在有其特定的内涵,麻风病人与美女西施有着本质区别;另一方面,庄子又认为美丑都是相对而言,人类所谓美,并非鱼鸟麋鹿等动物感觉到的美,从这个意义上来说,美女西施与麻风病人,分别代表美的正向和逆向,在遵循美的内在规律这一点上又是相通的。美丑之间的不确定性,演绎出庄子著作中那些亦美亦丑、亦丑亦美的艺术形象。在《庄子》书中,哀骀它“以恶骇天下”,但“丈夫与之处者,思而不能去也。妇人见之,请于父母,曰‘与为人妻,宁为夫子妾’者,十数而未止”,“未言而信,无功而亲,使人授己国,唯恐其不受也”;“闉跂支离无脤说卫灵公,灵公悦之,而视全人,其脰肩肩。瓮盎大瘿说齐桓公,桓公悦之,而视全人,其脰肩肩。”(《德充符》)“支离疏者,颐隐于脐,肩高于顶,会撮指天,五管在上,两髀为胁。挫针治繲,足以糊口;鼓筴播精,足以食十人。”(《人间世》)这些“才全而德不形”的人物形象,庄子称其为“德有所长而形有所忘”(《德充符》)。庄子这一美丑相对论的观念,对中国封建社会文人士大夫的影响可谓深远,后来唐代韩愈、孟郊等寒士诗人创造的那些“以丑为美”的艺术形象,其思想渊源即可以追溯至此。

一个很有美学意味的现象是,即使在庄子的时代,儒道之间亦未像儒墨两家那样针锋相对、势同水火,庄子在论述其思想宗旨时每举孔子为证，就是有力的证明。同样，在美学思想理念上，庄子并未亦步亦趋地机械模仿老子。庄子师承效法老子，却并不拘泥于老子之道，而是在老子论道的理论基础之上自由拓展，形成了具有庄子思想特色的隐逸美学思想。如庄子论审美主体，首倡“心斋”：

> 颜回曰：“吾无以进矣，敢问其方。”
>
> 仲尼曰：“斋，吾将语若。有而为其易邪？易之者，皞天不宜。”
>
> 颜回曰：“回之家贫，唯不饮酒，不茹荤者数月矣。若此，则可以为斋乎？”
>
> 曰：“是祭祀之斋，非心斋也。”
>
> 回曰：“敢问心斋。”
>
> 仲尼曰：“若一志，无听之以耳而听之以心，无听之以心而听之以气。听止于耳，心止于符。气也者，虚而待物者也。唯道集虚。虚者，心斋也。”（《人间世》）

需要说明，此间之仲尼即孔子，只是庄子寓言中的思想代言人，并非实际生活中事迹实录的历史人物。而此间之气，着重的亦非孟子浩然之气那搏击众气的冲击力量，而是强调其包容涵蓄天地万物的博大与渊深。先民通过斋戒祭祀等使人具备虔诚感受的仪式活动，实现自我的心灵洗涤，可以获得某种心境上的宁静，这一思想及行为方式，在战国之前即已发端。这与庄子所说的“心斋”，已经有着某种内在的联系。但庄子认为这样做，还仅仅停留在外在和表面；人类内心真正的斋戒,追求的应该是心灵的净化,就像庄子讲述的老子答复孔子请教何谓至道时,要求孔子做到的"汝斋戒,疏瀹而心,澡雪而精神,掊击而知"(《知北游》)。因而,庄子借孔子之口阐发了他的"心斋"理念,即唯道集虚、虚而待物、虚怀若谷之虚无境界。这也就是庄子所赞美的"坐忘":

> 颜回曰:"回益矣。"
> 仲尼曰:"何谓也?"
> 曰:"回忘仁义矣。"
> 曰:"可矣,犹未也。"
> 他日复见,曰:"回益矣。"
> 曰:"何谓也?"
> 曰:"回忘礼乐矣。"
> 曰:"可矣,犹未也。"
> 他日复见,曰:"回益矣。"
> 曰:"何谓也?"
> 曰:"回坐忘矣。"
> 仲尼蹴然曰:"何谓坐忘?"
> 颜回曰:"堕枝体,黜聪明,离形去知,同于大通,此谓坐忘。"
> 仲尼曰:"同则无好也,化则无常也,而果其贤乎!丘也请从其后也。"(《大宗师》)

颜回的进益,可以看作隐逸之士修身养性的三步曲:先是摆脱了先前儒家抱住不放的仁义道德主旨的外壳,庄子笔下的仲尼认为这样做可以,但还不够;再是摒弃了儒家礼乐规矩束缚的形式,仲尼仍认为这样做还不够;直到颜回由道悟空,忘却了肢体、耳目聪明等一切有形与无形因素的制约限制,仲尼才大为赞美,将其引为自己的同道和楷模。颜回之所以受到推重,不仅在于他忘却了仁义和礼乐,而且在于他离形去知,同于大通,与天地万物、自然规律融为一个有机的生命整体。这倒真的暗合本书前述康德所言"一个审美判断,只要是掺杂了丝毫的利害计较,就会是很偏私的,而不是单纯的审美判断"①的著名论断。作为中国先秦美学思想流派中的佼佼者,庄子的隐逸美学思想已经超越了当时时代各种社会因素的阻碍,由诸子百家大多不能忘怀的功利窠臼中跳跃超脱出来,进而至于无牵无挂的自由境地,此乃审美主体对审美客体进行审美观照时主观上所要求的根本要件。庄子高于,或者更精确地说,超越于诸子的,正是这摆脱世俗名缰利锁捆绑、忘怀世间一切荣辱得失的真正的审美创造境界。且看:

> 宋元君将画图,众史皆至,受揖而立,舐笔和墨,在外者半。有一史后至,儃儃然不趋,受揖不立,因之舍。公使人视之,则解衣般礴,裸。
>
> 君曰:"可矣,是真画者也。"(《田子方》)

宋元君召集画师图画国中山川土地,众画师争先恐后地踊跃赶来,或接受国君使命后恭敬拘谨地站立,或紧张地进行着画前的技术准备,还有一半人在外面没能进来。这些画

① 朱光潜《西方美学史》下卷,人民文学出版社 1979 年版,361 页。

师关心的，乃被选中者之名利赏赐。这个功利观念给众画师造成的思想压力太大了，以至于影响到其绘画技术的正常发挥。而这位后到的画师却没有随波逐流，他姗姗来迟却并未加快脚步，接受使命却并未拘谨站立，而是直奔画室，解带宽衣，赤裸身体。这位迟到的画师进行的，就是所谓“心斋”。这是比舐笔和墨更为重要的创作心理准备。这种潇洒超脱的创作姿态，方是一个画师真正的绘画气质的自然流露。他不像先到的众画师那样将名利赏赐看得那么重，而摆脱了世间物质欲望的困扰，已经由绘画必须先做好舐笔和墨等准备工作的必然王国，迈向绘画可以从心所欲不逾矩的自由王国，所以宋元君称其为“真画者”，即真正的画师。庄子这一审美观念对后世文人雅士的影响，就是使他们摆脱外在形式的拘束，表现出自然率真的天然之美。

> 郗太傅在京口，遣门生与王丞相书，求女婿。
>
> 丞相与郗信：“君往东厢，任意选之。”
>
> 门生归白郗曰：“王家诸郎亦皆可嘉，闻来觅婿，咸自矜持；唯有一郎在东床上坦腹卧，如不闻。”
>
> 郗公云：“正此好！”访之，乃是逸少，因嫁女与焉。（《世说新语·雅量》）

王家诸郎之装模作样、故作矜持，与众画师犯的是同一错误，就是一心想要被郗公选中，功利心太重的缘故。而郗公之所以选中王羲之作为自己女儿的东床快婿，核心的一点，就是相中了右军那坦然面对郗公选婿、不事矜持、袒露自我的率真之美。在《庄子》书中，这种摒弃了外在形式束缚的

“真”,代表的是美的实质。如:

> 庄子见鲁哀公,哀公曰:“鲁多儒士,少为先生方者。”
>
> 庄子曰:“鲁少儒。”
>
> 哀公曰:“举鲁国而儒服,何谓少乎?”
>
> 庄子曰:“周闻之,儒者冠圜冠者知天时,履勾屦者知地形,缓佩玦者事至而断。君子有其道者,未必为其服也;为其服者,未必知其道也。公固以为不然,何不号于国中曰:‘无此道而为此服者,其罪死!’”
>
> 于是哀公号之五日,而鲁国无敢儒服者。独有一丈夫,儒服而立乎公门。公即召而问以国事,千转万变而不穷。
>
> 庄子曰:“以鲁国而儒者一人耳,可谓多乎?”(《田子方》)

这则寓言道出了一个带有普遍性的真理:一方面,由于鲁国统治者优待儒生,鲁国举国上下皆着儒家服饰,以冠圜冠、履勾屦、缓佩玦,即褒衣博带高冠浅履的儒家服饰为美,这说明了儒家在其发祥地鲁国大地上的影响,已波及整个社会的审美价值评判标准;另一方面,它也告诉人们:君子有其道者,未必为其服也;为其服者,未必知其道也。看一个人是否真儒,关键并不在于外表的服装。这个简单得近乎浅显的推断,蕴涵着战国时代审美判断的真知灼见。与前此诸子将美与善紧密捆绑在一起不同,庄子论美,更为强调其真。庄子是那样地推崇“真人”、“圣人”：“且有真人而后有真知。何谓真人？古之真人……登高不栗，入水不濡，入火不热，是知之能登假于道者若此。古之真人，其寝不梦，其觉无忧，其食不甘，其息深深。真人之息以踵，众人之息以喉。……古之真人，不知悦生，不知恶死，其出不欣，其入不距，翛然而往、翛然而来而已矣。……若然者，其心志，其容寂，其颡頯。凄然似秋，暖然似春，喜怒通四时，与物有宜，而莫知其极。”（《大宗师》）水火不侵、用脚后跟呼吸，这当然是玄乎其神了，但若撇开这些神秘成分不论，则庄子推崇的乃人类文化的杰出代表。庄子的寓言最能体现其美学宗旨：

> 孔子见老聃，老聃新沐，方将被发而干，蛰然似非人。孔子便而待之。少焉见，曰：“丘也眩与，其信然与？向者先生形体掘若槁木，似遗物离人而立于独也。”
>
> 老聃曰：“吾游于物之初。”
>
> 孔子曰：“何谓邪？”
>
> 曰：“心困焉而不能知，口辟焉而不能言。尝为汝议乎其将。至阴肃肃，至阳赫赫，肃肃出乎天，赫赫发乎地，两者交通成和而物生焉，或为之纪而莫见其形。消息满虚，一晦一明，日改月化，日有所为，而莫见其功。生有所乎萌，死有所乎归，始终相反乎无端，而莫知乎其所穷。非是也，且孰为之宗？”
>
> 孔子曰：“请问游是。”
>
> 老聃曰：“夫得是，至美至乐也，得至美而游乎至乐，谓之至人。”（《田子方》）

槁木死灰,后代人用来比喻毫无生气,意志消沉。而在庄子发明这一意象之初的本意,向世人展示的却是超尘拔俗、出世入圣的虚无之美的形象。庄子借寓言中人物之口,一再以钦佩的口吻,由衷地表达了对这一形象的向往。“南伯子綦隐几而坐,仰天而嘘,荅焉似丧其耦。颜成子游立侍乎前,曰:‘何居乎?形固可使如槁木,而心固可使如死灰乎?’”(《齐物论》)“南伯子綦隐几而坐,仰天而嘘。颜成子入见曰:‘夫子,物之尤也。形固可使若槁骸,心固可使若死灰乎?’”(《徐无鬼》)这样看来,老子浴后披发、形若槁木的形象,实即庄子学派所推崇的至人的美的形象。老聃阐发阴阳交通的论述虽然深奥玄妙,其实主旨不过是讲述如何才能符合这一形象的审美标准。得至美而游乎至乐,即庄子推重的至人、真人、圣人。“古之真人,知者不得说,美人不得滥,盗人不得劫,伏戏、黄帝不得友。死生亦大矣,而无变乎己,况爵禄乎!”(《田子方》)物质世界的一切外在条件,不再是真人、圣人从事审美活动时决定抉择去取的根本因素,他们以淡泊之心体现出的,就是天地之间的真美。“天地有大美而不言,四时有明法而不议,万物有成理而不说。圣人者,原天地之美,而达万物之理。是故至人无为,大圣不作,观于天地之谓也。”(《知北游》)“澹然无极而众美从之,此天地之道,圣人之德也。”(《刻意》)原天地之美,而非刻意营造天地之美;澹然无极众美从之,而非故意立极吸引众美,庄子以其超脱世俗的思想行为,体验到自然规律中蕴涵的美,从而向世人展示了真正的审美态度。

与老子论道之隐约模糊的抽象空灵美相比,庄子论美更为宏阔大气,细致入微,包罗万象,透辟独到。论大,则"北冥有鱼,其名为鲲,鲲之大,不知其几千里也。化而为鸟,其名为鹏,鹏之背,不知其几千里也,怒而飞,其翼若垂天之云。是鸟也,海运则将徙于南冥。""穷发之北,有冥海者,天池也。有鱼焉,其广数千里,未有知其修者,其名为鲲。有鸟焉,其名为鹏,背若太山,翼若垂天之云,抟扶摇羊角而上者九万里,绝云气,负青天,然后图南,且适南冥也。"论小,则"野马也,尘埃也,生物之以息相吹也。"(《逍遥游》)庄子创造的这些艺术形象本身就是一种美的演示,无怪乎两千年后,当代伟人犹取之为诗歌创作的意象①。庄子以此如椽大笔论美,美自与众不同:

北门成问于黄帝曰:"帝张咸池之乐于洞庭之野,吾始闻之惧,复闻之怠,卒闻之而惑,荡荡默默,乃不自得。"

帝曰:"汝殆其然哉!吾奏之以人,征之以天,行之以礼义,建之以太清。四时迭起,万物循生。一盛一衰,文武伦经。一清一浊,阴阳调和,流光其声。"

"蛰虫始作,吾惊之以雷霆。其卒无尾,其始无首。一死一生,一偾一起。所常无穷,而一不可待。汝故惧也。"

"吾又奏之以阴阳之和,烛之以日月之明。其

① 毛泽东《念奴娇·鸟儿问答》:"鲲鹏展翅,九万里,翻动扶摇羊角",典出于此。

声能短能长，能柔能刚，变化齐一，不主故常。在谷满谷，在坑满坑。涂隙守神，以物为量。其声挥绰，其名高明。是故鬼神守其幽，日月星辰行其纪。吾止之于有穷，流之于无止。子欲虑之而不能知也，望之而不能见也，逐之而不能及也。傥然立于四虚之道，倚于槁梧而吟。目知穷乎所欲见，力屈乎所欲逐，吾既不及已矣！形充空虚，乃至委蛇。汝委蛇，故怠。"

"吾又奏之以无怠之声，调之以自然之命。故若混逐丛生，林乐而无形，布挥而不曳，幽昏而无声。动于无方，居于窈冥，或谓之死，或谓之生，或谓之实，或谓之荣，行流散徙，不主常声。世疑之，稽于圣人。圣也者，达于情而遂于命也。天机不张，而五官皆备，此之谓天乐，无言而心悦。故有焱氏为之颂曰：'听之不闻其声，视之不见其形，充满天地，苞裹六极。'汝欲听之而无接焉，而故惑也。"

"乐也者，始于惧，惧故祟；吾又次之以怠，怠故遁；卒之于惑，惑故愚。愚故道，道可载而与之俱也。"（《天运》）

多么宏阔的视角，何其壮美的语言！虽然这里论述的已不纯粹是音乐了，但庄子认为，从美的意义上来说，这才称得上是真正的音乐。无论极尽长短刚柔变化之能事的音乐曲调，还是包罗宇宙星辰的音乐形象，皆如此。要而言之，这些玄乎其神的音乐语言构成其核心内容的主旋律，其实说的是看不见摸不着、但又无处不在的美的自然规律，用庄子的话来说，即"天乐"。中国古代流行之"天人合一"的理念，已于此萌生。这也就是庄子所说的"天籁"：

> 子綦曰："……汝闻人籁而未闻地籁，汝闻地籁而未闻天籁夫！"
>
> 子游曰："敢问其方。"
>
> 子綦曰："夫大块噫气，其名为风。是唯无作，作则万窍怒呺。而独不闻之翏翏乎？山林之畏佳，大木百围之窍穴，似鼻、似口、似耳、似枅、似圈、似臼，似洼者，似污者。激者，謞者，叱者，吸者，叫者，譹者，宎者，咬者，前者唱于，而随者唱喁，泠风则小和，飘风则大和，厉风济则众窍为虚。而独不见之调调，之刁刁乎？"
>
> 子游曰："地籁则众窍是已，人籁则比竹是已，敢问天籁。"
>
> 子綦曰："夫吹万不同，而使其自已也，咸其自取，怒者其谁邪？"（《齐物论》）

这里将音乐分为三个层次：初级的音乐即人类削竹加工而成的笙笛排箫一类的乐器发出的声音，它们要依靠演奏者吹奏才能发出声响，属于人为造作而成的"人籁"；中级的音乐就像自然界的风声，随窍而入变化多端，不使用人力，但仍须借助大地冷热空气的交锋融会；高级的音乐也就是宇宙间冥茫杳渺的音响规律，在它该发生时即发生，该变化时即变化，无须借助人为和自然界冷热空气的力量，在它该停止时即自己停止。在庄子看来，最美的音乐，其实也就是这最为自然的音乐，它自动前来，无须激励，一切听任自然，而其音响效果在世人心中产生的影响，却远非任何统治者举行的盛大乐舞可以比拟。富有美学意味的是，音乐造诣炉火纯青的庄子，最推崇的却并非五音繁会之交响乐合奏，而是众乐奏过曲终人散的冷寂。庄子的美学理想，即与其对"静"的境界的论述紧密相关。"圣人之静也，非曰静也善，故静也；万物无足以铙心者，故静也。""夫虚静恬淡寂漠无为者，天地之平而道德之至，故帝王圣人休焉。""静而圣，动而王，无为也而尊，朴素而天下莫能与之争美。"(《天道》)在庄子美学中，虚静恬淡之心，是形成审美态度的心理基础；自然天成的素朴之美，乃审美理想的最高境界。

说到底，庄子隐逸美学思想的理论基础，还是庄子学派注重的如何避世全身即乱世生存哲学。正是由于这一哲学基础的建立，才使得庄子思想在后世发生如许大而深远的影响。《庄子》中的寓言，其中即明显有着庄子本人思想行为的影子。下列故事久已为人传诵：

> 庄子钓于濮水。楚王使大夫二人往先焉，曰："愿以境内累矣。"
>
> 庄子持钓竿不顾，曰："吾闻楚有神龟，死已三千岁矣。王巾笥而藏之庙堂之上。此龟者，宁其死为留骨而贵乎？宁其生而曳尾于涂中乎？"
>
> 二大夫曰："宁生而曳尾涂中。"
>
> 庄子曰："往矣！吾将曳尾于涂中。"(《秋水》)
>
> 惠子相梁，庄子往见之。或谓惠子曰："庄子来，欲代子相。"于是惠子恐，搜于国中，三日三夜。

> 庄子往见之,曰:"南方有鸟,其名鹓鶵,子知之乎?夫鹓鶵发于南海而飞于北海,非梧桐不止,非练实不食,非醴泉不饮。于是鸱得腐鼠,鹓鶵过之,仰而视之曰:'吓!'今子欲以子之梁国而吓我邪?"(《秋水》)

庄子拒绝楚王征召、不屑惠子相位的故事,一向被认为是不愿跟诸侯合作的高风亮节。其实,这是庄子目睹战国动乱现实后的明智选择,即明哲保身的表现。"庄子行于山中,见大木,枝叶盛茂,伐木者止其旁而不取也。问其故,曰:'无所可用。'庄子曰:'此木以不材得终其天年。'"(《山木》)在动乱频仍、人命如草的战国时代,诸侯间的战争犹如古希腊神话传说中高悬在人们头顶、不知什么时候就会掉下来的达摩克利斯之剑,威胁着当时几乎所有生命个体的生存。能够无灾无难、平平安安地度过一生,已经成为在战火威胁下朝不保夕的人们梦寐以求的一种美好理想。一心全身避祸、不参与诸侯争竞的隐逸之士,因之成为那个时代中人的一种理想的人生选择。"古之所谓隐士者,非伏其身而弗见也,非闭其言而不出也,非藏其知而不发也,时命大谬也。当时命而大行乎天下,则反一无迹;不当时命而大穷乎天下,则深根宁极而待:此存身之道也。"(《缮性》)较之儒家"浴乎沂,风乎舞雩,咏而归"(《论语·先进》)的审美理想,庄子阐述的道家存身之道对现实社会的要求更为简单,说明战国中人的生存环境更为艰难。如果说,追求诗意地栖居在孔子时代还是一种美好理想,那么,到了庄子这里,这已经嬗变成为对时代社会生活的奢望。后代中国文人士大夫的儒道合一、相通与互补，在庄子这里即已肇始。由于受到大木不材，对于伐木者无用因而得以终其天年的启示，所以庄子创作的寓言中，一再出现生存多年的大树的形象：

惠子谓庄子曰："吾有大树，人谓之樗。其大本拥肿而不中绳墨，其小枝卷曲而不中规矩，立之途，匠者不顾。今子之言，大而无用，众所同去也。"

庄子曰："……今子有大树，患其无用，何不树之于无何有之乡，广莫之野，彷徨乎无为其侧，逍遥乎寝卧其下。不夭斤斧，物无害者，无所可用，安所困苦哉！"(《逍遥游》)

匠石之齐，至于曲辕，见栎社树。其大蔽牛，絜之百围，其高临山十仞而后有枝，其可以为舟者旁十数。观者如市，匠伯不顾，遂行不辍。

弟子厌观之，走及匠石，曰："自吾执斧斤以随夫子，未尝见材如此其美也。先生不肯视，行不辍，何邪？"

曰："已矣，勿言之矣。散木也，以为舟则沉，以为棺椁则速腐，以为器则速毁，以为门户则液樠，以为柱则蠹，是不材之木也。无所可用，故能若是之寿。"

匠石归，栎社见梦曰："女将恶乎比予哉？若将比予于文木邪？夫楂梨橘柚果蓏之属，实熟则剥则辱，大枝折，小枝泄。此以其能苦其生者也，故不终其天年而中道夭，自掊击于世俗者也。物莫不若是。且予求无所可用久矣，几死，乃今得之，为予大用。

> 使予也而有用,且得有此大也邪? ……”(《人间世》)
>
> 南伯子綦游乎商之丘,见大木焉有异,结驷千乘,隐将芘其所藾。子綦曰:“此何木也哉? 此必有异材夫!”仰而视其细枝,则拳曲而不可以为栋梁;俯而视其大根,则轴解而不可以为棺椁;咶其叶,则口烂而为伤;嗅之,则使人狂酲三日而不已。子綦曰:“此果不材之木也,以至于此其大也。嗟夫! 神人以此不材。”(《人间世》)

观念形态的改变,折射出的是那个时代的社会现实。庄子对不材大木的赞美亦如此。需要说明,庄子以不材为美,并非真的要人们去追求不材,而是以生存为念,以避免无谓的损失生命这一人类基本需求为美学思想基础。在这一大的思想前提下,庄子也时而灵活变通。

> 夫子出于山,舍于故人之家。故人喜,命竖子杀雁而烹之。竖子请曰:“其一能鸣,其一不能鸣,请奚杀?”主人曰:“杀不能鸣者。”
>
> 明日,弟子问于庄子曰:“昨日山中之木,以不材得终其天年;今主人之雁,以不材死。先生将何处?”
>
> 庄子笑曰:“周将处夫材与不材之间。”(《山木》)

杀不材之人,并非庄子危言耸听,而是主张人尽其才、物尽其用的战国诸侯真实的想法。《战国策·齐策四》中,赵威后就曾问齐使者:“於陵子仲尚存乎?是其为人也,上不臣于王,下不治其家,中不索交诸侯。此率民出于无用者,何为至今不杀乎?”试想,庄子学派中人若真像庄子说的山中大木那样,个个不材,一无所用,则性命危矣!其思想观念如何能够流传至今?可见庄子将他所把握的生存哲学理论及其实践的度,还是定在了材与不材之间。对于战国那个动荡的年代而言,庄子思想的出现,是一种历史的必然。清初著名学者顾炎武在比较春秋战国时代社会观念形态时指出:“春秋时犹尊礼重信,而七国则绝不言礼与信矣;春秋时犹尊周王,而七国则绝不言王矣;春秋时犹严祭祀,重聘享,而七国则无其事矣;春秋时犹论宗姓氏族,而七国则无一言及之矣;春秋时犹宴会赋诗,而七国则不闻矣;春秋时犹有赴告策书,而七国则无有矣。邦无定交,士无定主,此皆变于一百三十三年之间,史之阙文,而后人可以意推者也。不待始皇之并天下,而文武之道尽矣。”(《日知录》卷十三,“周末风俗”)庄子生活在七雄逐鹿的战国时代,对社会动乱现实有着更为清醒的认识。他创造的大木形象,就是庄子生存哲学所推崇的生命生存之美的写照。庄子这一思想对后世影响深远,三国蜀汉丞相诸葛亮作《出师表》,尚以“臣本布衣,躬耕于南阳,苟全性命于乱世,不求闻达于诸侯”自诩,就是这一思想观念的余波。

庄子道家隐逸美学思想的形成,是那个艰难时世生存智慧的结晶。庄子学派自述“芴漠无形,变化无常;死与?生与?天地并与?神明往与?芒乎何之?忽乎何适?万物毕罗,莫足以归。古之道术有在于是者。庄周闻其风而悦之。”(《天下》)即其学说深广性的演示。庄子论美注重本质,认为

"礼者,道之华而乱之首也"(《知北游》),"钟鼓之音,羽旄之容,乐之末也"(《天道》),真正的礼节不在礼仪仪式,真正的音乐不在乐舞表演自身,在审美主体内心对礼乐的感受;"中国之君子,明乎礼义而陋于知人心"(《田子方》),乃时人最大的弱点。庄子洞悉一切,看破生死,认为"人生天地之间,若白驹之过隙,忽然而已"(《知北游》),"予恶乎知夫死者不悔其始之蕲生乎?梦饮酒者,旦而哭泣,梦哭泣者,旦而田猎。方其梦也,不知其梦也。梦之中又占其梦焉,觉而后知其梦也。""昔者庄周梦为蝴蝶,栩栩然蝴蝶也;自喻适志与!不知周也。俄然觉,则蘧蘧然周也。不知周之梦为蝴蝶与,蝴蝶之梦为周与?周与蝴蝶,则必有分矣。此之谓物化。"(《齐物论》)庄生梦蝶的譬喻,就是其对人生的感悟。因而庄子论美,尤其注重审美创造规律的探索。如:

> 梓庆削木为鐻,鐻成,见者惊犹鬼神。鲁侯见而问焉,曰:"子何术以为焉?"
>
> 对曰:"臣,工人,何术之有?虽然,有一焉。臣将为鐻,未尝敢以耗气也,必斋以静心。斋三日,而不敢怀庆赏爵禄;斋五日,不敢怀非誉巧拙;斋七日,辄然忘吾有四肢形体也。当是时也,无公朝。其巧专而外滑消,然后入山林,观天性,形躯至矣,然后成见鐻,然后加手焉,不然则已。则以天合天,器之所以疑神者,其是与?"(《达生》)
>
> 仲尼适楚,出于林中,见痀偻者承蜩,犹掇之也。仲尼曰:"子巧乎,有道邪?"
>
> 曰:"我有道也。五六月累丸二而不坠,则失者

锱铢;累三而不坠,则失者十一;累五而不坠,犹掇之也。吾处身也,若橛株拘,吾执臂也,若槁木之枝;虽天地之大,万物之多,而唯蜩翼之知。吾不反不侧,不以万物易蜩之翼,何为而不得?”

孔子顾谓弟子曰:“用志不分,乃凝于神。其痀偻丈人之谓乎!”(《达生》)

此间之斋,当即前述心斋之意。梓庆之斋以静心,痀偻者之累丸不坠,说的都是审美创造过程中专心致志的心态。其与宋元君解衣般礴的真画者,进入的是同一种状态,即审美创造的自由境界。用志不分,乃凝于神,可谓一语破的,道出了这一境界的真谛。这里所说的道,即包含着审美创造的规律。若从社会生活的广义角度考察,庄子之道包孕着世间万物:

东郭子问于庄子曰:“所谓道,恶乎在?”
庄子曰:“无所不在。”
东郭子曰:“期而后可?”
庄子曰:“在蝼蚁。”
曰:“何其下邪?”
曰:“在稊稗。”
曰:“何其愈下邪?”
曰:“在瓦甓。”
曰:“何其愈甚邪?”
曰:“在屎溺。”(《知北游》)

庄子哲学"道无所不在"的理论命题,唐代以后成为中国封建社会士大夫的宗教禅宗中人强调审美感悟随机性的思想源泉,所谓"青青翠竹,尽是真如;郁郁黄花,无非般若"(宋释普济《五灯会元》卷十五,"饶州荐福承古禅师")。《五灯会元》中记载的那些关于"如何是道?"的五花八门的禅宗话头,即大部分源出于《庄子》。而从审美创造的角度考察,庄子则更为推崇摆脱外物束缚、专心致志于审美创造的理想境界。如:

庖丁为文惠君解牛,手之所触,肩之所倚,足之所履,膝之所踦,砉然响然,奏刀騞然,莫不中音,合于桑林之舞,乃中经首之会。

文惠君曰:"嘻,善哉!技盖至此乎?"

庖丁释刀对曰:"臣之所好者道也,进乎技矣。始臣之解牛之时,所见无非牛者;三年之后,未尝见全牛也;方今之时,臣以神遇而不以目视,官知止而神欲行。依乎天理,批大隙,导大窾,因其固然。技经肯綮之未尝,而况大軱乎!良庖岁更刀,割也;族庖月更刀,折也。今臣之刀十九年矣,所解数千牛矣,而刀刃若新发于硎。彼节者有间,而刀刃者无厚,以无厚入有间,恢恢乎其于游刃必有余地矣,是以十九年而刀刃若新发于硎。虽然,每至于族,吾见其难为,怵然为戒,视为止,行为迟,动刀甚微,謋然已解,如土委地。提刀而立,为之四顾,为之踌躇满志,善刀而藏之。"

文惠君曰:"善哉!吾闻庖丁之言,得养生焉。"(《养生主》)

宰牛本是繁重的劳动,但庖丁却从中干出了经验,干出了韵味,干出了踌躇满志的自我感觉。庖丁所好的道,实即解牛这一日常劳作中蕴涵的内在规律。对操刀十九年、所解数千牛的庖丁来说,他手舞足蹈、铿锵作响地进行的这场劳作,已经出神入化,演化成为一种与桑林之舞、经首之会并列的美的艺术。艺术起源于劳动的美学规律,在庖丁这里又一次得到实际演绎;现场观摩的文惠君从中获得的审美享受,就是有力的证明。其中的关键,即在于庖丁解牛时用志不分,乃凝于神,亦即全身心投入、聚精会神的创造性劳动。这是与梓庆斋以静心,痀偻者唯知蜩翼、真画者解衣般礴等一以贯之的审美创造心态。后来唐代文人柳宗元作《种树郭橐驼传》,就明显受到庄子美学理念的启迪。

庄子以其卓越的审美感悟能力,用纯真的心灵触摸到了审美创造规律的精髓,为后人留下了弥足珍贵的美学理念。中国封建社会的文人士大夫沿着庄子开辟的思想道路前进,在美学思想领域形成了隐逸美学思想的渊薮。

三、楚辞美学思想的问世

也就是在孟子、庄子著书立说,为后世"儒道互补"的美学思想奠定基石的战国时代,还有一种崭新的美学思想横空出世,这就是带有楚文化色彩的屈原等人《楚辞》美学思想的问世。

作为楚民族的赤子之歌,《楚辞》美学观念的根本特征,在于它与楚地民族观念的血肉相连,浑然一体。"楚之先祖出自帝颛顼高阳”(《史记·楚世家》),《离骚》开宗明义,自称“帝高阳之苗裔兮”,明确自己是上古五帝之高阳即颛顼的后裔,就是一个有力的证明。《楚辞》的美学观念实即楚地民族观念的自然延伸,屈原的审美理想,首先可以看作是他的政治理想:

> 昔三后之纯粹兮,固众芳之所在。杂申椒与菌桂兮,岂维纫夫蕙茝。彼尧、舜之耿介兮,既遵道而得路。何桀、纣之猖披兮,夫唯捷径以窘步?(《离骚》)

三后,指楚国开国之君熊绎和开拓疆域的若敖、蚡冒三王[①]。三王筚路蓝缕,开疆拓土,开创了楚国的基业,那时楚国朝廷群贤会聚,众芳咸集,人才济济,成为骚人理想中的“美政”时代。这一“美政”的流风余韵在骚人脑海中遗留的美好印象,一直延续到屈原任楚怀王左徒的时期,那时的骚人“博闻强志,明于治乱,娴于辞令。入则与王图议国事,以出号令;出则接遇宾客,应对诸侯。王甚任之”(《史记·屈原贾生列传》),可谓春风得意。然而曾几何时,屈原遭群小嫉妒排挤,昔日的宏阔坦途,变得荆棘重重:“惟夫党人之偷乐兮,路幽昧以险隘。岂余身之惮殃兮?恐皇舆之败绩。忽奔走以先后兮,及前王之踵武”(《离骚》)。屈原,这颛顼的后裔,人日的精灵[②],中国文学史上的第一骚人,满腔的热血忠

① 马茂元选注《楚辞选》,人民文学出版社1958年4月,8-9页。

② 马茂元注:“屈原生于寅年、寅月、寅日,被认为是得人道之正,因为人生于寅。”《楚辞选》,5页。

心，非但不被楚王理解，反倒激起楚王盛怒，他心中怎能不哀怨？屈原的满腔怨气，化作哀感顽艳的《离骚》，唱给楚王听：

> 不抚壮而弃秽兮，何不改乎此度？乘骐骥以驰骋兮，来吾导夫先路！……
>
> 余固知謇謇之为患兮，忍而不能舍也。指九天以为正兮，夫唯灵修之故也！曰黄昏以为期兮，羌中道而改路。初既与余成言兮，后悔遁而有他。余既不难夫离别兮，伤灵修之数化。……

灵修，喻君王，这里指楚怀王。怀王始则听信上官谗言，怒而疏屈原；复中张仪之计，绝齐亲秦；又不听屈原之谏，入秦被扣留，竟死于秦。屈原忠心的谏言，换来的只是怀王的暴怒和疏远，一腔忠心，无可告诉，发而为《离骚》，其情思愁绪，如滔滔江水，喷涌而出。司马迁评“屈平疾王听之不聪也，谗谄之蔽明也，邪曲之害公也，方正之不容也，故忧愁幽思而作《离骚》。——离骚者，犹离忧也。夫天者，人之始也；父母者，人之本也。人穷则反本；故劳苦倦极，未尝不呼天也；疾痛惨怛，未尝不呼父母也。屈平正道直行，竭忠尽智以事其君，谗人间之，可谓穷矣！信而见疑，忠而被谤，能无怨乎？屈平之作《离骚》，盖自怨生也”（《史记·屈原贾生列传》），可谓屈原的旷代知音。正道直行的屈原，竭忠尽智地效忠楚王，非但没有得到楚王理解，反倒遭受谗佞离间，眼见自己的“美政”理想难以实现，他“惜诵以致愍兮，发愤以抒情”（《九章·惜诵》），将郁结胸中的美好理想诉诸《楚辞》，用深情的咏叹来讴歌自己的理想。骚人怀着在现实生活中不被理解的哀怨，在诗的国度里寻觅自己的知音，建立起具有《楚辞》特色的优美意象的系列。骚人讴歌理想化的美的意象，抨击围绕着楚王的那些丑恶之徒，用诗歌语言呼号呐喊，奋力同黑暗势力抗争。

> 怨灵修之浩荡兮，终不察夫民心。众女嫉余之蛾眉兮，谣诼谓余以善淫。（《离骚》）
>
> 昔君与我成言兮，曰："黄昏以为期。"羌中道而回畔兮，反既有此他志。（《九章·抽思》）

以屈原个人性格之耿介不阿，却在致楚怀王的诗歌中将自己比喻为女子，这个现象就颇为耐人寻味。一方面，美人以拟君子，骚人以女子自比，是对清纯少女的赞赏，认为只有她们才没有倾轧之心。清代曹雪芹《红楼梦》中贾宝玉对于女儿与女人演变的评论，可以看作是屈原少女情结的余波。另一方面，这也反映出社会性别与生理性别的关系演化，屈原在社会心理上自比女性，将楚怀王视为前夫①，其间透露出的是妇女地位下降的消息。唐代诗人李商隐从《巴山夜雨》到《无题》，心理上也经历了一个自我认同由男到女的历程。当然，屈原之自我女性认同，尚残存有母权制崇拜的余风在内，不同于李商隐之哀怨绝望。《楚辞》中少女哀怨灵修浩荡宠信众女嫉妒谣诼，实际是屈原在哀怨楚怀王听信谗佞不纳忠言。赤胆忠心却被国君误解，历尽苦难却依然不改，此乃

---

① 游国恩《楚辞女性中心说》，《楚辞论文集》，古典文学出版社 1957 年 1 月，199 页。

屈原的伟大之处。司马迁论“《国风》好色而不淫，《小雅》怨诽而不乱，若《离骚》者，可谓兼之矣。上称帝喾，下道齐桓，中述汤、武，以刺世事。明道德之广崇，治乱之条贯，靡不毕见。其文约，其辞微，其志洁，其行廉。其称文小而其指极大，举类迩而见义远。其志洁，故其称物芳；其行廉，故死而不容自疏。濯淖污泥之中，蝉蜕于浊秽，以浮游尘埃之外，不获世之滋垢，皭然泥而不滓者也。推此志也，虽与日月争光，可也”(《史记·屈原贾生列传》)，可谓切中肯綮。

作为楚地先进文化的杰出代表，《楚辞》美学思想的民族特色，当首推其建立的香草比兴系列。如前所述，屈原对美的吟唱咏叹，是与其同黑暗势力的抗争联系在一起的。《楚辞》赞美楚地那些美好的形象，本身就是对芜秽群丑的讥刺。先看《楚辞》中那纯洁清馨的主人公形象：

> 揽木根以结茝兮，贯薜荔之落蕊。矫菌桂以纫蕙兮，索胡绳之纚纚。謇吾法夫前修兮，非世俗之所服。……
>
> 制芰荷以为衣兮，集芙蓉以为裳。不吾知其亦已兮，苟余情其信芳。高余冠之岌岌兮，长余佩之陆离。芳与泽其杂糅兮，唯昭质其犹未亏。忽反顾以游目兮，将往观乎四荒。佩缤纷其繁饰兮，芳菲菲其弥章。民生各有所乐兮，余独好修以为常。……(《离骚》)

服饰是主体审美意识的外化。与《诗》三百赞美人物着重其体形、肤色等自身条件不同，《楚辞》主人公仿佛置身于一个馨香馥郁的香草的世界。又与前述庄子等人“以丑为美”的审美思维迥异,《楚辞》的审美思维方式着意强调的是内在美与外在美的统一。“余幼好此奇服兮,年既老而不衰。带长铗之陆离兮,冠切云之崔嵬,被明月兮佩宝璐。世溷浊而莫余知兮,吾方高驰而不顾。”(《九章·涉江》)屈原以自己的外在仪表为创作题材的这幅“自画像”,尚未佩戴香草,就已明显流露出与中原部族不同的楚地民族清新高洁的审美心理特色。此间的香花异草,一方面得益于楚地温暖气候条件下植物品种的繁多,另一方面,不同流俗的奇装异服又是主人公心灵的投影。《楚辞》中的主人公以自然界的花草为服饰,上承夏族以野菜为祭祀用品的文化传统①,下开“善鸟香草,以配忠贞;恶禽臭物,以比谗佞”(王逸《楚辞章句·离骚序》)的审美创造模式,建立起了一个以自然界的香草植物为审美客体的系列意象群。

朝搴阰之木兰兮,夕揽洲之宿莽。日月忽其不淹兮,春与秋其代序,惟草木之零落兮,恐美人之迟暮……

余既滋兰之九畹兮,又树蕙之百亩;畦留夷与揭车兮,杂杜衡与芳芷。冀枝叶之峻茂兮,愿俟时乎吾将刈……

朝饮木兰之坠露兮,夕餐秋菊之落英。苟余情

①《左传·隐公三年》:“苟有明信,涧、溪、沼、沚之毛,苹、蘩、蕴藻之菜,筐、筥、锜、釜之器,潢、汙、行潦之水,可荐于鬼神,可羞于王公”。又《左传·襄公二十八年》:“济泽之阿,行潦之苹藻,置诸宗室,季兰尸之,敬也。”见李炳海《部族文化与先秦文学》,276页。

其信姱以练要兮，长顑颔亦何伤！……（《离骚》）

在骚人笔下，自然界的楚地香草，仿佛具有了人的感情，它们与骚人气息相通，荣辱与共，一起品尝体味着现实生活中的辛酸苦辣。散发着香草沁人心脾的芳香的居室，是骚人审美理想中的心灵寄托之所；而一些花草的失节变质，又令骚人痛心疾首感慨不已。

筑室兮水中，葺之兮荷盖。荪壁兮紫坛，播芳椒兮成堂。桂栋兮兰橑，辛夷楣兮药房。罔薜荔兮为帷，擗蕙櫋兮既张。白玉兮为镇，疏石兰兮为芳。芷葺兮荷屋，缭之兮杜衡。合百草兮实庭，建芳馨兮庑门……（《九歌·湘夫人》）

及年岁之未晏兮，时亦犹其未央。恐鹈鴂之先鸣兮，使夫百草为之不芳！……时缤纷其变易兮，又何可以淹留？兰芷变而不芳兮，荃蕙化而为茅。何昔日之芳草兮，今直为此萧艾也？岂其有他故兮？莫好修之害也！余以兰为可恃兮，羌无实而容长。委厥美以从俗兮，苟得列乎众芳。椒专佞以慢慆兮，樧又欲充夫佩帏。既干进而务入兮，又何芳之能祗？固时俗之流从兮，又孰能无变化？览椒兰其若兹兮，又况揭车与江离？……（《离骚》）

西方美学理论中有"移情作用"说，如康德说："我们经常用一些像是以道德评价为基础的名称来称呼自然或艺术的美的对象。我们把大厦或树木称之为庄严的或雄伟的，或把原野称之为欢笑的和快活的；甚至颜色也被称为贞洁的、谦虚的、温柔的，因为它们激起的那些感觉包含有某种类似于对由道德判断所引起的心情的意识的东西。”①立普斯（Theodor Lipps）说：“在对美的对象进行审美的观照之中，我感到精力旺盛，活泼，轻松自由或自豪。但是我感到这些，并不是面对着对象或和对象对立，而是自己就在对象里面。……这种活动的感觉也不是我的欣赏的对象，……它不是对象的（客观的），即不是和我对立的一种东西。正如我感到活动并不是对着对象而是就在对象里面，我感到欣赏，也不是对着我的活动，而是就在我的活动里面。”②屈原之于《楚辞》中的花草的审美感受，即如此。需要说明，骚人于花草并非一概而论，而是细分出不同的品类。第一类是香草。香草清香芳洁，象征着骚人高洁的人格品质。这品质既源自于先天与生俱来，更得益于后天的修炼培养：“纷吾既有此内美兮，又重之以修能。扈江离与辟芷兮，纫秋兰以为佩……”（《离骚》）不只屈原这类自述，可以看作是代香草立言，而且骚人之所以用香草来刻意装饰自己，究其原因，即香草之中，蕴涵的就是骚人的自我形象。第二类是众芳。众芳的形象随着时代的变化在发生着变易，在楚之三后时期，众芳本皆芬芳馥郁，“昔三后之纯粹兮，固众芳之所在”，彼时的众芳，可谓是正人君子中的佼佼者；但时移世异，到了楚怀王时期，众芳已随波逐流，追名逐利，成为嫉贤妒能的龌龊群小的代名词。“虽萎

① 康德著《判断力批判》，邓晓芒译，杨祖陶校，人民出版社 2002 年 5 月，202 页。

② 立普斯《论移情作用，内摹仿和器官感觉》，朱光潜《西方美学史》下卷引，609 页。

绝其亦何伤兮？哀众芳之芜秽。众皆竞进以贪婪兮，凭不厌乎求索。羌内恕己以量人兮，各兴心而嫉妒。”(《离骚》)这其实已不是众芳，而是众臭。众芳的芜秽不堪令骚人感到悲哀，骚人的孤高自重又使他不肯与众“芳”同流合污，从而越发招致众芳的嫉妒攻击，此时的众芳，显然已是香草即骚人的对立面。第三类是荃荪。荃荪本是两种同类的香草[1]，这里指代楚怀王。骚人忠诚于君王却遭误解，“荃不察余之中情兮，反信谗而齌怒”(《离骚》)，令骚人哀怨悲愤不能自已；但骚人心底里到底还是爱戴君王，他的满怀幽思所系的牵肠挂肚之人，也还是楚怀王：“数惟荪之多怒兮，伤余心之忧忧”，“兹历情以陈辞兮，荪详聋而不闻”，“何独乐斯之謇謇兮，愿荪美之可光”(《九章·抽思》)，备受委屈的骚人，仍在用他的一颗赤心依恋着荃荪，哀悼着荃荪的不幸，期待着荃荪的归来。从《诗》三百发端的比兴手法，发展到《楚辞》已经出神入化。一部《楚辞》，处处以香草为譬，构成了体系完备的香草意象审美系列。这有些像《红楼梦》中的“黛玉葬花”，曹雪芹可谓是清代的屈原，也许，他对大观园群芳的哀悼，就是受了屈原《楚辞》的启发？

《楚辞》美学观念的另一特色，是其洋溢着楚地民族风情的神话传说系列。《楚辞》中出现的楚地自然风光和祭祀风俗之美，就是最好的证明。“楚，泽国也；其南沅、湘之交，抑山国也。叠波旷宇，以荡遥情，而迫之以崟嵚戍削之幽菀，故推宕无涯，而天采矗发，江山光怪之气，莫能掩抑。”(王夫之

---

① 游国恩《楚辞女性中心说》，《楚辞论文集》，古典文学出版社1957年1月，195页。

《楚辞通释序例》)这里既有楚地的香草芳华:“瑶席兮玉瑱,盍将把兮琼芳。蕙肴蒸兮兰藉,奠桂酒兮椒浆。”(《九歌·东皇太一》)又有楚地的祭祀乐舞:“扬枹兮拊鼓,疏缓节兮安歌,陈竽瑟兮浩倡。灵偃蹇兮姣服,芳菲菲兮满堂。五音纷兮繁会,君欣欣兮乐康。”(《九歌·东皇太一》)湘君湘夫人翘首引领望眼欲穿的两心相悦,表现出楚民族青春时代一往情深缠绵悱恻的幽思:“帝子降兮北渚,目渺渺兮愁予。袅袅兮秋风,洞庭波兮木叶下。登白薠兮骋望,与佳期兮夕张。鸟何萃兮蘋中,罾何为兮木上?沅有芷兮澧有兰,思公子兮未敢言。荒忽兮远望,观流水兮潺湲。”(《九歌·湘夫人》)“君不行兮夷犹,蹇谁留兮中洲?美要眇兮宜修,沛吾乘兮桂舟。令沅、湘兮无波,使江水兮安流!望夫君兮未来,吹参差兮谁思?驾飞龙兮北征,邅吾道兮洞庭。薜荔柏兮蕙绸,荪桡兮兰旌。望涔阳兮极浦,横大江兮扬灵。扬灵兮未极,女婵媛兮为余太息。横流涕兮潺湲,隐思君兮陫侧。”(《九歌·湘君》)掌握人生死寿夭子嗣有无的大司命少司命的感情生活,牵动着楚民族休戚相关的殷切期待和企盼:“广开兮天门,纷吾乘兮玄云。令飘风兮先驱,使涷雨兮洒尘。君回翔兮以下,逾空桑兮从女。纷总总兮九州,何寿夭兮在予!高飞兮安翔,乘清气兮御阴阳。”(《九歌·大司命》)“秋兰兮麋芜,罗生兮堂下。绿叶兮素华,芳菲菲兮袭予。夫人兮自有美子,荪何以兮愁苦!秋兰兮青青,绿叶兮紫茎。满堂兮美人,忽独与余兮目成。入不言兮出不辞,乘回风兮载云旗。”(《九歌·少司命》)独立山隈等候情人的山鬼,更彰显出楚人对神灵的依恋:“若有人兮山之阿,被薜荔兮带女萝。既含睇兮又宜笑,子慕予兮善窈窕。乘赤豹兮从文狸,辛夷车兮结桂旗。

被石兰兮带杜衡，折芳馨兮遗所思。”（《九歌·山鬼》）这里展现的神灵之间相依相恋的美好生活，凝聚着楚地祭祀乐舞的灵魂。《九歌》对神灵爱情生活的礼赞，叠印着楚地民间生活的影像。这些表现神与神相恋爱的祭祀乐舞，描绘的其实是楚人艺术想像中认为应该如此的理想生活。在这一点上，《楚辞》中的神灵更接近于古希腊神话中那些有着世间凡人皆有的七情六欲的神的形象，而与华夏神话中那些不食人间烟火、与凡人对立的神的形象迥然各异。屈原在楚国宫廷世俗的环境中备受排挤，一再被放逐的沉冤无可告诉，只有在流放之地，在他和民间女巫们共同创造的神灵的世界中，他才得到暂时的解脱，感到轻松自如畅快惬意。骚人诗歌中卿卿我我的呢喃软语，化作女巫祭祀仪式上声情并茂的轻歌曼舞，构成楚地与华夏乐舞迥异的祭祀乐舞形象系列。注家谓“昔楚国南郢之邑，沅、湘之间，其俗信鬼而好祠。其祠必作歌乐，鼓舞以乐诸神。屈原放逐，窜伏其域，怀忧苦毒，愁思沸郁。出见俗人祭祀之礼，歌舞之乐，其词鄙陋，因为作《九歌》之曲。”（王逸《楚辞章句·九歌序》）“蛮荆陋俗，词既鄙俚，而其阴阳人鬼之间，又或不能无亵慢荒淫之杂。原既放逐，见而感之，故颇为更定其词，去其泰甚”（朱熹《楚辞集注·九歌序》），就已经透露出这一消息。超现实的神灵世界是骚人对现实世界的合理改造，所有在现实生活中未能达到的愿望，他都试图在这一理想化的幻想世界中得到满足。

跪敷衽以陈辞兮，耿吾既得此中正。驷玉虬以乘鷖兮，溘埃风余上征。朝发轫于苍梧兮，夕余至乎县圃。欲少留此灵琐兮，日忽忽其将暮。吾令羲和弭节兮，望崦嵫而勿迫。

路曼曼其修远兮,吾将上下而求索。饮余马于咸池兮,总余辔乎扶桑。折若木以拂日兮,聊逍遥以相羊。前望舒使先驱兮,后飞廉使奔属。鸾皇为余先戒兮,雷师告余以未具。吾令凤鸟飞腾兮,继之以日夜。飘风屯其相离兮,帅云霓而来御。纷总总其离合兮,斑陆离其上下。吾令帝阍开关兮,倚阊阖而望予……(《离骚》)

如本书前面所提到的,天神与高山的联系是人类原始思维的特征。骚人上下奔走,由现实世界超升进入想像中的神灵世界,试图从神灵的世界中寻求到在现实世界中未找到的答案。从现实生活中舜葬之地的苍梧,指向神话传说中的县圃、崦嵫、咸池、扶桑等神仙境界的求索,就是上古"民神杂糅"、"民神同位"思维方式残留的痕迹。骚人驰骋想像,在望舒、飞廉、鸾皇、雷师等神话人物的协助下来到天门,但天帝的守门人却倚靠天门望着骚人爱答不理。"载营魄而登霞兮,掩浮云而上征。命天阍其开关兮,排阊阖而望予。"(《远游》)这个硬是不肯为屈原打开天门的守门人,是骚人郁结心中久久不能释怀的一个结。唐代诗人李白报国无门,愤慨大呼"我欲攀龙见明主,雷公砰訇震天鼓,帝旁投壶多玉女。三时大笑开电光,倏烁晦冥起风雨。阊阖九门不可通,以额扣关阍者怒"(《梁甫吟》),盖源于此欤?骚人一片忠心,对天可表:"所非忠而言之兮,指苍天以为正。令五帝使折中兮,戒六神与向服。俾山川以备御兮,命咎繇使听直。"(《九章·惜诵》)五方之帝,日月星辰、水旱、四时、寒暑、山川诸神,上古著名法官,尽皆在他的想像中奔来楚地听其倾诉;入天宫而不能,骚人便上下而求女;求爱失恋,骚人又去请教巫师:

> 索藑茅以筳篿兮，命灵氛为余占之。曰："两美其必合兮，孰信修而慕之？思九州之博大兮，岂唯是其有女？"曰："勉远逝而无狐疑兮，孰求美而释女？何所独无芳草兮，尔何怀乎故宇？"……
>
> 巫咸将夕降兮，怀椒糈而要之。百神翳其备降兮，九嶷缤其并迎。皇剡剡其扬灵兮，告余以吉故。……
>
> 灵氛既告余以吉占兮，历吉日乎吾将行。折琼枝以为羞兮，精琼靡以为粻。为余驾飞龙兮，杂瑶象以为车。何离心之可同兮？吾将远逝以自疏……忽吾行此流沙兮，遵赤水而容与。麾蛟龙使梁津兮，诏西皇使涉予。路修远以多艰兮，腾众车使径待。路不周以左转兮，指西海以为期。屯余车其千乘兮，齐玉轪而并驰。驾八龙之婉婉兮，载云旗之委蛇。抑志而弭节兮，神高驰之邈邈。奏《九歌》而舞《韶》兮，聊假日以媮乐……(《离骚》)

代天帝立言的女巫，不仅为骚人指示了人生的道路，她们本身也是骚人身处逆境时的密友。这些源于现实生活但又明显高于现实生活的半人半神的角色，以及她们作出的带有浓厚神秘色彩的卜辞，既为《楚辞》中的神话传说提供了现实生活中的依据，又使骚人在去留这一现实抉择上的表现仍然如得神助，洋溢着理想化的神话色彩。身陷逆境的骚人与她们共同创造的神话传说系列，因之始终回荡着楚民族宁折不弯的阳刚之气："青云衣兮白霓裳，举长矢兮射天狼。操余弧兮反沦降，援北斗兮酌桂浆。撰余辔兮高驰翔，杳冥冥兮以东行。”（《九歌·东君》）“出不入兮往不反，平原忽兮路超远。带长剑兮挟秦弓，首身离兮心不惩。诚既勇兮又以武，终刚强兮不可凌。身既死兮神以灵，魂魄毅兮为鬼雄！”（《九歌·国殇》）从普照万物的太阳神，到楚民族为国捐躯的忠魂，在热爱楚国、同仇敌忾这一点上完全一致。楚人心目中的民族英雄在由人向神转化的过程中，《楚辞》神话传说系列所礼赞的半人半神阶段，可以说是关键性的必由之路。

《楚辞》美学观念的又一特色，就是骚人怀着爱戴之情塑造的美女系列。骚人在男人的世界中备受排挤倾轧，转而向红颜知己的女子世界中去寻求自己的知音。譬如《离骚》，一再出现向往追求青春女子的爱慕情结：

> 女嬃之婵媛兮，申申其詈予。曰：“鲧婞直以亡身兮，终然夭乎羽之野。汝何博謇而好修兮，纷独有此姱节？薋菉葹以盈室兮，判独离而不服。众不可户说兮，孰云察余之中情？世并举而好朋兮，夫何茕独而不予听？”……

女嬃是骚人的第一知己，她虽然在痛骂骚人不同流俗招致排挤，但那骂詈之中，有着几多同情，几多心疼！骚人上天入地，求索的就是这样的红颜知己：

> 朝吾将济于白水兮，登阆风而緤马。忽反顾以流涕兮，哀高丘之无女。溘吾游此春宫兮，折琼枝以继佩。及荣华之未落兮，相下女之可诒。吾令丰隆

乘云兮,求宓妃之所在。解佩纕以结言兮,吾令蹇修以为理……

览相观于四极兮,周流乎天余乃下。望瑶台之偃蹇兮,见有娀之佚女。吾令鸩为媒兮,鸩告余以不好。雄鸠之鸣逝兮,余犹恶其佻巧。心犹豫而狐疑兮,欲自适而不可。凤皇既受诒兮,恐高辛之先我。欲远集而无所止兮,聊浮游以逍遥,及少康之未家兮,留有虞之二姚……

宓妃是洛水的女神,有娀之佚女是商族的女祖,有虞氏之二姚曾帮助少康恢复夏朝,这些带有神秘色彩的神奇女子,可谓是骚人梦中的情人、追求的偶像。骚人魂牵梦萦、念兹在兹的最大心事,就是如何寻觅到机会,向她们倾诉衷情。需要指出,此间的这些女子,代表的并非后代文人墨客津津乐道的那些弱不禁风的柔弱女子之流,而是能够将骚人情思向楚王转达、左右楚国命运走向的"通君侧"①之人,即楚国执政诸公的象征。骚人瞩目的也并非她们的沉鱼落雁之容、闭月羞花之貌,而是她们能够帮助骚人上达楚王,实现"美政"理想的神奇力量。骚人一再将楚王比作"美人":"思美人兮,擥涕而伫眙。媒绝路阻兮,言不可结而诒。"(《九章·思美人》)"结微情以陈辞兮,矫以遗夫美人。""与美人之抽思兮,并日夜而无正。憍吾以其美好兮,敖朕辞而不听。"(《九章·抽思》)至于如何才能与这位美人相知,骚人只能寄希望

① 游国恩《楚辞女性中心说》,《楚辞论文集》,古典文学出版社 1957 年 1 月,200 页。

于美人身边的正直之女，来帮助自己抵御众女的排挤。可是这主持公道的好女子在哪里呢？骚人上下求索，寻求红颜知己，一方面可以从中见出骚人潜意识冰山底层尚存的母权制思想的残余；另一方面，骚人塑造的宓妃、有娀之佚女、有虞氏之二姚等世人崇拜的美好女子的形象，其实是对楚国执政诸公的期待和感召。“闺中既以邃远兮，哲王又不寤。怀朕情而不发兮，余焉能忍而与此终古！”正如求女其实是在寻求知己一样，《离骚》中赞颂讴歌的女子之美，象征的还是骚人至为系念的“内美”和“美政”。这是骚人毕生为之奋斗的头等大事，是他脑海中挥之不去的挚爱情结。

《楚辞》美学观念的最终特色，还是其历尽劫难赤心不改、始终不肯抛下楚国离去的爱国情结。《离骚》结尾主人公在求爱失恋，屡遭打击，灵氛卜辞已经向他昭示出走这条他人行之有效的人生之路时，仍然不忍离去：

> 陟升皇之赫戏兮，忽临睨夫旧乡。仆夫悲余马怀兮，蜷局顾而不行。
>
> 乱曰：已矣哉！国无人莫我知兮，又何怀乎故都？既莫足与为美政兮，吾将从彭咸之所居！

在春秋战国时代，士人纷纷周游列国谋取功名富贵，楚材晋用、朝秦暮楚之事屡见不鲜。秦国客卿李斯专门著有《谏逐客书》，论述这一现象。但这种对于人生道路的智慧抉择，是屈原无法遵从的。屈原太爱楚国了，以致遭谗被妒，蒙冤受屈，一再被放逐，仍然不忍心离楚而去。《楚辞》之中，一再出现面临去留之间的抉择时，主人公精神的恍恍惚惚，心

情的犹犹豫豫:

昔余梦登天兮,魂中道而无杭。吾使厉神占之兮,曰:“有志极而无旁。”“终危独以离异兮?”曰:“君可思而不可恃。故众口其铄金兮,初若是而逢殆。惩于羹而吹齑兮,何不变此志也? ……”(《九章·惜诵》)

悲时俗之迫阨兮,愿轻举而远游。质菲薄而无因兮,焉托乘而上浮? ……

贵真人之休德兮,美往世之登仙。与化去而不见兮,名声著而日延……

闻至贵而遂徂兮,忽乎吾将行。仍羽人于丹丘兮,留不死之旧乡……

涉青云以泛滥游兮,忽临睨夫旧乡。仆夫怀余心悲兮,边马顾而不行……(《远游》)

占梦者对屈原的告诫,与灵氛等人的占卜如出一辙,都是在规劝他离楚而去。这可以看作是屈原潜意识中的另一位骚人,在与骚人进行着关于去留抉择的探讨。平心而论,这另一位骚人的想法,应该还是理性的。屈原本人并非不了解这种理性想法的可行性,而是内心对楚民族的热爱使他欲离开而不能。因此,尽管楚国宫廷社会黑暗,骚人蒙冤受屈:“憎愠惀之修美兮,好夫人之慷慨。众踥蹀而日进兮,美超远而逾迈”,骚人仍不能忘怀他的祖国:“乱曰:曼余目以流观兮,冀一反之何时? 鸟飞反故乡兮,狐死必首丘。信非吾罪而弃逐兮,何日夜而忘之?”(《九章·哀郢》)此情此意,可感天地而泣鬼神矣！《楚辞》中的人物形象，其心路历程多带有这种恋恋不舍的情感色彩。湘君、湘夫人久等对方不至，仍要遗物以寄相思："捐余玦兮江中，遗余佩兮醴浦。采芳洲兮杜若，将以遗兮下女。"（《九歌·湘君》）"捐余袂兮江中，遗余褋兮醴浦。搴汀洲兮杜若，将以遗兮远者"（《九歌·湘夫人》），大司命、少司命各司其职，仍不能忘怀情感追求："折疏麻兮瑶华，将以遗兮离居。老冉冉兮既极，不寖近兮愈疏。乘龙兮辚辚，高驰兮冲天。结桂枝兮延伫，羌愈思兮愁人。"（《九歌·大司命》）"与女沐兮咸池，晞女发兮阳之阿。望美人兮未来，临风怳兮浩歌。"（《九歌·少司命》）骚人心中牵缠的则不仅是对美人即楚王的思念，更有他全身心热爱的楚国民族。因而，骚人潜意识中一再浮现出的远游之思，虽然一次比一次更具备神仙境界的优美魅力，但终于还是未能诱惑骚人，他到底还是留在了自己的祖国。《楚辞》中一再出现的彭咸，成为骚人最后的榜样：

> 虽不周于今之人兮，愿依彭咸之遗则。长太息以掩涕兮，哀民生之多艰……
>
> 乱曰：已矣哉！国无人莫我知兮，又何怀乎故都？既莫足与为美政兮，吾将从彭咸之所居！（《离骚》）
>
> 望三五以为像兮，指彭咸以为仪。夫何极而不至兮，故远闻而难亏……（《九章·抽思》）
>
> 广遂前画兮，未改此度也。命则处幽吾将罢兮，愿及白日之未暮也。独茕茕而南行兮，思彭咸之故也。（《九章·思美人》）

夫何彭咸之造思兮,既志介而不忘！万变其情岂可盖兮,孰虚伪之可长！(《九章·悲回风》)

从上下文的意思来看,彭咸显然是一位正人君子,一位美德的典范,骚人以彭咸为楷模,长留楚国终身未变,直至最后投身汨罗,以生命实践了《楚辞》的美学理想。“乱曰:浩浩沅、湘,分流汩兮。修路幽蔽,道远忽兮。怀质抱情,独无匹兮。伯乐既没,骥焉程兮？民生禀命,各有所错兮。定心广志,余何畏惧兮？曾伤爰哀,永叹喟兮。世溷浊莫吾知,人心不可谓兮。知死不可让,愿勿爱兮。明告君子:吾将以为类兮!”(《九章·怀沙》)屈原萌生投江之念的这篇预告,就是骚人以身殉美的宣言。

第七篇　先秦美学思潮的高峰

一、高潮迭起的繁盛阶段

一代美学思想高潮的形成，并非一朝一夕可以一蹴而就。它不仅需要先后几代思想家持续不懈的思想劳动，而且需要整个时代与社会形成相应的思想氛围。先秦美学思潮的高峰亦如此。经过轴心时代万象丛生大开大阖的激荡，整个时代与社会都已经发生了翻天覆地的巨大变化，审美主体从思维方式到创造实践都已历练成熟，一个高潮迭起的美学思想与创造的繁盛阶段到来了。

与东周、西周可以公元前771年犬戎入侵、公元前770年平王东迁为界截然划分不同，春秋与战国之间并无一条泾渭分明的明显界限。因此本篇论述战国时代美学思潮的繁盛，在很多地方都要回溯到春秋乃至更早一些的西周。这一时期最先为人们感受到的，当数当时的文化风俗习惯亦即时代审美风气的变化。以服装为例，西周初年周公等人制礼作乐时规定的宽大舒缓的深衣大袖的服装，在群雄逐鹿征战不已的战国时代穿着已经显得笨拙。迫在眉睫的生存竞争的需要，促使以农耕为本的中原列国诸侯，主动去效仿昔日不屑一顾的胡戎等游牧部族的服装。战国时赵武灵王胡服骑射，就是先秦服饰文化史中引人注目的一大变化。胡服即西北边远部族的服装,所谓"胡服衣冠,具带黄金师比"(《战国策·赵策二》)"赵武灵王缦胡之缨"(周迁《舆服杂事》①),"上领衫与靴,皆胡服"(《朱子语类》卷九一),"窄袖、绯绿短衣、长靿靴、有鞢韄带,皆胡服也。窄袖利于驰射,短衣、长靿,皆便于涉草……带衣所垂蹀躞,盖欲佩带弓箭、帉帨、算囊、刀砺之类"(沈括《梦溪笔谈》卷一)。据现代学者考证,"胡服……型制是紧身窄袖,长裤革靴,乘骑射箭,方便利索","窄袖短衣便于射箭,合裆长裤便于骑马"②,"最早骑士比较完整的形象……身穿手臂可以活动的用犀革加彩绘作成组甲或练甲……手执短剑……特别重要处是头盔上插二鸟羽,可联系到史志相传赵武灵王'胡服骑射'中的'鷸冠'、'鵔鸃冠',或和它有相通处……二千多年武将一系列头戴鶡尾形象,都由之发展而来"③。这类服装利于骑马作战,但却与自西周以来中原列国人们平日穿着的深衣大袖博带高冠浅履的儒家风格服饰迥异。要在短期内彻底改变人们昔日穿着习惯的服装,给众人带来的不适应是可以预料的。赵武灵王推行胡服伊始,"乃国未通于王胡服"(《战国策·赵策二》),"群臣皆不欲"(《史记·赵世家》),宗室贵族纷纷进言,强烈抵制胡服。"公子成再拜曰:'……臣闻之:"中国者,聪明睿知之所居也,万物财用之所聚也,贤圣之所教也,仁义

① 陈登原《国史旧闻》第一册上,九十一,胡服,据《说郛》卷三十一,庞元英《文昌杂录》引。辽宁教育出版社 2000 年 1 月,198 页。陈克艰重新标点。

②《中国服饰文化》第一卷,285、292 页。

③ 沈从文编著《中国古代服饰研究》,上海世纪出版集团、上海书店出版社 2002 年 8 月,89 - 90 页。

之所施也，诗书礼乐之所用也，异敏技艺之所试也，远方之所观赴也，蛮夷之所义行也。”今王释此，而袭远方之服，变古之教，易古之道，逆人之心，畔学者，离中国，臣愿大王图之。’”“赵文曰：‘当世辅俗，古之道也。衣服有常，礼之制也。修法无愆，民之职也。三者，先圣之所以教。今君释此而袭远方之服，变古之教，易古之道，故臣愿王之图之。’”“赵造曰：‘……今王易初不循俗，胡服不顾世，非所以教民而成礼也。且服奇者志淫，俗辟者乱民。是以莅国者不袭奇辟之服，中国不近蛮夷之行。非所以教民成礼者也。且循法无过，修礼无邪。臣愿王之图之。’”（《战国策·赵策二》）赵国宗室贵族意见如此一致，说明西周以来周公等人创制的与礼仪联系在一起的深衣大袖的服装，已经潜移默化地为人们所接受，在人们的脑海中沉积下来，成为人们日常生活的一部分，进而形成一种审美心理上的惯性思维。人们从西周以来与周礼相配合的褒衣博带式服装中穿出了节奏舒缓的舒适，穿出了冠冕堂皇的美感，穿出了自我感觉良好的文化传统，任何与之不一致的服装样式都会理所当然地遭到抵制和排斥。对于这些来自宗室内部的反对意见，赵武灵王心理上是有所准备的。赵武灵王倡导胡服之初，即清楚地知道“夫有高世之功者，必负遗俗之累；有独知之虑者，必被庶人之恐。今吾将胡服骑射以教百姓，而世必议寡人矣。”“寡人非疑胡服也，吾恐天下笑之。……世有顺我者，则胡服之功未可知也。”（《战国策·赵策二》）对于胡服骑射，赵武灵王及其股肱之臣的态度十分明确：

肥义曰:"……夫论至德者,不和于俗;成大功者,不谋于众。昔者舜舞有苗,而禹袒入裸国,非以养欲而乐志也,欲以论德而要功也。……"

王遂胡服,使王孙緤告公子成曰:"……今胡服之意,非以养欲而乐志也。事有所出,功有所止,事成功立,然后德且见也。……"

使者报王。王曰:"吾固闻叔之病也。"即之公叔成家,自请之曰:"夫服者,所以便用也;礼者,所以便事也。是以圣人观其乡而顺宜,因其事而制礼,所以利其民而厚其国也。被发文身,错臂左衽,瓯越之民也。黑齿雕题,鳀冠秫缝,大吴之国也。礼服不同,其便一也。是以乡异而用变,事异而礼易。是故圣人苟可以利其民,不一其用;果可以便其事,不同其礼。儒者一师而礼异,中国同俗而教离,又况山谷之便乎?故去就之变,知者不能一;远近之服,贤圣不能同。穷乡多异,曲学多辨,不知而不疑,异于己而不非者,公于求善也。今卿之所言者,俗也。吾之所言者,所以制俗也。……"

王曰:"……且夫三代不同服而王,五伯不同教而政。知者作教,而愚者制焉。贤者议俗,不肖者拘焉。夫制于服之民,不足与论心;拘于俗之众,不足与致意。故势与俗化,而礼与变俱,圣人之道也。……"

王曰:"古今不同俗,何古之法?帝王不相袭,何礼之循?宓戏、神农教而不诛,黄帝、尧、舜诛而不怒。及至三王,观时而制法,因时而制礼;法度制令,各顺其宜;衣服器械,各便其用。故礼世不必一其道,便国不必法古。圣人之兴也,不相袭而王。夏、殷之衰也,不易礼而灭。然则反古未可非,而循礼未足多也。且服奇而志淫,是邹、鲁无奇行也;俗辟而民易,是吴、越无俊民也。是以圣人利身之谓服,便事之谓教,进退之谓节,衣服之制,所以齐常民,非所以论贤者也。故圣与俗流,贤与变俱。……”(《战国策·赵策二》)

《史记·赵世家》中上也有类似的记载。赵武灵王纵观舜禹、横议吴越,改革的是服装,论述的则是涉及时人思想文化风俗习惯方方面面的审美思维方式。“三代不同服”、“古今不同俗”、“帝王不相袭”的沿革,此时已作为经典来引证;服装样式之美感,在这里与善更紧密地联系在一起,超越了一般人期望于服装的养欲乐志等物质享受的要求,进而至于论德要功、富国强兵的利益层面。赵武灵王说得清楚:“变服骑射,以备其参胡、楼烦、秦、韩之边。”“今骑射之服,近可以备上党之形,远可以报中山之怨。”“虽驱世以笑我,胡地中山吾必有之。”(《战国策·赵策二》)将服装的变革上升到家国兴亡的高度,在中国古代首先是先秦服饰发展史上,赵武灵王可谓开一代先河。从赵武灵王等人引证实例的论述中,不仅可以见出先秦服饰发展的历史进程,如禹袒入裸国、瓯越之民被发文身、错臂左衽,尚属于从无服到始服、由全裸体至半袒露身体的服装萌芽阶段,而舜舞有苗、吴国之民黑齿雕题、鳀冠秫缝,则明显已经开始具备取自自然界的简单服饰,进入初步的服装草创时期。更重要的是,他们宣传了一种崭新的观念，即对于时移世异的认可和移风易俗的崇尚。“乡异而用变，事异而礼易”、“远近之服，贤圣不能同”、“反古未可非，而循礼未足多”，在此时已被看作是自然而然的事情；变革趋势成为风气，直接导致了对于应用的强调。所谓“夫服者，所以便用也；礼者，所以便事也。是以圣人观其乡而顺宜，因其事而制礼，所以利其民而厚其国也”、“圣人苟可以利其民，不一其用；果可以便其事，不同其礼”，其实都是在强调一个意思，即由时移世异进而移风易俗，由顺应进而利用、引导时代潮流的发展趋向。“今卿之所言者，俗也。吾之所言者，所以制俗也”、“圣人利身之谓服，便事之谓教，进退之谓节，衣服之制，所以齐常民，非所以论贤者也。故圣与俗流，贤与变俱。”此时的时代主体当然也是审美主体，已经由消极地抵制风俗习惯、被动地适应风俗习惯，进而至于主动地研讨风俗习惯、积极地改造风俗习惯，把相对于风俗习惯的主动权掌握在自己手中，让经过自己改造的新的风俗习惯为自己服务。民俗与政治、利益与审美如此紧密联系的直接影响，是赵国迅速崛起，跻身于战国七雄之列；至于其在中国服装发展史上产生的深远影响，则是创立了不受习俗束缚、进而改变习俗的服装变革新模式。战国时期齐国主将田单“大冠若箕，修剑拄颐”、“黄金横带，而驰乎淄、渑之间”（《战国策·齐策六》），即不同于当时风俗的服饰。秦国客卿李斯作《谏逐客书》，更展示了秦王珠光宝气豪华璀璨的服饰之美：“今陛下致昆山之玉，有随和之宝，垂明月之珠，服太阿之剑，乘纤离之马，建翠凤之旗，树灵鼍之鼓，此数宝者，秦不生一焉，而陛下说之，何也？”“所以饰后宫、充下陈、娱心意、说耳目者，必出于秦然后可，则是宛珠之簪、傅玑之珥、阿缟之衣、锦绣之饰不进于前”，这种汇集春秋战国时期列国服饰之美的集大成式的美服，实际也是不同于任何一国服装风俗的独特服饰。赵武灵王开创的变革服装之风余韵所及，一直到后代北魏孝文帝改革服装制度推行汉化服饰，即可以看作来自胡服方面的回应，从而形成胡服与汉服两种服饰风格之间的良性互动。

发生变化的自然不只是服装。又如西周以来与礼仪齐名并称的音乐，“周衰，礼废乐坏，大小相逾，管仲之家，兼备三归。循法守正者见侮于世，奢溢僭差者谓之显荣。”（《史记·礼书》）西周初年周公等人制礼作乐时制定的礼乐制度，已经被各诸侯国废弃殆尽，诸侯们凭着他们自己的喜好抉择音乐领域的去取：

> 魏文侯问于子夏曰：“吾端冕而听古乐，则唯恐卧；听郑卫之音，则不知倦。敢问古乐之如彼，何也？新乐之如此，何也？”
>
> 子夏对曰：“……今夫新乐，进俯退俯，奸声以滥，溺而不止，及优侏儒，猱杂子女，不知父子。乐终不可以语，不可以道古。此新乐之发也。今君之所问者乐也，所好者音也。夫乐者，与音相近而不同。”
>
> 文侯曰：“敢问何如？”
>
> 子夏对曰：“……今君之所好者，其溺音乎？”
>
> 文侯曰：“敢问溺音何从出也？”
>
> 子夏对曰：“郑音好滥淫志，宋音燕女溺志，卫音趋数烦志，齐音敖辟乔志。此四者皆淫于色而害

于德，是以祭祀弗用也。”(《礼记·乐记》)

子夏的批评，从反面道出了春秋战国时代音乐繁荣的盛况。先以被子夏批评为“敖辟乔志”的齐音为例，齐宣王、齐滑王两代君主皆以爱好音乐著称，“齐宣王使人吹竽，必三百人。南郭处士请为王吹竽，宣王说之，廪食以数百人。宣王死，滑王立，好一一听之，处士逃。”(《韩非子·内储说上》)韩非子所讲的“滥竽充数”虽是寓言，但齐宣王之爱好齐奏应有所依据。统治者的提倡必然造成民间的效仿，加之物质的丰富又为时人提供了从事音乐活动的经济基础，齐国举国上下沉迷音乐也就成为势所必然。当时纵横家苏秦对齐宣王描述：“临淄甚富而实，其民无不吹竽鼓瑟，弹琴击筑，斗鸡走狗，六博蹹鞠者。临淄之途，车毂击，人肩摩，连衽成帷，举袂成幕，挥汗成雨，家殷人足，志高气扬。”(《史记·苏秦列传》)与斗鸡走狗、六博蹹鞠相提并论的吹竽鼓瑟、弹琴击筑，演奏的必非弦歌诗颂的德音，而是“敖辟乔志”，“淫于色而害于德”的齐国溺音无疑。楚国骚人宋玉对楚地声乐即楚歌的描述可资佐证：

> 客有歌于郢中者，其始曰《下里》《巴人》，国中属而和者数千人。其为《阳阿》《薤露》，国中属而和者数百人。其为《阳春》《白雪》，国中属而和者，不过数十人。引商刻羽，杂以流徵，国中属而和者，不过数人而已。是其曲弥高，其和弥寡。(《对楚王问》)

宋玉的本意,是以“曲高和寡”为自己孤高不群的行为辩解。但他无意中说出了一个事实:大众性的音乐爱好,自然不会再去循规蹈矩地遵从西周初年周公等人制礼作乐时制定的弦歌诗颂的德音规范,而是依照着各诸侯国的国风风格自由发展。国中属而和者数千人的声乐,只能是《下里》《巴人》等大众喜闻乐见耳熟能详的民间通俗歌曲。如若换一个角度考虑,从《下里》《巴人》到《阳阿》《薤露》,再到《阳春》《白雪》和引商刻羽、杂以流徵,这不正是通俗音乐与高雅音乐多层次共存、音乐领域全面繁荣发展的现实写照吗?可见“曲高和寡”这一艺术接受规律,并不妨碍多种不同层次和品位的音乐百花齐放。本书前面提到的楚国伶人钟仪被俘虏后,仍戴南冠、操南音,“乐操土风,不忘旧也”(《左传·成公九年》)的史实,可以看作郢中楚歌的范例。而李斯《谏逐客书》提到的“夫击瓮叩缶、弹筝搏髀,而歌呼呜呜快耳者,真秦之声也”,则是西部秦声的蓝本。春秋战国时期音乐发展的标志,首先见之于乐曲旋律中音乐形象的绚丽多姿:

> 瓠巴鼓琴而鸟舞鱼跃,郑师文闻之,弃家从师襄游。柱指钧弦,三年不成章。师襄曰:“子可以归矣。”
>
> 师文舍其琴……无几何,复见师襄。
>
> 师襄曰:“子之琴何如?”
>
> 师文曰:“得之矣。请尝试之。”于是当春而叩商弦以召南吕,凉风忽至,草木成实。及秋而叩角弦以激夹钟,温风徐回,草木发荣。当夏而叩羽弦以召黄钟,霜雪交下,川池暴沍。及冬而叩徵弦以激蕤

> 宾，阳光炽烈，坚冰立散。将终，命宫而总四弦，则景风翔，庆云浮，甘露降，澧泉涌。
>
> 师襄乃抚心高蹈曰："微矣，子之弹也！虽师旷之清角，邹衍之吹律，亡以加之。彼将挟琴执管而从子之后耳！"（《列子·汤问》）

《列子》虽晚出，但保存不少先秦古籍的片段佚文[①]，其引证春秋战国音乐家传说，当有所本。这里描述师文鼓琴在欣赏者耳中产生的审美感受，以秋之商弦对应春（张湛注："商，金音，属秋。南吕，八月律。""得秋气故成熟"），以春之角弦对应秋（张湛注："角，木音，属春。夹钟，二月律。""得春气故荣华"），以冬之羽弦对应夏（张湛注："羽，水音，属冬。黄钟，十一月律。""得冬气故凝阴水冻"），以夏之徵弦对应冬（张湛注："徵，火音，属夏。蕤宾，五月律。""得夏气故消释"）。张湛注得精彩："此一时弹琴无缘，顿变四时。盖举一时之验，则三时可知。且欲并言其所感之妙耳"（《列子注》[②]），以音响的变化起伏在欣赏者内心唤起情感意象，激发欣赏者对于音乐的审美感受，转瞬而改变春夏秋冬四季，体现出春秋战国时人由被动遵循"天人合一"规律向主动尝试"人定胜天"哲理的转化，由音乐旋律的必然王国向自由王国迈进，这才是典型的音乐形象的魅力所在。北宋欧阳修为"噫嘻，悲哉！此秋声也"所发的那一番"天之于物，春生秋实；故其在乐也，商声主西方之音，夷则为七月之律"（《秋声赋》）等煌煌议论，

---

① 贾二强、戴庆钰、涂小马校点《列子·文子》，新世纪万有文库，辽宁教育出版社1998年12月，"本书说明"。

②《诸子集成》，3、60页。

盖源于此欤？但这类由欣赏音乐而产生的审美感受，需要作为审美主体的欣赏者具备一定的音乐素养为基础，方能实现与作为审美客体的音乐形象之美感的创造者即器乐演奏者的心灵沟通。伯牙鼓琴钟子期知音的典故，最能说明这一点："伯牙善鼓琴，钟子期善听。伯牙鼓琴，志在登高山，钟子期曰：'善哉！峨峨兮若泰山！'志在流水，钟子期曰：'善哉！洋洋兮若江河！'伯牙所念，钟子期必得之。伯牙游于泰山之阴，卒逢暴雨，止于岩下，心悲，乃援琴而鼓之。初为霖雨之操，更造崩山之音。曲每奏，钟子期辄穷其趣。伯牙乃舍琴而叹曰：'善哉，善哉！子之听夫！志想象犹吾心也。吾于何逃声哉？'"(《列子·汤问》)无所逃，也不必逃。春秋战国阶段音乐之美感的创造者与音乐审美主体的默契配合，玉成了那个时代有利于民族音乐繁盛发展的社会文化氛围。声乐之声情并茂、感人至深，与器乐之形象生动、呼之欲出，皆在春秋战国时代得到长足发展。

薛谭学讴于秦青，未穷青之技，自谓尽之，遂辞归。秦青弗止，饯于郊衢，抚节悲歌，声振林木，响遏行云。薛谭乃谢求反，终身不敢言归。(《列子·汤问》)

韩娥东之齐，匮粮，过雍门，鬻歌假食。既去，而余音绕梁欐，三日不绝，左右以其人弗去。过逆旅，逆旅人辱之，韩娥因曼声哀哭，一里老幼悲愁，垂涕相对，三日不食。遽而追之。娥还，复为曼声长歌。一里老幼喜跃抃舞，弗能自禁，忘向之悲也。乃厚赂发之。故雍门之人至今善歌哭，效娥之遗声。(《列

子·汤问》)

太子及宾客知其事者,皆白衣冠以送之。至易水上,既祖,取道。高渐离击筑,荆轲和而歌,为变徵之声,士皆垂泪涕泣。又前为歌曰:“风萧萧兮易水寒,壮士一去兮不复还。”复为慷慨羽声,士皆瞋目,发尽上指冠。于是荆轲遂就车而去,终已不顾。(《战国策·燕策三》)

从响遏行云到绕梁三日,音乐对欣赏者的影响有一个递进过程。如果说秦青之讴,尚只是引吭高歌、极尽音高之能事的话,那么,韩娥之曼声长歌,已凭借其余音绕梁的旋律,达到使雍门老幼陶醉其中、同其悲喜的感人程度。楚囚钟仪的楚歌乡音,以其身陷逆境、不忘根本而感人;刺客荆轲在易水河畔的悲歌,以其慷慨激昂激起在座者怒发冲冠、同仇敌忾。这些中国音乐史上值得大书一笔的乐歌,生动地展示了春秋战国时期音乐领域的变化。

音乐领域的变化自然还不是春秋战国时期审美创造精华的全部。如中国古代最早的马戏杂技,当即发源于此时:

造父之师曰泰豆氏。造父始从习御也,执礼甚卑,泰豆三年不告。造父执礼愈谨。乃告之曰:“古诗言:‘良弓之子,必先为箕;良冶之子,必先为裘。’汝先观吾趣。趣如吾,然后六辔可持,六马可御。”造父曰:“唯命所从。”

泰豆乃立木为途,仅可容足,计步而置,履之而行。趣走往还,无跌失也。造父学之,三日尽其巧。

> 泰豆叹曰："子何其敏也，得之捷乎！凡所御者，亦如此也。曩汝之行，得之于足，应之于心。推于御也，齐辑乎辔衔之际，而急缓乎唇吻之和，正度乎胸臆之中，而执节乎掌握之间。内得于中心，而外合于马志，是故能进退履绳而旋曲中规矩，取道致远而气力有余，诚得其术也。得之于衔，应之于辔；得之于辔，应之于手；得之于手，应之于心。则不以目视，不以策驱，心闲体正，六辔不乱，而二十四蹄所投无差，回旋进退，莫不中节。然后舆轮之外可使无余辙，马蹄之外可使无余地，未尝觉山谷之险，原隰之夷，视之一也。……"(《列子·汤问》)

这不是中国马术的发源吗？造父之三日学尽其巧，其实是有着从师三年、细心观察乃师的功夫为基础的。又如中国古代最早的木偶亦源出于周朝：

> 周穆王西巡狩，越昆仑，不至弇山。反还，未及中国，道有献工人名偃师，穆王荐之，问曰："若有何能？"
>
> 偃师曰："臣唯命所试。然臣已有所造，愿王先观之。"
>
> 穆王曰："日以俱来，吾与若俱观之。"越日偃师谒见王。王荐之，曰："若与偕来者何人邪？"
>
> 对曰："臣之所造能倡者。"
>
> 穆王惊视之，趣步俯仰，信人也。巧夫：鑚其颐，则歌合律；捧其手，则舞应节。千变万化，惟意所适。

> 王以为实人也，与盛姬内御并观之。技将终，倡者瞬其目而招王之左右侍妾。王大怒，立欲诛偃师。偃师大慑，立剖散倡者以示王，皆傅会革、木、胶、漆、白、黑、丹、青之所为。王谛料之，内则肝、胆、心、肺、脾、肾、肠、胃，外则筋骨、支节、皮毛、齿发，皆假物也，而无不毕具者。合会复如初见。王试废其心，则口不能言；废其肝，则目不能视；废其肾，则足不能步……(《列子·汤问》)

这不是中国木偶的先河吗？其中之内脏与五官互相对应、牵一发而动全身的理念，恐怕现代之木偶制作亦难以比肩。这一时期审美创造的极致，当数1923年出土于河南省新郑市李家楼郑国大墓的莲鹤方壶：

> 高118厘米，口长30.5厘米，为方体高莲瓣盖鼓腹式。器盖为双层镂空莲瓣形。莲瓣之中有立鹤作展翅飞翔的神态，形象生动逼真。器之双耳为镂耳顾首伏龙。壶口微侈，下腹外鼓。其颈面延及腹四隅饰有四条立体怪兽。器通身饰有互相缠结的蟠龙纹。圈足上饰有似虎的兽形纹。圈足下为一对咋舌怪兽，兽首的两角突伸……①
>
> 这对铜壶形体高大，制作精巧。……器底有两只怪兽相托，器身布满蟠曲的龙纹，两侧饰有龙形大耳。尤为引人注目的是它的器盖——在蓬勃怒放的

---

①《中国文物鉴赏辞典》，140页。

> 莲花中，有一只引吭鸣叫展翅欲飞的仙鹤，给人以吉祥美好、春意盎然的联想。①
>
> 这个壶的周身布满浅浮雕与线雕的龙凤纹饰……其颈部、腹部和体侧两耳又攀援着形态各异的小龙，它们都作迅速向上爬行的样子，从而使造型顿生动态，更把欣赏者的视线引到了壶的顶部，也是这个方壶真正具有划时代意义的壶盖部分。在那里，有双层莲花瓣向外绽开，中间亭亭玉立一只仙鹤，细长的嘴微微张着，双翼展开，好象就要腾空飞起。②

据学者研究，“立鹤方壶恰恰出现在春秋晚期是很有意思的，它似乎正是要以它的灵动、它的展翅欲飞、它对新鲜事物的渴望，与商周礼器静态、肃穆的格调划出界限，宣布一个激情澎湃的新时代的到来”③。春秋晚期，当距春秋战国之交不远。当初的制作者制造这件青铜器时，是否寄寓了现代研究者们列举的如此既多且重要的象征意义，自可见仁见智；但春秋战国时代思想解放潮流的大趋势，哺育了那一代美的创造者的审美思维模式，却是可以肯定的。轴心时代的美学思想精华，正于此崭露头角。

杨庚新《莲鹤方壶》，《雕塑绘画鉴赏辞典》，22 页。

② 陈炎主编，廖群著《中国审美文化史 · 先秦卷》，山东画报出版社 2000 年 10 月。370 页。

③《中国审美文化史 · 先秦卷》，370 页。

二、美学热潮中的冷思考

虽说春秋战国时代社会形成的美学思想氛围，为众多美学思想自由生长提供了得天独厚的优越条件，但真正的美学思想高峰，不仅得力于全社会公众肯于思考讨论美学理论问题的热烈情绪，而且取决于那个时代的思想精英美学思维的深刻与缜密程度。战国诸子对于美学热潮的冷思考，已经证明了这一点。

精英美学思维首先表现为对于世俗大众已经认可的流行审美标准的大胆怀疑。如荀子论人物的形象相貌："盖帝尧长，帝舜短；文王长，周公短；仲尼长，子弓短。昔者，卫灵公有臣曰公孙吕，身长七尺，面长三尺，焉广三寸，鼻目耳具，而名动天下。楚之孙叔敖，期思之鄙人也，突秃长左，轩较之下，而以楚霸。"以外在容貌取人，可以说历来是自古而然的流行审美标准，荀子却以其独到的逆向思维，认为人之高矮胖瘦，均不应成为审美评判的标准依据："故士不揣长，不揳大，不权轻重，亦将志乎心尔；长短、小大、美恶形相，岂论也哉！"他并举出一系列历史名人作为论据："且徐偃王之状，目可瞻马；仲尼之状，面如蒙倛；周公之状，身如断菑；皋陶之状，色如削瓜；闳夭之状，面无见肤；傅说之状，身如植鳍；伊尹之状，面无须麋；禹跳，汤偏，尧、舜参牟子。"这些历代圣贤人物，无一形象姣好；反之，夏商亡国首恶，却生得容貌动人："古者桀、纣长巨姣美，天下之杰也，筋力越劲，百人之敌也。然而身死国亡，为天下大僇，后世言恶则必稽焉。"荀子一再指出："从者将论志意，比类文学邪？直将差长短，辨美恶，而相欺傲邪?”“是非容貌之患也,闻见之不众,论议之卑尔!”既然形象不能作为审美评判标准依据,那么什么才能用来作为审美评判标准呢？荀子提出:“故相形不如论心,论心不如择术。形不胜心,心不胜术。术正而心顺,则形相虽恶而心术善,无害为君子也;形相虽善而心术恶,无害为小人也。”现代流行之思想标准高于艺术标准、政治标准高于审美标准、内在本质高于外在形式的价值评判标准,盖源于此欤？将外在形象之美丑与人的内在品质之善恶完全对立起来,理解成恰相反对的反向关系,荀子此说容或有偏激之处。但荀子当时确乎是有感而发:“今世俗之乱君,乡曲之儇子,莫不美丽姚冶,奇衣妇饰,血气态度拟于女子;妇人莫不愿得以为夫,处女莫不愿得以为士,弃其亲家而欲奔之者,比肩并起。然而中君羞以为臣,中父羞以为子,中兄羞以为弟,中人羞以为友,俄则束乎有司而戮乎大市,莫不呼天啼哭,苦伤其今而后悔其始。是非容貌之患也,闻见之不众,而论议之卑尔!”(《荀子·非相》)此间妇人、处女等女子的审美观点,亦即以貌取人不及其余的自然情欲审美观,与中君、中父、中兄、中人等男子的审美观,亦即摒弃外貌注重道德的审美观明显对立。而战国时期之男子思维,已经跃而成为时代与社会的主体思维。荀子将社会评价中品格的善与恶吸收结合进审美评价,并且将是否符合善这一品格置于审美标准的主导地位,透过表面形象的美丑,看到闻见论议的众寡尊卑,进而扬弃外在形象美丑,直接洞察导致闻见众寡论议尊卑的内在思想。荀子提出人的内在美观念,并将内在美置于外在美之上,这较之于单纯注意外在形象之美的女子审美观,明显已经进入到更高也更为深刻的审美心理层面。

荀子思想之深刻，首先即在于这种相对于时代已然通行之思维方式的逆向思维。与孟子“人性之善也，犹水之就下也”（《孟子·告子上》），提倡顺应人的本性迥异，荀子认为“人之性恶，其善者伪也”（《荀子·性恶》），因为“夫人之情，目欲綦色，耳欲綦声，口欲綦味，鼻欲綦臭，心欲綦佚。此五綦者，人情之所必不免也”（《荀子·王霸》），“今人之性，生而有好利焉，顺是，故争夺生而辞让亡焉；生而有疾恶焉，顺是，故残贼生而忠信亡焉；生而有耳目之欲，有好声色焉，顺是，故淫乱生而礼义文理亡焉”（《荀子·性恶》）。荀子承认人产生自然情欲的必然性，并且认为，正是由于人类自然本性受到如此强烈的动物界的生理心理欲望的驱使，礼义的制定才从根本上适应了人类历史前进的需要：“礼起于何也？曰：人生而有欲，欲而不得，则不能无求，求而无度量分界，则不能不争。争则乱，乱则穷。先王恶其乱也，故制礼义以分之，以养人之欲，给人之求。使欲必不穷乎物，物必不屈于欲，两者相持而长，是礼之所起也。故礼者，养也。”（《荀子·礼论》）耳闻目睹春秋战国时代的社会动荡，使荀子对人类本性中恶的一面认识更为深刻，因而荀子主张以礼约束、改造人的本性：“故必将有师法之比，礼义之道，然后出于辞让，合于文理，而归于治”（《荀子·性恶》）。较之孟子对人的评价，荀子显然更多了些悲观色彩，但无疑更为清醒与深邃。荀子所论之美，即产生于正人君子用后天制定之礼义，约束人类先天具有之本性的过程之中：

> 刍豢稻粱，五味调香，所以养口也；椒兰芬苾，所以养鼻也；雕琢刻镂，黼黻文章，所以养目也；钟鼓管

> 磬琴瑟竽笙,所以养耳也;疏房、檖貌、越席、床笫、几筵,所以养体也。故礼者,养也。……故天子大路越席,所以养体也;侧载睪芷,所以养鼻也;前有错衡,所以养目也;和鸾之声,步中《武》《象》,趋中《韶》《护》,所以养耳也;龙旗九斿,所以养信也;寝兕、持虎、蛟韅、丝末、弥龙,所以养威也;故大路之马必倍至教顺然后乘之,所以养安也。(《荀子·礼论》)

此间之"养",有陶冶、涵养之意。口鼻目耳身等生理快感,实际还不能等同于审美过程中的美感。荀子已经认识到这一点,因此强调"性"与"伪"二者之间的辨证关系:"性者,本始材朴也;伪者,文理隆盛也。无性则伪之无所加,无伪则性不能自美。性伪合,然后成圣人之名,一天下之功于是就也。"(《荀子·礼论》)荀子所说的"伪",尚不全是现代所理解的虚假、冒充等欺诈之意,而首先是事在人为的人为,是用带有规定性的行为规范来约束人们日常行为的改造。依照荀子的理论,人性本身并不美,须加上修养、磨炼的涵养功夫,即用礼仪约束、克制、改造人类本来欲望之后,方能成其为美。如荀子论士人君子应该具备的精神风貌规范:

> 士君子之容:其冠进,其衣逢,其容良,俨然,壮然,祺然,蕼然,恢恢然,广广然,昭昭然,荡荡然,是父兄之容也。其冠进,其衣逢,其容悫,俭然,恀然,辅然,端然,訾然,洞然,缀缀然,瞀瞀然,是子弟之容也。(《荀子·非十二子》)
>
> 坐视膝,立视足,应对言语视面。(《荀子·大略》)

孔子身体力行之“温、良、恭、俭、让”（《论语·学而》）的美学风范，发展到荀子这里，登上了一个新的台阶。荀子不仅将西周制定之礼仪规范上升到理论层面，而且将其作为指导人生的指南：“容貌、态度、进退、趋行，由礼则雅，不由礼则夷固僻违，庸众而野。”“好法而行，士也；笃志而体，君子也；齐明而不竭，圣人也。人无法，则伥伥然；有法而无其义，则渠渠然；依乎法而又深其类，然后温温然。”（《荀子·修身》）对于君子的这一美德，荀子以玉来比拟：“夫玉者，君子比德焉。温润而泽，仁也；栗而理，知也；坚刚而不屈，义也；廉而不刿，行也；折而不桡，勇也；瑕适并见，情也；扣之，其声清扬而远闻，其止辍然，辞也。故虽有珉之雕雕，不若玉之章章。《诗》曰：‘言念君子，温其如玉。’此之谓也。”（《荀子·法行》）玉形象之美与君子品德之善，在这里已经紧密结合，融为一个有机统一的整体。

荀子生活于战国末期，对儒学及诸子学说融会贯通，其美学思想视野开阔，细致入微。所谓视野开阔，是其论述美感，多从天下、人生、道德等宏观角度着眼：“人之生，不能无群，群而无分则争，争则乱，乱则穷矣。……故美之者，是美天下之本也。……古者先王分割而等异之也，故使或美或恶，或厚或薄，或佚乐，或劬劳，非特以为淫泰夸丽之声，将以明仁之文，通仁之顺也。故为之雕琢刻镂、黼黻文章，使足以辨贵贱而已，不求其观；为之钟鼓管磬、琴瑟竽笙，使足以辨吉凶、合欢定和而已，不求其余；为之宫室台榭，使足以避燥湿，养德辨轻重而已，不求其外。”“诚美其德也，故为之雕琢刻镂黼黻文章以藩饰之，以养其德也。”“知夫为人主上者，不美不饰之不足以一民也；不富不厚之不足以管下也；不威不强之不足以禁暴胜悍也。故必将撞大钟、击鸣鼓、吹笙竽、弹琴瑟以塞其耳；必将雕琢刻镂、黼黻文章以塞其目；必将刍豢稻粱、五味芬芳以塞其口；然后众人徒、备官职、渐庆赏、严刑罚以戒其心。”（《荀子·富国》）美在荀子这里，由审美主体观摩聆听时个体的心理感受，演变成为列国诸侯以之富国养民时得力的施政工具，与举国上下共同关注的国计民生紧密地结合在一起：“言语之美，穆穆皇皇；朝廷之美，济济鎗鎗”（《荀子·大略》），“风俗之美，男女自不取于途而百姓羞拾遗”（《荀子·正论》）。此间之美，已经超越了雕塑、绘画、音乐、舞蹈、建筑等艺术美的范畴，进入社会美的领域，成为社会氛围美的标识。所谓细致入微，是其所论之美，思想触角延伸到人生的方方面面，从各种角度与善合二而一，成为改造人类本性之恶、使世人趋向于善的利器：“故赠人以言，重于金石珠玉；观人以言，美于黼黻文章；听人以言，乐于钟鼓琴瑟”（《荀子·非相》）。以这一浸透着儒学思想精华的审美标准，衡量春秋战国时期的文化成果，所得出的结论自然充满了深识远虑：“昔者瓠巴鼓瑟而流鱼出听，伯牙鼓琴而六马仰秣。故声无小而不闻，行无隐而不形；玉在山而草木润，渊生珠而崖不枯”（《荀子·劝学》）。声乐效果竟能波及水中鱼、枥上马，这当然有些玄乎其神，但荀子的本意，是善之所至，美自然会如影随形结伴而来，影响可以遍及动植物，何况于人？“故《书》者，政事之纪也；《诗》者，中声之所止也；《礼》者，法之大分，群类之纲纪也，故学至乎《礼》而止矣。夫是之谓道德之极。《礼》之敬文也，《乐》之中和也，《诗》《书》之博也，《春秋》之微也，在天地之间者毕矣。”（《荀子·劝学》）以此为最高标准衡量艺术，其艺术品味实即其道德理想。视野开阔与细致入微相结合的典范，当推荀子的《乐论》：

> 夫乐者，乐也，人情之所必不免也。故人不能无乐，乐则必发于声音，形于动静。而人之道，声音动静，性术之变尽是矣。故人不能不乐，乐则不能无形，形而不为道，则不能无乱。先王恶其乱也，故制《雅》《颂》之声以道之，使其声足以乐而不流，使其文足以辨而不諰，使其曲直、繁瘠、廉肉、节奏足以感动人之善心，使夫邪污之气无由得接焉。

《诗》三百中《雅》《颂》乐曲的由来，究竟是否如荀子所推论的这样，那是另一个问题，要紧的是，荀子已经将人对于音乐的感受，深挖到人类原始本能的层面，使音乐成为人们日常生活中不可或缺的一个组成部分。西周周公等人制礼作乐时创造的以“和”为本的时代主旋律，在杀伐征战成为生活主要内容的战国时代已变得可望而不可即，所以荀子论音乐的美感，十分推重《雅》《颂》乐曲协调人际关系、创造和谐社会氛围的作用：“故乐在宗庙之中，群臣上下同听之，则莫不和敬；闺门之内，父子兄弟同听之，则莫不和亲；乡里族长之中，长少同听之，则莫不和顺。故乐者，审一以定和者也，比物以饰节者也，合奏以成文者也，足以率一道，足以治万变。”需要说明，使音乐承受如此重大的使命，并非荀子的发明，早在西周时周公等人制礼作乐，就已萌发了这一动机。但是真正将其提升到理论高度来进行总结，将其发扬光大，却是荀子的功绩。后来戴圣在《礼记·乐记》中也沿用了荀子的说法。荀子将音乐本身与审美主体欣赏音乐的感受对应起来，将音乐的社会作用扩而大之，提高到国之大计的理论高度：“故听其《雅》《颂》之声，而志意得广焉；执其干戚，习其俯仰屈伸，而容貌得庄焉；行其缀兆，要其节奏，而行列得正焉，进退得齐焉。……故乐者，天下之大齐也，中和之纪也，人情之所必不免也。”审美主体与音乐舞蹈间的互动，亦即音乐舞蹈的感染和教育作用，在荀子这里已经具象化，进而从中归纳出规律性的东西。“故齐衰之服，哭泣之声，使人之心悲；带甲婴胄，歌于行伍，使人之心伤；姚冶之容，郑、卫之音，使人之心淫；绅端章甫，舞《韶》歌《武》，使人之心庄。”发自审美主体自然本能的对于音乐的快感，被荀子提炼扬弃，升华到社会美的高度，跨越了艺术美的美感层面：

> 夫声乐之入人也深，其化人也速，故先王谨为之文。乐中平则民和而不流，乐肃庄则民齐而不乱。……乐姚冶以险，则民流慢鄙贱矣。……乐者，圣人之所乐也，而可以善民心，其感人深，其移风易俗，故先王导之以礼乐而民和睦。……
>
> 凡奸声感人而逆气应之，逆气成象而乱生焉。正声感人而顺气应之，顺气成象而治生焉。……

乱世之征，其服组，其容妇，其俗淫，其志利，其行杂，其声乐险，其文章匿而采，其养生无度，其送死瘠墨，贱礼义而贵勇力，贫则为盗，富则为贼。治世反是也。（《荀子·乐论》）

这是何其宏大的美学视野！音乐美的感化作用，在这里被扩大渲染，提升到与国家兴亡攸关的思想高度。其间的关键要点，就是荀子一再提到的“移风易俗”。春秋战国时期百家争鸣，诸多音乐美学思想蜂起，正是“乐姚冶以险”、“声乐险”的民间音乐风起云涌、公然大行于世的时代。吴公子季札听乐，评《魏风》为“险而易行”（《左传·襄公二十九年》），就明显是褒奖之词。“郑、卫之音，使人之心淫”的音乐现状，令儒学集大成者荀子痛心疾首，尖锐地指出这是“乱世之征”。而战国时期，正是荀子等儒学大师最不愿意看到的“乱世”。明乎此，再来看荀子的《乐论》，就会发现那真是大师级的审美理想：“君子以钟鼓导志，以琴瑟乐心。动以干戚，饰以羽毛，从以磬管。故其清明象天，其广大象地，其俯仰周旋有似于四时，故乐行而志清，礼修而行成，耳目聪明，血气和平，移风易俗，天下皆宁，美善相乐。”“声乐之象：鼓大丽，钟统实，磬廉制，竽、笙、箫和，筦、籥发猛，埙、篪翁博，瑟易良，琴妇好，歌清尽，舞意天道兼。鼓，其乐之君邪！故鼓似天，钟似地，磬似水，竽、笙、筦、籥似星辰日月，鞉、柷、拊、鞷、椌、楬似万物”，这又是多么壮观的音乐形象！由清明广大的天地构成的三维空间和循环往复的四时构成的一维时间无限延伸，是荀子音乐美学思想纵横捭阖尽情施展的宏阔平台；众多乐器的象征意义，则成为荀子“乐合同，礼别异”（《荀子·乐论》）音乐美学思想体系的具体例证。“和乐之声，步中《武》《象》，趋中《韶》《护》。君子听律习容而后士。”（《荀子·大略》）荀子以其高屋建瓴的审美视角，在在处处都展现出其不同流俗的美学观点，以经过改造后的儒家美学思想，纠正以音乐为突出表现的战国时代美学领域自由滋蔓漫无节制的现状，奠定了他成为先秦儒学最后大师的理论基础。

较之荀子美学思想的包容与开阔，韩非子的逆向思维无疑更为极端和冷峻。被现代人当作法家代表的韩非，其思想实际上并未囿于法家一端，史载“韩非者……喜刑名法术之学，而其归本于黄老”、“与李斯俱事荀卿”（《史记·老子韩非列传》），可见其思想源出多门，也带有集大成之性质。较之荀子美学观念之高远深邃，韩非子在不同流俗这一点上比乃师更为引人注目。《韩非子》书中的寓言，从多角度一再表述其“美在实用”的观点：

> 墨子为木鸢，三年而成，蜚一日而败。
>
> 弟子曰：“先生之巧，至能使木鸢飞。”
>
> 墨子曰：“不如为车輗者巧也。用咫尺之木，不费一朝之事，而引三十石之任，致远力多，久于岁数。今我为鸢，三年成，蜚一日而败。”
>
> 惠子闻之曰：“墨子大巧，巧为輗，拙为鸢。”（《韩非子·外储说左上》）

《墨子·鲁问》中也有类似的故事：“公输子削竹木以

为䨼，成而飞之，三日不下。公输子自以为至巧。子墨子谓公输子曰：‘子之为䨼也，不如匠之为车辖，须臾斵三寸之木，而任五十石之重。故所为巧，利于人谓之巧，不利于人谓之拙。’”这里只是将主角由公输子换成了墨子本人而已。韩非子不仅接受墨子以是否“利于人”评价工艺作品价值的观念，并且将符合这一观念的巧于为輗、拙于为鸢的墨子称为“大巧”，昭示出从墨子到韩非子一以贯之的功利主义审美观念。本书前述郑人买椟还珠的故事，阐述的也是同样的理念。韩非子继承墨子先质后文、质重于文的衣钵，从实用的角度奠定其功利审美观念的基础，确立了功用大于美感的功利主义审美价值评判标准：

> 宋王与齐仇也，筑武宫。讴癸倡，行者止观，筑者不倦。王闻，召而赐之。
>
> 对曰：“臣师射稽之讴，又贤于癸。”
>
> 王召射稽，使之讴，行者不止，筑者知倦。王曰：“行者不止，筑者知倦，其讴不胜如癸美，何也？”
>
> 对曰：“王试度其功。”癸四板，射稽八板；擿其坚，癸五寸，射稽二寸。（《韩非子·外储说左上》）

此即韩非子坚持的实用音乐美学。就声乐的审美效果而言，使行者止观、筑者不倦的讴癸之唱，无疑要比行者不止、筑者知倦的射稽之讴给听众的审美享受大得多。但韩非子从提高夯土进度和坚实程度的角度，来衡量歌唱的效果，因之将射稽之讴列于讴癸所唱之上。中国古典美学起源阶段美善合一、善重于美的思想理念，到韩非子这里走到以善取代美、善即美的极端。以微雕细画的艺术品为例，这些以创造美为目的的工艺美术，在韩非子这里受到前所未有的批评贬斥："宋人有为其君以象为楮叶者，三年而成。丰杀茎柯，毫芒繁泽，乱之楮叶之中而不可别也。此人遂以功食禄于宋邦。列子闻之曰：'使天地三年而成一叶，则物之有叶者寡矣。'"（《韩非子·喻老》）用象牙精雕细琢而成的微雕楮叶，其艺术审美价值自然非自然界真实楮叶可比，列子、韩非子却认为二者价值相等，这并非不懂艺术，而是对雕虫小技"一叶之行"的否定。韩非子之所以如此，因其对于艺术作品审美价值的衡量标准是"用"："客有为周君画荚者，三年而成。君观之，与髹荚者同状。周君大怒。画荚者曰：'筑十版之墙，凿八尺之牖，而以日始出时加之其上而观。'周君为之，望见其状尽成龙蛇禽兽车马，万物之状备具。周君大悦。"如此巧夺天工的艺术品，创造者在里面投入了多少心血！韩非子却认为"此荚之功非不微难也，然其用与素髹荚同。"（《韩非子·外储说左上》）这种工笔细描的画荚虽然也有点用，但用途不大。韩非子甚至认为一些微乎其微玄乎其神的所谓微雕，根本就是骗子所为：

卫人曰："能以棘刺之端为母猴。"燕王说之，养之以五乘之奉。

王曰："吾试观客为棘刺之母猴。"

客曰："人主欲观之，必半岁不入宫，不饮酒食肉。雨霁日出，视之晏阴之间，而棘刺之母猴乃可见也。”燕王因养卫人，不能观其母猴。

郑有台下之冶者谓燕王曰：“臣，削者也。诸微物必以削削之，而所削必大于削。今棘刺之端不容削锋，难以治棘刺之端。王试观客之削，能与不能可知也。”

王曰：“善。”谓卫人曰：“客为棘削之？”

曰：“以削。”

王曰：“吾欲观见之。”

客曰：“臣请之舍取之。”因逃。（《韩非子·外储说左上》）

象牙楮叶和工笔画荚等精美艺术品与骗子所谓的棘刺母猴有着质的区别，不可同日而语。但韩非子于微巧艺术却并未细加区分，而是以功用标准来衡量，强调其功用目的：“人主之听言也，不以功用为的，则说者多棘刺白马之说”（《韩非子·外储说左上》），以棘刺一例之偏概括微巧艺术之全，将其同归入无用一类。如现代研究者所指出，这已经不是在审美，而是对艺术作品审美价值的全盘否定①。较之前述墨子为节约民力而非议美的创造的节用美学，韩非子在批评艺术创作、抨击美的创造这一点上走得更远。而与乃师荀子以伪纠正性、以善改造恶的规范化美学相对，韩非子的美学思想则反其道而行之，强调美的

① 参见《中国美学思想史》，280 页，“二、韩非子”；《先秦诸子美学思想述评》，122 页，“韩非的美学思想”。

“质”对于“饰”的内在规定性：“礼为情貌者也，文为质饰者也。夫君子取情而去貌，好质而恶饰。夫饰貌而论情者，其情恶也；须饰而论质者，其质衰也。何以论之？和氏之璧，不饰以五彩；隋侯之珠，不饰以银黄，其质至美，物不足以饰之。夫物之待饰而后行者，其质不美也。”（《韩非子·解老》）真正的本色之美是无须修饰的。韩非子在这一点上，其实已经触摸到美的本质的真谛。后来唐朝虢国夫人之素面朝天、近代王国维《人间词话》评南唐李后主词“粗服乱头，不掩国色”，皆可谓得此中三昧。可惜韩非子将其扩展到极端，以刑名法术之学一端，衡量一切艺术形式，从而与真理范畴的边缘擦肩而过，不可避免地滑向了谬误。

在乾坤板荡的战国末年，列国诸侯穷奢极欲、暴殄天物的奢靡生活，已经滑到了日暮途穷的天下末日。韩非子的法术审美理念恰在此时出现，就成为一种历史的必然。韩非子对精妙微巧的艺术形式采取的否定多于肯定的审美态度，是由于他站在刑名法术之士的立场所决定的。韩非子乐道“当舜之时，有苗不服，禹将伐之。舜曰：‘不可！上德不厚而行武，非道也。’乃修教三年，执干戚舞，有苗乃服。”（《韩非子·五蠹》）说明他心目中的大型乐舞，只是显示勇武、震慑异族的政治手段；他心目中向往的最大的美，也是其统一天下的政治目标：“夫一匡天下，九合诸侯，美之大者也”（《韩非子·难二》），可见其审美理想，实即即将建立的“以吏为师”（《史记·李斯列传》）的封建专制统治社会。在连年征战、饿殍遍野、民不聊生的战国末年，这代表了华夏历史的前进方向。因为要建立“吏治”社会，所以韩非子对文学艺术等美饰之术，总是以国家政治为衡量标准：“儒以文乱法……而诸先生以文学取”；“坚甲利兵以备难，而美荐绅之饰……举行如此，治强不可得也”（《韩非子·五蠹》），儒家文学之士的文章服饰是韩非子抨击的重点；“人主乐美宫室台池，好饰子女狗马以娱其心。此人主之殃也。为人臣者尽民力以美宫室台池、重赋敛以饰子女狗马，以娱其主而乱其心，从其所欲，而树私利其间，此谓‘养殃’”（《韩非子·八奸》），对于诸侯的声色犬马之好，韩非子痛心疾首深恶痛绝。需要说明，韩非子谈及美的创造时这些颇有偏激色彩和武断之嫌的激烈言辞，并非是由于他不懂得艺术创作规律，而一味排斥一切美的艺术。事实上，韩非子对于美的创造规律造诣精深，如其论绘画“夫犬马，人所知也，旦暮罄于前，不可类之，故难；鬼神，无形者，不罄于前，故易之也”（《韩非子·外储说左上》），论声乐“夫教歌者，使先呼而诎之，其声反清徵者，乃教之。一曰：教歌者，先揆以法，疾呼中宫，徐呼中徵。疾不中宫，徐不中徵，不可谓教”（《韩非子·外储说右上》），皆是过来人历练老到的精深之见。尤其值得一提的，是韩非子对于战国文风的总结：

> 所以难言者：言顺比滑泽，洋洋纚纚然，则见以为华而不实；敦祗恭厚，鲠固慎完，则见以为拙而不伦；多言繁称，连类比物，则见以为虚而无用；摠微说约，径省而不饰，则见以为刿而不辩；激急亲近，探知人情，则见以为谮而不让；闳大广博，妙远不测，则见以为夸而无用；家计小谈，以

> 具数言，则见以为陋；言而近世，辞不悖逆，则见以为贪生而谀上；言而远俗，诡躁人间，则见以为诞；捷敏辩给，繁于文采，则见以为史；殊释文学，以质信言，则见以为鄙；时称《诗》《书》，道法往古，则见以为诵。（《韩非子·难言》）

寥寥数语，将战国时代文章风气尽行囊括其中，非大手笔者不能道，见出评论者之审美功力。而韩非子之所以批评微巧艺术，也并非否定这种艺术形式，而是出于担忧国君玩物丧志、沉溺于纤巧之作中不思危亡的危机感。一方面，他也清楚文饰的美化作用：“故善毛嫱、西施之美，无益吾面；用脂泽粉黛，则倍其初”（《韩非子·显学》）；另一方面，却又担心追求文饰之风给社会带来的负面影响：“佳丽也者，邪道之分也。……国贫，则民俗淫侈；民俗淫侈，则衣食之业绝；衣食之业绝，则民不得无饰巧诈；饰巧诈，则知采文；知采文之谓服文采。”（《韩非子·解老》）对于文采之是与非，韩非子之心是矛盾的。本书前述韩非子论尧舜禹食器装饰进化而诸侯国不服者增多的故事，就透露出韩非子这种充满矛盾的危机感。“夏后氏没，殷人受之，作为大路，而建九旒，食器雕琢，觞酌刻镂，四壁垩墀，茵席雕文，此弥侈矣，而国之不服者五十三”（《韩非子·十过》）。所谓“殷鉴不远，在夏后之世”（《诗·大雅·荡》），殷商统治者沉迷酒色、奢靡腐化导致亡国的教训音犹在耳，战国诸侯仍在花天酒地、纸醉金迷中浑浑噩噩、醉生梦死。耳闻目睹诸侯种种戕害、亵渎美的倒行逆施，韩非子已经敏感地觉察到此中潜伏的亡国之祸：“纣为象箸，箕子怖，以为象箸必不盛羹于土铏，则必犀玉之杯；玉杯象箸必不盛菽藿，则必旄、象、豹胎；旄、象、豹胎必不衣短褐，而舍茅茨之下，则必锦衣九重、高台广室也。称此以求，则天下不足矣。”韩非子可谓是战国时代的箕子。这位先知先觉的法术之士，从莺歌燕舞、五音繁会之中，感觉到正在袭来的巨大危险：“圣人见微以知萌，见端以知末，故见象箸而怖，知天下不足也”（《韩非子·说林上》）。本书前述师旷对晋平公问濮上乐曲的故事，最能体现韩非子这种心态。

公曰：“清商固最悲乎？”

师旷曰：“不如清徵。”

公曰：“清徵可得而闻乎？”

师旷曰：“不可。古之听清徵者，皆有德义之君也。今吾君德薄，不足以听。”

平公曰：“寡人之所好者，音也。愿试听之。”

师旷不得已，援琴而鼓。一奏之，有玄鹤二八，道南方来，集于郎门之垝。再奏之，而列。三奏之，延颈而鸣，舒翼而舞。音中宫商之声，声闻于天。平公大说，坐者皆喜。

平公提觞而起为师旷寿，反而问曰：“音莫悲于清徵乎？”

师旷曰：“不如清角。”

平公曰：“清角可得而闻乎？”

师旷曰：“不可。昔者黄帝合鬼神于泰山之上，驾象车而六蛟龙，毕方并鎋。蚩尤居前，风伯进扫，雨师洒道，虎狼在前，鬼神在后，腾蛇伏地，凤皇覆上，大合鬼神，作为清角。今主君德薄，不足听之。听之，将恐有败。”

平公曰：“寡人老矣，所好者音也。愿遂听之。”

师旷不得已而鼓之。一奏，而有玄云从西北方起。再奏之，大风至，大雨随之，裂帷幕，破俎豆，隳廊瓦，坐者散走，平公恐惧，伏于廊室之间。

晋国大旱，赤地三年。平公之身遂癃病。（《韩非子·十过》）

先不要忙着指责韩非子故事的荒诞无稽。就音乐形象而言，清徵音色优美，如同玄鹤成列，引颈长鸣，翩翩起舞，乐音嘹亮，直至天际；清角音响激越，如同疾风暴雨，摧枯拉朽，荡涤一切，轰鸣巨响，骇人听闻。韩非子以其丰富的想像，为世人描述出这两种音乐形象的区别，开后代以动态事物描述音乐形象之先河。审美心理学上有所谓“通感”一词，当即指此。“箫鼓哀吟感鬼神”（杜甫《丽人行》），后来中国封建社会鼎盛时期唐朝之以哀音为美的音乐美学观念，盖源于此欤？但在韩非子讲述这个故事的当时，本意却是在说明“故曰不务听治，而好五音不已，则穷身之事也”（《韩非子·十过》），音乐形象只是其例证而已。墨子“非乐”仅以节用为目的，韩非子将“好音”列为“十过”之一，与“耽于女乐，不顾国政”等并列，较之墨子“非乐”站的角度更高，对诸侯的批判也更为深入。一切不利于巩固专制统治的文学艺术形式，在韩非子这里皆归于否定之列。这也是由其法术之士的立场和观念形态所决定的。

“道术将为天下裂。”（《庄子·天下》）自庄子学派此言一出，两千多年来应者云集。例如对于战国末年尤其是荀子和韩非子的美学思想，学者们多称之为“儒、法美学思想的分流”。其实，对于战国后期的美学领域来说，荀子和韩非子的美学思想表现出的差异，是百家争鸣的自然形态。随着诸子美学思想日渐被后学所接受，这种思想观念的分流已经成为一种表面现象。它在深层次中体现出的，是荀子、韩非子师徒以逆向思维冷静反思，进而提出不同于当时流俗的审美标准时，表现出的美学理念的殊途同归。这才是诸子美学思想的巅峰。

三、美学主潮的前进方向

源远流长的先秦美学思想潮流，在经历了几度迂回曲折之后，继续汇聚前行，终于形成了百川会海、汹涌澎湃的壮观场面。它不仅昭示出夏商周三个朝代美学思想萌芽、滋生、逐渐成长的自然成果，并且代表了中国美学主潮的前进方向。

美学主潮的前进，源之于美学思想的自由发展。自春秋战国之交肇始的“百家争鸣”，促使士作为一个新兴的阶层脱颖而出。轴心时代盛况空前的思想解放，从根本上奠定了中国美学思想蓬勃发展的基础。“（齐）宣王喜文学游说之士，自如騶衍、淳于髡、田骈、接予、慎到、环渊之徒七十六人，皆赐列第，为上大夫，不治而议论。是以齐稷下学士复盛，且数百千人。”（《史记·田敬仲完世家》）“自騶衍与齐之稷下先生，如淳于髡、慎到、环渊、接子、田骈、騶奭之徒，各著书言治乱之事，以干世主，岂可胜道哉！”“于是齐王嘉之，自如淳于髡以下，皆命曰列大夫，为开第康庄之衢，高门大屋，尊宠之。览天下诸侯宾客，言齐能致天下贤士也。”这是一批思想极其活跃的文学游说之士：“騶衍睹有国者益淫侈，不能尚德，若《大雅》整之于身，施及黎庶矣。乃深观阴阳消息而作怪迂之变，《终始》《大圣》之篇十余万言。其语闳大不经，必先验小物，推而大之，至于无垠。先序今以上至黄帝，学者所共术，大并世盛衰，因载其禨祥度制，推而远之，至天地未生，窈冥不可考而原也。先列中国名山大川，通谷禽兽，水土所殖，物类所珍，因而推之，及海外人之所不能睹。称引天地剖判以来，五德转移，治各有宜，而符应若兹。以为儒者所谓中国者，于天下乃八十一分居其一分耳。中国名曰赤县神州。赤县神州内自有九州，禹之序九州是也，不得为州数。中国外如赤县神州者九，乃所谓九州也。于是有裨海环之，人民禽兽莫能相通者，如一区中者，乃为一州。如此者九，乃有大瀛海环其外，天地之际焉。”这些被时人看作诡怪之说的高谈阔论，眼界之开阔，几乎触摸至近代地理科学真理之精髓。此时士人的地位也已今非昔比：“是以騶子重于齐。适梁，惠王郊迎，执宾主之礼。适赵，平原君侧行撇席。如燕，昭王拥彗先驱，请列弟子之座而受业，筑碣石宫，身亲往师之。”难怪司马迁为之大发感慨：“其游诸侯见尊礼如此，岂与仲尼菜色陈蔡、孟轲困于齐梁同乎哉!”而且这并非齐国一国之风气:“而赵亦有公孙龙为坚白同异之变,劇子之言;魏有李悝,尽地力之教;楚有尸子、长盧;阿之吁子焉。”(《史记·孟子荀卿列传》)昔日游说之士遭人白眼的时代已成往事,一个有识之士纵横捭阖、恣意挥洒的言谈论说的黄金时代到来了。

诸家学说全面展开的直接结果,是促成了《吕氏春秋》这种兼收并蓄、不执一端的杂家思想著作的出现。“当是时,魏有信陵君,楚有春申君,赵有平原君,齐有孟尝君,皆下士喜宾客以相倾。吕不韦以秦之彊,羞不如,亦招致士,厚遇之,至食客三千人。是时诸侯多辩士,如荀卿之徒,著书布天下。吕不韦乃使其客人人著所闻,集论以为八览、六论、十二纪,二十馀万言。以为备天地万物古今之事,号曰《吕氏春秋》”(《史记·吕不韦列传》)。不同于《论语》、《墨子》编纂者们的自发汇集,亦有别于《孟子》、《庄子》之师徒数人闭门写作,这次有领导有组织的大规模集体研究,给美学领域带来了战国以来音乐美学思想的一次全面会聚。

> 乐之所由来者远矣,生于度量,本于太一。太一出两仪,两仪出阴阳,阴阳变化,一上一下,合而成章。浑浑沌沌,离则复合,合则复离,是谓天常。天地车轮,终则复始,极则复反,莫不咸当。日月星辰,或疾或徐,日月不同,以尽其行。四时代兴,或暑或寒,或短或长,或柔或刚。万物所出,造于太一,化于阴阳。萌芽始震,凝凓有形。形体有处,莫不有声。声出于和,和出于适。先王定乐,由此而生。(《吕氏春秋·仲夏纪·大乐》)

将音乐的由来，与自然界天地万物的起源联系到一起，进而探讨其中蕴涵的内在规律，此乃《吕氏春秋》作者对中国音乐美学的建树。他们把初民对自然界各种声音的模拟作为原始音乐的起源："昔黄帝命伶伦作为律。伶伦……次制十二筒，以之阮隃之下，听凤皇之鸣，以别十二律。其雄鸣为六，雌鸣亦六，以比黄钟之宫。适合黄钟之宫，皆可以生之，故曰：黄钟之宫，律吕之本。""帝喾命咸黑作为声歌《九招》《六列》《六英》。有倕作为鼙、鼓、钟、磬、吹苓、管、埙、篪、鞀、椎钟。帝喾乃令人抃鼓鼙，击钟磬，吹苓，展管篪。因令凤鸟、天翟舞之。帝喾大喜，乃以康帝德。""帝尧立，乃命质为乐。质乃效山林谿谷之音以为歌，乃以麋鞈置缶而鼓之，乃拊石击石，以象上帝玉磬之音，以致舞百兽。"（《吕氏春秋·仲夏纪·古乐》）。各种古代乐器及原始图腾乐舞几乎被一网打尽，囊括其中，纳入到以音乐服务于社会政治的杂家音乐美学体系中来。在这一体系中，音乐之起源，与审美主体之心对外在客观世界的感受，构成双向互动的呼应关系。从深入层面剖析，音乐的产生与每一个体的气质素养相关；以宏观广角考察，音乐的度量则与每个时代的社会风气相连："凡音者，产乎人心者也。感于心则荡乎音，音成于外而化乎内，是故闻其声而知其风，察其风而知其志，观其志而知其德。盛衰、贤不肖、君子小人，皆形于乐，不可隐匿，故曰：乐之为观也，深矣。"（《吕氏春秋·季夏纪·音初》）"欲观至乐，必于至治。其治厚者其乐治厚，其治薄者其乐治薄，乱世则慢以乐矣"（《吕氏春秋·季夏纪·制乐》）。音乐与政治，审美与民风，被兼收并蓄的杂家学者按照某种带有必然性的规律巧妙地缩合到一起，统一成互为印证、牵一发而动全身的生命有机体。

> 故治世之音安以乐，其政平也；乱世之音怨以怒，其政乖也；亡国之音悲以哀，其政险也。凡音乐通乎政，而移风平俗者也，俗定而音乐化之矣。（《吕氏春秋·仲夏纪·适音》）

西汉戴圣《礼记·乐记》中，也有类似的论述，说明《吕氏春秋》代表之杂家的音乐美学观念，将在汉代被儒学奉为圭臬。杂家学者循此观念进一步发挥："故有道之世，观其音而知其俗矣，观其政而知其主矣。故先王必托于音乐以论其教。《清庙》之瑟，朱弦而疏越，一唱而三叹，有进乎音者矣。……故先王之制礼乐也，非特以欢耳目、极口腹之欲也，将以教民平好恶，行理义也"（《吕氏春秋·仲夏纪·适音》），音乐成为政治的标识和表征，政治和谐，祥和之音问世："天下太平，万物安宁，皆化其上，乐乃可成。……务乐有术，必由平出。平出于公，公出于道。故惟得道之人，其可与言乐乎！"政治社会治理规律之道，与以喜悦欢欣为主旋律的音律，这两个不同领域的概念此时合二而一，成为同一审美标准；而政治昏乱，则乱世之乐横行，音乐之道也变得颠倒昏沉："亡国戮民，非无乐也，其乐不乐。溺者非不笑也，罪人非不歌也，狂者非不武也，乱世之乐，有似于此。君臣失位，父子失处，夫妇失宜，民人呻吟，其以为乐业，若之何哉？"（《吕氏春秋·仲夏纪·大乐》）此间音乐之美感，与自然界的四季交替气候变化，以及其象征的世道人心之善恶炎凉，乃至由此造成的社会环境之盛衰治乱，不仅更为紧密联系在一起，而且明确地按照一定的秩序排列：

> 大圣至理之世，天地之气，合而生风，日至则月钟其风，以生十二律：仲冬日短至，则生黄钟；季冬生大吕；孟春生太簇；仲春生夹钟；季春生姑洗；孟夏生仲吕。仲夏日长至，则生蕤宾；季夏生林钟；孟秋生夷则；仲秋生南吕；季秋生无射；孟冬生应钟。天地之风气正，则十二律定矣。（《吕氏春秋·季夏纪·音律》）

《吕氏春秋》杂家坐而论议的年代，正处于七国纷争登峰造极、天下疾速由大乱走向大治的剧烈动荡之际，亡国戮民，哀鸿遍野；杂家至为系念的与音乐息息相关的政治，也正处在由极度纷乱走向天下统一的痛苦蜕变之中。一处处狼烟烽起，一顶顶王冠落地，诸侯失位，相继由国君沦为阶下囚。《吕氏春秋》的出版者兼主编吕不韦以商人起家，投机国家政治得手，正在大红大紫；静候他的削官夺爵、饮鸩而死的历史宿命，尚未成为现实。这正是一个纷杂混乱、毫无秩序可言的时代。正因为有鉴于此，杂家学者在纵论三代、横议六国时，才大声呼唤建立天下乃至宇宙间的秩序。“凡乐，天地之和，阴阳之调也。”“大乐，君臣父子长少之所欢欣而说也。欢欣生于平，平生于道。”（《吕氏春秋·仲夏纪·大乐》）《吕氏春秋》对于阴阳调谐音乐的高度推崇，反映出杂家学者对天下谐调、人民安居之道的渴望。

发源于上古、成书于西周、传注于春秋战国的《周易》，即表现出杂家学者这一渴望建立社会秩序的审美情结。“《易》之兴也，其于中古乎？作《易》者，其有忧患乎？”“《易》之兴也，其当殷之末世，周之盛德邪？当文王与纣之事邪？是故其辞危”（《周易·系辞下》）。《周易》由《易经》和《易传》构成，春秋战国间的《易传》①无论在思想内容还是文章形式上，都已经远远超越“西伯……囚羑里，盖益《易》之八卦为六十四卦”（《史记·周本纪》）、“自伏羲作八卦，周文王演三百八十四爻而天下治”（《史记·日者列传》）的卜筮辞典《易经》的窠臼，形成为体大思精、包罗万象的思想理论体系。

> 天尊地卑，乾坤定矣。卑高以陈，贵贱位矣。动静有常，刚柔断矣。方以类聚，物以群分，吉凶生矣。在天成象，在地成形，变化见矣。是故刚柔相摩，八卦相荡，鼓之以雷霆，润之以风雨；日月运行，一寒一暑。乾道成男，坤道成女。……天下之理得，而成位乎其中矣。（《周易·系辞上》）

广袤辽阔的视角，宏大壮观的景象！天象地形、雷霆风雨、日月寒暑、男女之道……宇宙间所有处于变化之中的万物，尽皆被见多识广、气度恢弘的战国杂家囊括入

① 黄寿祺、张善文撰《周易译注》，上海古籍出版社1989年5月，12－13页。

《易传》的理论体系之中，成为他们论证阴阳变化规律的论据。这里既有可上溯至传说时代的先民历史："古者包牺氏之王天下也，仰则观象于天，俯则观法于地，观鸟兽之文与地之宜，近取诸身，远取诸物，于是始作八卦，以通神明之德，以类万物之情。作结绳而为网罟，以佃以渔，盖取诸《离》。包牺氏没，神农氏作，斵木为耜，揉木为耒，耒耨之利，以教天下，盖取诸《益》。日中为市，致天下之民，聚天下之货，交易而退，各得其所，盖取诸《噬嗑》。神农氏没，黄帝、尧、舜氏作，通其变，使民不倦，神而化之，使民宜之。《易》穷则变，变则通，通则久。是以'自天佑之，吉无不利'。黄帝、尧、舜垂衣裳而天下治。盖取诸《乾》《坤》。"(《周易·系辞下》)又有六十四卦循环往复的推理演绎："有天地，然后万物生焉。盈天地之间者唯万物，故受之以《屯》。屯者，盈也。屯者，物之始生也。物生必蒙，故受之以《蒙》。蒙者，蒙也，物之稚也。物稚不可不养也，故受之以《需》。需者，饮食之道也。饮食必有讼，故受之以《讼》。讼必有众起，故受之以《师》。师者，众也。众必有所比，故受之以《比》。比者，比也。比必有所畜，故受之以《小畜》。物畜然后有礼，故受之以《履》。履而泰，然后安，故受之以《泰》，泰者，通也……"(《周易·序卦》)。尽管《易传》作者从春秋战国社会实际中深有感触而生发出的解说，与文王等大觋源于殷周之际剧烈变革而发的《易经》卦辞的原初本义，相差不止以道里计；尽管将先民从劳动中发明工具等进步历程，统统归之于卦象所教，逻辑上的宾主错位、本末倒置十分明显；尽管《易传》作者根据个体神秘体验想当然的推理，肇启了中国文人牵强附会的先河，但是从《周易》蕴涵的理念中，仍可以感受到作者企图包罗天地万象归于一统的努力方向。如《周易》开篇之乾卦：

> 乾：元，亨，利，贞。（《周易·上经·乾》）
>
> 大哉乾元，万物资始，乃统天。云行雨施，品物流形。大明终始，六位时成。时乘六龙以御天。乾道变化，各正性命。保合大和，乃利贞。首出庶物，万国咸宁。（《周易·彖·乾》）
>
> 乾始能以美利利天下，不言所利，大矣哉！大哉乾乎！刚健中正，纯粹精也。六爻发挥，旁通情也。“时乘六龙”，以“御天”也。“云行雨施”，天下平也。君子以成德为行，日可见之行也。（《周易·文言·乾》）

作为天人相通的神秘象征的八卦，原本就是以伏羲为代表的氏族社会巫师酋长根据天、地、雷、风、水、火、山、泽等自然界事物抽象归纳而成的符号化标识。“圣人有以见天下之赜，而拟诸其形容，象其物宜，是故谓之象。圣人有以见天下之动，而观其会通，以行其典礼，系辞焉以断其吉凶，是故谓之爻，言天下之至赜而不可恶也，言天下之至动而不可乱也”（《周易·系辞上》）。此间之圣人，其实已未必是确指伏羲、文王等前代巫觋，恐怕更多地倒是战国杂家的夫子自道。因为战国正是这样一个“动”的时代。春秋以来，乱世频仍，犹如欧洲中世纪诸侯割据的黑暗局面。提倡动，呼唤大，正是战国哲人对春秋乱世割据状况的反拨。动而不乱，乃战国杂家梦寐以求、心向往之的审美理想。而要实现这一理想，又必须以天下之大为现实依托。于是以大作为主要审美标准，求大之美，就成为《易传》作者们共同的理论基础和美学理想。你看这乾卦：以天为喻，何其壮美！“天行健，君子以自强不息。”（《周易·象·乾》）自远古先民肇始的以大为美、以刚健为时尚的审美观念，发展到《周易》这里愈加完备，并上升到理论层面。《周易》中一再出现赞美大、推崇阳刚之美的卜辞：

> 大有：元，亨。（《周易·上经·大有》）
>
> 其德刚健而文明，应乎天而时行，是以元亨。（《周易·彖·大有》）
>
> 大畜：利，贞；不家食吉；利涉大川。（《周易·上经·大畜》）
>
> 大畜：刚健，笃实辉光，日新其德。刚上而尚贤，能止健，大正也。“不家食吉”，养贤也。“利涉大川”，应乎天也。（《周易·彖·大畜》）
>
> 大壮：利，贞。（《周易·下经·大壮》）
>
> 大壮：大者壮也，刚以动，故壮。“大壮利贞”，大者正也。正大，而天地之情可见矣。（《周易·彖·大壮》）

《易传》作者即战国杂家诸君这一审美思维的产生，有其历史渊源。从孔子的“大哉！尧之为君也。巍巍乎，唯天为大，唯尧则之。荡荡乎，其有成功也。焕乎，其有文章”（《论语·泰伯》），到孟子的“充实而有光辉之谓大，大而化之之谓圣”（《孟子·尽心下》），再到《易传》作者对大的审美评价，大，这一春秋战国有识之士持续不懈的美学追求，成为学人论美的理论基础和先决条件。大与刚健密不可分，战国杂家耳闻目睹当时国与国相征战、人与人相残杀、弱肉强食的血腥现实，从弱小就要挨打的血的教训中领悟到这一哲理。因此，《周易》作者审美视野之求大，其实就是在求安，求善，求美。轴心时代不以孤高独见为荣，春秋战国诸子百家学说，除却《老子》作者之渺茫难寻不论，诸如《论语》、《墨子》、《孟子》、《庄子》、《管子》、《荀子》……大多数都是学术群体集体智慧的思想结晶。以《吕氏春秋》为例，就杂家自身而言，作为审美主体，其学者阵容规模已经够大，主编吕相国犹嫌不足，还要“布咸阳市门，悬千金其上，延诸侯游士宾客，有能增损一字者，予千金”（《史记·吕不韦列传》），究其原因，首先就是要海纳众川，集聚学术集体智慧，以使其学术思想体系愈加完备。求大之美，已成为杂家学者潜在的思想底蕴。

但一味地好大求全、不加戒惧，又潜伏着物极必反的危险。所以，阳刚之美又必须与阴柔之美相通相生，了解吸收阴柔之美的长处，由阴柔而至阳刚，由弱小而至强大，才能左右逢源，无往不胜。即如紧随《乾》后的《坤》卦：

坤：元，亨，利牝马之贞。君子有攸往，先迷，后得主，利。西南得朋，东北丧朋，安贞吉。（《周易·上经·坤》）

至哉坤元，万物资生，乃顺承天。坤厚载物，德合无疆。含弘光大，品物咸亨。牝马地类，行地

无疆，柔顺利贞。君子攸行，先迷失道，后顺得常。(《周易·彖·坤》)

地势坤。君子以厚德载物。(《周易·象·坤》)

天地变化，草木蕃。天地闭，贤人隐。《易》曰："括囊，无咎无誉"，盖言谨也。君子黄中通理，正位居体，美在其中而畅于四支，发于事业，美之至也。(《周易·文言·坤》)

坤卦仍有"元，亨"之德，只是"利，贞"之德改为"利牝马之贞"。君子之行时就像这雌马："要是抢先居首必然迷入歧途；要是随从人后就会有人作主，必有利益"①，因而乾是"天道"，坤实际上是"地道"："坤至柔而动也刚，至静而德方，后得主而有常，含万物而化光。坤道其顺乎，承天而时行。……阴虽有美，含之以从王事，弗敢成也。地道也，妻道也，臣道也，地道无成，而代有终也。"（《周易·文言·坤》）明智的君子应取的姿态，不是高高在上、颐指气使，而是宽厚包容，像大地一样承载万物。这里面就有一个如何看待自然与社会发展的规律性的问题。规律是客观存在，不以人的意志为转移，它以现实社会生活为依托，时时昭示出它的存在："物不可以终通，故受之以《否》。物不可以终否，故受之以《同人》。与人同者，物必归焉，故受之以《大有》。有大者，不可以盈，故受之以《谦》。有大而能谦必豫，故受之以《豫》。豫必有随，故受之以《随》。以喜随人者必有事，故受之以

①《周易译注》，24 页。

《蛊》。蛊者，事也。有事而后可大，故受之以《临》。临者，大也。物大然后可观，故受之以《观》。可观而后有所合，故受之以《噬嗑》。嗑者，合也……”（《周易·序卦》）作为审美个体的人，既然无力拍案而起，倾一己之力与自然规律相抗争，聪明的方法只有顺应规律。但这个顺应并不是消极地听任命运播弄，而是积极探索，把握规律发展趋向，进而运用规律为自己服务，争取从中获益，这就要用到《易传》诸君研究社会发展规律的成果。将社会发展规律研究透彻，此乃几代《周易》作者呕心沥血、薪火相传所追求的奋斗目标。人的行为与社会规律相合，不必刻意求美，而美自在其中。刚健文明的美德，即在于顺应“天”即宇宙间的自然规律，凡事按照时节操作，“应乎天而时行”，因此命运才至为亨通。《易传》提倡君子堂堂正正，在上位应时时修正自己的德行，日新其德，这样美好的品德日积月累，必将焕发出刚健笃实的光辉。而这须有在下位者辅佐，阴阳和合，上下同心，刚柔相济，才能产生美。阴柔之美与阳刚之美的配合映衬，方成其为由内而外的规则与秩序之美。后代美学家的“含蓄”之为美，即由此肇始。

美学思想演进与艺术作品创作的关系十分微妙。耐人寻味的是，战国杂家渴望建立秩序的心绪，并未立即促成战国时代艺术作品的创作风格统一化，恰恰相反，它倒从反面映照出当时艺术领域创作模式汪洋恣肆、无所顾忌的自由状态。地下出土的文物也能说明当时艺术作品美学风格的多元化。例如昌平松园战国墓出土的殊绘陶壶：

> 高71厘米，口径20厘米。壶口为方形，上有盖，盖面大于壶口，颈部细长，圆腹，圈足，长颈两侧作一对兽形耳，神态生动，另两面有铺首衔环。方颈下半部和腹部均剔出四方形和四圆形，作为装饰，上面加饰朱绘。这是一件大型的模仿青铜礼器制成的朱绘陶壶。①

“唯器与名，不可以假人”（《左传·成公二年》）。使用青铜礼器的数量和器制大小，历来由官爵高低和田禄多少决定。春秋战国时期礼崩乐坏，原来那种由官爵高低和田禄多少决定礼器数量的制度日渐失效。周公之礼制被人们抛到脑后的结果，是青铜礼器一再被仿制，“这件造型优美、制造工艺精湛的陶壶，深刻地体现了这一社会的巨大变动”②。但这只是问题的一个方面。另一方面，礼器的普及，极大地促进了战国工艺美术的蓬勃发展。如战国原始青釉兽面三足鼎：

> 高11厘米，口径11.8厘米。广口、窄沿，浅直腹，平底，兽蹄形三足。口沿一侧立起兽头，双目外突，额上立双角，与之相对的一侧贴卷尾。兽首高昂，首尾对应。头与尾相间处有对称的长方形折边立式双耳。以印花纹装饰，口沿和上腹部均有不规则的带状双圈纹，罩以不均的青黄色釉。此鼎造型独特、别致，是仿照青铜鼎型烧制的随葬明

①②《中国文物鉴赏辞典》，12页。

> 器。……此鼎的造型和装饰风格，庄重之中又蕴含生动，显示出战国时期原始瓷器制造的高超水平。[3]

以原始瓷器烧制技术模仿青铜器的制作样式，是战国时人的一大发明。它不仅为陶瓷的制作开辟了新的道路，而且也促进了青铜器样式继续向前发展。就在被陶器和瓷器仿制的同时，青铜礼器自身的制作也正在日益进步。河北平山三汲中山王墓的出土文物，最能证明战国后期工艺品制作的精美。

> 银首人俑灯……高66.4厘米，其主体为一男子立于兽纹方座上，男子身穿带襟宽袖长袍，其头为银质，双目嵌有宝石，衣上花纹可依稀见到朱、黑色填漆。男子双臂张开，其右手握螭龙，螭口衔柱，柱顶为一灯盘，柱上饰有错银龙纹，并绕有浮雕螭龙，柱之中央还雕有一猴作攀援状，螭龙与猴相照应，像是螭龙正在戏耍猴。男子左手握有螭尾，螭身夭矫横出，口托一灯盘，螭下方又伸出一灯盘，一螭龙卧居其中，作翘首攫噬状。该灯装饰华丽，其银首及宝石眼尤为醒目。三盏灯盘错落有致，此可谓融艺术性与实用性为一体的杰作。[4]
>
> 树形灯……高82.9厘米，由大小八节连接而成；每节皆有榫卯，榫口各异，移动时，便于准确

③ 同上，36页。
④《中国文物鉴赏辞典》，157页。

> 拆卸和安装。整个灯像树形，其枝端有灯盘15个，树干上端饰有一盘绕螭龙，树枝上有群猴戏游，金乌啼鸣，群猴神态各异，最为生动者为两猴引臂悬空，接取树下二身着短裳，上身裸露的男子抛予的食物。树本承以圆座，座上饰有镂空蟠螭纹。座下有三虎形足，虎口衔有六环可用以穿索。此灯装饰生动，猴鸟造型优美，令人喜爱，以树枝为灯体，猴鸟螭龙为装饰，其艺术想象可谓绝矣。①
>
> 虎吞鹿器座……长51厘米，高21.9厘米，造型为虎口中咬住一幼鹿形。虎庞伟雄健，劲爪利齿，剪尾曲腿，气势汹汹；幼鹿弱小可怜，像在延颈哀叫。虎之凶猛与小鹿垂死挣扎的形象刻画得栩栩如生。虎的前爪由于抓住鹿腿而悬空，但鹿腿支撑了器座的前部，这保持了虎身的平衡。整器均装饰有错金银纹饰。虎背上有二方柱形插口，柱上饰有浮雕的倒置兽面纹。②

多么华丽、精致、优美！战国时代的社会动荡，影响到工艺品制作者的创作思想。虎吞鹿器座的造型，就是弱肉强食的战国时代兼并战争加剧，弱小的中山国时刻面临着被强国吞并威胁、国势岌岌可危的艺术写照。但潜在的危险并未能扼制工艺美术创作的活力，反倒激发出战国末期雕塑艺术的创作灵感。你看那金乌啼鸣、群猴戏游、螭

---

①《中国文物鉴赏辞典》，157－158页。
②《中国文物鉴赏辞典》，158页。“劲”原文作“颈”。

龙与猴戏耍的整体雕塑，不是仍然折射出其中蕴涵的勃勃生机吗？

能够体现出美学思潮前进方向的自然不只是雕塑，其创作地域也不止局限于中原。如湖南长沙楚墓出土的帛画：

（《龙凤人物图》）这是1949年春发现的我国最早的一幅帛画。图中描绘一妇女，侧面向左而立，头后挽有一个垂髻，并系有饰物，腰身紧细，长裙曳地，两手合十，神态虔敬。在她的上方，画有一龙一凤，形态夭矫，极富动势，正向天空飞升。特别是凤鸟的高视阔步，长尾倒旋，更加强了画面风发昂扬的勃勃生气。……画法以墨线勾描，线条挺劲有力，顿挫曲折富于节奏的变化，而黑白组合，更具装饰趣味。在人物的唇上和衣袖上，还可以看出施点朱色的痕迹。造型比较准确，能表现出一般的情态。特别是图中妇女细腰的形象和恬静飘逸的风度，与“楚王好细腰”的记载相符……①

（《人物御龙图》）这幅帛画于1973年发现，可以说是《龙凤人物图》的姐妹篇，因为两画的思想内容、创作风格和制作时代，大体相同。

画面正中描绘一有胡须的男子，侧身直立，腰佩长剑，手执缰绳，驾驭着一条巨龙。龙头高昂，龙尾翘起，身平伏，略呈舟形。在龙尾上部站有一只鹭，圆目长喙，顶有翰毛，仰首向天，神态十分

① 王伯敏《龙凤人物图》，《中国名画鉴赏辞典》，15页。

> 潇洒。画的上方为舆盖，三条飘带随风拂动；左下角为一鲤鱼。画幅中舆盖飘带、人物衣着和龙颈所系的缰绳，都是由左向右拂动，表现了风向的一致。所绘物象，除鹭首向右上方外，其余人、龙、鱼都朝向左方，更表现出是在行进之中，赋予画面以动势，所有这些，反映出画家状物的精心细致。……画中的男子，高冠岌岌，长剑陆离，又有白鹭象征他的人格。他走完了尘世的历程，开始踏上遨游太空的征途，呈现出踌躇满志的神气和轩昂自若的风度。①

关于这两幅帛画的象征意义究竟如何，研究者争议颇多。或以为《龙凤人物图》“图中的夔象征恶，凤象征善，画面的含义是描绘善恶之争，下面恭立的妇女，则是在祝祷善灵的胜利”②；或以为《人物御龙图》“这幅帛画的内容意寓死者的灵魂不灭，得以乘龙升天。图中所画男子，有可能是墓主的侧面肖像”③；或则对“引魂升天”说激烈反对④。可谓见仁见智，言人人殊。但这些争议其实都不重要。重要的是，从“第一把石刀”到战国楚墓帛画，完成了中国美学主潮长河刚开始时的一段进程。经过从原始氏族社会到战国末年如此长时间的演变，中国人的审美观念形态已经历练成熟，一个美学思想潮流蓬勃发展的时代出现了。

---

① 王伯敏《人物御龙图》，《中国名画鉴赏辞典》，16 页。
② 郭沫若《中国名画鉴赏辞典》，15 页引。
③ 王伯敏《中国名画鉴赏辞典》，16 页。
④ 刘晓路《中国帛画》，中国书店 1994 年 6 月，45 页。

结束语

现在让我们回到本书开头的地方来。

先秦时代的审美意识，从洪荒野火的原始氏族部落人群起源，到天下由板荡走向统一的战国时代登峰造极，从起源到高峰，呈现出的都是多元化状态：初民的原始石器，还谈不上自觉的审美意识；以串饰为主的穿孔装饰品，亦只仅包孕着美的基因；从河姆渡黑陶猪和稻穗方钵，到半坡的人面鱼纹盆，再到乐都的裸体人像，散落中华大地的氏族部落之间并未互相沟通，却几乎不约而同地孕育着美学意识的胚胎。初民最初的图腾崇拜和集体歌舞，就在多元共生这一酝酿先秦审美意识的温床上滋生。夏商周首先是三个发祥地地域不同、兴起时间各异的原始部族，然后才是三个接踵交替的王朝。这就决定了三者美学观念形态的差异：夏族代表着父系氏族的兴起，夏启在大乐之野率众举行的大型祭祀乐舞，以巫术掩盖着政治清洗的血腥；商族代表着母系氏族的复归，记载着尊崇妇女的甲骨文和渗透着狞厉之美的青铜器纹饰，展示的是部族首领以身殉职自我牺牲的精神。夏族战败后逃入大漠，成为西部戎狄匈奴部族的前身；商族入周后成为遗民，其文化风俗习惯融入周代社会生活，潜移默化成为时代思想观念的一部分。先秦美学观念萌动于商，汇聚融合于周，形成由多元向一元转换的大趋势。王国维惊呼的中国政治与文化变革，就是殷周之际实现的思想观念的改变。周公制礼作乐，以艺术规范的方式维护了宗法封建制社会的等级制度，这是第一次由多元向一元转换的努力。农业文明作为先进文化的代表进入中原，占领了诗歌乐舞等美学部门。西周时代不仅音乐舞蹈回荡着的时代旋律郁郁乎文，而且中国古代第一部诗歌总集《诗》三百，就是以“和”为美的农耕部族的生活乐章。诗人的歌吟咏叹，已经含有农业文明社会日常生活中的审美化现象。这是西周超稳定结构的社会审美心理基础。农耕部族之现实和追求稳定，舍弃萌发于自然的情欲自由，即于此肇始。这也是中国古典文明与古希腊文明的根本差异所在。在这一元化规范确立的当时，就已经潜伏下日后分裂的危险。西周初年分封的各路诸侯，在当时是政治领域一元与多元之间的一次妥协，到东周时演变成征战不已的魁首，分封诸侯者当年最不愿看到的现象，到东周竟然变成现实。从春秋战国之交开始，天下重新由一元分解为多元。西周创始的超稳定审美心理从此不复存在，一个自由开放的轴心时代就此到来。这个百家争鸣的时代，方是思想解放的黄金时代。以前学者研究先秦美学思想，多由此开始。

从多元到一元、又由一元到多元的巨大转变，是先秦时代美学思想潮流的根本特征。先民由夏商以前的散漫状态，汇聚于以血缘为纽带的西周宗法封建制社会，是一次巨大的历史进步。先民诗歌乐舞的发端和统一规范皆在西周实现，充分说明了这次变革的内在潜力。中国人审美心理的诸多特征，皆在西周时代奠定其心理基础。春秋战国之交礼崩乐坏，周人统一的审美心理结构全面崩溃，重新由一元走向多元，是一次更为辉煌的伟大变革。百家争鸣解放了国人思想，激发出多种美学观念的勃兴，中国美学思想史上的各家学说，皆可以由此溯其始源。

先秦美学思想流派之群体性，是先秦美学思潮在形式上的特点。无论《论语》、《墨子》的笔记汇编，还是《孟子》、《庄子》的师生合作，以及《管子》、《荀子》……诸子百家中的大多数名家，皆如此。师生同道间的互相切磋，激发出一代思想精英的灵感，使这些凝聚着集体智慧结晶的学术思想著作体大思精、兼收并蓄，这从形式上保证了百家争鸣这一世界思想史上的轴心时代之美学思潮从勃兴、展开，迅速走向高峰。齐国稷下学士的繁盛和《吕氏春秋》的结集，是学术群体集体创作的集大成。

在中国美学思想史上并为双峰的儒家入世美学和道家隐逸美学，即由此时开其滥觞。后代占据美学思潮主流地位的儒家美学，当时仅是诸子百家之一。孔子以自身的言传身教，表现出儒家关怀世道人生的入世美学的要旨。儒家美学风范在于“仁”，着重于身体力行。孟子由此生发开来，由“充实之谓美”、“我善养吾浩然之气”，直至“五亩之宅”的“仁政”，提出儒家的理想人格和人生理想。

道家由老子玄奥神秘的哲学论著开端，探寻感悟现实社会生活中处于蒙昧状态的美。老子倡导之“无欲”，正是西方美学家所谓审美的态度。庄子的隐逸美学已经超越时代，由功利窠臼中跳跃超脱，至于无牵挂障碍的自由境地，此乃真正的审美创造境界。后代封建社会文人士大夫多以“儒道互补”作为人生观，其中自然也包括审美观的两大支柱，即由这一时代开端。荀子的美学思想并未囿于儒学一家，本应成为整个时代美学思潮的集大成者。诸如他将人对于音乐的感受，深挖到人类原始本能的层面，推重《雅》、《颂》乐曲协调人际关系、创造和谐社会氛围的作用，将发自审美主体自然本能的对于音乐的快感提炼扬弃，升华到社会美的高度，皆可谓一代美学大师。仅仅由于战国美学思想潮流的多元化，才未由荀子担负归纳汇总的重任。

墨子和韩非子思想的发展均未能如创始人所愿。墨子的节用美学揭露了统治者骄奢淫逸的隐私，以“非乐”为要点的美学观直接受到各国诸侯的抵制，其思想学说遭受冷遇尚可以理解；韩非子以功用标准衡量美的实用美学和法术审美标准，本来已经有可能代表时代美学思潮的前进方向，但由于其持论褊狭，违背艺术发展规律，而与美学真谛失之交臂。先秦美学家创立的多元化方向，至秦却以武力归于一元，实行思想专制，钳制思想，就是韩非子对后代的直接影响。

先秦美学思潮之集大成，完成于杂家群体集体撰写的《吕氏春秋》。这部包罗万象、集聚众思的思想著作，其涉及美学尤其是音乐美学思想的部分，堪称真知灼见。尽管杂家中并无上述名家大师，但这些奉献思想成果的无名作者，能够将音乐的由来，与自然界天地万物的起源联系到一起，进而探讨其中蕴涵的内在规律，这一探索精神，本身已经代表了美学思想潮流的前进方向。

真正代表先秦美学思潮前进方向的，还是完成于战国杂家的《周易》。他们对先秦社会发展规律的总结，对时代前进方向的预测，对建立社会秩序的提倡，及其在论述阴阳变化时表现出的辩证思想，尽皆凝聚着几代人的心血。《周易》创造的美学模式，也影响着国人此后的思维方式。中国美学主潮应向何处去，从此成为文人学士念兹在兹的永恒主题。

主要参考文献

（按出现顺序排列）

1. 张松如著，《中国诗歌史论》，长春：吉林大学出版社，1985

2. 邓福星著，《艺术前的艺术——史前艺术研究》，济南：山东文艺出版社，1987

3.《辞海》（缩印本），上海：上海辞书出版社，1980

4. 安金槐主编，《中国考古》，上海：上海古籍出版社，1992

5. 中共中央马克思恩格斯列宁斯大林著作编译局编，《马克思恩格斯选集》（一至四卷），北京：人民出版社，1995

6. 贾兰坡著，《中国猿人及其文化》，北京：中华书局，1964

7. 贾兰坡著，《旧石器时代文化》，北京：科学出版社，1957

8. 刘锡诚著，《中国原始艺术》，上海：上海文艺出版社，1998

9.（苏）普列汉诺夫著，曹葆华译，《没有地址的信》，《普列汉诺夫美学论文集》，北京：人民出版社，1983

10. 杨坚点校，《吕氏春秋·淮南子》，长沙：岳麓书社，1989

11. 高大伦，蔡中民，李映福主编，《中国文物鉴赏辞典》，

桂林：漓江出版社，1991

12. 卞宗舜、周旭、史玉琢著，《中国工艺美术史》，北京：中国轻工业出版社，1993

13. 李泽厚著，《美学三书（美的历程·华夏美学·美学四讲)》，合肥：安徽文艺出版社，1999

14. 赵策著，《土石之魂——中国古代雕塑发现》，成都：四川教育出版社，1996

15. 盖山林著，《中国岩画》，广州：广东旅游出版社，1996

16. 伍蠡甫主编，《中国名画鉴赏辞典》，上海：上海辞书出版社，1993

17. 张秉尧主编，《雕塑绘画鉴赏辞典》，北京：中国旅游出版社，1993

18. 袁珂校注，《山海经校注》，成都：巴蜀书社，1993

19. 北京大学中国文学史教研室选注，《先秦文学史参考资料》，北京：中华书局，1962

20. 涂小马校点，《楚辞》，沈阳：辽宁教育出版社，1997

21. 张松如著，《老子说解》，济南：齐鲁书社，1998

22. 黄永年·焦杰·张艳云·郑张尚芳校点，《论语·孟子·孝经·尔雅》，沈阳：辽宁教育出版社，1997

23. ［汉］许慎撰，《说文解字》（影印本，附检字），北京：中华书局，1963

24. 李泽厚、刘纲纪主编，《中国美学史》（第一卷），合肥：安徽文艺出版社，1999

25. 廖名春·朱新华·扬之水校点，《周易·尚书·诗经》，沈阳：辽宁教育出版社，1997

26. 青海省文物管理处考古队，《青海大通县上孙家寨出土

的舞蹈纹彩陶盆》，《文物》1978，3
27. 金维诺著，《舞蹈纹盆与原始舞乐》，《文物》，1978，3
28. 文学艺术研究院舞蹈研究室、王克芬编著，《中国古代舞蹈史话》，北京：人民音乐出版社，1980
29.《辞源》（修订本）1－4，北京：商务印书馆，1979
30. 闻一多著，《神话与诗》，上海：华东师范大学出版社，1997
31. 秦惠彬校点，《韩非子》，沈阳：辽宁教育出版社，1997
32.〔汉〕司马迁撰，〔刘宋〕裴骃集解，〔唐〕司马贞索隐，〔唐〕张守节正义，《史记》（全十册），北京：中华书局，1959
33. 茅盾著，《神话研究》，天津：百花文艺出版社，1981
34. 焦杰校点，《国语》，沈阳：辽宁教育出版社，1997
35. 徐旭生著，《中国古史的传说时代》，北京：科学出版社，1960
36. 崔高维校点，《礼记》，沈阳：辽宁教育出版社，1997
37.〔晋〕皇甫谧撰，〔清〕宋翔凤、钱宝塘辑，刘晓东·黄永年·贾二强校点，《帝王世纪·山海经·逸周书》，沈阳：辽宁教育出版社，1997
38. 李炳海著，《部族文化与先秦文学》，北京：高等教育出版社，1995
39. 周生春撰，《吴越春秋辑校汇考》，上海：上海古籍出版社，1997
40. 江林昌著，《楚辞所见母权制向父权制转变诸现象考》，东岳论丛，1996，4
41.〔宋〕朱熹集注，《楚辞集注》，上海：上海古籍出版

社，1979
42.《二十五史》（影印本，全十二册），上海：上海古籍出版社，1986
43. 宋镇豪著，《夏商社会生活史》，北京：中国社会科学出版社，1994
44. 周晓薇、王其祎校点，《战国策》，沈阳：辽宁教育出版社，1997
45. 闻一多著，《闻一多全集》，武汉：湖北人民出版社，1993
46. 姜亮夫、夏传才、赵逵夫、郭维森等撰写，《先秦诗鉴赏辞典》，上海：上海辞书出版社，1998
47. 晁福林著，《先秦民俗史》，上海：上海人民出版社，2001
48.〔清〕马骕撰，王利器整理，《绎史》（全十册），北京：中华书局，2002
49. 赵明主编，《先秦大文学史》，长春：吉林大学出版社，1993
50.〔清〕朱右曾辑，〔民国〕王国维校补·王国维撰，黄永年校点，《古本竹书纪年辑校·今本竹书纪年疏证》，沈阳：辽宁教育出版社，1997
51. 晁福林著，《夏商西周的社会变迁》，北京：北京师范大学出版社，1996
52.〔唐〕刘知几撰，黄寿成校点，《史通》，沈阳：辽宁教育出版社，1997
53. 张锡坤主编，《新编美学辞典》，长春：吉林人民出版社，1987

54. 郭沫若著，《中国现代学术经典·郭沫若卷》，石家庄：河北教育出版社，1996
55. 朱越利校点，《墨子》，沈阳：辽宁教育出版社，1997
56.〔宋〕司马光编著，〔元〕胡三省音注，《资治通鉴》（影印本，全二册），上海：上海古籍出版社，1987
57.〔汉〕刘向撰，向宗鲁校证，《说苑校证》，北京：中华书局，1987
58. 顾馨、徐明校点，《春秋左传》，沈阳：辽宁教育出版社，1997
59. 王煦华编选，《古史辨伪与现代史学——顾颉刚集》，上海：上海文艺出版社，1998
60. 李民、王健撰，《尚书译注》，上海：上海古籍出版社，2000
61. 梁运华校点，《管子》，沈阳：辽宁教育出版社，1997
62. 邹晓丽、李彤、冯丽萍著，《甲骨文字学述要》，长沙：岳麓书社，1999
63. 任继愈主编，《中国哲学发展史》（先秦），北京：人民出版社，1983
64. 张松如著，《商颂研究》，天津：南开大学出版社，1995
65. 郭沫若主编，胡厚宣总编辑，《甲骨文合集》，北京：中华书局，1978－1982
66. 赵诚著，《甲骨文与商代文化》，沈阳：辽宁人民出版社，2000
67. 李亚农著，《殷代社会生活》，上海：上海人民出版社，1955
68. 成敏、王勇主编，《中外古典艺术鉴赏辞典》，北京：学

苑出版社，1989
69. 王有为著，《龙凤文化源流》，北京：北京工艺美术出版社，1988
70.《旧约全书·新约全书》，北京：中国基督教三自爱国运动委员会、中国基督教协会印，1988
71.（美）詹·弗雷泽著，刘魁立编，《金枝精要——巫术与宗教之研究》，上海：上海文艺出版社，2001
72. 谢崇安著，《商周艺术》，成都：巴蜀书社，1997
73. 陈建宪著，《神祇与英雄——中国古代神话的母题》，北京：三联书店，1994
74. 杨荫浏著，《中国古代音乐史稿》（上册），北京：人民音乐出版社，1981
75. 顾馨、徐明校点，《春秋公羊传》，沈阳：辽宁教育出版社，1997
76. 崔高维校点，《周礼·仪礼》，沈阳：辽宁教育出版社，1997
77. 中国艺术研究院音乐研究所编，《中国音乐词典》，北京：人民音乐出版社，1985
78. 顾馨、徐明校点，《春秋谷梁传》，沈阳：辽宁教育出版社，1997
79. 余冠英注译，《诗经选》，北京：人民文学出版社，1979
80.《全唐诗》（影印本，全二册），上海：上海古籍出版社，1986
81. 岳南著，《千古学案——夏商周断代工程纪实》，杭州：浙江人民出版社，2001
82.《王国维文集》（第四卷），北京：中国文史出版

社，1997
83. 葛兆光著，《七世纪前中国的知识、思想与信仰世界——中国思想史第一卷》，上海：复旦大学出版社，1998
84. 黄中业编著，《三代纪事本末》，沈阳：辽宁人民出版社，1999
85. 廖名春、邹新明校点，《荀子》，沈阳：辽宁教育出版社，1997
86.《十三经注疏》（影印本），上海：上海古籍出版社，1997
87. 朱光潜著，《西方美学史》（上、下卷），北京：人民文学出版社，1979
88.（德）康德著，邓晓芒译，杨祖陶校，《判断力批判》，北京：人民出版社，2002
89. 王镛主编，《中国书法简史》，北京：高等教育出版社，2004
90. 王玉池主编，《中国书法篆刻鉴赏辞典》，北京：农村读物出版社，1989
91. 朱仁夫著，《中国古代书法史》，北京：北京大学出版社，1992
92.（美）阿尔温·托夫勒著，朱志焱、潘琪、张焱译，《第三次浪潮》，北京：三联书店，1984
93. 李山著，《诗经的文化精神》，北京：东方出版社，1997
94. 逯钦立辑校，《先秦汉魏晋南北朝诗》（全三册），北京：中华书局，1983
95.（德）黑格尔著，朱光潜译，《美学》（第一卷），北京：商务印书馆，1979

96. 王运熙、顾易生主编,《中国文学批评通史》(壹,先秦两汉卷),上海:上海古籍出版社,1996
97. 蔡仲德著,《中国音乐美学史》,北京:人民音乐出版社,1995
98. 林传鼎、陈舒永、张厚粲主编,《心理学词典》,南昌:江西科学技术出版社,1986
99. 詹剑峰著,《老子其人其书及其道论》,武汉:湖北人民出版社,1980
100. 北京大学哲学系美学教研室编,《西方美学家论美和美感》,北京:商务印书馆,1980
101.(德)黑格尔著,贺麟、王太庆译,《哲学史讲演录》(第一卷),北京:商务印书馆,1997
102. 钱钟书著,《管锥编》,北京:中华书局,1979
103. 敏泽著,《中国美学思想史》(第一卷),济南:齐鲁书社,1987
104. 杨伯峻编著,《论语译注》,北京:中华书局,1958
105.《诸子集成》(影印本,全八册),上海:上海书店,1986
106. 张志春著,《中国服饰文化》第一卷,北京:中国纺织出版社,2001
107. 廖名春、邹新明校点,《孔子家语》,沈阳:辽宁教育出版社,1997
108. 刘再生著,《中国古代音乐史简述》,北京:人民音乐出版社,1989
109.(德)海德格尔著,孙周兴选编,《海德格尔选集》,上海:上海三联书店,1996

110. 施昌东著，《先秦诸子美学思想述评》，北京：中华书局，1979

111. 涂小马·黄永年·黄寿成校点，《老子·庄子·孙子·吴子》，沈阳：辽宁教育出版社，1997

112. 张少康、盧永璘编选，《先秦两汉文论选》，北京：人民文学出版社，1996

113. 张节末著，《禅宗美学》，杭州：浙江人民出版社，1999

114. 马茂元选注，《楚辞选》，北京：人民文学出版社，1958

115. 游国恩著，《楚辞论文集》，北京：古典文学出版社，1957

116. 陈登原著，陈克艰重新标点，《国史旧闻》（第一册上），沈阳：辽宁教育出版社，2000

117. 沈从文编著，《中国古代服饰研究》，上海：上海世纪出版集团、上海书店出版社，2002

118. 贾二强·戴庆钰、涂小马校点，《列子·文子》，沈阳：辽宁教育出版社，1998

119. 陈炎主编，廖群著，《中国审美文化史·先秦卷》，济南：山东画报出版社，2000

120. 陈望衡著，《中国古典美学史》，长沙：湖南教育出版社，1998

121. 黄寿祺、张善文撰，《周易译注》，上海：上海古籍出版社，1989

122. 刘晓路著，《中国帛画》，北京：中国书店，1994

后　记

经历几度寒暑，这本书终于可以付梓了。望着算不上很厚的一沓书稿，笔者心中不胜感慨。

饮水思源，我对于中国美学思潮研究的收获，多受教于恩师张松如教授，即我国著名诗人公木。公木师不仅是一位创作了《八路军进行曲》即《中国人民解放军军歌》和电影《英雄儿女》的歌词、在我国现当代文学史上留下深远影响的杰出的革命诗人，也是一位博学多闻、诲人不倦的思想家和知名学者。他的《老子校读》一书，就是一部在中国哲学史研究领域具有重要地位和广泛影响的学术著作。我在读研究生期间，只有遇到学位论文中的重大问题才去请教公木师，他对学生那种既严格要求又热心呵护、循循善诱、诲人不倦的古道热肠，我至今仍记忆犹新。1988年秋，我拿着自己草拟的《唐代美学思潮》写作提纲去见公木师。当时我只是想向公木师汇报自己的研究计划，就研究中遇到的问题向公木师讨教；没想到公木师十分欣慰，在随后吉林大学中文系举办的学术会议上大力褒奖，一时令与会的老师和学长惊异。此后的几年中，每年暑假赴长春拜访公木师，师生之间都要进行有关中国美学主潮的畅谈，公木师卓越的思想，不时激发出我思想的火花，令我受益匪浅。我在公木师的鼓励下，写成《唐代美学思潮》；又应公木师之邀，参加他主持的国家“七·五”规划哲学社会科学重点科研项目“中国诗歌史论”，完成《隋唐五代诗歌史论》；我自己还主持完成了浙江省社会科学“八·五”规划重点课题“宋代美学思潮”。公木师不仅与我鸿雁往来，精心指导，并且亲自为《唐代美学思潮》、《宋代美学思潮》作序。《唐代美学思潮》出版后，1991 年 12 月获长白山优秀图书一等奖，1992 年 12 月获浙江省政府社会科学优秀成果二等奖，1993 年 10 月由台湾高雄复文图书出版社出版繁体字本。《隋唐五代诗歌史论》作为“中国诗歌史论”的一部分，于 1999 年 9 月获国家社会科学基金项目优秀成果三等奖。也正是因为有了这些学术研究基础，才有这本《先秦美学思潮》。如今公木师已经永远离开了我们，但恩师的奖掖扶植之恩，我将永志不忘。

在此我要感谢浙江省社会科学规划办公室的领导和负责具体工作的同志，将本书列入浙江省社会科学“九·五”规划课题；感谢人民出版社文化编辑室刘丽华主任和本书的责任编辑刘群，以极好的耐心等待本书的杀青，这都增加了我的使命感，为本书的最终完成，起到了积极的推动作用。

我还要感谢我所在的杭州电子科技大学的校领导和人文学院的领导同志，感谢他们对于本书的写作与出版给予的热心关照和大力支持。

作为一部描述先秦时代美学思想主要潮流运行趋向的《先秦美学思潮》，涉及的研究对象十分广泛，以我个人的孤陋学识，自然不可能在所有方面都有深入研究。因此，本书对国内文学、美学、音乐、舞蹈、绘画、雕塑、书法、服饰等领域诸名家的研究成果多有借鉴。从某种意义上来说，是这些专家的共同劳动，为本书奠定了坚实的基础。

能够找到出处的，已尽量在书中标出，并列入主要参考文献；有些是过去阅读、积淀在自己脑海中、成为知识之一部分的，无法一一标出，将来如有机会，我还要继续充实标注和参考文献的内容，现在只好在此表示衷心感谢！

本书的某些内容已在《浙江社会科学》、《求索》、《宁夏社会科学》、《内蒙古大学学报》人文社会科学版、《殷都学刊》、《杭州师范学院学报》社会科学版等期刊上刊登，谨向这些刊物的责任编辑表示谢忱。

囿于个人的学识，本书从材料到观点都难免有些疏漏之处，尚望专家和读者赐教。如蒙同好引用，请注明作者、书名、出版社、出版年、页码，作者将引以为荣。

作者　**霍然**

2006 年春于杭州